Parkin ◆ Bade

INTRODUCTION À LA

MACRO
ÉCONOMIE
MODERNE

2ᵉ édition

GUIDE DE L'ÉTUDIANT

Parkin ◆ Bade

INTRODUCTION À LA MACRO ÉCONOMIE MODERNE

2e édition

GUIDE DE L'ÉTUDIANT

Harvey B. King
University of Regina

Avi J. Cohen
York University

Dimitri Sanga
Économiste, Statistique Canada

ERPI
ÉDITIONS DU RENOUVEAU PÉDAGOGIQUE INC.

5757, RUE CYPIHOT
SAINT-LAURENT (QUÉBEC)
H4S 1R3

TÉLÉPHONE : (514) 334-2690
TÉLÉCOPIEUR : (514) 334-4720
COURRIEL : erpidlm@erpi.com

Supervision éditoriale :
Jacqueline Leroux

Révision linguistique et correction d'épreuves :
Suzanne Marquis et Sylvie Chapleau

Traduction :
Suzanne Geoffrion

Couverture :

Édition électronique :
Caractéra inc.

Dans cet ouvrage, le générique masculin est utilisé sans aucune discrimination et uniquement pour alléger le texte.

Cet ouvrage est une version française de la 3ᵉ édition de *STUDY GUIDE* de Harvey B. King et Avi J. Cohen, accompagnant le manuel *MACROECONOMICS – Canada in the global environment*, de Parkin et Bade, publiée et vendue à travers le monde avec l'autorisation d'Addison-Wesley Publishers Limited.

Dépôt légal : 1ᵉʳ trimestre 2000
Bibliothèque nationale du Québec
Bibliothèque nationale du Canada

Imprimé au Canada

ISBN 2-7613-1104-3

3456789 GCC 0543
20107 ABCD   OF2-10

PRÉSENTATION

Avant de commencer...

Notre expérience nous a enseigné que les étudiants de première année en économie veulent avant tout avoir un guide qui les aide à maîtriser le contenu de leur cours, afin d'obtenir de meilleures notes aux examens. C'est dans cette optique que nous avons élaboré ce *Guide de l'étudiant*. L'étude du *Guide,* toutefois, ne saurait à elle seule vous garantir de bonnes notes. Pour vous aider à surmonter les problèmes et les difficultés auxquels se heurtent la plupart des étudiants de première année, nous vous proposons ci-dessous quelques conseils d'ordre général sur la méthode de travail idéale, ainsi que des conseils plus précis sur l'utilisation optimale du *Guide.*

Quelques conseils d'ami

L'économie ne s'étudie pas comme les autres matières. Les économistes font souvent appel aux hypothèses pour fractionner des problèmes complexes en éléments plus abordables et plus faciles à analyser. Ce style analytique, qui n'est pas plus compliqué que le type de raisonnement qui s'applique dans les autres matières, est cependant nouveau pour la plupart des étudiants et demande que l'on s'y habitue. Par conséquent, pour réussir en économie, les étudiants ne peuvent pas seulement compter sur leur intelligence et sur les connaissances acquises au cégep, comme c'est le cas pour la plupart des autres disciplines de première année. La plupart des étudiants qui viennent nous consulter sont souvent découragés et déçus car, bien qu'ils obtiennent des A et des B dans les autres matières, ils n'ont, au mieux, que des C en économie. Cet écart s'explique simplement par le fait qu'ils n'ont pas compris que l'étude de l'économie est différente de celle des autres disciplines et qu'elle nécessite un certain entraînement. Pour vous éviter ce genre de désagréments, nous vous conseillons la marche à suivre ci-dessous.

Ne comptez pas uniquement sur les connaissances acquises au cégep. Si vous avez étudié l'économie au cégep, vous connaissez déjà les notions liées à l'offre et à la demande que votre professeur abordera au cours des premières semaines. N'en concluez pas pour autant que ce cours sera facile. Les connaissances sur les concepts d'économie que vous avez acquises au cégep vous seront certes très utiles, mais elles ne seront pas suffisantes pour vous permettre, à elles seules, d'obtenir de bonnes notes aux examens. À l'université, les enseignants exigent des connaissances beaucoup plus approfondies de ces concepts et vous demanderont de les appliquer dans des circonstances nouvelles.

Étudiez chaque semaine et sans prendre de retard. Lisez le chapitre correspondant du manuel avant que votre professeur ne l'aborde. Pour cette première lecture, ne vous souciez pas des détails ou des arguments que vous ne comprenez pas bien – essayez simplement de saisir l'essentiel des sujets et les notions de base. Vous serez surpris de constater à quel point les explications de votre professeur sont limpides si vous arrivez bien préparé au cours. Quand votre professeur a traité d'un chapitre, attelez-vous aux exercices proposés dans le *Guide de l'étudiant.* Il faut éviter à tout prix de commencer à étudier la veille de l'examen ou même la semaine avant. L'étude de l'économie doit se faire avec méthode et discipline. En essayant de sauter des étapes, on court à l'échec.

Prenez de bonnes notes de cours. Les notes de cours constituent le volet central de votre travail. Votre professeur sélectionnera les principaux thèmes du chapitre pour les expliquer en classe. Les sujets qu'il abordera sont ceux que vous devriez étudier en priorité. Accordez également la priorité aux figures et aux tableaux expliqués pendant les cours.

Certains professeurs privilégient les notes de cours, d'autres le manuel. Demandez dès le début du cours qu'on vous explique clairement lequel de ces deux outils est le plus important pour les examens. Si votre professeur vous répond que les deux sont cruciaux, posez-lui cette question typiquement économique : « Quel est celui qui présente l'avantage marginal le plus élevé ? » En d'autres mots, s'il vous reste une heure pour étudier, vaut-il mieux la passer à revoir les notes de cours ou à relire le manuel ? Mais, avant d'en arriver là, vous devez lire chaque chapitre du manuel deux fois (une fois avant le cours, pour avoir un aperçu général, et une fois après le cours, pour bien assimiler la matière), prendre de bonnes notes de cours et faire tous les exercices des chapitres correspondants du *Guide de l'étudiant.* En appliquant cette méthode de travail, vous réalisez une allocation optimale de votre temps d'étude et vous commencez déjà à raisonner en économiste !

N'hésitez pas à demander de l'aide à votre professeur ou à son assistant. Allez voir les enseignants pendant leurs heures de consultation, et demandez-leur tous les éclaircissements dont vous avez besoin. Vous payez vos cours, et les enseignants sont là pour vous aider à apprendre, ne l'oubliez pas. Nous sommes toujours surpris de constater que rares sont les étudiants qui viennent nous consulter en dehors des cours. N'ayez pas peur! Le contact personnel qui s'établit lors de ces rencontres est aussi gratifiant pour les enseignants que pour vous.

Formez un groupe de travail. Le travail d'équipe est une excellente façon de vous motiver et d'apprendre. En répondant aux questions à voix haute, vous pourrez mieux vérifier si vous les avez bien comprises. Si vous ne répondez que mentalement aux questions posées, vous sautez souvent, sans vous en rendre compte, des étapes dans le processus de raisonnement. Lorsque vous êtes obligé d'expliquer votre raisonnement à haute voix, les lacunes et les failles ressortent sans tarder et vous (et les autres membres de votre groupe) pouvez aussitôt corriger vos erreurs. Les questions du type Vrai/Faux/Incertain du *Guide de l'étudiant* ainsi que les questions de révision qui figurent à la fin des chapitres du manuel sont d'excellents outils de travail de groupe. Vous pouvez également vous réunir après avoir résolu les problèmes et répondu aux questions du *Guide de l'étudiant*, mais avant de regarder les solutions, et vous aider ainsi les uns les autres à trouver la bonne réponse.

Travaillez sur d'anciens examens. Un des moyens les plus efficaces d'étudier est de travailler sur des examens que votre professeur a donnés les années précédentes. Ils vous aideront à prévoir un peu le genre de questions qu'il peut poser. Si, de plus, vous vous astreignez à les faire dans le temps imparti, ils vous habituent à travailler dans les conditions de l'examen, c'est-à-dire vite et bien. Travailler sur d'anciens examens n'est pas synonyme de tricher, si vous vous les êtes procurés en toute légalité. Certains établissements conservent les anciens examens à la bibliothèque, d'autres les laissent au département ou dans les locaux de l'association des étudiants. Vous pourrez également vous en procurer auprès des étudiants qui ont déjà suivi le cours. Rappelez-vous, cependant, que les anciens examens ne sont utiles que si vous les employez pour comprendre le raisonnement qui sous-tend chaque question. Si vous mémorisez simplement les réponses dans l'espoir que votre professeur posera exactement les mêmes questions, vous courez à l'échec. D'une année à l'autre, les professeurs changent leurs questions ou du moins modifient les valeurs numériques.

Utilisation du *Guide de l'étudiant*

Vous devez lire le chapitre et suivre attentivement le cours avant de vous attaquer aux exercices du *Guide de l'étudiant*. Chaque chapitre du *Guide de l'étudiant* contient les rubriques suivantes:

Concepts clés Cette première rubrique est un résumé en style télégraphique, d'une page ou deux, des définitions, des concepts et du matériel contenus dans le chapitre correspondant du manuel. Ce résumé reprend les titres du chapitre. Les termes clés utilisés dans le manuel sont imprimés en caractères gras. Cette rubrique vous permet de vous concentrer rapidement et de manière précise sur le matériel que vous devez maîtriser. C'est un outil pédagogique précieux à repasser à la veille de l'examen. Considérez-le comme un aide-mémoire qui vous permet d'effectuer une vérification finale des concepts clés que vous avez étudiés.

Rappels De nombreux étudiants butent sur certains concepts difficiles à comprendre et commettent les mêmes erreurs. Ces erreurs sont suffisamment fréquentes pour que nous sachions maintenant comment aider les étudiants à les éviter. Les conseils contenus sous cette rubrique portent sur ce genre d'erreurs et vous montrent comment les éviter. Ils portent notamment sur les concepts, les équations et les techniques de résolution de problème les plus importants du chapitre. Vous y trouverez également des conseils sur la façon d'interpréter les graphiques essentiels, que l'on retrouve dans tous les examens. Nous espérons que cette rubrique vous aidera à répondre aux questions-pièges que les professeurs glissent souvent dans les examens pour vérifier la précision de vos connaissances.

Cette rubrique peut également comporter du matériel que votre professeur ajoute au cours, mais qui ne figure pas dans les chapitres du manuel. Il peut s'agir, par exemple, de la solution à l'équation portant sur l'offre et la demande de la Note mathématique du chapitre 4 du manuel. Ce matériel est indiqué par le symbole ⓔ et vous pouvez le sauter si votre professeur ne l'aborde pas.

Le symbole ⓔ est utilisé dans le *Guide de l'étudiant* pour vous aider à reconnaître les questions et les réponses qui se rapportent au matériel supplémentaire.

Autoévaluation Cette rubrique est incontestablement l'une des plus utiles du *Guide de l'étudiant*. Elle se compose de questions et de problèmes dont l'objectif est de vous aider à vérifier si vous maîtrisez ou non les notions et les techniques essentielles pour réussir aux examens. Cette rubrique propose un grand nombre de questions à choix multiple (25 par chapitre) similaires à celles qu'on retrouve dans les examens. Vous y trouverez aussi d'autres questions, décrites ci-dessous, ayant chacune un but pédagogique précis. Les questions (et les réponses) basées sur le matériel supplémentaire qui apparaît sous la rubrique Rappels portent le symbole ⓔ. Il vous sera ainsi facile de les sauter si votre professeur n'aborde pas ce matériel. Avant de passer à l'analyse des trois parties de la rubrique Autoévaluation, voici quelques remarques générales.

Inscrivez vos réponses au crayon dans le *Guide de l'étudiant*. Vous pourrez ainsi effacer vos erreurs lors des corrections et vous aurez des pages propres et bien remplies sur lesquelles travailler. Tracez un graphique chaque fois que cela est utile. Parfois, on vous demandera explicitement d'illustrer vos propos graphiquement. D'autres fois, même si on ne vous demande pas de le faire, vous serez appelé à vous engager dans un processus de raisonnement qui implique des déplacements de courbes. *Tracez toujours un graphique.* N'essayez pas de faire tout votre raisonnement mentalement, car vous risqueriez fort de vous tromper. Chaque fois que vous tracez un graphique en marge du *Guide*, fût-ce rapidement, nommez vos axes. Les étudiants croient souvent pouvoir mémoriser les noms des axes et se dispensent de les écrire, mais ils oublient qu'ils auront à tracer de nombreux graphiques dont les axes mesurent des variables très diverses. Évitez les erreurs, nommez les axes! Rappelez-vous enfin que, aux examens, les professeurs retirent des points aux étudiants qui ne nomment pas les axes.

Répondez aux questions de l'Autoévaluation comme s'il s'agissait d'un véritable examen, c'est-à-dire *sans regarder les réponses.* C'est le conseil le plus important que nous puissions vous donner sur le bon usage du *Guide de l'étudiant.* Souvenez-vous qu'on n'a jamais rien sans mal. On apprend beaucoup des bonnes réponses obtenues à force de patience et de réflexion, mais aussi des erreurs et des mauvaises réponses. Quand vous regarderez les réponses, essayez de comprendre pourquoi vous vous êtes trompé et pourquoi les réponses données sont les bonnes.

Si vous voulez vous imposer un rythme d'examen dans votre travail de révision, prévoyez deux minutes par question du type Vrai/Faux/Incertain ou par question à choix multiple. Les problèmes à court développement appellent des réponses très diverses auxquelles il est difficile d'attribuer une durée moyenne. Sachez cependant que nous ne recommandons pas de limite de temps pour répondre aux questions contenues dans le *Guide.* Il vaut mieux faire ces exercices avec sérieux et concentration, mais calmement. Si vous voulez vous entraîner à répondre dans un laps de temps donné, utilisez plutôt les «examens de mi-étape» (voir la description à la page viii) ou d'anciens examens.

Chaque chapitre comporte de nombreuses questions et il vous faudra de deux à cinq heures pour y répondre. Si vous êtes fatigué (ou que vous commencez à vous ennuyer), ne vous astreignez pas à répondre à toutes les questions en une seule fois. Divisez votre travail d'autoévaluation en plusieurs séances (deux au moins).

L'Autoévaluation comporte trois rubriques.

Vrai/Faux/Incertain (Justifiez votre réponse.)

Ces questions évaluent vos connaissances des concepts contenus dans le chapitre correspondant et votre capacité de les appliquer. Certaines questions permettent de tester votre compréhension et de voir si vous pouvez déceler les erreurs dans les énoncés qui portent sur des concepts de base. Vous pourrez ainsi reconnaître vos lacunes sans tarder. Il est préférable de répondre à ces questions à haute voix, lors de votre travail en groupe.

Lorsque vous donnez votre réponse, précisez si l'énoncé est *vrai, faux* ou *incertain,* car, parfois, celui-ci peut être vrai ou faux selon les circonstances ou les hypothèses. Expliquez votre réponse en une seule phrase. L'espace prévu sous chaque question est suffisant pour l'y inscrire.

Questions à choix multiple

Ces questions, plus difficiles, visent à évaluer vos capacités d'analyse. Pour y répondre, vous allez devoir appliquer les concepts dans des conditions nouvelles, traiter l'information et résoudre des problèmes chiffrés et graphiques.

Il s'agit du type de questions qui sont le plus souvent posées lors des tests et des examens. Dans l'Autoévaluation, qui en contient 25, elles sont présentées dans le désordre, pour vous mettre en situation d'examen réel.

Lisez attentivement chaque question et les cinq possibilités avant de donner votre réponse. Plusieurs de ces possibilités seront plausibles et ne différeront que peu les unes des autres. Vous devrez choisir la réponse la plus appropriée. Nous vous conseillons d'éliminer tout d'abord les réponses qui, de toute évidence, sont fausses et de vous concentrer, ensuite, sur les possibilités restantes. Notez que, parfois, la bonne réponse sera «Aucune de ces réponses». Ne vous découragez pas et ne pensez pas que vous n'êtes pas bon si vous n'arrivez pas à déterminer d'emblée la bonne réponse. Les questions sont conçues pour vous faire réfléchir.

Problèmes à court développement

La meilleure façon d'étudier en économie est de résoudre des problèmes. Les problèmes figurent aussi au deuxième rang des questions le plus souvent posées lors des tests et des examens – alors faites-en le plus souvent possible! À la fin de chaque Autoévaluation, vous trouverez dix problèmes à court développement chiffrés ou graphiques, qui s'inspirent souvent de sujets de politique économique. Pour de nombreux chapitres, c'est la partie la plus ardue de l'Autoévaluation. C'est également la plus utile, car elle vous permettra de consolider votre compréhension du matériel étudié dans ces chapitres. Il s'agit par ailleurs d'un outil didactique plus que d'un outil d'évaluation. Nous présentons chaque problème en plusieurs parties, allant des plus faciles aux plus difficiles, pour vous accompagner dans votre travail de façon à vous permettre d'avancer étape par étape.

Les problèmes difficiles sont accompagnés du symbole ☉ qui indique que vous aurez besoin de plus de temps et d'efforts pour les résoudre. Le symbole ☉ vous donne le même genre d'indications que vous donne, lors d'un test ou d'un examen, le nombre de points ou le nombre de minutes alloué à une question.

Réponses
L'Autoévaluation est suivie des réponses à toutes les questions. Ne regardez pas les réponses avant d'avoir essayé de répondre aux questions. Lorsque vous les regarderez, cherchez à comprendre pourquoi vous vous êtes trompé et pourquoi la réponse donnée est la bonne.

Chaque réponse aux questions du type Vrai/Faux/Incertain et aux questions à choix multiple comprend une brève explication. Vous pourrez ainsi voir où vous vous êtes trompé et comprendre le raisonnement économique qui sous-tend la réponse. Les réponses aux questions difficiles sont accompagnées du symbole ☉ pour vous indiquer la difficulté de la question. (Pour vous mettre le plus possible en situation de test ou d'examen, nous n'avons pas indiqué quelles questions du type Vrai/Faux/Incertain ou quelles questions à choix multiple sont difficiles. Dans un examen, on accorde à toutes les questions à choix multiple le même nombre de points et vous ne savez pas lesquelles sont difficiles.)

Les réponses détaillées aux problèmes à court développement seront particulièrement utiles pour clarifier et illustrer le processus de raisonnement typique de l'analyse économique. Si les réponses ne réussissent pas à vous éclairer, relisez les rubriques appropriées du manuel. Si cela ne vous suffit pas, demandez des éclaircissements à votre professeur ou à son assistant ou, encore, consultez les membres de votre groupe de travail.

Révision des parties et examens de mi-étape
Au bout d'un certain nombre de chapitres, à la fin de chacune des parties du manuel, vous trouverez un problème spécial (et sa réponse), qui porte sur le matériel abordé dans tous les chapitres de la partie en question. Ce problème met en lumière des questions de politique et d'actualité (par exemple, les effets de la contrebande de cigarettes sur les recettes fiscales). Ces problèmes vous aideront à intégrer les notions étudiées dans les différents chapitres et, contrairement aux apparences, ils sont étroitement reliés à la matière étudiée. Les questions d'examen ressemblent souvent à ces problèmes.

Chaque révision comporte également un examen de mi-étape composé de questions à choix multiple, tirées de chacun des chapitres de la partie correspondante du manuel. Cet examen est présenté comme un véritable examen ou test, qui vous limite dans le temps. Comme pour les autres questions à choix multiple du *Guide de l'étudiant*, vous y trouverez des réponses accompagnées d'explications succinctes.

Si vous utilisez adéquatement le manuel et le *Guide de l'étudiant*, vous serez bien préparé pour vos examens, mais, surtout, vous aurez acquis des aptitudes analytiques et une capacité de raisonnement qui vous serviront tout au long de votre vie, quelle que soit la carrière que vous aurez choisie.

Avez-vous des conseils à nous donner?

Nous avons tout mis en œuvre pour rendre ce *Guide de l'étudiant* aussi clair et aussi précis que possible. Mais, malheureusement, il n'est pas exclu que quelques erreurs s'y soient glissées. Vous êtes le mieux placé pour juger de la qualité de ce recueil et pour évaluer notre travail. Si vous décelez des erreurs ou si vous avez des suggestions pouvant améliorer le *Guide de l'étudiant*, écrivez-nous.

Avi. J. Cohen
Harvey B. King
Dimitri Sanga

TABLE DES MATIÈRES

Qu'est-ce que la science économique ?

Les économistes : comment ils raisonnent

Le problème économique fondamental est celui de la **rareté**.

◆ Parce que les ressources disponibles pour satisfaire nos besoins et nos désirs sont insuffisantes, nous ne pouvons obtenir tout ce que nous voulons et nous devons faire des choix, ce qui nous force à prendre des décisions optimales – à choisir la meilleure utilisation, ou utilisation optimale, des ressources disponibles.

◆ La **science économique** est la science qui explique les choix que font les gens pour résoudre le problème de la rareté.

Le coût d'opportunité est le concept le plus important pour faire le meilleur choix parmi les différentes possibilités offertes. Le **coût d'opportunité** de tout choix est la valeur de l'option la plus avantageuse qui n'a pas été retenue.

◆ Le coût d'opportunité réel d'un choix se mesure en biens et services auxquels on a renoncé et non en unités monétaires.

◆ Le coût d'opportunité inclut la valeur du temps consacré à obtenir un bien ou service ainsi que le coût externe.

Les individus font des choix économiques à la marge, en comparant le *coût additionnel* – le **coût marginal** – et l'*avantage additionnel* – l'**avantage marginal** – d'une légère augmentation de leur activité. Lorsque l'avantage marginal est supérieur au coût marginal, ils choisissent d'augmenter cette activité.

Selon le **principe de substitution**, lorsque le coût d'opportunité d'une activité augmente, les gens remplacent celle-ci par d'autres activités.

◆ Les variations des coûts marginaux (coûts d'opportunité) et des avantages marginaux sont des **incitatifs** qui amènent les gens à reconsidérer leurs choix.

◆ La concurrence a des répercussions sur la chaîne des substitutions – des effets ultérieurs – qui dominent les effets initiaux ou immédiats.

Les économistes : ce qu'ils font

Les économistes s'intéressent à :

◆ la **microéconomie** – l'étude des décisions prises par les ménages et les entreprises ;

◆ la **macroéconomie** – l'étude de l'économie nationale et de l'économie mondiale ainsi que de la croissance et des fluctuations des agrégats économiques.

La science économique est une science sociale qui établit la distinction entre :

◆ les *énoncés positifs* – énoncés qui se rapportent à ce qui *est* –, que l'on peut vérifier en les confrontant aux faits et

◆ les *énoncés normatifs* – énoncés relatifs à ce qui *devrait* être –, qui reposent sur des valeurs et qui sont invérifiables.

La science économique tente de *comprendre* le fonctionnement du monde économique et elle ne s'intéresse qu'aux énoncés positifs. Les économistes essaient de découvrir les énoncés positifs qui rendent compte des phénomènes observés. Cela se fait en trois étapes :

◆ l'observation et la mesure ;

◆ la construction de **modèles économiques** – représentations schématiques du monde réel comprenant deux éléments :

- *hypothèses* sur ce qui est essentiel et ce qui ne l'est pas;
- *conséquences* ou *prédictions* pouvant être vérifiées en les comparant aux faits;

◆ l'élaboration de **théories économiques** – généralisations permettant de comprendre les choix économiques à partir de la construction et de la vérification de modèles économiques (figure 1.1 du manuel).

Les modèles et théories économiques, qui nous sont fort utiles, permettent d'isoler les principales forces en jeu et de départager cause et effet. Pour ce faire, il faut:

◆ recourir à l'hypothèse *ceteris paribus*, qui signifie que l'on maintient tous les autres facteurs constants afin d'isoler les effets d'un facteur à la fois;

◆ éviter les erreurs de raisonnement, en particulier:

- l'erreur de composition – énoncé faux qui stipule que ce qui est vrai pour une partie d'un tout l'est également pour le tout et vice versa;
- l'erreur du *post hoc ergo propter hoc* – erreur de raisonnement qui consiste à prétendre que l'événement *A* a provoqué l'événement *B* simplement parce qu'il a eu lieu avant celui-ci.

La politique économique est la discipline qui tente d'améliorer la performance économique en visant les objectifs suivants:

◆ l'**efficience économique**, soit l'efficience dans la production, dans la consommation et dans les échanges;

◆ l'**équité**, soit la justice ou l'égalité économique;

◆ la **croissance économique**, soit l'augmentation du revenu et de la production par personne;

◆ la **stabilité économique**, soit l'atténuation de variations importantes du taux de croissance économique, du niveau d'emploi et des prix moyens.

L'économie: vue d'ensemble

L'économie est un mécanisme qui permet de répartir les ressources limitées entre les diverses utilisations potentielles. Ce mécanisme répond aux cinq questions essentielles: *Quoi? Comment? Quand? Où? Pour qui?* Le modèle économique (figure 1.2 du manuel) inclut deux composantes:

◆ les décideurs, soit les ménages, les entreprises et les gouvernements;

◆ les **marchés**, soit les lieux où se coordonnent les décisions d'achat et de vente au moyen d'ajustements de prix. Il existe deux types de marchés:

- les *marchés des produits,* où s'échangent les biens et services;
- les *marchés des facteurs,* où s'échangent les **facteurs de production** (**travail**, **terre**, **capital**, **esprit d'entreprise**).

L'économie canadienne est:

◆ une *économie mixte,* car elle a principalement recours à la coordination par le marché mais aussi à la coordination par directives;

◆ une *économie ouverte,* puisqu'elle entretient des liens avec d'autres économies par ses exportations et ses importations, ainsi que par des prêts et emprunts internationaux. Une économie fermée n'entretient aucun lien économique avec d'autres économies.

R A P P E L S

1 La définition de l'économique (comment les gens utilisent les ressources limitées pour satisfaire des besoins illimités) nous amène directement à trois concepts économiques importants: le choix, le coût d'opportunité et la concurrence. Lorsque les ressources disponibles sont insuffisantes, nous ne pouvons satisfaire tous nos besoins et devons donc faire des *choix* entre plusieurs possibilités. En faisant un choix, nous renonçons à d'autres possibilités, et le *coût d'opportunité* de tout choix représente la valeur de la meilleure possibilité que nous avons écartée. De plus, lorsque les ressources disponibles sont insuffisantes pour satisfaire l'ensemble des besoins, ceux-ci doivent être hiérarchisés et les individus doivent se faire *concurrence* pour obtenir les ressources limitées.

2 L'analyse marginale est une notion fondamentale à laquelle se réfèrent les économistes pour prédire quels seront les choix des individus. Pour comprendre ce qu'est l'analyse marginale, il importe de se concentrer sur les coûts et les avantages *additionnels* plutôt que sur les coûts et les avantages totaux. Par exemple, pour prédire si Taejong va manger un quatrième hamburger, l'économiste compare l'avantage *additionnel* – soit la satisfaction que retirera Taejong de la consommation d'un quatrième hamburger – à son coût *additionnel*. Les avantages et coûts totaux des quatre hamburgers n'ont ici aucune pertinence. Ce n'est que si l'avantage marginal est supérieur au coût marginal que Taejong consommera un quatrième hamburger.

3 Pour tenter de comprendre comment et pourquoi une chose fonctionne (par exemple un avion, un objet en chute libre, une économie), nous pouvons avoir recours à une description ou à une théorie. Une description est une liste d'éléments qui se rapportent à une chose. Toutefois, elle ne nous dit pas quels sont ceux qui sont essentiels pour comprendre comment fonctionne un avion (la forme des ailes) ni quels sont ceux qui sont moins importants (la couleur de la peinture).

Les scientifiques ont recours à des théories qui font abstraction des éléments descriptifs complexes du monde réel et qui leur permettent de ne se concentrer que sur les éléments essentiels à la compréhension. Ceux-ci sont incorporés dans des modèles – des représentations très simplifiées du monde réel.

En physique, comme dans d'autres sciences naturelles, si nous voulons comprendre la force essentielle d'un phénomène, par exemple ce qui explique la chute des objets (la gravité), nous utilisons une théorie pour construire un modèle simple, que nous vérifions par une expérience contrôlée. Dans le cas de la chute des objets, nous créons un vide pour éliminer les forces moins importantes comme la résistance de l'air.

Les modèles économiques permettent de se concentrer sur les forces essentielles (concurrence, intérêt personnel) à l'œuvre dans une économie, tout en éliminant les forces moins importantes (fantaisie, publicité, altruisme). À la différence des physiciens, les économistes ne peuvent avoir recours à des expériences contrôlées pour tester leurs modèles. Ainsi, il est difficile de confirmer ou d'infirmer de manière concluante une théorie et ses modèles.

4   Les modèles ressemblent aux cartes routières, qui sont utiles précisément parce qu'elles ne reproduisent pas tous les détails du monde réel. Une carte qui reproduirait tous ces détails (lampadaires, bornes-fontaines, fils électriques) aurait peu d'intérêt. Une carte utile offre une vue simplifiée, soigneusement choisie en fonction de son objectif. N'oublions pas que les modèles économiques ne prétendent pas que le monde réel est aussi simple que le modèle. Les modèles prétendent capter l'effet simplifié des forces réelles à l'œuvre dans l'économie. Avant de tirer des conclusions s'appliquant à l'économie réelle à partir d'un modèle, nous devons nous assurer que, lorsque nous réinsérerons toutes les complexités du monde réel abstraites par le modèle, les conclusions seront les mêmes que celles fournies par celui-ci.

5   Le but le plus important de l'étude économique n'est pas d'apprendre *ce qu'il faut* penser mais plutôt *comment* penser. On peut toujours trouver dans les livres les faits et les descriptions relatifs au monde économique. La valeur des études en ce domaine repose sur la capacité de réfléchir de manière critique aux problèmes économiques et de *comprendre comment* fonctionne le monde économique. Cette compréhension des forces essentielles qui en régissent le fonctionnement ne peut s'acquérir que par la maîtrise de la théorie économique et la construction de modèles.

AUTOÉVALUATION

Vrai/Faux/Incertain
(Justifiez votre réponse.)

1   La science économique étudie comment utiliser des ressources illimitées pour satisfaire des besoins limités.

2   Si François dormait au lieu d'assister à un cours d'économique ou de faire de la course, le cours manqué représenterait le coût d'opportunité de ses heures de sommeil.

3   Lorsque le coût d'opportunité d'une activité augmente, les gens remplacent les autres activités par celle-ci.

4   Dans une économie coordonnée par directives, les décisions concernant *quoi, comment, quand, où* et *pour qui* sont le résultat des ajustements de prix.

5   Une économie fermée est une économie où la liberté économique est très limitée.

6   L'économie n'est pas une science puisqu'elle se rapporte à l'étude d'êtres humains doués de volonté et non à celle d'objets inanimés.

7 Un énoncé positif se rapporte à ce qui *est*, alors qu'un énoncé normatif se rapporte à ce qui *sera*.

8 La macroéconomie inclut l'étude des causes de l'inflation.

9 Pour vérifier un modèle économique, il faut comparer les prédictions qu'il permet de formuler et les faits.

10 Lorsque les prédictions d'un modèle sont contredites par les faits pertinents, il faut rejeter la théorie ou la modifier.

Questions à choix multiple

1 La situation caractérisant l'incapacité de satisfaire pleinement tous ses besoins compte tenu des ressources limitées dont on dispose s'explique par
a) le coût d'opportunité.
b) le problème de la rareté.
c) l'économie normative.
d) la difficulté à déterminer *quoi* produire.
e) la difficulté à déterminer *qui* consommera la production.

2 Le problème de la rareté
a) n'existe que dans les économies coordonnées par le marché.
b) n'existe que dans les économies coordonnées par directives.
c) existe dans toutes les économies.
d) n'existe que lorsque les gens n'ont pas optimisé leurs choix.
e) existe, mais sera éliminé par la croissance économique.

3 Lorsque le gouvernement consacre des ressources à la construction d'un barrage, ces ressources ne sont plus disponibles pour construire une autoroute. Cet exemple illustre la notion
a) de mécanisme de marché.
b) de macroéconomie.
c) de coût d'opportunité.
d) d'économie fermée.
e) de coopération.

4 Un énoncé positif
a) se rapporte à ce qui *devrait* être.
b) se rapporte à ce qui *est*.
c) est toujours vrai.
d) peut être évalué comme étant faux ou vrai par l'observation et la mesure.
e) **b** et **d**.

5 Une économie mixte possède à la fois
a) un commerce interne et international.
b) des industries ouvertes et fermées.
c) des mécanismes positifs et normatifs.
d) des mécanismes de coordination par le marché et par directives.
e) la richesse et la pauvreté.

6 Renée a la possibilité d'assister à un cours d'économique ou de jouer au tennis. Si elle choisit d'assister au cours, la valeur d'une partie de tennis est
a) supérieure à celle du cours d'économique.
b) non comparable à celle du cours d'économique.
c) égale à celle du cours d'économique.
d) le coût d'opportunité de sa présence au cours d'économique.
e) nulle.

7 Pour un client, le coût d'opportunité d'une coupe de cheveux à 10 $ correspond à
a) la valeur de la meilleure possibilité à laquelle il a dû renoncer pour dépenser ses 10 $.
b) la valeur de la meilleure possibilité à laquelle il a dû renoncer pour prendre le temps de se faire couper les cheveux.
c) la valeur de la meilleure possibilité à laquelle il a dû renoncer pour dépenser ses 10 $ et prendre le temps de se faire couper les cheveux.
d) une valeur de 10 $ pour le coiffeur.
e) la valeur que représente pour le coiffeur le temps nécessaire pour faire une coupe de cheveux.

8 Tous les éléments suivants composent les objectifs d'une politique économique *sauf*
a) l'équité.
b) l'efficience.
c) l'esprit d'entreprise.
d) la stabilité.
e) la croissance.

9 Lequel des éléments suivants est un exemple du capital comme facteur de production?
a) La monnaie détenue par General Motors
b) Une obligation émise par General Motors
c) Une usine de fabrication d'automobiles de General Motors
d) Toutes ces réponses.
e) Aucune de ces réponses.

10 Comment vérifie-t-on un modèle économique?
a) En examinant le réalisme de ses hypothèses
b) En comparant ses prédictions aux faits
c) En comparant ses descriptions aux faits
d) En ayant recours au comité de vérification de l'Association économique canadienne
e) Toutes ces réponses.

11 Les éléments suivants sont des facteurs de production, *sauf*
a) les ressources naturelles.
b) les outils.
c) l'esprit d'entreprise.
d) le gouvernement.
e) la terre.

12 Une économie fermée
a) exporte plus qu'elle n'importe.
b) importe plus qu'elle n'exporte.
c) a une production strictement contrôlée par le gouvernement.
d) n'entretient aucun lien économique avec les ménages et le gouvernement.
e) n'entretient aucun lien économique avec d'autres économies.

13 Le domaine de l'économique qui étudie les décisions des ménages et des entreprises s'appelle
a) la macroéconomie.
b) la microéconomie.
c) l'économie positive.
d) l'économie normative.
e) l'économie familiale.

14 La rareté peut être éliminée grâce
a) à la coopération.
b) à la concurrence.
c) aux mécanismes de coordination par le marché.
d) aux mécanismes de coordination par directives.
e) Aucune de ces réponses.

15 On peut décrire l'économie canadienne comme étant une économie
a) fermée.
b) de marché.
c) coordonnée par directives.
d) mixte.
e) prospère et ne connaissant pas le problème de la rareté.

16 Un énoncé normatif se rapporte
a) à ce qui *est* habituellement le cas.
b) aux hypothèses d'un modèle économique.
c) à ce qui *devrait* être.
d) aux prédictions d'un modèle économique.
e) à ce qui *est*.

17 « Les riches ont des taux d'imposition sur le revenu plus élevés que les pauvres. » Cet énoncé est
a) normatif.
b) positif.
c) descriptif.
d) théorique.
e) **b** et **c**.

18 Toutes autres choses étant égales par ailleurs, lequel des énoncés suivants est vrai?
1. Si le chômage augmente, le coût d'opportunité des études universitaires diminue.
2. Si les hommes gagnent généralement plus que les femmes sur le marché du travail, le coût d'opportunité des études universitaires est plus élevé pour les hommes que pour les femmes.
a) 1
b) 2
c) 1 et 2
d) Ni 1 ni 2
e) Impossible de juger sans informations supplémentaires

19 Lequel des éléments suivants *n'est pas* une ressource en capital?
a) La monnaie
b) Un marteau de menuisier
c) Une fabrique de chaussures
d) Une machine à trancher le pain
e) Le Stade olympique

20 Lequel des énoncés suivants est positif?
   a) Les faibles loyers limiteront l'offre de logements.
   b) Les taux d'intérêt élevés sont néfastes pour l'économie.
   c) Les loyers sont trop élevés.
   d) Les propriétaires d'immeubles résidentiels devraient pouvoir exiger le loyer qu'ils désirent.
   e) Le gouvernement devrait contrôler les loyers qu'imposent les propriétaires de logements.

21 Toutes les questions suivantes relèvent de la microéconomique *sauf*
   a) le progrès technologique.
   b) les salaires et autres revenus.
   c) les disparités nationales en matière de richesse.
   d) la production.
   e) la consommation.

22 Lequel des éléments suivants *ne* permet *pas* d'évaluer le coût d'opportunité des études universitaires?
   a) Les frais de scolarité
   b) Le coût des manuels scolaires
   c) Le coût des repas
   d) Le revenu qui aurait été gagné en travaillant
   e) Toutes ces réponses.

23 Le coût d'opportunité *ne* comprend *pas*
   a) le coût externe.
   b) la meilleure possibilité à laquelle nous avons renoncé.
   c) toutes les possibilités auxquelles nous avons renoncé.
   d) le coût du temps.
   e) le coût réel.

24 Lequel ou lesquels des énoncés suivants sont normatifs?
   a) Les scientifiques ne devraient pas faire d'énoncés normatifs.
   b) Les verrues sont causées par le contact avec des crapauds.
   c) Lorsque le prix des disques compacts diminue, les gens en achètent davantage.
   d) Lorsque le revenu augmente, la vente de biens de luxe baisse.
   e) c et **d**.

25 Lequel des sujets suivants *ne* doit *pas* être considéré comme relevant de la macroéconomie?
   a) Les causes d'une baisse du prix du jus d'orange
   b) Les causes d'une baisse des prix moyens
   c) La cause des récessions
   d) L'effet du déficit budgétaire du gouvernement sur l'inflation
   e) La détermination du revenu global

Problèmes à court développement

1 Qu'entend-on par rareté et pourquoi l'existence de la rareté signifie-t-elle que nous devons faire des choix?

2 Si tous les gens optimisaient, cela résoudrait le problème de la rareté. Dites si vous êtes d'accord ou non avec cette affirmation et expliquez pourquoi.

3 Élisabeth, Doug et Mei-Lin prévoient se déplacer d'Halifax à Sydney. Le voyage est d'une heure par avion et de cinq heures par train. Le prix du billet d'avion est de 100 $, et celui du billet de train de 60 $. Les trois personnes devront s'absenter du travail pour faire ce voyage. Élisabeth gagne 5 $ l'heure, Doug 10 $ l'heure, et Mei-Lin 12 $ l'heure.
   Calculez le coût d'opportunité du voyage par avion et par train pour chacune des personnes. En supposant qu'elles recherchent toutes trois l'optimisation des coûts, par quel moyen de transport chaque personne devrait-elle se rendre à Sydney?

4 Expliquez l'interdépendance qui existe entre les ménages et les entreprises à la figure 1.2 de la page 17 du manuel. (Ne pas tenir compte de la présence des gouvernements pour répondre à cette question.)

5 Supposons que le gouvernement fasse construire un hôpital et le dote en personnel dans le but de dispenser des services médicaux «gratuits».
   a) Quel est le coût d'opportunité des services médicaux gratuits?
   b) La société, comme entité, voit-elle ces services comme étant gratuits?

6 Indiquez si chacun des énoncés énumérés ci-après est de type normatif ou positif. S'il s'agit d'un énoncé normatif (positif), récrivez-le de manière à ce qu'il devienne positif (normatif).
a) Le gouvernement devrait réduire la taille du déficit afin d'abaisser les taux d'intérêt.
b) L'imposition par le gouvernement d'une taxe sur les produits du tabac entraînera la réduction de la consommation de ceux-ci.

7 Supposons que nous examinions un modèle de croissance de plantes qui prédit que, compte tenu de la quantité d'eau et de lumière, l'application d'un engrais stimule la croissance des plantes.
a) Comment pourriez-vous vérifier ce modèle?
b) En quoi cette vérification diffère-t-elle de celle qu'un économiste pourrait faire pour vérifier un modèle économique?

8 Lors d'une entrevue télévisée, lorsque l'interviewer a demandé à une rameuse ce qui lui manquait le plus en raison du temps passé à s'entraîner pour les Jeux olympiques, elle a répondu : « Une vie sociale normale. » Elle a aussi révélé qu'elle avait renoncé à un emploi de 20 000 $ par an pour pouvoir s'entraîner à plein temps. Elle a reçu une bourse de 10 000 $ de Sport Canada, mais cette bourse n'a pas suffi à couvrir toutes ses dépenses. Ses frais de nourriture et de logement étaient de 5 000 $ par an, et ses frais d'entraînement (coût des services de l'entraîneur, frais d'équipement, etc.) de 16 000 $ par an.
a) Quel est, pour cette rameuse, le coût d'opportunité annuel pour tenter de remporter la médaille d'or?
b) Quel est, pour le Canada, le coût d'opportunité annuel de l'entraînement de cette rameuse?
c) En général, quel est, pour le Canada, le coût d'opportunité annuel de la participation de cette rameuse et des autres athlètes canadiens aux Jeux olympiques?

9 Pourquoi l'économie du Canada est-elle considérée comme étant une économie mixte?

10 Supposons que votre ami, qui se spécialise en histoire, affirme que les théories économiques sont inutiles parce qu'elles reposent sur des modèles irréalistes. Il déclare que, puisque ces modèles ne tiennent pas compte des nombreux détails descriptifs du monde réel, ils ne peuvent permettre de comprendre le fonctionnement de l'économie. Comment défendriez-vous votre décision d'étudier la théorie économique?

RÉPONSES

Vrai/Faux/Incertain (Justifiez votre réponse.)

1 F Ressources limitées et besoins illimités.
2 I Le coût d'opportunité est la *meilleure* possibilité à laquelle nous renonçons; dans ce cas-ci, nous ne savons pas si François préfère le cours d'économique ou la course.
3 F Les gens remplacent l'activité devenue plus coûteuse par d'autres activités.
4 F Les ajustements de prix sont une des caractéristiques principales de la coordination par le marché.
5 F Une économie fermée n'entretient aucun lien avec d'autres économies.
6 F La science n'est pas définie par le sujet, mais par la méthode d'observation, la mesure et la vérification des modèles théoriques.
7 F Les énoncés normatifs se rapportent à ce qui *devrait* être.
8 V L'inflation traite du niveau général des prix.
9 V Vérifier les prédictions, et non les hypothèses.
10 V Les prédictions d'un modèle doivent être vérifiées par les faits pour faire partie d'une théorie acceptée.

Questions à choix multiple

1 b Par définition.
2 c Avec des besoins illimités et des ressources limitées, la rareté ne sera jamais éliminée.
3 c L'autoroute est la possibilité qui a été abandonnée.
4 e Par définition.
5 d Par définition.
6 d En choisissant le cours d'économique, on indique que la valeur du cours est supérieure à celle du tennis. Le tennis est la (meilleure) possibilité qui a été abandonnée pour le cours d'économique.
7 c Le coût d'opportunité comprend les biens réels qui pourraient être achetés avec les 10 $ ainsi que le coût du temps.
8 c L'esprit d'entreprise est un facteur de production.
9 c Le capital est défini en tant que bien manufacturé utilisé dans la production.
10 b Les hypothèses ne sont pas des descriptions réalistes; ce sont des représentations simplifiées du monde.
11 d Le gouvernement est un décideur.

12 e Par définition.

13 b Par définition.

14 e La rareté est une réalité inévitable.

15 d L'économie mixte repose sur la coordination par le marché et la coordination par directives.

16 c Le mot clé de l'énoncé normatif est *devrait*.

17 e Les énoncés positifs décrivent les faits concernant ce qui *est*.

18 c Le chômage réduit le revenu moyen attendu du travail. Un coût d'opportunité plus élevé pour les hommes n'est peut-être pas équitable, mais c'est un fait.

19 a La monnaie n'est pas un bien manufacturé utilisé dans la production.

20 a Bien que **a** puisse être évalué comme étant vrai ou faux, d'autres énoncés sont une question de point de vue.

21 c **c** relève de la macroéconomie.

22 c On doit payer pour nos repas, que l'on aille ou non à l'université; les repas ne font donc pas partie des coûts d'opportunité.

23 c Vous ne renoncez pas à toutes les possibilités. Si vous aviez assisté à la conférence, vous n'auriez pas pu dormir plus longtemps *et* faire de la course à pied.

24 a Le mot clé est *devrait*. Même l'énoncé **b** est positif.

25 a Le prix d'un bien individuel relève de la microéconomie.

Problèmes à court développement

1 La rareté est le phénomène universel qui repose sur le fait que les êtres humains ont des désirs et besoins illimités et que les ressources nécessaires pour produire les biens et services sont limitées. Le fait que les biens et services soient limités signifie que les individus ne peuvent satisfaire tous leurs besoins. Ils doivent donc faire des choix.

2 Pas d'accord. Si tout le monde optimisait, nous ferions la meilleure utilisation possible de nos ressources et obtiendrions les plus grands avantages ou satisfactions possibles étant donné la quantité de ressources limitées. Toutefois, cela ne veut pas dire que nous satisferions tous nos besoins illimités. Le problème de la rareté ne pourra être «résolu» tant et aussi longtemps que les gens auront des besoins illimités et que les ressources disponibles pour satisfaire ces besoins seront limitées.

3 L'élément déterminant est que le coût d'opportunité total du voyage comprend la valeur de la meilleure possibilité en ce qui concerne la durée du voyage et le prix du billet d'avion ou de train. Les coûts totaux du voyage par train ou par avion pour Élisabeth, Doug et Mei-Lin sont présentés au tableau 1.1.

TABLEAU 1.1

Voyageur	Train	Avion
Élisabeth		
(a) Prix du billet	60 $	100 $
(b) Coût d'opportunité du temps de voyage à 5 $ l'heure	25 $	5 $
Coût total	**85 $**	**105 $**
Doug		
(a) Prix du billet	60 $	100 $
(b) Coût d'opportunité du temps de voyage à 10 $ l'heure	50 $	10 $
Coût total	**110 $**	**110 $**
Mei-Lin		
(a) Prix du billet	60 $	100 $
(b) Coût d'opportunité du temps de voyage à 12 $ l'heure	60 $	12 $
Coût total	**120 $**	**112 $**

D'après le calcul des coûts du tableau 1.1, Élisabeth aurait intérêt à prendre le train, Mei-Lin l'avion, et Doug pourrait prendre indifféremment l'un ou l'autre.

4 D'une part, les entreprises dépendent des ménages en ce qui a trait à l'offre des facteurs de production. D'autre part, les ménages dépendent des entreprises pour gagner leur revenu. Les ménages utilisent ce revenu pour acheter des biens et services aux entreprises, alors que ces dernières comptent sur l'argent qu'elles reçoivent des ménages pour acheter plus de facteurs de production au cours de la période subséquente et renouveler ainsi le flux circulaire.

5 a) Même lorsque les services médicaux sont offerts sans frais (gratuitement), il y a toujours des coûts d'opportunité. Le coût d'opportunité de la prestation de ces services représente la meilleure utilisation possible des ressources consacrées à la construction de l'hôpital, et la meilleure utilisation possible des ressources (comprenant les ressources humaines) consacrées au fonctionnement de celui-ci.

b) Ces ressources ne sont plus disponibles pour d'autres activités; elles représentent donc un coût pour la société.

6 a) Il s'agit d'un énoncé normatif. L'énoncé suivant est positif: «Si le gouvernement réduit la taille du déficit, les taux d'intérêt vont diminuer.»

b) Il s'agit d'un énoncé positif. L'énoncé suivant est normatif: «Le gouvernement devrait imposer une taxe sur les produits du tabac afin de réduire la consommation de ceux-ci.»

7 a) Il est possible de vérifier la prédiction du modèle par l'expérience contrôlée suivante et par l'observation attentive des résultats. Choisissez un nombre de parcelles de terrain de même dimension, aux caractéristiques semblables, et nécessitant la même quantité d'eau et de lumière. Plantez des quantités égales de graines dans les parcelles. Ajoutez de l'engrais dans certaines (en quantités différentes), et pas dans d'autres. Lorsque les plantes auront poussé, mesurez-en la croissance, puis comparez la croissance des plantes des parcelles fertilisées à celle des plantes des parcelles non fertilisées. Si la croissance des plantes est plus rapide dans les parcelles fertilisées, le modèle et la théorie sur laquelle il repose sont acceptés à titre provisoire. Si la croissance des plantes n'est pas plus rapide dans les parcelles fertilisées, la théorie (le modèle) est rejetée ou les hypothèses en sont modifiées. Pour que l'engrais soit efficace, il peut être nécessaire d'ajouter de l'eau.

Construisez ensuite un nouveau modèle qui prédit que, avec plus d'eau dans les deux cas (et la même quantité de lumière), les plantes des parcelles fertilisées pousseront davantage que les plantes des parcelles non fertilisées. Vérifiez ce modèle et continuez de modifier les hypothèses jusqu'à ce que les prédictions soient conformes aux faits.

b) Les économistes ne peuvent effectuer des expériences aussi contrôlées; ils doivent plutôt modifier une à une les hypothèses des autres modèles envisageables pour ensuite comparer les résultats. Les différents résultats obtenus ne peuvent par la suite être comparés qu'aux variations des données réelles de l'économie. Il s'agit de procédures de construction et de vérification de modèles plus difficiles et moins précises que celles de l'expérience contrôlée avec les parcelles fertilisées.

8 a) Il s'agit ici de savoir quels sont exactement les coûts attribuables à l'entraînement pour les Jeux olympiques. Premièrement, il y a la valeur que représente pour l'athlète la «vie sociale normale» à laquelle elle a renoncé.

Deuxièmement, parce qu'elle s'entraîne pour les Jeux olympiques, cette rameuse a renoncé à un salaire annuel de 20 000 $. Troisièmement, ses dépenses d'entraînement totalisent 16 000 $ et sont partiellement couvertes par une subvention gouvernementale de 10 000 $. En s'entraînant, elle renonce donc à une quantité de biens et services d'une valeur de 6 000 $. Quatrièmement, ses dépenses courantes habituelles ne font pas partie du coût d'opportunité de l'entraînement du fait qu'elle devrait les supporter, qu'elle s'entraîne ou non.

Le coût d'opportunité total annuel de l'entraînement de cette rameuse est de 26 000 $ plus la valeur que représente pour elle une vie sociale normale (un coût subjectif qu'il est difficile de mesurer pour les autres).

b) Le coût d'opportunité annuel pour le Canada de l'entraînement de cette rameuse est de 20 000 $ (coût d'opportunité du temps de la rameuse), plus 16 000 $ de dépenses d'entraînement (probablement une estimation raisonnable du coût d'opportunité des services de l'entraîneur et de l'équipement), plus la valeur que représente pour la rameuse la vie sociale à laquelle elle a dû renoncer – un coût total de 36 000 $, plus la valeur de la vie sociale à laquelle elle a renoncé. Si cette rameuse ne s'était pas entraînée pour les Jeux olympiques, l'économie canadienne aurait pu produire une valeur de *remplacement* de 36 000 $ de biens et services.

c) Le coût d'opportunité annuel pour le Canada de la participation d'une équipe d'athlètes aux Jeux Olympiques correspond à la valeur annuelle des biens et services qui auraient pu être produits avec les ressources consacrées à l'entraînement des athlètes.

9 L'économie canadienne est une économie mixte car elle repose à la fois sur la coordination par le marché et sur la coordination par directives. La majeure partie de la coordination se fait par le marché, mais les gouvernements et les grandes entreprises ont également recours à la coordination par directives.

10 Une réponse brève au défi que vous lance votre ami pourrait être celle qui apparaît au n° 4 de la section «Rappels». Les modèles sont comme les cartes routières, qui sont utiles précisément parce qu'elles ne tiennent pas compte de tous les détails du monde réel. Une carte utile offre une vue simplifiée, attentivement choisie en fonction de l'objectif visé. Aucun cartographe n'affirmera que le monde est aussi simple que celui qui apparaît sur sa carte, et les économistes ne prétendent pas que le monde économique réel est aussi simple que celui de leurs modèles. En revanche, ils prétendent que ceux-ci isolent l'effet simplifié de certaines forces réelles (le comportement rationnel) à l'œuvre dans le monde économique et qu'ils permettent de faire des prédictions qui sont vérifiables par une comparaison avec les faits.

Un autre moyen de répondre à votre ami serait de le mettre au défi de décrire un autre modèle ou une autre théorie plus réaliste. Vous feriez bien à cet égard de citer Milton Friedman (un lauréat du prix Nobel d'économie): «Une théorie, ou ses «hypothèses», ne peut être entièrement «réaliste» au sens descriptif immédiat [...] Une théorie entièrement «réaliste» du marché du blé devrait inclure non seulement les conditions sous-jacentes de l'offre et de la demande de blé, mais également le type de monnaie ou d'instrument de crédit utilisé dans les échanges; les caractéristiques personnelles des marchands de blé comme la couleur des yeux et des cheveux de chaque marchand, [...] le nombre de membres de sa famille, leurs caractéristiques, [...] le type de sol sur lequel le blé a été cultivé, [...] le temps qu'il a fait durant la saison de croissance, [...] et ainsi de suite indéfiniment. Tout effort fait pour obtenir ce type de «réalisme» rendra certainement une théorie absolument inutile.»

Extrait de Milton Friedman, «The Methodology of Positive Economics», dans *Essays in Positive Economics*, Chicago, University of Chicago Press, 1953, p. 32.

Les graphiques –
construction et utilisation

CONCEPTS CLÉS

La représentation graphique des données

Les graphiques permettent de visualiser des quantités qui sont représentées sous la forme de distances. Sur un graphique à deux variables :

◆ la ligne horizontale est l'*axe des abscisses* (axe des *x*) ;

◆ la ligne verticale est l'*axe des ordonnées* (axe des *y*) ;

◆ l'intersection des deux axes (0) est l'*origine*.

Les principaux types de graphiques rencontrés en économie sont les suivants.

◆ **Le diagramme de dispersion** – il montre la relation entre deux variables, l'une étant mesurée sur l'*axe des abscisses*, l'autre sur l'*axe des ordonnées*.

◆ **Le graphique de série chronologique** – il montre la relation entre le temps (mesuré sur l'*axe des abscisses*) et une ou plusieurs autres variables (mesurées sur l'*axe des ordonnées*). Il indique le niveau de la variable, la direction du changement, la vitesse du changement et la tendance (tendance générale à la hausse ou à la baisse).

◆ **Le graphique d'échantillon représentatif** – il indique la valeur d'une variable pour différents groupes de population à un moment donné.

Les graphiques trompeurs omettent souvent l'origine ou étirent/compressent l'échelle de mesure pour accentuer ou amoindrir la variation. Prenez l'habitude de bien regarder les chiffres et les données placés sur les axes avant d'interpréter un graphique.

Les graphiques utilisés dans les modèles économiques

Les graphiques qui montrent les relations entre les variables appartiennent aux quatre catégories suivantes.

◆ **Relation positive (directe)** – les variables évoluent ensemble dans le même sens ; la pente est positive.

◆ **Relation négative (inverse)** – les variables évoluent en sens opposé ; la pente est négative.

◆ Relations qui ont un maximum et un minimum :

• la relation est d'abord positive, atteint un maximum (pente nulle), puis devient négative ;

• la relation est d'abord négative, atteint un minimum (pente nulle), puis devient positive.

◆ Les variables n'ayant aucune relation entre elles (indépendantes) – une variable change alors que l'autre reste constante ; le graphique est une ligne droite verticale ou horizontale.

La pente d'une relation

La **pente** d'une relation correspond à la variation de la quantité mesurée sur l'axe des ordonnées divisée par la variation de la quantité mesurée sur l'axe des abscisses.

◆ Δ signifie « variation de ».

◆ La formule de la pente est $\Delta y / \Delta x$ = Distance verticale/Distance horizontale parcourue.

◆ Une ligne droite (**relation linéaire**) a une pente constante.

• La pente d'une relation positive (qui monte de la gauche vers la droite) est positive.

• La pente d'une relation négative (qui descend de la gauche vers la droite) est négative.

◆ La pente d'une courbe n'est pas constante et on la calcule de la manière suivante :

• *en un point sur la courbe* – en traçant une ligne droite tangente à la courbe à ce point et en calculant la pente de la droite ;

• *le long d'un arc* – en traçant une ligne droite entre deux points sur la courbe et en calculant la pente de la droite.

Représentation graphique de relations entre plus de deux variables

On peut représenter graphiquement les relations entre plusieurs variables en gardant constantes les valeurs de toutes les variables sauf deux. On a recours pour cela à l'hypothèse *ceteris paribus* – « toutes autres choses étant égales ».

RAPPELS

1 Dans le manuel, les relations entre les variables économiques sont presque invariablement représentées et analysées graphiquement. En acquérant dès le début de bonnes connaissances sur les graphiques, vous pourrez comprendre plus facilement les analyses économiques présentées aux chapitres suivants. Évitez l'erreur courante de croire qu'une compréhension superficielle des graphiques est suffisante.

2 Si votre expérience en analyse graphique est limitée, étudiez attentivement ce chapitre, car il vous prépare aux analyses économiques ultérieures. Il est probable que vous devrez le consulter de temps en temps. Si vous êtes déjà familiarisé avec la construction et l'utilisation des graphiques, ce chapitre peut vous paraître redondant. Dans ce cas, parcourez-le rapidement et effectuez le test d'autoévaluation proposé plus loin.

3 La pente d'une droite est un concept *linéaire* étant donné qu'il s'agit d'une propriété d'une ligne droite. C'est pourquoi la pente est constante le long d'une ligne droite, mais différente en divers points d'une courbe (non linéaire). Pour connaître la pente d'une courbe, nous calculons en fait la pente d'une droite. Dans le manuel, deux possibilités de calcul de la pente d'une courbe nous sont offertes: 1) la pente en un point donné et 2) la pente le long d'un arc. Dans le premier cas, on calcule la pente de la *ligne droite* au point où elle touche la courbe (lui est tangente). Dans le second, on calcule la pente de la *ligne droite* le long de l'arc entre deux points.

4 On peut également décrire une ligne droite d'un graphique au moyen d'une simple équation. La forme générale de l'équation d'une ligne droite est:

$$y = a + bx$$

À l'aide de cette équation, vous pouvez tracer la ligne en trouvant l'ordonnée à l'origine (là où la ligne coupe l'axe vertical des y), en trouvant l'abscisse à l'origine (là où la ligne coupe l'axe horizontal des x) et en traçant une ligne droite entre ces deux points.

Pour trouver l'ordonnée à l'origine, supposez que $x = 0$.

$$y = a + b\,(0)$$
$$y = a$$

Pour trouver l'abscisse à l'origine, supposez que $y = 0$.

$$0 = a + bx$$
$$x = -a\,/\,b$$

En réunissant ces deux points ($x = 0$, $y = a$) et ($x = -a\,/\,b$, $y = 0$) ou $(0, a)$ et $(-a\,/\,b, 0)$ on obtient la ligne montrée à la figure 2.1

FIGURE **2.1**

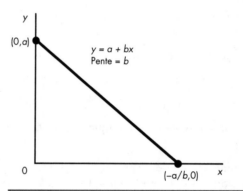

Pour toute droite d'équation $y = a + bx$, la pente est b. Pour voir comment appliquer cette équation générale, prenez l'exemple suivant:

$$y = 6 - 2x$$

Pour trouver l'ordonnée à l'origine, supposez que $x = 0$

$$y = 6 - 2(0)$$
$$y = 6$$

Pour trouver l'abscisse à l'origine, supposez que $y = 0$

$$0 = 6 - 2x$$
$$x = 3$$

En réunissant ces deux points, $(0, 6)$ et $(3, 0)$, on obtient la ligne de la figure 2.2.

FIGURE **2.2**

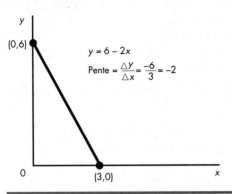

FIGURE **2.3**

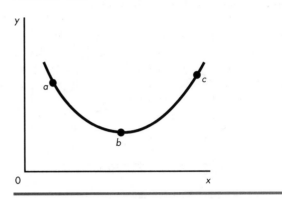

La pente de cette droite est −2. Étant donné qu'elle est négative, la relation entre les variables x et y est négative (inverse).

A U T O É V A L U A T I O N

Vrai/Faux/Incertain (Justifiez votre réponse.)

1 Un graphique qui omet l'origine est un graphique trompeur.

2 Si un graphique illustrant la relation entre deux variables est ascendant (se déplace vers la droite), sa pente est positive.

3 La relation entre deux variables indépendantes est illustrée par une droite verticale.

4 On calcule la pente d'une ligne droite en divisant la variation de la valeur de la variable inscrite sur l'axe des abscisses par la variation de la valeur de la variable inscrite sur l'axe des ordonnées.

5 Dans la figure 2.3, la relation entre y et x est d'abord négative, atteint un minimum, puis devient positive à mesure que x augmente.

6 Dans la figure 2.3, la pente de la courbe augmente à mesure que l'on se déplace du point b au point c.

7 Dans la figure 2.3, la pente de la courbe se rapproche de zéro à mesure que l'on déplace du point a au point b.

8 Dans la figure 2.3, la valeur de x atteint un minimum au point b.

9 Pour une ligne droite, lorsqu'une faible variation de y est associée à une forte variation de x, la pente est abrupte.

10 Pour une ligne droite, lorsqu'une forte variation de y est associée à une faible variation de x, la courbe a une pente accentuée.

Questions à choix multiple

1 La figure 2.4 est
a) un graphique de série chronologique à une variable.
b) un graphique de série chronologique à deux variables.
c) un diagramme de dispersion.
d) **b** et **c**.
e) Aucune de ces réponses.

FIGURE **2.4**

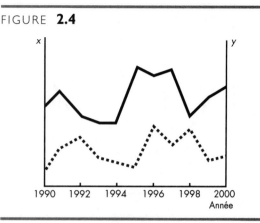

2 La ligne pointillée de la figure 2.4 représente la variable *y*. Lequel de ces énoncés décrit le mieux la relation entre *x* et *y*?
a) *x* et *y* ont tendance à évoluer en sens opposé au fil du temps.
b) *y* a tendance à évoluer à l'opposé de *x*, mais une année plus tard.
c) *y* a tendance à évoluer dans le même sens que *x* au fil du temps.
d) *x* a tendance à évoluer dans le même sens que *y*, mais une année plus tard.
e) *y* a tendance à évoluer dans le même sens que *x*, mais une année plus tard.

3 D'après les données du tableau 2.1, il semble que
a) *x* et *y* aient une relation négative.
b) *x* et *y* aient une relation positive.
c) *x* et *y* n'aient aucune relation.
d) *x* et *y* aient d'abord une relation négative, puis une relation positive.
e) *x* et *y* aient d'abord une relation positive, puis une relation négative.

TABLEAU **2.1**

Année	*x*	*y*
1990	6,2	143
1991	5,7	156
1992	5,3	162

4 Lorsque les variables *x* et *y* se déplacent ensemble dans le même sens, on dit qu'elles
a) ont une relation positive.
b) ont une relation négative.
c) ont une relation inverse.
d) n'ont aucune relation.
e) suivent une tendance.

5 La relation entre deux variables qui évoluent en sens opposé se traduit graphiquement par une courbe qui
a) a une pente positive.
b) a une pente relativement abrupte.
c) a une pente relativement faible.
d) a une pente négative.
e) est non linéaire.

6 Pour représenter graphiquement une relation entre plus de deux variables, sur quelle hypothèse doit-on se fonder?
a) Un énoncé normatif
b) Un énoncé positif
c) Une relation linéaire
d) Des variables indépendantes
e) Le *ceteris paribus*

7 Comment appelle-t-on l'évolution d'une variable à la hausse ou à la baisse au fil du temps?
a) La pente
b) La tendance
c) L'axe des coordonnées
d) Le niveau
e) La corrélation

8 Dans la figure 2.5, lorsque *x* augmente, la relation entre *x* et *y* est
a) positive et la pente décroissante.
b) négative et la pente décroissante.
c) négative et la pente croissante.
d) positive et la pente croissante.
e) positive et la pente d'abord croissante puis décroissante.

FIGURE **2.5**

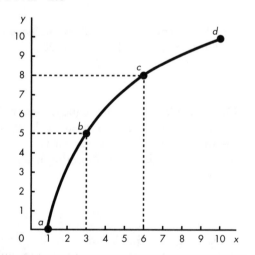

9 Quelle est la pente le long de l'arc entre *b* et *c* dans la figure 2.5?
a) 1/2
b) 2/3
c) 1
d) 2
e) 3

10 Dans la figure 2.5, observez les pentes de l'arc *ab* et de l'arc *bc*. Il est difficile de déterminer exactement la pente au point *b*, mais elle doit être
a) supérieure à 5/2.
b) d'environ 5/2.
c) entre 5/2 et 1.
d) d'environ 1.
e) inférieure à 1.

11 En utilisant les données du tableau 2.2 et en supposant que le revenu soit maintenu constant, on représentera la relation entre le prix des fraises (axe vertical) et le nombre de casseaux achetés (axe horizontal) par
a) une ligne verticale.
b) une ligne horizontale.
c) une ligne à pente positive.
d) une ligne à pente négative.
e) une ligne qui atteint un minimum.

TABLEAU **2.2**

Revenu familial hebdomadaire (en dollars)	Prix par casseau de fraises (en dollars)	Nombre de casseaux achetés par semaine
300	1,00	5
300	1,25	3
300	1,50	2
400	1,00	7
400	1,25	5
400	1,50	4

12 En utilisant les données du tableau 2.2, supposez que le revenu familial diminue, passant de 400 $ à 300 $ par semaine. Dans ce cas, le graphique reliant le prix des fraises (axe vertical) au nombre de casseaux achetés (axe horizontal)
a) aura une pente négative.
b) aura une pente positive.
c) se déplacera vers la droite.
d) se déplacera vers la gauche.
e) **a** et **d**.

13 En utilisant les données du tableau 2.2 et en supposant que les prix soient maintenus constants, on représente la relation entre le revenu familial (axe vertical) et le nombre de casseaux achetés (axe horizontal) par
a) une ligne verticale.
b) une ligne horizontale.
c) une ligne à pente positive.
d) une ligne à pente négative.
e) une ligne à pente positive ou négative, selon le prix qui est maintenu constant.

14 Dans la figure 2.6, la variable *x* a
a) une relation positive avec *y* et une relation positive avec *z*.
b) une relation positive avec *y* et *z*.
c) une relation négative avec *y* et une relation positive avec *z*.
d) une relation négative avec *y* et *z*.
e) une valeur supérieure à celle de *z*.

FIGURE **2.6**

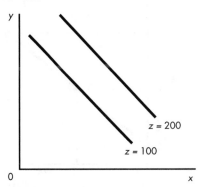

15 Dans la figure 2.6, toutes choses étant égales par ailleurs, une baisse de la valeur de *z* entraînera,
a) une diminution de la valeur de *x*.
b) une augmentation de la valeur de *x*.
c) une augmentation de la valeur de *y*.
d) aucun changement de la valeur de *y*.
e) **a** et **d**.

16 Dans le tableau 2.3, supposons que *w* est la variable indépendante mesurée le long de l'axe horizontal. La ligne reliant *w* et *u* est
a) positive avec une pente décroissante.
b) négative avec une pente décroissante.
c) positive avec une pente croissante.
d) négative avec une pente constante.
e) positive avec une pente constante.

TABLEAU **2.3**

w	2	4	6	8	10
u	15	12	9	6	3

17 En vous reportant au tableau 2.3, supposez que *w* soit la variable indépendante mesurée le long de l'axe horizontal. La pente de la ligne reliant *w* et *u* est
a) +3.
b) −3.
c) −2/3.
d) +3/2.
e) −3/2.

18 Dans la figure 2.7, lorsque le revenu des ménages augmente de 1 000 $, les dépenses des ménages
a) augmentent de 1 333 $.
b) diminuent de 1 333 $.
c) restent inchangées.
d) augmentent de 1 000 $.
e) augmentent de 750 $.

FIGURE **2.7**

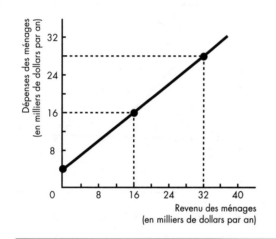

Revenu des ménages
(en milliers de dollars par an)

19 Dans la figure 2.7, lorsque le revenu des ménages est de 0, les dépenses des ménages sont
a) égales à 0.
b) égales à −4 000 $.
c) égales à 4 000 $.
d) égales à 8 000 $.
e) impossibles à déterminer à partir du graphique.

20 Dans la figure 2.7, lorsque les dépenses des ménages sont de 28 000 $, le revenu des ménages est
a) de 36 000 $.
b) de 32 000 $.
c) de 28 000 $.
d) de 25 000 $.
e) Aucune de ces réponses.

21 En tous points le long d'une ligne droite, la pente est
a) positive.
b) négative.
c) constante.
d) égale à zéro.
e) Aucune de ces réponses.

22 Quelle est la pente de la ligne de la figure 2.8?
a) 2
b) 1/2
c) 3
d) 1/3
e) −3

23 Si la ligne de la figure 2.8 se poursuivait jusque sur l'axe des abscisses, quelle serait la valeur de *x* lorsque *y* est égal à zéro?
a) 0
b) 2
c) 2/3
d) −2/3
e) −3/2

FIGURE **2.8**

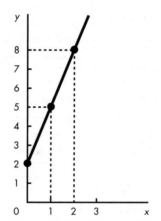

24 Si l'équation d'une droite est $y = 6 + 3x$, alors la pente est égale à
a) −3 et l'ordonnée à l'origine à 6.
b) −3 et l'ordonnée à l'origine à −2.
c) 3 et l'ordonnée à l'origine à 6.
d) 3 et l'ordonnée à l'origine à −2.
e) 3 et l'ordonnée à l'origine à −6.

25 Si l'équation d'une droite est $y = 8 − 2x$, alors la pente est égale à
a) −2 et l'abscisse à l'origine à −4.
b) −2 et l'abscisse à l'origine à 4.
c) −2 et l'abscisse à l'origine à 8.
d) 2 et l'abscisse à l'origine à −4.
e) 2 et l'abscisse à l'origine à 4.

Problèmes à court développement

1 Tracez un graphique illustrant chacune des relations suivantes entre les variables x et y:
   a) Les variables x et y évoluent dans le même sens.
   b) Les variables x et y évoluent en sens opposé.
   c) Lorsque x augmente, y atteint un maximum.
   d) Lorsque x augmente, y atteint un minimum.
   e) Les variables x et y évoluent en sens opposé mais, chaque fois que x augmente, y diminue dans une proportion toujours plus forte.
   f) y est indépendante de la valeur de x.
   g) x est indépendante de la valeur de y.

2 Que veut-on dire lorsque l'on affirme que la pente d'une droite est égale à $-2/3$?

3 Indiquez deux manières de mesurer la pente d'une courbe.

4 Comment tracer le graphique d'une relation entre plus de deux variables en utilisant un graphique à deux dimensions?

5 En utilisant les données du tableau 2.4,
   a) tracez un graphique de série chronologique pour le taux d'intérêt.
   b) tracez un graphique de série chronologique à deux variables pour le taux d'inflation et pour le taux d'intérêt.
   c) tracez un diagramme de dispersion pour le taux d'inflation (axe horizontal) et le taux d'intérêt (axe vertical).
   d) diriez-vous que la relation générale entre le taux d'inflation et le taux d'intérêt est positive, négative ou nulle?

TABLEAU **2.4**

Année	Taux d'inflation (%)	Taux d'intérêt (%)
1970	5,4	6,4
1971	3,2	4,3
1972	3,4	4,1
1973	8,3	7,0
1974	11,8	7,9
1975	6,7	5,8
1976	4,9	5,0
1977	6,5	5,3
1978	8,6	7,2
1979	12,3	10,0

6 Calculez les pentes des droites de la figure 2.9 (a) et (b).

FIGURE **2.9**

(a)

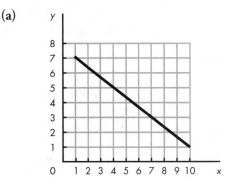

(b)

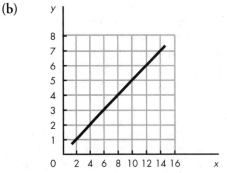

7 Tracez
   a) une ligne droite ayant une pente égale à -10 et passant par le point (2, 80).
   b) une ligne droite ayant une pente égale à 2 et passant par le point (6, 10).

8 L'équation d'une droite est $y = 4 - 2x$.
   a) Calculez l'ordonnée à l'origine, l'abscisse à l'origine et la pente.
   b) Tracez le graphique de cette droite.

9 Utilisez le graphique de la figure 2.10 pour calculer la pente
   a) le long de l'arc entre les points a et b.
   b) au point b.
   c) au point c, et expliquez votre réponse.

FIGURE **2.10**

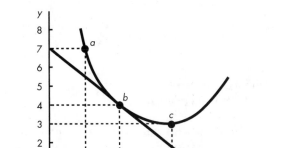

10 Dans le tableau 2.5, la variable x représente le nombre de parapluies vendus par mois, la variable y, le prix d'un parapluie et la variable z, le nombre moyen de jours de pluie par mois.

a) sur le même graphique, tracez la courbe illustrant la relation entre x (axe horizontal) et y (axe vertical) lorsque $z = 4$, $z = 5$ et $z = 6$. En moyenne, il pleut 6 jours par mois. Cela implique une certaine relation moyenne entre la vente mensuelle de parapluies et le prix des parapluies. Supposons que «l'effet de serre» réduise le nombre moyen de jours de pluie à 4 jours par mois. Qu'advient-il de la courbe illustrant la relation entre la vente de parapluies et le prix des parapluies?

b) Sur un graphique, tracez la courbe illustrant la relation entre x (axe horizontal) et z (axe vertical) lorsque $y = 10$ \$ et lorsque $y = 12$ \$. Cette relation entre x et z est-elle positive ou négative?

c) Sur un graphique, tracez la courbe illustrant la relation entre y (axe horizontal) et z (axe vertical) lorsque $x = 120$ et $x = 140$. La relation entre y et z est-elle positive ou négative?

TABLEAU **2.5**

Nombre de parapluies vendus par mois (x)	Prix par parapluie (y)	Nombre moyen de jours de pluie par mois (z)
120	10 \$	4
140	10 \$	5
160	10 \$	6
100	12 \$	4
120	12 \$	5
140	12 \$	6
80	14 \$	4
100	14 \$	5
120	14 \$	6

R É P O N S E S

Vrai/Faux/Incertain
(Justifiez votre réponse.)

1 I C'est parfois trompeur, mais il arrive aussi que le graphique fasse alors mieux ressortir le phénomène étudié.

2 V Les lignes ou courbes à pente ascendante ont des pentes positives.

3 I Le graphique des variables indépendantes peut être vertical ou horizontal.

4 F Pente = Δ variable sur l'axe vertical (y) / Δ variable sur l'axe horizontal (x).

5 V L'arc ab aurait une pente négative, l'arc bc, une pente positive.

6 V La courbe s'accentue, ce qui signifie que Δy augmente plus vite que Δx; la pente est donc positive et croissante.

7 V Au point b, la pente de la tangente est égale à 0, étant donné que $\Delta y = 0$ le long de la ligne horizontale jusqu'à b.

8 F La valeur de y est à son minimum au point b.

9 F Une pente accentuée signifie une Δy élevée associée à une faible Δx.

10 V Une ligne abrupte a une pente forte, ce qui signifie qu'une grande Δy est associée à une petite Δx.

Questions à choix multiple

1 b Les deux variables sont x et y. Dans les diagrammes de dispersion, le temps n'est pas inscrit sur un axe.

2 e Par exemple, x commence à diminuer en 1991, y commence à diminuer en 1992.

3 a Des valeurs plus élevées de x (6,2) sont associées à des valeurs plus faibles de y (143).

4 a Définition.

5 d La ligne peut être abrupte, plate ou non linéaire, mais sa pente doit être négative.

6 e Les autres variables doivent être maintenues constantes afin que l'on puisse dégager la relation entre deux variables.

7 b Définition.

8 a Pente de l'arc ab = +2,5. Pente de l'arc bc = +1.

9 c $\Delta y = 3$ (8 − 5); $\Delta x = 3$ (6 − 3).

10 c 5/2 est la pente de ab, alors que 1 est la pente de bc.

11 d Utilisez *soit* les données des trois premières lignes (revenu = 300), *soit* les données des trois dernières lignes (revenu = 400). Le prix le plus élevé est associé au plus petit nombre de casseaux achetés.

12 e Pour chaque prix, il y aura moins de casseaux achetés (relation négative qui se déplace vers l'origine).

13 c Pour $P = 1$, les deux points sur la ligne seront: (5 casseaux, 300 \$) et (7 casseaux, 400 \$). Même relation pour les autres prix.

14 c $\uparrow y \rightarrow \downarrow x$ en maintenant z constant. $\uparrow z \rightarrow \uparrow x$ en maintenant y constant.

15 a $\downarrow z \rightarrow \downarrow x$ en maintenant y constant. $\downarrow z \rightarrow \downarrow y$ en maintenant x constant.

16 d À mesure que $w \uparrow$, $u \downarrow$. $\Delta u / \Delta w$ est constant.

17 e Entre deux points quelconques, $\Delta u = 3$, $\Delta w = -2$.

18 e Pente ($\Delta y/\Delta x$) = 3/4. Si Δx (Δ revenu des ménages) = 1 000 $, alors Δy (Δ dépenses des ménages) = 750 $.

19 c Là où la ligne coupe l'axe (y) des dépenses des ménages.

20 b À partir de 28 000 $ sur l'axe (des dépenses) *vertical*, tracez une ligne parallèle à *x*, puis descendez vers 32 000 $ sur l'axe (des revenus) *horizontal*.

21 c Le long d'une ligne droite, la pente peut être ou ne pas être **a**, **b** ou **d**.

22 c Entre deux points quelconques, $\Delta y = 3$ et $\Delta x = 1$.

23 d L'équation de la droite est $y = 2 + 3x$. Trouvez la solution pour l'abscisse à l'origine (lorsque $y = 0$).

24 c Utilisez la formule $y = a + bx$. Pente = b, ordonnée à l'origine = a.

25 b Utilisez la formule $y = a + bx$. Pente = b, abscisse à l'origine = $-a/b$.

Problèmes à court développement

1 La figure 2.11 (a) jusqu'à (g) présente les graphiques désirés.

2 Le signe négatif de la pente égale à $-2/3$ signifie qu'il existe une relation négative entre les deux variables. La valeur de 2/3 signifie que lorsque la variable mesurée sur l'axe vertical diminue de 2 unités (la *distance verticale* ou Δy), la variable mesurée sur l'axe horizontal augmente de 3 unités (la *distance horizontale parcourue* ou Δx).

3 On peut mesurer la pente d'une courbe en un point ou le long d'un arc. On mesure la pente en un point en calculant la pente de la droite qui est tangente à la courbe (touche la courbe) au point donné. On mesure la pente le long d'un arc en calculant la pente de la droite qui forme l'arc.

4 Pour faire le graphique d'une relation entre plus de deux variables, nous supposons que toutes les variables sauf deux sont constantes, et traçons le graphique de la relation entre les deux variables restantes. Nous pouvons ainsi tracer le graphique de la relation entre n'importe quelle paire de variables, étant donné que les valeurs des autres variables restent constantes.

5 a) La figure 2.12(a) présente un graphique de série chronologique pour le taux d'intérêt.
  b) La figure 2.12(b) présente un graphique de série chronologique à deux variables pour le taux d'inflation et le taux d'intérêt. Le taux d'inflation est représenté par la ligne en pointillé et le taux d'intérêt par la ligne continue.
  c) La figure 2.12(c) présente le diagramme de dispersion pour le taux d'inflation et le taux d'intérêt.
  d) En utilisant les graphiques (b) et (c) de la figure 2.12, nous voyons que la relation entre le taux d'inflation et le taux d'intérêt est généralement positive.

FIGURE **2.11**

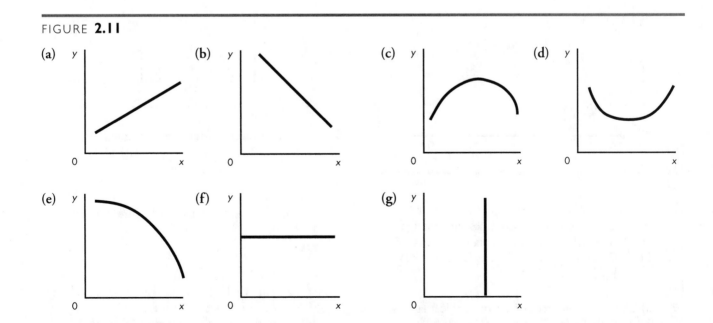

FIGURE **2.12**

(a)

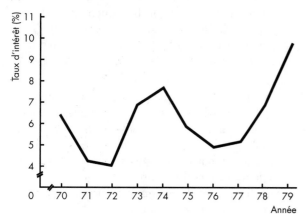

(b)

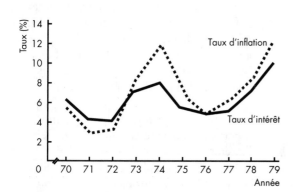

(c)

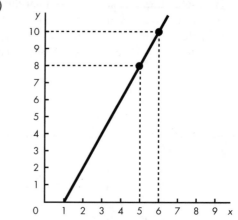

6 Pour trouver la valeur de la pente, on peut prendre deux points quelconques sur une ligne et calculer $\Delta y/\Delta x$. La pente de la ligne de la figure 2.9(a) est égale à $-2/3$, et la pente de la ligne de la figure 2.9(b), à $1/2$.

7 **a)** La ligne droite requise est présentée à la figure 2.13(a). Tracez d'abord le point (2, 80), puis prenez un second point dont la coordonnée en y diminue de 10 chaque fois que la coordonnée en x augmente d'une unité, par exemple (5, 50). La pente entre les deux points est égale à $-30/3 = -10$.

b) La ligne droite requise est présentée à la figure 2.13(b). Tracez d'abord le point (6, 10), puis prenez un second point dont la coordonnée en y diminue de 2 chaque fois que la coordonnée en x baisse d'une unité, par exemple (5, 8). La pente entre ces deux points est égale à $-2/-1 = 2$.

FIGURE **2.13**

(a)

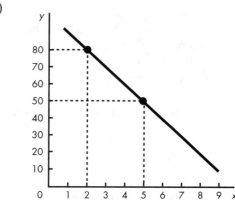

(b)

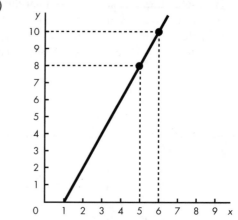

8 **a)** Pour trouver l'ordonnée à l'origine, prenez $x = 0$.

$$y = 4 - 2\,(0)$$
$$y = 4$$

Pour trouver l'abscisse à l'origine, utilisez $y = 0$.

$$0 = 4 - 2x$$
$$x = 2$$

La pente de la droite est égale à -2, la valeur du coefficient « b » devant x.

b) Le graphique est représenté à la figure 2.14.

FIGURE **2.14**

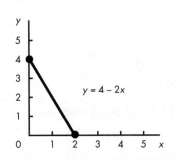

FIGURE **2.15**

(a)

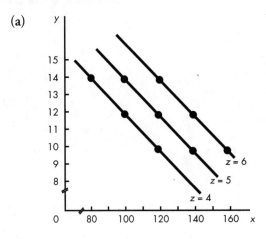

9 a) La pente le long de l'arc entre les points a et b est égale à $-3/2$.

b) La pente au point b est égale à $-3/4$.

c) La pente au point c est égale à zéro étant donné qu'il s'agit d'un point minimum. Près d'un point minimum, la pente négative devient positive et doit passer par zéro, ou devient nulle.

(b)

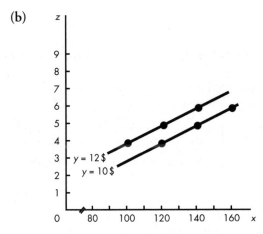

10 a) Les relations entre x et y pour $z = 4$, 5 et 6 sont indiquées à la figure 2.15(a). Lorsque le nombre moyen de jours de pluie (z) passe de 6 à 4, la courbe représentant la relation entre les ventes de parapluies (x) et le prix des parapluies (y) se déplacera de la courbe $z = 6$ à la courbe $z = 4$. La relation entre x et y est négative.

b) La relation entre x et z lorsque y est égal à 10 \$ et lorsque y est égal à 12 \$ est indiquée au graphique (b) de la figure 2.15. La relation entre x et z est positive.

c) La relation entre y et z lorsque x est égal à 120 et à 140 est indiquée au graphique (c) de la figure 2.15. La relation entre y et z est positive.

(c)

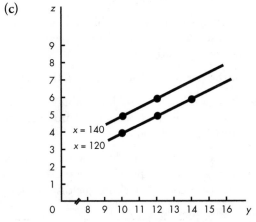

La production, la croissance et l'échange

La courbe des possibilités de production

La production transforme les facteurs de production en biens et en services.

♦ Les quatre facteurs de production sont le travail, la terre, le capital (y compris le **capital humain** – les aptitudes et les connaissances acquises au moyen de l'éducation et de la formation), ainsi que l'esprit d'entreprise.

♦ Les biens sont tangibles/matériels et les services, intangibles/immatériels.

♦ Les biens sont classés en biens de production (utilisés pour produire d'autres biens) et en biens de consommation.

La **courbe des possibilités de production** (*CPP*)

♦ trace la frontière entre les combinaisons de biens et services qu'il est possible de produire et celles qui sont irréalisables ;

♦ indique le maximum de combinaisons de biens et de services qui peuvent être produites avec les ressources et la technologie disponibles.

Caractéristiques de la *CPP*

♦ Les points situés sur la *CPP* indiquent l'**efficience dans la production** lorsqu'il est impossible de produire des unités supplémentaires d'un bien sans devoir réduire la production d'un autre bien.

♦ Les points situés à l'intérieur de la *CPP* désignent des volumes de production inefficaces ; il est possible de les produire, mais ils ne forment pas le maximum de combinaisons de production ; les ressources sont gaspillées ou mal affectées.

♦ Il faut préférer les points situés sur la *CPP* à ceux situés à l'intérieur de cette courbe, compte tenu du fait qu'il vaut mieux avoir plus de biens et services que moins.

♦ Les points situés à l'extérieur de la *CPP* désignent des niveaux de production irréalisables, compte tenu des ressources et de la technologie dont on dispose.

En faisant un choix parmi les points efficaces situés sur la *CPP*, on doit accepter un coût d'opportunité et faire un **compromis**. Lorsque la *CPP* est linéaire (droite) :

♦ les ressources sont homogènes : également productives dans toutes les activités ;

♦ les coûts d'opportunité sont constants dans le cas de tous les compromis situés n'importe où le long de la *CPP*.

L'augmentation du coût d'opportunité

Les *CPP* sont généralement arquées vers l'extérieur (concaves), et reflètent des coûts d'opportunité croissants à mesure que la production d'un bien augmente.

♦ La *CPP* est arquée vers l'extérieur parce que les ressources ne sont pas homogènes – les ressources *ne* sont *pas* également productives dans toutes les activités. Les ressources qui conviennent le mieux à une activité donnée sont les premières qui seront utilisées.

♦ La *CCP* concave représente un coût d'opportunité croissant – le coût d'opportunité d'un bien augmente avec la quantité produite de ce bien.

♦ En se déplaçant entre deux points qui se trouvent sur la *CPP*, on ne peut obtenir plus de biens *X* qu'en obtenant moins de biens *Y*. Sur la *CPP*, le coût d'opportunité de biens *X* supplémentaires correspond à la quantité de biens *Y* à laquelle on doit renoncer.

◆ Le coût d'opportunité est nul lorsqu'on se déplace d'un point situé à l'intérieur de la *CPP* à un point situé sur la *CPP*.

La croissance économique

La **croissance économique** est l'expansion des possibilités de production, c'est-à-dire un déplacement vers l'extérieur de la *CPP*.

◆ La *CPP* se déplace en raison de changements au niveau des ressources ou des techniques.

◆ L'**accumulation de capital** et le **progrès technique** entraînent le déplacement de la *CPP* vers l'extérieur – croissance économique.

◆ Le coût d'opportunité d'un plus grand nombre de biens et de services dans l'avenir (croissance économique grâce à l'accumulation de capital ou au progrès technique, ou aux deux) correspond à la réduction de la consommation des biens et services courants.

Les gains de l'échange

La production augmente lorsque les gens se spécialisent dans une activité où ils jouissent d'un avantage comparatif.

◆ Un producteur d'un bien ou d'un service détient un **avantage comparatif** lorsqu'il est en mesure de produire un bien à un coût d'opportunité inférieur à celui de ses concurrents.

◆ Lorsque chaque producteur se spécialise dans la production d'un bien pour lequel il possède un avantage comparatif et qu'il l'échange contre d'autres biens, il retire des gains de cet échange.

◆ La spécialisation et l'échange permettent la consommation (pas la production) à des points situés à l'extérieur de la *CPP*.

◆ Un producteur jouit d'un **avantage absolu** dans la production de tous les biens lorsque, en utilisant la même quantité de facteurs de production, il peut produire un plus grand nombre des mêmes biens que tout autre producteur.

  • L'avantage absolu n'a *aucun rapport* avec la spécialisation et les gains de l'échange.
  • Même les individus qui détiennent un avantage absolu peuvent tirer profit de l'échange en se spécialisant dans les activités qui leur confèrent un avantage comparatif.

◆ L'**avantage comparatif dynamique** résulte de la spécialisation dans une activité, de l'**apprentissage par la pratique** et, au fil du temps, de la production d'un bien ou d'un service au coût d'opportunité le plus bas.

Les conventions sociales et l'échange

Les conventions sociales qui ont été adoptées pour faciliter les échanges sont:

◆ les marchés;

◆ **les droits de propriété** – régissant la possession, l'utilisation et la cession de facteurs de production, de biens et de services;

◆ la monnaie – l'échange monétaire permet de résoudre le problème de la double coïncidence des besoins inhérent au **troc**.

RAPPELS

I Ce chapitre porte sur le concept extrêmement important de *coût d'opportunité* – la meilleure possibilité que l'on écarte – qui a été présenté au chapitre 1. Pour calculer le coût d'opportunité, voici une formule très utile qui permet d'éliminer certaines difficultés, notamment celles qui sont liées au déplacement vers le haut ou le bas le long d'une courbe des possibilités de production (*CPP*):

$$\text{Coût d'opportunité} = \frac{\text{Renoncer}}{\text{Obtenir}} = \frac{\text{Sacrifice}}{\text{Gain}}$$

Le coût d'opportunité est égal à la quantité de biens à laquelle on doit renoncer, divisée par la quantité de biens que l'on obtiendra. Cette formule s'applique à toutes les *CPP*, qu'elles soient linéaires, comme dans la figure 3.1 du manuel, ou concaves, comme dans la figure 3.2 du manuel. Pour mieux le comprendre, examinons de nouveau la *CPP* concave.

FIGURE **3.1**

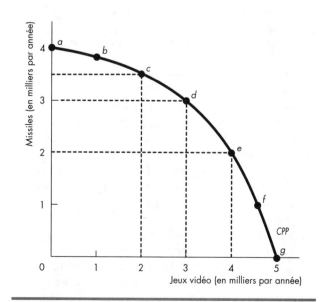

Considérons d'abord un exemple de déplacement vers le bas. En nous déplaçant de *c* à *d*, quel est le coût d'opportunité d'un jeu vidéo supplémentaire? On doit *renoncer* à 500 missiles (3 000 − 3 500) pour *obtenir* 1 000 jeux vidéo (3 000 − 2 000). En appliquant la formule de la pente vue au chapitre 2 ($\Delta x/\Delta y$), on obtient le coût d'opportunité suivant:

$$\frac{-500 \text{ missiles}}{+1\,000 \text{ jeux vidéo}} = -0,5 \text{ missile par jeu vidéo}$$

Prenons ensuite un exemple de déplacement vers le haut, soit de *d* à *c*. Quel est le coût d'opportunité d'un missile supplémentaire? Nous devons *renoncer* à 1 000 jeux vidéo (2 000 − 3 000) pour *obtenir* 500 missiles (3 500 − 3 000). En appliquant la formule, on obtient le coût d'opportunité suivant:

$$\frac{-1\,000 \text{ jeux vidéo}}{+500 \text{ missiles}} = -2 \text{ jeux vidéo par missile}$$

On mesure toujours le coût d'opportunité en unités des biens auxquels on a *renoncé*.

ⓔ **2** Le coût d'opportunité peut aussi être relié à la pente de la *CPP*. En nous déplaçant entre deux points quelconques de la *CPP*, nous obtenons un coût d'opportunité d'une unité supplémentaire du bien sur l'axe *horizontal* de:

$$\left| \text{pente de } CPP \right|$$

La pente de la *CPP* est négative, mais les économistes décrivent le coût d'opportunité en termes de quantité positive de biens auxquels on a renoncé. Nous devons donc utiliser la *valeur absolue* (symbole: | |) de la pente pour obtenir le nombre positif souhaité.

En remontant entre deux points quelconques de la *CPP*, on obtient un coût d'opportunité d'une unité supplémentaire sur l'axe vertical de:

$$\left| \frac{1}{\text{pente de } CPP} \right|$$

Il s'agit de la relation réciproque que nous avons constatée entre les possibilités *c* et *d*. Le coût d'opportunité d'un jeu vidéo supplémentaire (sur l'axe horizontal) entre *c* et *d* est de 0,5 de missile. Le coût d'opportunité d'un missile supplémentaire (sur l'axe vertical) entre *d* et *c* est de 2 jeux vidéo.

3 La courbe des possibilités de production des jeux vidéo/missiles suppose que les ressources ne sont pas homogènes; il s'agit donc de ressources qui *ne* sont *pas* également productives dans toutes les activités. Par conséquent, le coût d'opportunité augmente avec l'augmentation de la production de l'un ou l'autre bien. Avec le déplacement de la possibilité *c* vers la possibilité *d*, le coût d'opportunité par jeu vidéo est de 0,5 de missile. Toutefois, en augmentant la production de jeux vidéo de *d* à *e*, on constate que le coût d'opportunité par jeu vidéo augmente, devenant de 1 missile. En produisant les premiers 1 000 jeux vidéo, nous utilisons les ressources qui conviennent le mieux à leur production. Cependant, lorsque nous augmentons la production de jeux vidéo, nous devons utiliser des ressources qui conviennent moins bien à leur production – augmentant donc le coût d'opportunité. On peut avancer un argument parallèle pour expliquer l'augmentation du coût d'opportunité due à l'augmentation de la production de missiles.

Il est également possible de construire un modèle de *CPP* encore plus simple et qui suppose que les ressources sont homogènes, c'est-à-dire *également* productives dans toutes les activités. Compte tenu de cette hypothèse, le coût d'opportunité est *constant* à mesure qu'augmente la production de n'importe lequel des biens. Un coût d'opportunité constant signifie que la *CPP* sera une ligne droite (plutôt qu'arquée). Comme certains des exercices suivants vous le montreront, un modèle aussi simple illustre bien le principe de l'avantage comparatif, sans qu'on ait à se préoccuper du coût d'opportunité croissant.

ⓔ **4** On explique dans le manuel qu'une personne qui est plus productive qu'une autre dans la production de tous les biens jouit d'un avantage absolu. Nous pouvons aussi définir l'*avantage absolu dans la production d'un seul bien*. En comparant la productivité de deux personnes, on peut définir ce concept plus étroit d'avantage absolu en fonction d'une plus grande production de ce bien par unité de facteurs de production, ou d'une moins grande quantité de facteurs de production par unité de production. Il est utile de comprendre ces définitions de l'avantage absolu seulement pour démontrer que ce concept *ne sert pas* à expliquer la spécialisation et l'échange. Les gains de l'échange ne dépendent que de la différence entre les avantages comparatifs. Un producteur détient un avantage comparatif dans la production d'un bien s'il peut produire ce bien à un coût d'opportunité inférieur à celui de ses concurrents.

5 Les concepts présentés dans ce chapitre nous donnent l'occasion d'élaborer et d'utiliser des modèles économiques pour la première fois.

Il est utile d'envisager la nature de ces modèles dans le contexte de la discussion générale des modèles du chapitre 1. Ainsi, un des modèles présentés dans ce chapitre est une représentation des possibilités de production de deux individus, Marc et Mireille, et de leurs deux types de biens. Ce modèle fait abstraction des complexités du monde réel, où s'activent des milliards de gens et où les types de biens et de services sont extrêmement différents. Par ce modèle, nous pouvons expliquer un nombre de phénomènes que nous observons dans le monde réel, comme la spécialisation et l'échange. Ce modèle a également certaines implications et nous permet de faire plusieurs prédictions. Les pays qui consacrent, par exemple, une plus grande proportion de leurs ressources à l'accumulation de capital augmenteront plus rapidement leurs possibilités de production. On peut «vérifier» ce modèle en comparant ces prédictions au monde réel.

AUTOÉVALUATION

Vrai/Faux/Incertain
(Justifiez votre réponse.)

Veuillez vous reporter à la courbe des possibilités de production (*CPP*) de la figure 3.2 pour répondre aux questions 1 à 4.

FIGURE **3.2**

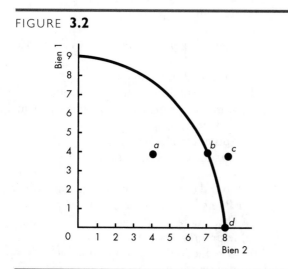

1 Le point *a* est impossible à atteindre.

2 Le coût d'opportunité de l'augmentation de la production de 7 à 8 unités du bien 2 est de 4 unités du bien 1.

3 Le point *c* est impossible à atteindre.

4 En se déplaçant du point *b* vers le point *d*, le coût d'opportunité de l'augmentation de la production du bien 2 est égal à la valeur absolue de la pente de la *CPP* entre *b* et *d*.

5 La croissance économique, en déplaçant la *CPP* vers l'extérieur, élimine le problème de la rareté.

6 Dans un modèle où les ressources en capital peuvent croître, les points situés sur la *CPP*, qui correspondent à une plus grande consommation de biens, entraînent une croissance plus rapide.

7 Les incitations à la spécialisation et à l'échange ne sont pas liées aux droits de propriété mais seulement aux différents coûts d'opportunité.

8 Grâce à la spécialisation et aux échanges, un pays peut produire à un point situé à l'extérieur de sa *CPP*.

9 Le Canada n'a pas intérêt à nouer des relations commerciales avec un pays comme le Mexique, où la main-d'œuvre est bon marché.

10 Un système d'échange monétaire présuppose une double coïncidence des besoins.

Questions à choix multiple

1   Si Henri peut augmenter la production du bien *X* sans réduire la production de tout autre bien, alors
   a) sa production se situe sur sa *CPP*.
   b) sa production se situe à l'extérieur de sa *CPP*.
   c) sa production se situe à l'intérieur de sa *CPP*.
   d) sa *CPP* doit être linéaire.
   e) il doit préférer le bien *X* à tout autre bien.

2   La forme arquée vers l'extérieur (concave) d'une *CPP*
   a) est due au fait que les ressources sont également productives dans toutes les activités.
   b) est due à l'accumulation du capital.
   c) est due aux progrès techniques.
   d) reflète l'existence d'un coût d'opportunité croissant.
   e) reflète l'existence d'un coût d'opportunité décroissant.

3   L'économie est située au point *b* de la *CPP* de la figure 3.3. Le coût d'opportunité de la production d'une unité supplémentaire du bien *X* est de
   a) 1 unité de *Y*.
   b) 20 unités de *Y*.
   c) 1 unité de *X*.
   d) 8 unités de *X*.
   e) 20 unités de *X*.

FIGURE **3.3**

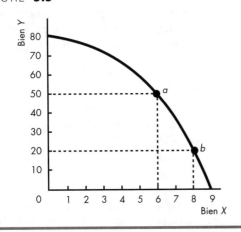

4   À la figure 3.3, l'économie est située au point *b* de la *CPP*. Le coût d'opportunité découlant de l'augmentation de la production du bien *Y* à 50 unités est de
   a) 2 unités de *X*.
   b) 6 unités de *X*.
   c) 8 unités de *X*.
   d) 20 unités de *Y*.
   e) 30 unités de *Y*.

5   Reportez-vous à la *CPP* de la figure 3.3. Quel énoncé, parmi les suivants, est *faux*?
   a) Les ressources ne sont pas homogènes.
   b) Les points situés à l'intérieur de la courbe représentent les ressources non utilisées.
   c) En partant du point *a*, une augmentation de la production du bien *Y* entraînerait le déplacement de la courbe vers l'extérieur.
   d) Le coût d'opportunité de la production du bien *Y* augmente avec l'augmentation de la production du bien *Y*.
   e) On peut préférer le bien *X* ou le bien *Y*, sans que la courbe se déplace.

6   Étant donné que les ressources productives sont rares, nous devons renoncer à une certaine quantité d'un bien pour acquérir une plus grande quantité d'un autre. Il s'agit, en essence, du concept
   a) de la spécialisation.
   b) de l'échange monétaire.
   c) de l'avantage comparatif.
   d) de l'avantage absolu.
   e) du coût d'opportunité.

7   Un déplacement *le long* d'une *CPP* donnée sera dû
   a) à un progrès technique.
   b) à une variation du stock de capital.
   c) à un changement sur le plan de la main-d'œuvre.
   d) Toutes ces réponses.
   e) Aucune de ces réponses.

8   Le coût d'opportunité du déplacement de la *CPP* vers l'extérieur est déterminé par
   a) l'accumulation de capital.
   b) le progrès technique.
   c) la réduction de la consommation d'aujourd'hui.
   d) l'augmentation de la consommation future.
   e) Toutes ces réponses.

Dans une journée de huit heures, André peut produire 24 pains ou 8 kilogrammes de beurre. Dans une journée de huit heures, Raymond peut produire 8 pains ou 8 kilogrammes de beurre. À l'aide de cette information, répondez aux questions **9** et **10**.

Ⓔ **9** Quel énoncé, parmi les suivants, est *vrai* ?
a) André détient un avantage absolu dans la production de beurre.
b) Raymond détient un avantage absolu dans la production de beurre.
c) André détient un avantage absolu dans la production de pain.
d) André détient un avantage comparatif dans la production de beurre.
e) Raymond détient un avantage comparatif dans la production de pain.

10 André et Raymond
a) peuvent tirer profit de l'échange si André se spécialise dans la production de beurre et Raymond, dans la production de pain.
b) peuvent tirer profit de l'échange si André se spécialise dans la production de pain et Raymond, dans la production de beurre.
c) ne peuvent obtenir de gains de l'échange.
d) peuvent échanger, mais seul Raymond y gagnera.
e) peuvent échanger, mais seul André y gagnera.

11 Considérons deux biens, *X* et *Y*. Si le coût d'opportunité de la production du bien *X* de Paule est inférieur à celui de Gilbert, alors
a) Paule détient un avantage absolu dans la production de *X*.
b) Gilbert détient un avantage absolu dans la production de *Y*.
c) Paule détient un avantage comparatif dans la production de *X*.
d) Gilbert détient un avantage comparatif dans la production de *Y*.
e) **c** et **d** sont les bonnes réponses.

12 En général, plus la proportion des ressources consacrées à la recherche technologique est importante
a) plus la consommation courante sera élevée.
b) plus le déplacement de la *CPP* vers l'extérieur sera rapide.
c) plus le déplacement de la *CPP* vers l'intérieur sera rapide.
d) plus on aurait des chances de détenir un avantage comparatif dans la production de tous les biens.
e) plus la *CPP* sera arquée vers l'extérieur.

13 Tout ce qui est généralement acceptable en échange de biens et de services est
a) une marchandise.
b) un moyen d'échange.
c) une propriété privée.
d) un produit de troc.
e) appelé une ressource d'échange.

14 Le Canada et le Mexique produisent tous deux du pétrole et des pommes par le biais du travail seulement. Un baril de pétrole peut être produit en 4 heures de travail au Mexique et en 8 heures de travail au Canada. Un boisseau de pommes peut être produit en 8 heures de travail au Mexique et en 12 heures de travail au Canada. Le Canada détient
a) un avantage absolu dans la production de pétrole.
b) un avantage absolu dans la production de pommes.
c) un avantage comparatif dans la production de pétrole.
d) un avantage comparatif dans la production de pommes.
e) Aucune de ces réponses.

15 Au Portugal, le coût d'opportunité de 1 balle de laine est de 3 bouteilles de vin. En Angleterre, le coût d'opportunité de 1 bouteille de vin est de 3 balles de laine. À l'aide de cette information, déterminez si
a) l'Angleterre détient un avantage absolu dans la production de vin.
b) l'Angleterre détient un avantage absolu dans la production de laine.
c) le Portugal détient un avantage comparatif dans la production de vin.
d) le Portugal détient un avantage comparatif dans la production de laine.
e) on peut affirmer qu'aucun échange n'aura lieu.

16 La rareté des ressources implique que la *CPP*
a) est arquée vers l'intérieur (convexe).
b) est arquée vers l'extérieur (concave).
c) a une pente positive.
d) a une pente négative.
e) est linéaire.

17 Si des unités supplémentaires d'un bien quelconque peuvent être produites à un coût d'opportunité constant, la *CPP*
a) est arquée vers l'intérieur (convexe).
b) est arquée vers l'extérieur (concave).
c) a une pente positive.
d) est parfaitement horizontale.
e) est linéaire.

18 Reportez-vous à la figure 3.4 qui présente la *CPP* d'une économie non discriminatoire fonctionnant à plein rendement. Si cette économie pratiquait la discrimination contre les femmes, l'élimination de la discrimination entraînerait
a) un déplacement de *a* vers *b*.
b) un déplacement de *b* vers *c*.
c) un déplacement de *a* vers *c*.
d) un déplacement de la *CPP* vers l'extérieur.
e) un déplacement de la *CPP* vers l'intérieur.

FIGURE **3.4**

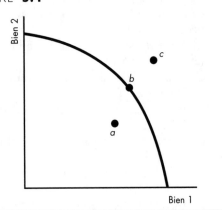

Supposons qu'une société ne produise que deux biens – des bâtons de hockey et des feuilles d'érable. Le tableau 3.1 indique trois combinaisons possibles sur sa *CPP*. À l'aide des indications du tableau 3.1, répondez aux questions 19 et 20.

TABLEAU **3.1** POSSIBILITÉS DE PRODUCTION

Possibilité	Bâtons de hockey (unités/temps)	Feuilles d'érable (unités/temps)
a	3	0
b	2	3
c	0	9

19 En se déplaçant de la combinaison *c* vers la combinaison *b*, le coût d'opportunité de la production d'*un* bâton de hockey supplémentaire est de
a) 2 feuilles d'érable.
b) 1/2 feuille d'érable.
c) 6 feuilles d'érable.
d) 1/6 de feuille d'érable.
e) 3 feuilles d'érable.

20 Selon cette *CPP*
a) les ressources sont homogènes.
b) une combinaison de 3 bâtons de hockey et de 9 feuilles d'érable est réalisable.
c) une combinaison de 3 bâtons de hockey et de 9 feuilles d'érable n'emploierait pas toutes les ressources.
d) le coût d'opportunité de la production de bâtons de hockey augmente à mesure que la production de bâtons de hockey s'accroît.
e) le coût d'opportunité de la production de bâtons de hockey diminue à mesure que la production de bâtons de hockey s'accroît.

21 La *CPP* pour le vin et pour la laine se déplace s'il y a variation
a) du prix des ressources.
b) du taux de chômage.
c) de la quantité de ressources.
d) des préférences pour le vin ou pour la laine.
e) Toutes ces réponses.

22 Reportez-vous à la *CPP* de la figure 3.5. Un politicien qui affirme que « si nous voulons que nos enfants aient de meilleures conditions de vie, nous devons investir maintenant dans l'avenir », recommande une combinaison actuelle correspondant au point
a) *a*.
b) *b*.
c) *c*.
d) *d*.
e) *e*.

FIGURE **3.5**

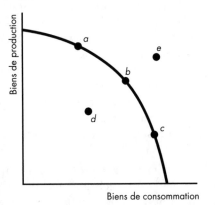

23 Reportez-vous à la *CPP* de la figure 3.5. L'énoncé « le chômage est un terrible gaspillage des ressources humaines » fait référence à un point tel que
a) *a*.
b) *b*.
c) *c*.
d) *d*.
e) *e*.

24 Quel énoncé, parmi les suivants, donne un avantage à un système d'échange monétaire par rapport au troc?
a) Un système d'échange monétaire élimine la base de l'avantage comparatif.
b) Un système d'échange monétaire ne nécessite pas de moyen d'échange.
c) Seul un système d'échange monétaire permet de retirer des gains de l'échange.
d) Un système d'échange monétaire ne requiert pas de double coïncidence des besoins.
e) Tout ce qui précède fait partie des avantages d'un système d'échange monétaire par rapport au troc.

25 L'apprentissage par la pratique est la base
a) de l'avantage comparatif absolu.
b) de l'avantage comparatif dynamique.
c) des droits de propriété intellectuelle.
d) de l'échange monétaire.
e) Aucune de ces réponses.

Problèmes à court développement

1 Pourquoi une *CPP* a-t-elle une pente négative? Pourquoi est-elle arquée vers l'extérieur?

2 Considérons deux économies, l'une sans possibilité de fabrication d'outils et l'autre ayant cette possibilité.
a) Dans une économie sans possibilité de fabrication d'outils (biens de production constants), quel est le coût d'opportunité du déplacement d'un point situé à l'intérieur de la *CPP* vers un point situé sur la *CPP*? Expliquez votre réponse.
b) Dans une économie avec possibilité de fabrication d'outils, quel est le coût d'opportunité de la consommation courante?

3 Les avocats gagnent 200 $ l'heure alors que les secrétaires en gagnent 15. En utilisant les concepts d'avantage absolu et d'avantage comparatif, expliquez pourquoi une avocate qui est meilleure dactylographe que sa secrétaire continuera de se *spécialiser* uniquement dans le travail juridique et fera un *échange* avec sa secrétaire pour obtenir des services de dactylographie.

4 Expliquez, en utilisant un exemple précis d'échange, pourquoi un système d'échange monétaire est plus efficace que le troc.

5 Supposez qu'une entreprise dont les biens de production sont constants ait la *CPP* indiquée au tableau 3.2

TABLEAU **3.2** POSSIBILITÉS DE PRODUCTION

Possibilité	Maximum d'unités de beurre par semaine	Maximum d'unités de canons par semaine
a	200	0
b	180	60
c	160	100
d	100	160
e	40	200
f	0	220

a) Représentez, sur du papier graphique, ces possibilités : indiquez les points et tracez la *CPP*. (Portez les canons sur l'axe des *x*).
b) Si la production se déplace de la possibilité *c* vers la possibilité *d*, combien d'unités de beurre correspondent au coût d'opportunité *par unité de canons?*
c) Si la production se déplace de la possibilité *d* vers la possibilité *e*, combien d'unités de beurre correspondent au coût d'opportunité par unité de canons?
d) En général, qu'arrive-t-il au coût d'opportunité des canons lorsque la production de canons augmente?
e) En général, qu'arrive-t-il au coût d'opportunité du beurre lorsque la production de beurre augmente? Qu'impliquent les résultats des points **d** et **e** sur le plan des ressources?
f) Si (au lieu des possibilités données) la *CPP* était une ligne droite joignant les points *a* et *f,* qu'arriverait-il aux coûts d'opportunité et aux ressources?
g) En utilisant la première *CPP* que vous avez tracée, est-il possible d'obtenir une combinaison de 140 unités de beurre et de 130 unités de canons? Cette combinaison serait-elle efficace? Expliquez votre réponse.
h) En utilisant cette *CPP*, est-il possible d'obtenir une combinaison de 70 unités de beurre et de 170 unités de canons par semaine? Est-ce une combinaison efficace? Expliquez.

6 Si les événements suivants se produisaient (chacun d'eux étant indépendant de l'autre), qu'arriverait-il à la *CPP* du problème 5 à court développement?

a) Une nouvelle source d'énergie, facile à exploiter, est découverte.

b) Un grand nombre de travailleurs qualifiés immigrent dans ce pays.

c) La production de beurre augmente.

d) Une nouvelle invention fait augmenter la production par personne dans l'industrie du beurre, mais non dans l'industrie des canons.

e) Une nouvelle loi est adoptée pour forcer les travailleurs à prendre leur retraite à 60 ans, alors qu'auparavant ils pouvaient travailler aussi longtemps qu'ils le voulaient.

7 La France et l'Allemagne produisent chacune du vin et de la bière en utilisant un seul facteur de production homogène, le travail. Leurs possibilités de production sont les suivantes:

La France dispose de 100 unités de travail et peut produire au maximum 200 bouteilles de vin *ou* 400 bouteilles de bière.

L'Allemagne dispose de 50 unités de travail et peut produire au maximum 250 bouteilles de vin *ou* 200 bouteilles de bière.

a) Inscrivez les données au tableau 3.3

TABLEAU **3.3**

	Bouteilles produites par unité de travail		Coût d'opportunité d'une bouteille supplémentaire	
	Vin	**Bière**	**Vin**	**Bière**
France				
Allemagne				

Utilisez les données de la partie **a** pour répondre aux questions suivantes.

b) Quel pays détient un avantage absolu dans la production de vin?

c) Quel pays détient un avantage absolu dans la production de bière?

d) Quel pays détient un avantage comparatif dans la production de vin?

e) Quel pays détient un avantage comparatif dans la production de bière?

f) Si le commerce est permis, décrivez quelle serait la spécialisation, le cas échéant.

8 Supposons que le pays de Quark consacre habituellement 10 % de ses ressources à la production de nouveaux biens de production. À l'aide de diagrammes de *CPP*, comme ceux de la figure 3.5 de la page 52 du manuel, comparez les conséquences (coûts et avantages) dans chaque cas suivant:

a) Quark continue de consacrer 10 % de ses ressources à la production de biens de production.

b) Quark commence à consacrer en permanence 20 % de ses ressources à la production de biens de production.

9 Victoria et Robert sont les deux seuls habitants survivants de la planète Melmac. Ils passent 30 heures par jour à produire des gadgets et des bidules, les deux seuls biens nécessaires pour assurer le bonheur des habitants de Melmac. Il faut 1 heure à Victoria pour produire un gadget et 2 heures pour produire un bidule, alors qu'il faut 3 heures à Robert pour produire un gadget et 3 heures pour produire un bidule.

a) Pour une journée de 30 heures, tracez la *CPP* de Victoria et celle de Robert.

b) Que nous apprend la forme des *CPP* sur les coûts d'opportunité? sur les ressources?

c) Supposons que Victoria et Robert soient autosuffisants. Définissez ce qu'est l'autosuffisance. Expliquez quelles sont les possibilités de consommation individuelles de Victoria et de Robert?

d) Qui détient un avantage absolu dans la production de gadgets et de bidules?

e) Qui détient un avantage comparatif dans la production de gadgets et de bidules?

f) Supposons que Victoria et Robert se spécialisent chacun dans la production d'un seul bien où il ou elle détient un avantage comparatif (l'un passe 30 heures à produire des gadgets et l'autre 30 heures à produire des bidules). Quelle sera la production totale de gadgets et de bidules?

g) Supposons que Victoria et Robert échangent 7 gadgets contre 5 bidules. Sur vos diagrammes de *CPP*, indiquez le nouveau point de consommation de Victoria et celui de Robert. Expliquez comment ces points illustrent les gains de l'échange.

10 Les familles Netsilik et Oonark vivent dans la région côtière de l'Arctique, à l'ouest de la Baie d'Hudson. Elles vont souvent ensemble à la pêche et à la chasse au caribou. Durant une journée de travail moyenne, la famille

Nestsilik peut, dans le meilleur des cas, attraper 6 kilogrammes de poisson *ou* tuer 6 caribous. La famille Oonark peut attraper 4 kilogrammes de poisson *ou* tuer 4 caribous.

a) En supposant que les *CPP* sont des lignes droites, tracez la *CPP* de chaque famille sur le même diagramme. Portez le poisson en abscisse et le caribou en ordonnée.

b) Inscrivez les données au tableau 3.4

TABLEAU **3.4**

	Coût d'opportunité d'une unité supplémentaire	
	de poisson (en kg)	de caribou
Famille Netsilik		
Famille Oonark		

c) Quelle famille détient un avantage comparatif pour la pêche? Pour la chasse au caribou?

d) La spécialisation et l'échange peuvent-ils faire augmenter la production totale de poisson et de caribou des deux familles? Expliquez.

R É P O N S E S

Vrai/Faux/Incertain (Justifiez votre réponse.)

1 F Possible, mais n'est pas un niveau de production efficace.

2 V En se déplaçant de *b* à *d*, la production du bien 1 diminue de 4 unités.

3 V À l'extérieur de la *CPP*.

4 V Voir Rappel 2.

5 F Le coût de la croissance est le renoncement à la consommation courante.

6 F Les points correspondant aux biens de production produisent une croissance plus rapide.

7 F Les droits de propriété sont une condition préalable à la spécialisation et à l'échange.

8 F On peut *consommer* à un point qui se situe à l'extérieur de la *CPP*.

9 F Un échange mutuellement avantageux dépend de l'avantage comparatif, non de l'avantage absolu.

10 F L'échange monétaire ne requiert pas la double coïncidence des besoins.

Questions à choix multiple

1 c Pour avoir un coût d'opportunité nul, les ressources doivent être inutilisées ou sous-utilisées.

2 d **a** serait exact si les ressources étaient inégales; **b** et **c** déplacent la *CPP*.

3 b Pour augmenter la quantité *X* et la faire passer à 9, il faut ramener la quantité *Y* de 20 à 0.

4 a Pour qu'il y ait déplacement de *b* à *a*, la quantité *X* doit baisser de 8 à 6.

5 c La production *Y* augmente *le long* de la *CPP*.

6 e Définition.

7 e **a** et **b** et **c** déplacent la *CPP*.

8 c **a** et **b** déplacent la *CPP* vers l'extérieur, mais non le coût d'opportunité; **d** déplace la *CPP* vers l'extérieur.

9 c André produit 3 pains à l'heure; Raymond produit 1 pain à l'heure.

10 b André détient un avantage comparatif dans la production de pain (coût d'opportunité inférieur), Raymond détient un avantage comparatif dans la production de beurre.

11 e **c**, par définition, est un avantage comparatif; **d** parce que le coût d'opportunité de *Y* est l'inverse du coût d'opportunité de *X*.

12 b Le progrès technique déplace la *CPP* vers l'extérieur au coût de la consommation courante.

13 b Définition.

14 d Coût d'opportunité de la production de pétrole en boisseaux de pommes – Canada 2/3, Mexique 1/2. Coût d'opportunité de la production de pommes en barils de pétrole – Canada 3/2, Mexique 2.

15 c Coût d'opportunité de la production de vin en balles de laine – Portugal 1/3, Angleterre 3. Coût d'opportunité de la production de laine en bouteilles de vin – Portugal 3, Angleterre, 1/3.

16 d Rareté → coût d'opportunité → relation négative. Pour obtenir plus de *X*, on doit renoncer à *Y*.

17 e Coût d'opportunité constant → *CPP*, pente constante.

18 a La discrimination entraîne la sous-utilisation des ressources. Les femmes ne peuvent produire à plein rendement.

19 e Renoncer à 6 feuilles d'érable pour obtenir 2 bâtons de hockey: 6/2 = 3 feuilles d'érable par bâton de hockey.

20 a Coût d'opportunité constant → ressources également utiles pour la production de tous les biens.

21 c Seuls des changements dans les ressources ou les techniques déplacent la *CPP*.

22 a La production d'une plus grande quantité de biens de production aujourd'hui fait déplacer la *CPP* vers l'extérieur à l'avenir.

23 d Les points situés à l'intérieur de la *CPP* représentent les ressources non utilisées, qu'il s'agisse du travail, du capital ou de la terre.

24 d La monnaie n'a aucun rapport avec l'avantage comparatif (**a**) et les gains de l'échange (**c**); l'échange monétaire ne va pas sans un intermédiaire des échanges.

25 b Définition.

Problèmes à court développement

1 La pente négative de la *CPP* reflète le coût d'opportunité. Pour avoir une plus grande quantité d'un bien, il faut renoncer à un autre bien.

Elle est arquée vers l'extérieur, car l'existence de ressources non homogènes entraîne l'augmentation du coût d'opportunité avec l'augmentation de la production de l'un ou l'autre bien.

2 a) Dans une économie qui ne peut fabriquer d'outils, un point situé à l'intérieur de la *CPP* représente les ressources non employées ou sous-utilisées. En se déplaçant jusqu'à un point sur la courbe, il est possible d'augmenter la production avec les mêmes ressources en les utilisant plus efficacement. Étant donné qu'il n'est pas nécessaire de retirer des ressources pour produire tout autre bien, le coût d'opportunité du déplacement vers un point situé sur la courbe est nul. C'est ce qui se rapproche le plus de la gratuité dans le domaine de la science économique.

b) Dans une économie de fabrication d'outils, nous pouvons renoncer à la consommation aujourd'hui, pour produire des biens de production, qui, par la suite, font augmenter la production et la consommation. En consommant tout ce qui est produit actuellement, nous renonçons à la fabrication d'outils et, en définitive, à une consommation future accrue.

3 L'avocate détient un avantage absolu dans la prestation de services juridiques et de services de dactylographie par rapport à la secrétaire. Néanmoins, elle détient un avantage comparatif en services juridiques, et la secrétaire détient un avantage comparatif en services de dactylographie. Pour démontrer ces avantages comparatifs, nous pouvons bâtir le tableau 3.5 des coûts d'opportunité.

TABLEAU 3.5

	Coût d'opportunité de 1 heure supplémentaire (en dollars)	
	Services juridiques	Dactylographie
Avocate	200	200
Secrétaire	>200	15

Considérons d'abord les coûts d'opportunité de l'avocate. La meilleure possibilité perdue d'offrir 1 heure de services juridiques est le 200 $ qu'elle aurait pu gagner en offrant une autre heure de services juridiques. Si elle offre une heure de services de dactylographie, elle renonce aussi à 200 $ (1 h) de services juridiques. À quoi devra renoncer la secrétaire pour offrir une heure de services juridiques? Elle devra passer 3 ans à la faculté de droit, payer des frais de scolarité et renoncer à avoir des revenus pendant ces 3 ans. Son coût d'opportunité est très élevé, s'élevant sûrement à plus de 200 $. Si elle fournit une heure de services de dactylographie, la meilleure possibilité à laquelle elle devra renoncer est la somme de 15 $ qu'elle aurait pu gagner en occupant un autre emploi de secrétaire.

Le tableau 3.5 nous montre que l'avocate a un coût d'opportunité plus bas (avantage comparatif), en offrant des services juridiques et sa secrétaire, un coût d'opportunité plus bas (avantage comparatif), en offrant des services de dactylographie. C'est sur la base de l'avantage comparatif (et non de l'avantage absolu) qu'il y aurait un échange dans lequel les deux parties pourraient gagner.

4 L'efficacité d'un système d'échange monétaire par rapport au troc s'explique surtout par le fait qu'il ne nécessite pas de double coïncidence des besoins. Supposons, par exemple, que vous vous spécialisiez dans la production de pommes, mais que vous aimiez manger des bananes. Dans une économie de troc, vous ne pourrez probablement pas faire d'échange avec le premier venu qui a des bananes à échanger. Il faut aussi que cette personne veuille les échanger contre des pommes et non contre des carottes ou contre une autre marchandise. Avec un système monétaire, il vous sera toujours possible de faire un échange avec le premier venu qui possède des bananes puisque cette personne acceptera de la monnaie en échange. Dans le même ordre d'idées, dans un système d'échange monétaire, il vous sera possible de vendre vos pommes au premier venu qui veut des pommes (même si cette personne n'a pas de bananes à vendre).

5 **a)** Le graphique de la *CPP* est présenté à la figure 3.6

FIGURE **3.6**

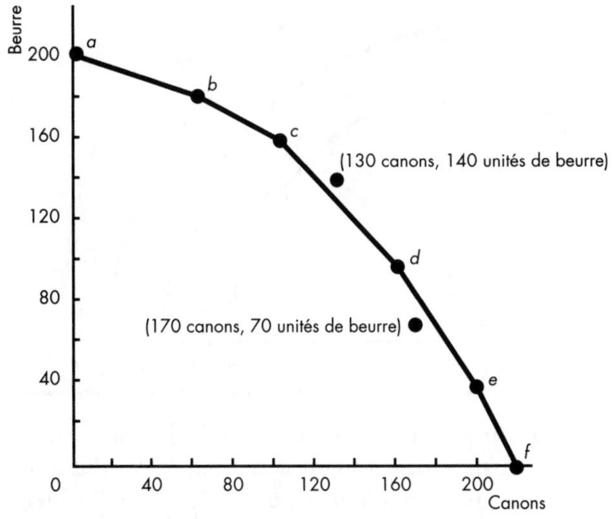

[Graphique : courbe CPP avec points a (0, 200), b (60, 180), c (100, 160), d (160, 100), e (200, 40), f (220, 0). Axe vertical : Beurre (40, 80, 120, 160, 200). Axe horizontal : Canons (40, 80, 120, 160, 200). Point (130 canons, 140 unités de beurre) et point (170 canons, 70 unités de beurre).]

b) En nous déplaçant de *c* à *d*, pour gagner 60 unités de canons, nous devons renoncer à 160 − 100 = 60 unités de beurre. Le coût d'opportunité par unité de canons est

$$\frac{-60 \text{ unités de beurre}}{+60 \text{ unités de canons}} = \frac{1 \text{ unité de beurre}}{\text{par unité de canons}}$$

c) En nous déplaçant de *d* à *e*, pour gagner 40 unités de canons, nous devons renoncer à 100 − 40 = 60 unités de beurre. Le coût d'opportunité par unité de canons est :

$$\frac{60 \text{ unités de beurre}}{40 \text{ unités de canons}} = \frac{1,5 \text{ unité de beurre}}{\text{par unité de canons}}$$

d) Le coût d'opportunité de la production d'un plus grand nombre de canons augmente avec la production de canons.

e) Dans la même veine, le coût d'opportunité de la production d'une plus grande quantité de beurre augmente avec la production de beurre. Le fait que les coûts d'opportunité augmentent implique que les ressources ne sont pas homogènes ; autrement dit, elles ne sont pas également utiles pour la production de canons et de beurre.

f) Les coûts d'opportunité seraient toujours constants, quelle que soit la production de canons ou de beurre. Le coût d'opportunité par unité de canons serait :

$$200/220 = 10/11 \text{ unités de beurre}$$

Le coût d'opportunité par unité de beurre serait :

$$220/200 = 1,1 \text{ unité de canons}$$
$$= 11/10 \text{ unités de canons}$$

Le fait que les coûts d'opportunité sont constants implique que les ressources sont homogènes ; autrement dit, elles sont également utiles pour la production de beurre et de canons.

g) Cette combinaison se situe à l'extérieur de la *CPP* et n'est donc pas réalisable. Étant donné que, dans cette économie, cette combinaison n'est pas réalisable, la question de l'efficacité ne se pose pas.

h) Cette combinaison se situe à l'intérieur de la *CPP* et elle est réalisable. Elle est inefficace parce que, dans cette économie, on pourrait produire une plus grande quantité de l'un ou de l'autre bien ou des deux à la fois. Par conséquent, certaines ressources ne sont pas pleinement utilisées, ou le sont de manière moins efficace.

6 **a)** Si la fabrication des deux biens nécessite de l'énergie, la *CPP* toute entière se déplace vers l'extérieur, en direction nord-est, comme dans la figure 3.7(a).

b) Si des travailleurs qualifiés sont employés dans la production des deux biens, la *CPP* toute entière se déplace vers le nord-est.

c) La *CPP* ne se déplace pas. Une augmentation de la production de beurre implique un mouvement le long de la *CPP* vers la gauche, non un déplacement de la *CPP* même.

d) Cette nouvelle invention implique que pour chaque niveau de production de canons, l'entreprise peut maintenant produire plus de beurre. La *CPP* se déplace vers la droite, mais reste ancrée au point f comme dans la figure 3.7(b).

e) La *CPP* toute entière se déplace vers l'origine.

FIGURE **3.7**

(a)

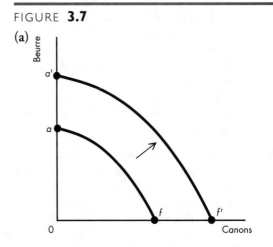

(b)

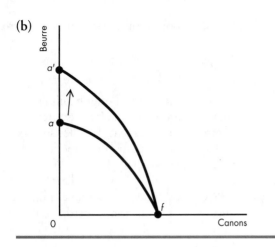

7 a) Voici le tableau 3.3 au complet.

TABLEAU **3.3** SOLUTION

	Bouteilles produites par une unité de travail		Coût d'opportunité d'une bouteille supplémentaire	
	Vin	Bière	Vin	Bière
France	2	4	2,0 bières	0,50 vin
Allemagne	5	4	0,8 bière	1,25 vin

b) L'Allemagne, qui peut produire plus de vin (5 bouteilles) par unité de facteur de production, détient un avantage absolu dans la production de vin.

c) Aucun des deux pays ne détient d'avantage absolu dans la production de bière, puisque la production de bière (4 bouteilles) par unité de facteur de production est la même dans les deux pays.

d) L'Allemagne, qui a le coût d'opportunité le plus bas (0,8 bouteille de bière), détient un avantage comparatif dans la production de vin.

e) La France, qui a le coût d'opportunité le plus bas (0,5 bouteille de vin), détient un avantage comparatif dans la production de bière.

f) L'incitation à l'échange ne dépend que de la différence entre les avantages comparatifs. L'Allemagne se spécialisera dans la production de vin et la France, dans la production de bière.

8 a) La situation de Quark est présentée à la figure 3.8. Supposons que Quark débute sur la *CPP*1. Si elle continue à consacrer seulement 10 % de ses ressources à la production de nouveaux biens de production, elle choisit alors de produire à un point tel que *a*. Cela déplace la *CPP* vers l'extérieur, à la période suivante, mais seulement jusqu'à la courbe 2 (où, on le suppose, Quark choisira de produire au point *b*).

FIGURE **3.8**

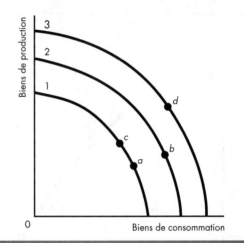

b) En partant de la même *CPP*, si Quark décide maintenant d'augmenter de 20 % les ressources consacrées à la production de nouveaux biens de production, elle choisira de produire à un point tel que *c*. Dans ce cas, à la période suivante, la *CPP* se déplacera davantage – jusqu'à la courbe 3, et vers un point tel que *d*, par exemple.

Par conséquent, en comparant les points *a* et *c*, nous trouvons les coûts et avantages suivants : le point *a* présente l'avantage d'une plus grande consommation aujourd'hui, mais aux dépens d'une consommation future réduite ; le point *c* présente l'avantage d'une consommation future plus grande, mais aux dépens d'une consommation réduite aujourd'hui.

9 a) Les figures 3.9 (a) et (b), respectivement, présentent la *CPP* de Victoria et celle de Robert.

FIGURE **3.9**

(a) Victoria

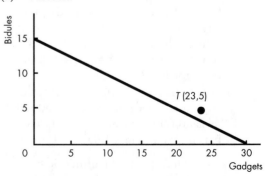

(b) Robert

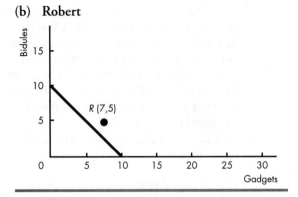

b) La forme linéaire de la *CPP* nous indique que les coûts d'opportunité sont constants le long de chaque courbe et que les ressources sont homogènes.

Ces *CPP* linéaires, qui supposent des coûts d'opportunité constants, font abstraction des complexités qui caractérisent le monde réel. En effet, dans le monde réel, les coûts d'opportunité sont généralement croissants, mais il n'est pas essentiel d'en tenir compte pour comprendre les gains de l'échange, ce qui est l'objectif de ce problème. Si on compliquait le problème, en ajoutant des coûts d'opportunité croissants, on ne changerait pas les résultats, mais on aurait plus de mal à les voir.

c) Les individus sont autosuffisants s'ils ne consomment que ce qu'ils produisent. Cela signifie qu'il n'y a pas d'échanges. Sans échanges, les possibilités de consommation de Victoria (maximum) sont exactement les mêmes que ses possibilités de production : les points le long de sa *CPP*. Les possibilités de consommation (maximum) de Robert sont, dans le même ordre d'idées, les points situés le long de sa *CPP*.

d) Victoria détient un avantage absolu dans la production de gadgets et de bidules. On peut définir son avantage absolu en termes d'une plus grande production par unité de facteurs de production ou d'une moins grande quantité de facteurs de production par unité de production. La comparaison des *CPP* de la figure 3.9 indique que, pour des facteurs de production de 30 heures, la production de gadgets de Victoria est supérieure à celle de Robert (30 par rapport à 10) tout comme sa production de bidules (15 par rapport à 10). Ce problème nous apprend que, dans le même ordre d'idées, par unité de production,

Victoria utilise moins de facteurs de production que Robert dans le cas des gadgets (1 heure par rapport à 3) et des bidules (2 heures par rapport à 3). Étant donné que la productivité de Victoria est supérieure à celle de Robert dans le cas des deux biens (gadgets et bidules), nous pouvons dire que, dans l'ensemble, elle détient un avantage absolu.

e) Victoria détient un avantage comparatif dans la production de gadgets, étant donné qu'elle peut les produire à un coût d'opportunité inférieur à celui de Robert (1/2 bidule par rapport à 1 bidule). Par ailleurs, Robert détient un avantage comparatif dans la production de bidules étant donné qu'il peut les produire à un coût d'opportunité inférieur à celui de Victoria (1 gadget par rapport à 2 gadgets).

f) Victoria produira des gadgets et Robert des bidules, ce qui donne au total, à eux deux, 30 gadgets et 10 bidules.

g) Après l'échange, Victoria aura 23 gadgets et 5 bidules (point *T*). Robert aura 7 gadgets et 5 bidules (point *R*). Ces nouveaux points des possibilités respectives de consommation après l'échange se situent à l'extérieur des possibilités de consommation (et de production) d'avant l'échange de Victoria et de Robert. De ce fait, l'échange permet de faire des gains, dans la mesure où les deux parties peuvent améliorer leurs possibilités de consommation au-delà de celles qui seraient possibles dans une situation d'autosuffisance.

10 **a)** Les *CPP* des familles Netsilik et Oonark sont indiquées à la figure 3.10.

FIGURE **3.10**

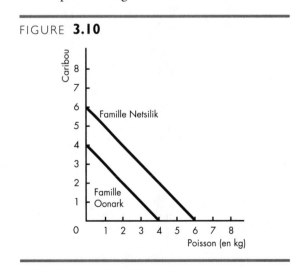

b) Voici le tableau 3.4 au complet.

TABLEAU **3.4** SOLUTION

	Coût d'opportunité d'une unité supplémentaire	
	de poisson (en kg)	de caribou
Famille Netsilik	1 caribou	1 kg de poisson
Famille Oonark	1 caribou	1 kg de poisson

c) Ni l'une ni l'autre famille ne détient d'avantage comparatif dans la pêche étant donné que le coût d'opportunité du poisson est le même (1 caribou) pour chaque famille. Dans le même ordre d'idées, aucune des familles ne détient d'avantage comparatif dans la chasse au caribou étant donné que le coût d'opportunité d'un caribou est le même (1 kg de poisson) pour chaque famille.

d) Les gains provenant de la spécialisation et de l'échange sont dus à l'existence de l'avantage comparatif. Dans ce cas, aucune des familles ne détient d'avantage comparatif dans la pêche ou la chasse; par conséquent, la spécialisation et l'échange n'entraînent aucun gain.

Pour illustrer l'absence de gains, supposons que, au début, chaque famille consacre la moitié de son temps à chaque activité. Supposons ensuite que la famille Netsilik se spécialise entièrement dans la pêche et la famille Oonark, dans la chasse au caribou. Le tableau 3.6 montre la production avant et après la spécialisation.

TABLEAU **3.6**

	Avant la spécialisation		Après la spécialisation	
	Poisson (en kg)	Caribou	Poisson (en kg)	Caribou
Famille Netsilik	3	3	6	0
Famille Oonark	2	2	0	4
Production totale	5	5	6	4

Comparez la production totale des deux biens avant et après la spécialisation. La spécialisation a permis d'augmenter la production totale de poisson de un kilogramme, mais elle a également entraîné une réduction de la production totale de caribou de une unité. La spécialisation et l'échange n'entraînent pas d'augmentation visible de la consommation.

L'offre et la demande

CONCEPTS CLÉS

Le coût d'opportunité et le prix

Le **prix relatif** d'un bien est le rapport entre son prix nominal (monétaire) et celui d'un autre bien. Le prix relatif mesure le coût d'opportunité de l'achat d'un bien – les autres biens auxquels on doit renoncer. La loi de l'offre et de la demande explique la notion de prix relatif et permet de faire des prédictions sur la hausse ou la baisse du prix d'un bien ou d'un service *par rapport* au prix moyen d'autres biens et services.

La demande

La **quantité demandée** d'un bien est la quantité de ce bien que les consommateurs prévoient acheter à un prix particulier durant un certain laps de temps. Selon la loi de la **demande**, «toutes autres choses étant égales, plus le prix d'un bien est élevé, moins la quantité demandée est importante». ↑ prix → ↓ quantité demandée pour deux raisons:

◆ *effet de substitution* - lorsque le prix relatif d'un bien ↑, les consommateurs achètent une moins grande quantité de ce bien et une plus grande quantité de substituts.

◆ *effet de revenu* – lorsque le prix d'un bien ↑ et que les revenus restent constants, les consommateurs ont moins d'argent à dépenser pour tous les biens, y compris celui dont le prix ↑.

La **courbe de demande** représente la relation inverse entre la quantité demandée et le prix, *ceteris paribus* (toutes autres choses étant égales).

◆ Une variation de prix entraîne un déplacement le long de la courbe de demande. C'est ce que l'on appelle une **variation de la quantité demandée**. Plus le prix d'un bien est élevé, moins la quantité demandée est importante.

◆ Un déplacement de la courbe de demande correspond à une **modification de la demande**. La courbe de demande se déplace en raison de modifications

- du prix des autres biens.
- du revenu.
- des prix futurs anticipés.
- de la population.
- des préférences.

◆ Augmentation de la demande – déplacement de la courbe de demande vers la droite. Diminution de la demande – déplacement de la courbe de demande vers la gauche.

◆ Pour une augmentation

- du prix d'un **substitut** – la courbe de demande se déplace vers la droite.
- du prix d'un **bien complémentaire** – la courbe de demande se déplace vers la gauche.
- du revenu (**bien normal**) – la courbe de demande se déplace vers la droite.
- du revenu (**bien inférieur**) – la courbe de demande se déplace vers la gauche.
- des prix futurs anticipés – la courbe de demande se déplace vers la droite.
- de la population – la courbe de demande se déplace vers la droite.
- des préférences – la courbe de demande se déplace vers la droite.

L'offre

La **quantité offerte** d'un bien est la quantité que les producteurs prévoient vendre à un prix déterminé au cours d'une période donnée. Selon la loi de l'**offre**, «toutes autres choses étant égales, plus le prix d'un bien est élevé, plus la quantité offerte de ce bien est élevée». Du fait que le coût d'opportunité d'un bien s'accroît à mesure que la quantité produite augmente, les producteurs demandent un prix plus élevé pour accroître la quantité offerte.

La **courbe d'offre** représente la relation positive entre la quantité offerte et le prix, *ceteris paribus*.

- Une variation de prix entraîne un mouvement le long de la courbe d'offre. C'est ce que l'on appelle une **variation de la quantité offerte**. Plus le prix d'un bien est élevé, plus la quantité offerte sera élevée.

- On appelle **modification de l'offre,** tout déplacement de la courbe d'offre. La courbe d'offre se déplace en raison de modifications

  - du prix des facteurs de production.
  - du prix des autres biens produits.
  - des prix futurs anticipés.
  - du nombre de producteurs.
  - de la technologie.

- Augmentation de l'offre – la courbe d'offre se déplace vers la droite. Diminution de l'offre – la courbe d'offre se déplace vers la gauche.

- Pour une augmentation

  - du prix des facteurs de production – la courbe d'offre se déplace vers la gauche.
  - du prix d'un substitut de production – la courbe d'offre se déplace vers la gauche.
  - du prix d'un produit complémentaire de production – la courbe d'offre se déplace vers la droite.
  - des prix futurs anticipés – la courbe d'offre se déplace vers la gauche.
  - du nombre de producteurs – la courbe d'offre se déplace vers la droite.
  - de la technologie – la courbe d'offre se déplace vers la droite.

La détermination des prix

Le **prix d'équilibre** se situe au point d'intersection de la courbe de demande et de la courbe d'offre, lorsque la quantité demandée est égale à la quantité offerte.

- Au-dessus du prix d'équilibre, il y a un surplus (quantité offerte > quantité demandée), et le prix baisse.

- Au-dessous du prix d'équilibre, il y a une pénurie (quantité demandée > quantité offerte), et le prix monte.

- C'est seulement en situation d'équilibre qu'on n'exerce aucune pression pour faire changer le prix. La **quantité d'équilibre** est la quantité achetée et vendue au prix d'équilibre.

Les prédictions des variations dans les prix et les quantités échangées

Lorsqu'il se produit un changement unique *soit* dans la demande, *soit* dans l'offre, *ceteris paribus*, une

- augmentation de la demande $\rightarrow \uparrow P$ et $\uparrow Q$.

- diminution de la demande $\rightarrow \downarrow P$ et $\downarrow Q$.

- augmentation de l'offre $\rightarrow \downarrow P$ et $\uparrow Q$.

- diminution de l'offre $\rightarrow \uparrow P$ et $\downarrow Q$.

Lorsqu'il y a un changement simultané dans l'offre *et* dans la demande, nous pouvons en déterminer les effets sur le prix ou sur la quantité. Toutefois, sans information sur la taille relative des déplacements des courbes de demande et d'offre, l'effet sur l'une ou l'autre des deux variables est ambigu. *Ceteris paribus*, une

- augmentation de la demande et de l'offre $\rightarrow \uparrow, \downarrow$ ou aucun changement de P et $Q \uparrow$.

- diminution de la demande et de l'offre $\rightarrow \uparrow, \downarrow$ ou aucun changement de P et $Q \downarrow$.

- augmentation de la demande et diminution de l'offre $\rightarrow P \uparrow$ et $\uparrow, \downarrow$ ou aucun changement de Q.

- diminution de la demande et augmentation de l'offre $\rightarrow P \downarrow$ et $\uparrow, \downarrow$ ou aucun changement de Q.

R A P P E L S

1 Lorsque vous commencez à vous familiariser avec la notion d'offre et de demande, il est avantageux d'utiliser des exemples concrets pour arriver à la comprendre intuitivement. Gardez à l'esprit des exemples qui vous sont familiers. Par exemple, en analysant les biens complémentaires, pensez aux hamburgers et aux frites; en analysant les substituts, pensez aux hamburgers et aux hot dogs. Cela rendra la théorie économique moins abstraite.

2 L'énoncé «le prix est déterminé par la demande et par l'offre» sous-entend que le prix est déterminé par tous les facteurs qui ont un effet sur la demande (prix d'autres biens, revenu, prix futurs anticipés, population, préférences) et par tous les facteurs ayant un effet sur l'offre (prix d'autres biens produits, prix des facteurs de production, prix futurs anticipés, nombre de producteurs, technologie). L'utilisation des courbes de demande et d'offre a l'avantage de nous permettre de séparer systématiquement les effets de chacun de ces facteurs sur les prix. Les modifications des facteurs qui ont un effet sur la demande, hormis le prix du bien considéré, font déplacer la courbe de demande et nous permettent de monter ou de descendre le long d'une courbe d'offre donnée. Les changements dans les facteurs ayant un effet sur l'offre font déplacer la courbe d'offre, hormis le prix du bien considéré, et nous permettent de

monter ou de descendre le long d'une courbe de demande donnée.

Tout problème d'offre et de demande nous force à déterminer attentivement ces influences. Ce faisant, il faut *toujours tracer un graphique* même si c'est seulement un petit graphique dans la marge d'une question à choix multiple ou d'un problème du type « Vrai/Faux/Incertain ». La représentation graphique constitue un moyen très efficace de « voir » ce qui se passe. Plus vous vous familiariserez avec les graphiques, plus vous verrez à quel point ces outils peuvent vous aider à organiser vos pensées.

Ne faites pas l'erreur courante de croire qu'un problème est tellement simple que vous pouvez le résoudre dans votre tête, sans tracer de graphique. Cette erreur risque de vous coûter très cher le jour de l'examen. *De plus, lorsque vous tracez un graphique, veillez à bien nommer les axes.* Plus le cours avancera, plus vous verrez de graphiques ayant différentes variables sur les axes. Il est très facile de se tromper si l'on ne prend pas l'habitude de nommer les axes.

3 Une autre erreur très courante chez les étudiants consiste à ne pas faire correctement la distinction entre le déplacement d'une courbe et le mouvement le long d'une courbe. Cette distinction s'applique autant à la courbe d'offre qu'à la courbe de demande. De nombreuses questions d'autoévaluation visent à vérifier si vous avez bien compris cette distinction, et vous pouvez être sûr que votre professeur vous interrogera souvent à ce sujet. Il est essentiel de faire la distinction entre « déplacement » d'une courbe et « mouvement le long » d'une courbe pour comprendre systématiquement comment les facteurs influent sur l'offre et la demande et, également, comment on détermine le prix et la quantité d'équilibre.

Prenez l'exemple de la courbe de demande. La quantité demandée d'un bien dépend de son prix, du prix d'autres biens, des revenus, des prix futurs anticipés, de la population et des préférences. Le terme « demande » s'applique à la relation entre le prix d'un bien et la quantité demandée, en maintenant constants tous les autres facteurs dont dépend la quantité demandée. Cette relation est représentée graphiquement par la courbe de demande. De ce fait, l'effet d'une variation de prix sur la quantité demandée s'exerce déjà sur la pente de la courbe de demande ; l'effet d'une variation de prix du bien s'exerce par un mouvement le long de la courbe de demande. C'est ce que l'on appelle **variation de la quantité demandée**.

En revanche, si l'un des facteurs affectant la quantité demandée change, la courbe de demande se déplacera et la quantité demandée pour chaque prix changera. Ce déplacement de la courbe de demande porte le nom de **variation de la demande**. Il est essentiel de se souvenir qu'une variation du prix d'un bien ne déplacera pas la courbe de demande, elle entraînera seulement un mouvement le long de cette courbe. Dans le même ordre d'idées, il est tout aussi important de faire la différence entre déplacements de la courbe d'offre et mouvements le long de la courbe d'offre.

Pour être sûr que vous avez bien compris, considérez l'effet (tracez un graphique !) de l'augmentation du revenu d'un ménage sur le marché des disques compacts (DC). Remarquez tout d'abord qu'une augmentation du revenu a une incidence sur la demande et non sur l'offre de DC. Ensuite, il faut déterminer si l'augmentation du revenu entraîne un déplacement de la courbe de demande ou un mouvement le long de cette courbe. Cette augmentation du revenu fera-t-elle augmenter la quantité de DC demandée même si le prix des DC ne varie pas ? Étant donné que la réponse à cette question est « oui », vous savez que la courbe de demande va se déplacer vers la droite. Remarquez également que l'augmentation de la demande de DC fera augmenter le prix d'équilibre. Cette hausse du prix sera indiquée par un mouvement le long de la courbe d'offre (augmentation de la quantité offerte) et ne déplacera pas la courbe d'offre.

Souvenez-vous : Ce sont les déplacements des courbes d'offre et de demande qui font varier le prix du marché, et non les variations du prix qui entraînent le déplacement des courbes d'offre et de demande.

4 Lorsqu'on analyse les déplacements des courbes d'offre et de demande dans des marchés apparentés (substituts comme la bière et le vin), on a souvent l'impression que les effets de rétroaction d'un marché à l'autre peuvent se poursuivre indéfiniment. Pour éviter la confusion, tenez-vous-en à la règle qui dit que chaque courbe (de demande et d'offre) pour un marché donné ne peut se déplacer qu'*une fois* au maximum. (Voir les problèmes à court développement 4 et 6 de la page 45 pour obtenir plus de précisions et des exemples).

ⓔ 5 Les relations entre le prix et la quantité demandée et offerte peuvent être représentées sous trois formes équivalentes : barèmes, courbes et équations d'offre et de demande. Au chapitre 4 du manuel, on illustre les barèmes et les courbes, mais les équations de la demande et de l'offre constituent également de puissants outils d'analyse économique. La note mathématique du chapitre 4 présente la forme générale de ces équations. Ce rappel et le suivant cherchent à mieux expliquer les équations et la manière de les utiliser pour déterminer les valeurs d'équilibre du prix et de la quantité.

La figure 4.1 présente un exemple simple d'offre et de demande sous trois formes équivalentes : (a) barèmes, (b) courbes et (c) équations. Les barèmes d'offre et de demande de a) sont présentés sous la même forme qu'à la figure 4.8 du manuel. Les combinaisons prix-quantité provenant des barèmes sont indiquées sur le graphique (b), produisant des courbes d'offre et de demande linéaires. Cet exemple a ceci de nouveau que les courbes sont des représentations des équations de (c).

En vous souvenant de la formule (chapitre 2) de l'équation d'une ligne droite ($y = a + bx$), vous verrez que l'équation de la demande est l'équation d'une ligne droite. Ce n'est plus y, mais P qui est la variable dépendante sur l'axe vertical, et ce n'est plus x, mais Q_D qui est la variable indépendante sur l'axe horizontal. L'ordonnée à l'origine sur l'axe vertical a est +5, et la pente b est −1. L'équation de l'offre est également linéaire et représentée graphiquement de la même manière, mais avec Q_O comme variable indépendante. L'ordonnée à l'origine de la courbe d'offre sur l'axe vertical est +1 et la pente est +1. La pente négative de la courbe de demande reflète la loi de la demande, et la pente positive de la courbe d'offre reflète la loi de l'offre.

Vous pouvez démontrer l'équivalence du barème, de la courbe et de l'équation de la demande en utilisant diverses valeurs de Q_D indiquées dans le barème dans l'équation de la demande et en calculant les prix associés. Ces combinaisons de quantité demandée et de prix correspondants ont les coordonnées (Q_D, P) des points sur la courbe de demande. Vous pouvez démontrer de la même façon l'équivalence du barème, de la courbe et de l'équation de l'offre.

FIGURE **4.1**

(a) Barèmes d'offre et de demande

Prix (en dollars)	Q_D	Q_O	Pénurie (−)/ Surplus (+) ($Q_O - Q_D$)
0	5	−1	−6
1	4	0	−4
2	3	1	−2
3	2	2	0
4	1	3	+2
5	0	4	+4

(b) Courbes d'offre et de demande

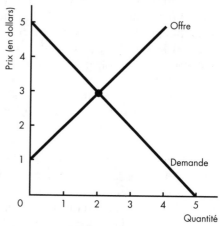

(c) Équations de l'offre et de la demande
Demande : $P = 5 - 1Q_D$
Offre : $P = 1 + 1Q_O$

Les équations de l'offre et de la demande sont très utiles pour calculer les valeurs d'équilibre du prix et de la quantité. Comme le montrent les barèmes et les courbes, deux choses restent vraies en situation d'équilibre : 1) le prix est le même pour les consommateurs (le prix le plus élevé qu'ils sont disposés à payer pour obtenir la dernière unité du bien ou service) et pour les producteurs (le prix le plus bas auquel ils sont prêts à consentir pour vendre la dernière unité du bien ou service) et 2) la quantité demandée est égale à la quantité offerte, de sorte qu'il n'y a ni pénurie ni surplus. En termes d'équations de la demande et de l'offre, cela signifie qu'en situation d'*équilibre* : 1) le prix dans les deux équations est le même. Nous appellerons le prix d'équilibre P^* ; 2) $Q_D = Q_O$ = la quantité d'équilibre achetée et vendue = la quantité échangée. Nous appellerons la quantité d'équilibre Q^*. Cela signifie que, en situation d'équilibre, les équations deviendront :

Demande : $P^* = 5 - 1Q^*$
Offre : $P^* = 1 + 1Q^*$

Ces équations d'équilibre constituent un simple ensemble d'équations simultanées. Étant donné qu'il y a deux équations (demande et offre) et deux inconnues (P^* et Q^*), nous pouvons trouver les inconnues.

Pour trouver la solution, commençons par établir l'égalité de la demande et de l'offre :

$$5 - 1Q^* = 1 + 1Q^*$$

En rassemblant les termes semblables, nous trouvons

$$4 = 2Q^*$$
$$2 = Q^*$$

Lorsque nous avons obtenu Q^* (quantité d'équilibre), nous pouvons obtenir le prix d'équilibre en utilisant *soit* l'équation de la demande, *soit* l'équation de l'offre. Considérons d'abord la demande :

$$P^* = 5 - 1Q^*$$
$$P^* = 5 - 1(2)$$
$$P^* = 5 - 2$$
$$P^* = 3$$

Dans le même ordre d'idées, en utilisant Q^* dans l'équation d'offre, nous obtenons les mêmes résultats :

$$P^* = 1 + 1Q^*$$
$$P^* = 1 + 1(2)$$
$$P^* = 1 + 2$$
$$P^* = 3$$

Une fois que vous avez résolu l'équation pour Q^*, le fait d'obtenir le bon P^* en utilisant Q^* dans l'équation de la demande comme dans l'équation de l'offre constitue un moyen de vérification fort utile. Si vous vous trompez dans vos calculs, lorsque vous utilisez Q^* dans les équations de l'offre et de la demande, vous obtiendrez deux prix différents. Si cela se produit, vous devrez vérifier vos calculs. Si vous obtenez le même prix lorsque vous utilisez Q^* dans les équations de l'offre et de la demande, vous saurez alors que vos calculs sont justes.

ⓔ **6** Les économistes suivent la convention voulant que l'on porte sur un graphique la quantité en tant que variable indépendante et le prix en tant que variable dépendante, ce que reflètent les équations ci-dessus. Malgré cette convention, les économistes considèrent, en fait, que les prix du monde réel doivent être des variables indépendantes et les quantités, des variables dépendantes. Dans ce cas, les équations prendraient la forme suivante :

Demande : $\quad Q_D = 5 - 1P$
Offre : $\quad Q_O = -1 + 1P$

Vous pouvez résoudre ces deux équations vous-même pour voir qu'elles donnent exactement les mêmes valeurs pour P^* et Q^*. (*Un conseil :* calculez d'abord P^*, ensuite Q^*). Quelle que soit la forme d'équation utilisée par votre instructeur, la technique de résolution des équations sera semblable et les résultats, identiques.

AUTOÉVALUATION

Vrai/Faux/Incertain (Justifiez votre réponse.)

1 La loi de la demande nous dit que, à mesure que le prix augmente, la demande diminue.

2 Une baisse du revenu fera déplacer la courbe de demande vers la gauche.

3 Une courbe d'offre indique le prix maximum auquel la dernière unité produite sera offerte.

4 Si A et B sont des substituts, une hausse du prix de A fera déplacer la courbe d'offre de B vers la gauche.

5 Lorsqu'on abat un bœuf pour sa viande, on peut utiliser sa peau pour faire du cuir. De ce fait, la viande et le cuir sont des substituts de production.

6 Si le prix de la viande augmente, il y aura à la fois une augmentation de l'offre de cuir et de la quantité de viande offerte.

7 Si le prix futur anticipé d'un bien augmente, il y aura une hausse du prix d'équilibre et une diminution de la quantité d'équilibre.

8 Supposons que de nouvelles entreprises entrent sur le marché de l'acier. Le prix d'équilibre de l'acier va baisser et la quantité, augmenter.

9 Supposons que la demande d'ordinateurs personnels augmente alors que leur coût de production diminue. La quantité d'équilibre des ordinateurs personnels s'élèvera et le prix baissera.

10 Lorsque le prix courant est supérieur au prix d'équilibre, il se produit une pénurie.

Questions à choix multiple

1 Si une hausse du prix du bien A fait déplacer la courbe de demande du bien B vers la gauche, alors
a) A et B sont des substituts de consommation.
b) A et B sont des compléments de consommation.
c) A et B sont des compléments de production.
d) B est un bien inférieur.
e) B est un bien normal.

2 Quel facteur, parmi les suivants, *ne peut* entraîner l'augmentation de la demande d'un bien?
a) Une augmentation du revenu
b) Une diminution du revenu
c) Une diminution du prix d'un substitut
d) Une diminution du prix d'un complément
e) Une augmentation des préférences pour ce bien

3 Le fait que la baisse du prix d'un bien oblige les producteurs à réduire la quantité offerte de ce bien illustre
a) la loi de l'offre.
b) la loi de la demande.
c) une modification de l'offre.
d) la nature d'un bien inférieur.
e) un progrès technique.

4 Un déplacement de la courbe d'offre des rutabagas sera provoqué par
a) un changement dans la préférence des consommateurs.
b) une variation du prix d'un substitut de consommation des rutabagas.
c) une modification des revenus.
d) une variation du prix des rutabagas.
e) Aucune de ces réponses.

5 Lorsqu'il est possible d'utiliser une ressource pour produire soit le bien A, soit le bien B, A et B sont alors
a) des substituts de production.
b) des compléments de production.
c) des substituts de consommation.
d) des compléments de consommation.
e) des biens normaux.

6 Si le marché des biscuits est en équilibre, alors
a) les biscuits doivent être des biens normaux.
b) les producteurs aimeraient en vendre davantage au prix courant.
c) les consommateurs aimeraient en acheter davantage au prix courant.
d) il y aura un surplus.
e) la quantité d'équilibre est égale à la quantité demandée.

7 Un groupe de directeurs des ventes parlent de leur métier. Quelles observations, parmi les suivantes, font allusion à un mouvement le long de la courbe de demande?
a) «Depuis que nos concurrents ont augmenté leurs prix, nos ventes ont doublé.»
b) «L'hiver a été exceptionnellement doux; nos ventes d'écharpes en laine ont diminué par rapport à l'an dernier.»
c) «Nous avons décidé de baisser nos prix, et nos ventes ont augmenté de façon considérable.»
d) «Grâce au mouvement écologiste, nos ventes de produits biodégradables ont augmenté.»
e) Aucune de ces réponses.

8 Quelle situation, parmi les suivantes, entraînera sans équivoque une hausse du prix d'équilibre?
a) Une augmentation à la fois de l'offre et de la demande
b) Une diminution à la fois de l'offre et de la demande
c) Une augmentation de la demande combinée à une diminution de l'offre
d) Une augmentation de la demande combinée à une augmentation de l'offre
e) Aucune de ces réponses.

9 Le prix d'un bien aura tendance à diminuer
a) s'il existe un surplus au prix courant.
b) si le prix courant est supérieur au prix d'équilibre.
c) si la quantité offerte est supérieure à la quantité demandée au prix courant.
d) Toutes ces réponses.
e) Aucune de ces réponses.

Le marché du café est initialement en équilibre avec des courbes d'offre et demande aux formes habituelles. Le Pepsi est un substitut du café ; la crème est un complément du café. Les questions **10** à **12** se rapportent au marché du *café*.

Supposez que toutes les hypothèses *ceteris paribus* s'appliquent *sauf* dans le(s) cas suivants. Répondez à chaque question sans vous occuper des autres.

10 Le café est un bien normal. Une diminution des revenus
a) fera augmenter le prix du café et augmenter la quantité de café demandée.
b) fera augmenter le prix du café et augmenter la quantité de café offerte.
c) fera diminuer le prix du café et diminuer la quantité de café demandée.
d) fera diminuer le prix du café et diminuer la quantité de café offerte.
e) c et d.

11 Une hausse du prix du Pepsi
a) fera augmenter le prix du café et la quantité de café demandée.
b) fera augmenter le prix du café et la quantité de café offerte.
c) fera diminuer le prix du café et la quantité de café demandée.
d) fera diminuer le prix du café et la quantité de café offerte.
e) a et b.

12 Un progrès technique permet de réduire le coût de production du café. En même temps, les préférences pour le café diminuent. La *quantité d'équilibre* du café
a) augmentera.
b) diminuera.
c) restera la même.
d) augmentera ou diminuera en fonction de l'augmentation ou de la diminution du prix du café.
e) augmentera ou diminuera en fonction des déplacements relatifs des courbes d'offre et de demande.

13 Depuis 1960, le nombre de mères au travail a augmenté de manière spectaculaire. En nous fondant sur cette seule information, nous pouvons prédire que le marché des services de garderie a connu
a) une augmentation de la demande.
b) une diminution de la demande.
c) une augmentation de la quantité demandée.
d) une diminution de la quantité offerte.
e) une augmentation de l'offre.

14 Si le Hamburger Helper est un bien inférieur, alors, *ceteris paribus*, une diminution du revenu
a) fera déplacer la courbe de demande de Hamburger Helper vers la gauche.
b) fera déplacer la courbe de demande de Hamburger Helper vers la droite.
c) entraînera un mouvement ascendant le long de la courbe de demande de Hamburger Helper.
d) entraînera un mouvement descendant le long de la courbe de demande de Hamburger Helper.
e) Aucune de ces réponses.

15 On peut éliminer un surplus
a) en augmentant l'offre.
b) lorsque le gouvernement augmente le prix.
c) en diminuant la quantité demandée.
d) en laissant chuter le prix.
e) en diminuant la quantité achetée et vendue.

16 Une diminution de la quantité demandée est représentée par
a) un déplacement vers la droite de la courbe d'offre.
b) un déplacement vers la droite de la courbe de demande.
c) un déplacement vers la gauche de la courbe de demande.
d) un mouvement ascendant et vers la gauche le long de la courbe de demande.
e) un mouvement descendant et vers la droite le long de la courbe de demande.

17 Si *A* et *B* sont des biens (de consommation) complémentaires et que le coût d'une ressource utilisée dans la production de *A* diminue, alors le prix
a) de *A* et de *B* va augmenter.
b) de *A* et de *B* va diminuer.
c) de *A* va diminuer et le prix de *B* va augmenter.
d) de *A* va augmenter et le prix de *B* va diminuer.
e) de A va diminuer et le prix de B restera le même.

18 Le long d'une courbe de demande, tous les éléments suivants restent les mêmes, *sauf*
a) les revenus.
b) le prix des biens apparentés.
c) le prix du bien lui-même.
d) les préférences.
e) Toutes ces réponses.

19 Quel facteur, parmi les suivants, fera déplacer la courbe d'offre du bien X vers la gauche?
a) Une baisse du salaire des travailleurs qui fabriquent le bien X
b) Une augmentation du coût des machines utilisées pour produire le bien X
c) Un progrès technique réalisé dans la production du bien X
d) Une circonstance où la quantité demandée est supérieure à la quantité offerte
e) Toutes ces réponses.

20 On parle de pénurie
a) lorsque la quantité demandée est supérieure à la quantité offerte.
b) lorsque la quantité offerte est supérieure à la quantité demandée.
c) lorsque la quantité demandée augmente si le prix augmente.
d) lorsque la quantité demandée est supérieure à la quantité d'équilibre.
e) lorsque la quantité offerte est supérieure à la quantité d'équilibre.

21 Quelques producteurs discutent autour d'une bière. Quelles observations se rapportent à un mouvement le long de la courbe d'offre?
a) «Les augmentations de salaire nous ont forcés à augmenter nos prix.»
b) «Notre nouvel équipement de pointe nous permettra de semer nos concurrents.»
c) «Le prix des matières premières a monté en flèche. Cela se répercutera sur notre prix de vente.»
d) «Nous prévoyons une forte augmentation de la demande. Le prix de notre produit devrait augmenter. Nous prévoyons donc une augmentation de la production.»
e) «Les nouveaux concurrents de l'industrie nous obligent à baisser nos prix.»

22 Si une hausse du prix du bien A fait déplacer la courbe d'offre du bien B vers la droite, alors
a) A et B sont des substituts de consommation.
b) A et B sont des compléments de consommation.
c) A et B sont des substituts de production.
d) A et B sont des compléments de production.
e) A est un facteur de production qui entre dans la production de B.

23 «Le prix des voitures canadiennes ayant augmenté, les consommateurs trouvent les voitures étrangères plus abordables. Par conséquent, la vente des voitures canadiennes a baissé et celle des voitures étrangères a augmenté.» En vous fondant sur cette seule information, vous direz qu'il y a eu
a) un déplacement des courbes de demande des voitures canadiennes et des voitures étrangères.
b) un déplacement des courbes d'offre des voitures canadiennes et étrangères.
c) un mouvement le long des courbes de demande des voitures canadiennes et étrangères.
d) un mouvement le long de la courbe de demande des voitures canadiennes et un déplacement de la courbe de demande des voitures étrangères.
e) un déplacement de la courbe de demande des voitures canadiennes et un mouvement le long de la courbe de demande des voitures étrangères.

©24 La courbe de demande des étagères est $P = 75 - 6Q_D$ et la courbe d'offre des étagères est $P = 35 + 2Q_O$. Quel est le prix d'équilibre d'une étagère?
a) 5 $
b) 10 $
c) 40 $
d) 45 $
e) Aucune de ces réponses.

©25 La courbe de demande des trampolines est $P = 300 - 6Q_D$. La courbe d'offre des trampolines est $P = 20 + 8Q_O$. Si le prix d'un trampoline est fixé à 120 $, le marché des trampolines
a) sera en équilibre.
b) connaîtra une demande excédentaire entraînant une hausse du prix.
c) connaîtra une demande excédentaire entraînant une baisse du prix.
d) connaîtra une offre excédentaire entraînant une hausse du prix.
e) connaîtra une offre excédentaire entraînant une baisse du prix.

Problèmes à court développement

1 Expliquez la différence entre les besoins et les demandes.

2 Le prix des ordinateurs personnels a continué de baisser malgré l'augmentation de la demande. Expliquez pourquoi.

3 Une taxe sur le pétrole brut fera augmenter le coût de la matière première utilisée dans la production de l'essence. Un adepte d'une telle taxe a déclaré qu'elle ne ferait pas augmenter le prix de l'essence en avançant les arguments suivants : « Bien que le prix de l'essence puisse augmenter au début, cette augmentation entraînera une diminution de la demande d'essence, ce qui mènera à une baisse du prix de ce produit. En quoi cet argument est-il erroné ?

4 Les choux de Bruxelles et les carottes sont des substituts de consommation et, également, puisqu'on peut les cultiver sur le même type de sol, des substituts de production. Supposons qu'il y ait une augmentation de la demande de choux de Bruxelles. Vérifiez, étape par étape, les effets d'une telle augmentation sur le prix et la quantité échangée sur les marchés des choux de Bruxelles et des carottes. (Gardez à l'esprit le rappel 4).

5 Les données fournies au tableau 4.1 se rapportent au comportement des acheteurs et des vendeurs de poisson dans une poissonnerie, un certain samedi.

TABLEAU **4.1** BARÈMES D'OFFRE ET DE DEMANDE DE POISSON

Prix (par poisson)	Quantité demandée	Quantité offerte
0,50 $	280	40
1,00 $	260	135
1,50 $	225	225
2,00 $	170	265
2,50 $	105	290
3,00 $	60	310
3,50 $	35	320

a) Sur du papier graphique, tracez la courbe de demande et la courbe d'offre. Veillez à bien nommer les axes. Quel est le prix d'équilibre ?

b) Nous aurons recours aux habituelles suppositions *ceteris paribus* sur la courbe de demande afin qu'elle ne se déplace pas. Indiquez cinq facteurs qui, selon nos hypothèses, ne changent pas.

c) Nous supposerons également que la courbe d'offre reste constante et que cinq facteurs ne changent pas. Énumérez-les.

d) Expliquez brièvement ce qui se produirait si le prix était initialement fixé à 3,00 $.

e) Expliquez brièvement ce qui se produirait si le prix était initialement fixé à 1,00 $.

f) Expliquez brièvement ce qui se produirait si le prix était initialement fixé à 1,50 $.

6 Le marché du vin au Canada est initialement en équilibre et les courbes de demande et d'offre ont leur forme habituelle. La bière est un substitut immédiat du vin ; le fromage et le vin sont des compléments. Utilisez les graphiques de l'offre et de la demande pour analyser l'effet de chacun des événements suivants (distincts) sur le prix d'équilibre et la quantité sur le marché canadien du vin. Supposez que tous les autres facteurs restent les mêmes sauf ceux qui sont indiqués ci-dessous. Vous indiquerez dans chaque cas, pour le prix d'équilibre et pour la quantité, pourquoi la variable augmente, diminue, reste la même ou se déplace de manière ambiguë (peut augmenter ou diminuer).

a) Les revenus des consommateurs diminuent (le vin est un bien normal).

b) Un gel précoce a détruit une grande partie des récoltes mondiales de raisin.

c) Un nouveau procédé de barattage réduit le coût de la production de fromage.

d) Une nouvelle technique de fermentation réduit le coût de la production de vin.

e) Une étude gouvernementale, qui vient d'être publiée, établit un lien néfaste entre la consommation de vin et les maladies du cœur.

f) Les coûts de production de bière et de vin augmentent considérablement.

7 Un journal indique que « en dépit d'une récolte abondante de cerises cette année, la baisse du prix des cerises ne sera pas aussi forte que prévue en raison d'une mauvaise récolte de prunes et de pêches ».

a) Utilisez le graphique de l'offre et de la demande du marché des cerises pour expliquer l'effet de la récolte abondante.

b) Sur le même graphique, expliquez l'effet sur le marché des cerises de la mauvaise récolte de prunes et de pêches.

8 Le tableau 4.2 indique les barèmes d'offre et de demande pour les caisses de gelée de raisin.

TABLEAU **4.2** BARÈMES D'OFFRE ET DE DEMANDE DE LA GELÉE DE RAISIN PAR SEMAINE

Prix (par caisse)	Quantité demandée (en caisses)	Quantité offerte (en caisses)
70 $	20	140
60 $	60	120
50 $	100	100
40 $	140	80
30 $	180	60

a) Tracez, sur le graphique de la figure 4.2, les courbes d'offre et de demande de gelée de raisin. Veillez à bien nommer les axes. Nommez les courbes de demande et d'offre D_O et O_O, respectivement.

FIGURE **4.2**

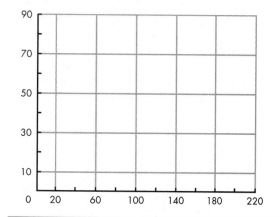

b) Quels sont le prix d'équilibre et la quantité d'équilibre sur le marché de la gelée de raisin ? Sur votre graphique, nommez le point d'équilibre *a*.

c) Y a-t-il un surplus ou une pénurie au prix de 40$? De quel ordre ?

d) Les barèmes de l'offre et de la demande peuvent également être représentés par les équations de l'offre et de la demande suivantes :

Demande : $P = 75 - 0,25\, Q_D$
Offre : $P = 0,5\, Q_O$

Utilisez ces équations pour obtenir la quantité d'équilibre (Q^*) ; le prix d'équilibre (P^*). (*Indice* : Vos réponses devraient être les mêmes que pour **8b**.)

e) Supposez que la population augmente suffisamment pour que la demande de gelée de raisin augmente de 60 caisses par semaine pour tous les prix.
   i) Faites le tableau (prix, quantité demandée) du nouveau barème de demande.
   ii) Tracez la nouvelle courbe de demande sur votre graphique d'origine et nommez-la D_1.
   iii) Nommez le nouveau point d'équilibre *b*. Quels sont les nouveaux prix et quantité d'équilibre ?
   iv) Quelle est la nouvelle équation de la demande ? (*Indices* : Quelle est la valeur de la nouvelle pente ? Quelle est la nouvelle ordonnée à l'origine sur l'axe des prix ?)

9 L'équation de la demande de grille-pain est

$$P = 8 - 1\, Q_D.$$

L'équation de l'offre de grille-pain est

$$P = 2 + 1\, Q_O,$$

lorsque P est le prix en dollars d'un grille-pain, Q_D est la quantité de grille-pain demandée, et Q_O, la quantité de grille-pain offerte. Le marché des grille-pain est initialement en équilibre et le revenu est de 300 $.

a) Quelle est la quantité d'équilibre (Q^*) des grille-pain ?

b) Quel est le prix d'équilibre (P^*) d'un grille-pain ?

c) À la suite d'une augmentation du revenu, qui est maintenant de 500 $, la courbe de demande de grille-pain se déplace (la courbe d'offre reste la même). La nouvelle équation de la demande est

$$P = 4 - 1\, Q_D.$$

Utilisez cette information pour calculer la nouvelle quantité d'équilibre des grille-pain ; calculez le nouveau prix d'équilibre d'un grille-pain.

d) Sur le graphique de la figure 4.3, tracez et nommez : 1) la courbe d'offre, 2) la courbe de demande initiale, 3) la nouvelle courbe de demande.

e) Les grille-pain sont-ils un bien normal ou inférieur ? Comment le savez-vous ?

FIGURE **4.3**

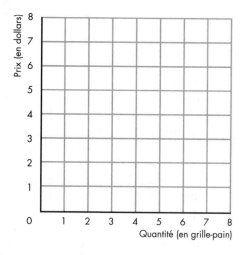

© 10 L'équation de la demande de pastilles à la menthe est

$$P = 80 - 2Q_D.$$

L'équation de l'offre de pastilles à la menthe est

$$P = 50 + 1Q_O,$$

où P est le prix en dollars d'une boîte de pastilles à la menthe, Q_D est la quantité de pastilles à la menthe demandée, et Q_O, la quantité de pastilles à la menthe offerte. Supposons que l'hypothèse *ceteris paribus* soit toujours valable.

a) Si le prix des pastilles à la menthe était fixé à 56 $, calculez le surplus ou la pénurie exacts de pastilles à la menthe.

b) Expliquez le processus d'ajustement qui permettra d'atteindre le prix d'équilibre.

c) Quelle est la quantité d'équilibre (Q^*) des pastilles à la menthe?

d) Quel est le prix d'équilibre (P^*) d'une boîte de pastilles à la menthe?

e) Supposons maintenant que, à cause de progrès techniques, la courbe d'offre des pastilles à la menthe se déplace (la courbe de demande reste la même). La nouvelle équation d'offre est

$$P = 20 + 1Q_O.$$

Utilisez cette information pour calculer la nouvelle quantité d'équilibre des pastilles à la menthe; calculez le nouveau prix d'équilibre d'une boîte de pastilles à la menthe.

R É P O N S E S

Vrai/Faux/Incertain (Justifiez votre réponse.)

1 F À mesure que le prix augmente, la quantité demandée diminue, mais pas la demande.

© 2 I Déplacement vers la gauche pour un bien normal, vers la droite pour un bien inférieur.

3 F La courbe d'offre indique un prix minimum auquel la dernière unité est offerte.

© 4 I Vrai si A et B sont des substituts de production, mais faux s'ils sont des substituts de consommation.

© 5 F La viande et le cuir sont des compléments de production, car ils sont nécessairement produits ensemble.

6 V Pour des compléments de production, ↑ du prix d'un bien → ↑ quantité offerte et ↑ offre de l'autre bien.

7 I ↑ prix futurs anticipés → déplacement vers la droite de la courbe de demande et déplacement vers la gauche de la courbe

d'offre. Le prix ↑, mais la variation de la quantité dépend de l'importance relative des déplacements.

8 V ↑ nombre d'entreprises → déplacement vers la droite de la courbe d'offre → ↓ prix et ↑ quantité.

9 I La quantité va ↑, mais la variation du prix dépend de l'importance relative des déplacements des courbes de demande et d'offre.

10 F Lorsque $P > P$ d'équilibre, il y a un surplus (quantité offerte > quantité demandée).

Questions à choix multiple

1 b Par exemple, ↑ du prix des frites → ↓ demande de hamburgers.

© 2 c Les deux réponses sur les revenus pourraient être correctes s'il s'agissait d'un bien normal (**a**) ou inférieur (**b**).

3 a La question porte sur le mouvement descendant le long d'une courbe d'offre.

4 e Les réponses **a**, **b** et **c** déplacent la courbe de demande, alors que **d** entraîne un mouvement le long de la courbe d'offre.

5 a Définition d'un substitut de production.

6 e Au prix d'équilibre, les intentions de production correspondent aux intentions des consommateurs; la quantité demandée = la quantité offerte.

7 c Les autres réponses décrivent les déplacements de la courbe de demande.

8 c Les réponses **a** et **b** ont un effet indéterminé sur le prix, alors que **d** → ↓ prix.

9 d Toutes les réponses portent sur un prix supérieur au prix d'équilibre.

10 e La courbe de demande se déplace vers la gauche.

11 e La courbe de demande se déplace vers la droite.

12 e La courbe d'offre se déplace vers la droite et la courbe de demande se déplace vers la gauche.

13 a ↑ mères au travail → ↑ des préférences pour les garderies → ↑ de la demande de services de garderies.

14 b Les modifications du revenu font déplacer la courbe de demande sans entraîner de mouvement le long de la courbe de demande.

15 d Les autres réponses font augmenter le surplus (offre excédentaire).

16 d ↓ quantité demandée correspond à un mouvement ascendant le long de la courbe de demande. Cette diminution pourrait également être causée par un déplacement vers la gauche de la courbe d'offre.

© 17 c La courbe d'offre de A se déplace vers la droite → ↓ prix de A, ce qui → ↑ demande de B → ↑ prix de B.

18 c   Les autres éléments déplacent la courbe de demande. Seul le prix peut changer le long d'une courbe de demande fixe.

19 b   ↑ prix du facteur de production fait déplacer la courbe d'offre vers la gauche.

20 a   La pénurie correspond à la distance horizontale entre les courbes d'offre et de demande à un prix inférieur au prix d'équilibre.

21 d   Les autres réponses décrivent les déplacements de la courbe d'offre.

22 d   Définition des compléments de production. Les variations de prix liées aux biens substituts de consommation font déplacer la courbe de demande.

23 d   ↑ prix des voitures canadiennes en raison du déplacement vers la gauche de la courbe d'offre. Les substituts des voitures canadiennes et étrangères → le déplacement vers la droite de la demande de voitures étrangères.

ⓔⓓ **24** d   Supposez que la demande est égale à l'offre et trouvez la solution pour $Q^* = 5$. Utilisez $Q^* = 5$ soit dans l'équation de la demande, soit dans l'équation de l'offre pour obtenir P^*.

ⓔⓓ **25** b   Avec $P = 120\ \$$, $Q_D = 30$ et $Q_O = 12{,}5$. La demande est excédentaire de sorte que le prix va ↑.

Problèmes à court développement

1   Les besoins reflètent nos désirs illimités de biens et de services indépendamment de notre capacité ou de notre volonté de faire les sacrifices nécessaires pour les obtenir. Lorsqu'il y a rareté, un grand nombre de ces besoins ne seront pas satisfaits. En revanche, les demandes se rapportent aux intentions d'acheter et, par conséquent, reflètent les décisions prises à propos des besoins qui seront satisfaits.

2   En raison du rythme accéléré des progrès technologiques, non seulement la demande d'ordinateurs personnels a augmenté, mais l'offre également. En fait, l'offre a augmenté bien plus rapidement que la demande, ce qui a entraîné la baisse des prix. De ce fait, une *grande partie* de l'augmentation (pas toute) des ventes d'ordinateurs personnels reflète un mouvement descendant le long d'une courbe de demande plutôt qu'un déplacement de la courbe de demande.

3   Cet argument confond un mouvement le long d'une courbe de demande inchangée avec un déplacement de la courbe de demande. La bonne analyse est la suivante: la hausse du prix du pétrole (principale ressource utilisée dans la production de l'essence) fera déplacer vers la gauche la courbe d'offre de l'essence. Cela fera augmenter le prix d'équilibre de l'essence et, de ce fait, diminuer la quantité d'essence demandée. La demande en elle-même ne va pas diminuer, c'est-à-dire que la courbe de demande ne se déplacera pas. La diminution de l'offre entraîne un mouvement le long d'une courbe de demande inchangée.

4   Pour répondre à cette question, il faut vérifier étape par étape les effets exercés sur les deux graphiques de la figure 4.4 – a) pour le marché des choux de Bruxelles et b) pour le marché des carottes. La séquence des effets se produit dans l'ordre des chiffres indiqués sur les graphiques.

Étudiez d'abord le marché des choux de Bruxelles. L'augmentation de la demande fait déplacer la courbe de demande vers la droite de D_0 à D_1 (1), et le prix des choux de Bruxelles augmente. Cette hausse du prix a deux effets (2) sur le marché des carottes. Étant donné que les choux de Bruxelles et les carottes sont des substituts de consommation, la courbe de demande des carottes se déplace vers la droite de D_0 à D_1. De plus, étant donné que les choux de Bruxelles et les carottes sont des substituts de production, la courbe d'offre des carottes se déplace vers la gauche de O_0 à O_1. Ces deux déplacements sur le marché des carottes font monter le prix des carottes, ce qui entraîne des effets de rétroaction sur le marché des choux de Bruxelles. Mais n'oubliez pas (Rappel 4) que chaque courbe (offre et demande) d'un marché donné ne peut se déplacer qu'*une fois* au maximum. Puisque la courbe de demande des choux de Bruxelles s'est déjà déplacée, nous pouvons seulement déplacer la courbe d'offre de O_0 à O_1 (3) à cause des substituts dans la relation de production. Chaque courbe de chaque marché ne s'est maintenant déplacée qu'une fois et l'analyse doit prendre fin. Nous pouvons prédire que les effets nets sont des augmentations des prix d'équilibre des choux de Bruxelles et des carottes, et des variations indéterminées des quantités d'équilibre dans les deux marchés.

FIGURE **4.4**

(a) Marché des choux de Bruxelles

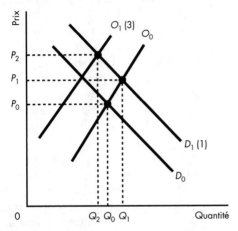

(b) Marché des carottes

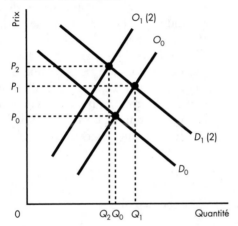

5 **a)** Les courbes d'offre et de demande sont indiquées à la figure 4.5. Le prix d'équilibre est de 1,50 $ par poisson.

FIGURE **4.5**

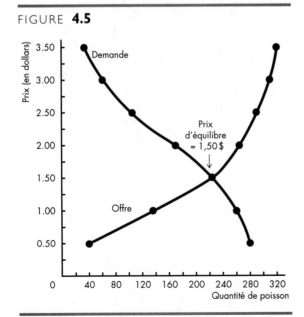

b) Prix des biens apparentés ; revenu ; prix futurs anticipés ; population ; préférences.

c) Prix des facteurs de production ; prix des autres biens produits ; prix futurs anticipés ; nombre de producteurs ; technologie.

d) Au prix de 3 $, la quantité offerte (310) est supérieure à la quantité demandée (60). Les vendeurs de poisson se retrouvent avec un surplus de poisson. Plutôt que d'avoir du poisson invendu (qui ne donne pas de revenus), certains vendeurs baissent le prix afin d'augmenter la quantité de poisson demandée.

Le jeu de la concurrence force d'autres vendeurs à agir de façon similaire, et le prix diminue jusqu'à son prix d'équilibre de 1,50 $, alors que la quantité demandée augmente jusqu'à la quantité d'équilibre de 225 unités.

e) Au prix de 1 $, la quantité demandée (260) est supérieure à la quantité offerte (135) – il y a pénurie. Les acheteurs de poisson font monter le prix afin d'obtenir le poisson « rare ». Comme les prix continuent de monter aussi longtemps que la demande reste excédentaire, la quantité offerte augmente pour répondre aux prix plus élevés. Le prix et la quantité offerte s'élèvent tous deux jusqu'au prix d'équilibre (1,50 $) et à la quantité d'équilibre (225 unités).

f) Au prix de 1,50 $, la quantité offerte est exactement égale à la quantité demandée (225). Il n'y a pas de demande excédentaire (pénurie) ni d'offre excédentaire (surplus) et, par conséquent, aucune tendance de variation du prix ni de la quantité demandée.

6 Les diagrammes de la demande et de l'offre pour les parties **a** à **e** sont présentés à la figure 4.6.

FIGURE **4.6**

(a)

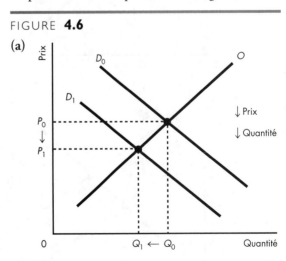

(b)

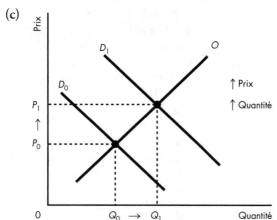

(c)

(d)

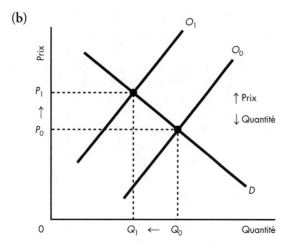

(e)

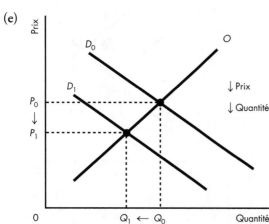

f) De telles questions nous forcent à examiner deux marchés distincts mais apparentés – les marchés de la bière et du vin. Étant donné que ce type de question désoriente souvent les étudiants, la figure 4.7 offre une explication plus détaillée de la réponse.

Étudions d'abord le marché de la bière. L'augmentation du coût de la production de bière déplace la courbe d'offre de la bière vers la gauche de O_0 à O_1. L'augmentation du prix de la bière, qui en découle, a une incidence sur le marché du vin puisque la bière et le vin sont des substituts (de consommation).

Prenons maintenant le marché du vin où nous avons deux déplacements à examiner. La hausse du prix de la bière entraîne le déplacement vers la droite, de D_0 à D_1, de la demande de vin. L'augmentation du coût de la production de vin entraîne le déplacement vers la gauche, de O_0 à O_1, de la courbe d'offre du vin. L'analyse prend alors fin puisque la question ne porte que sur le marché du vin. Le résultat final est une hausse du prix d'équilibre du vin et un changement ambigu sur le plan de la quantité de vin. Bien que le graphique indique que $Q_1 = Q_0$, Q_1 peut être $\geq$ ou $\leq Q_0$.

FIGURE **4.7**

(a) Marché de la bière

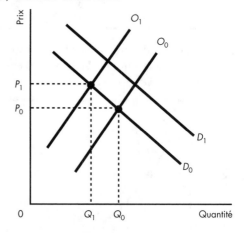

(b) Marché du vin

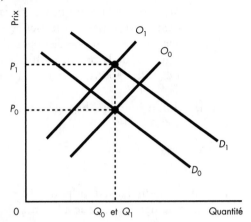

De nombreux étudiants demandent avec justesse : « Mais n'est-ce pas la hausse du prix du vin qui fait déplacer la courbe de demande de la bière vers la droite, ce qui entraîne une hausse du prix de la bière et une augmentation supplémentaire de la demande de vin ? » Cette question, juste en principe, se rapporte à la dynamique de l'ajustement, et ces graphiques permettent seulement d'analyser les déplacements uniques de la courbe d'offre ou de la courbe de demande. Nous pourrions déplacer la demande de bière vers la droite, mais l'augmentation résultante du prix de la bière nous ferait déplacer la demande de vin une *seconde fois*. Dans la pratique, adoptez la règle voulant que chaque courbe (de demande et d'offre) d'un marché donné ne peut se déplacer qu'*une seule fois* au maximum.

7 **a)** Les courbes d'offre et de demande du marché des cerises sont présentées à la figure 4.8.

FIGURE **4.8**

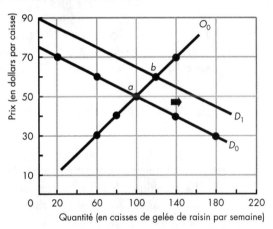

Supposons que D_0 et O_0 représentent les courbes d'offre et de demande des cerises

de l'an dernier. La récolte abondante de l'année en cours a fait augmenter l'offre à O_1. Toutes autres choses étant égales, le prix des cerises descendrait de P_0 à P_1.

b) Mais les autres choses ne sont pas égales. La mauvaise récolte de prunes et de pêches (leurs courbes d'offre se sont déplacées vers la gauche) en a fait augmenter le prix. La hausse du prix des prunes et des pêches, qui sont des substituts de consommation des cerises, fait monter la demande de cerises à D_1. Le résultat net est que le prix des cerises ne baisse que jusqu'à P_2 au lieu d'aller jusqu'à P_1.

8 **a)** Les courbes de demande et d'offre de gelée de raisin sont présentées à la figure 4.2 Solution.

FIGURE **4.2** SOLUTION

b) L'équilibre est atteint à l'intersection des courbes d'offre et de demande (point *a*). Le prix d'équilibre est de 50 $ par caisse et la quantité d'équilibre est de 100 caisses par semaine.

c) Au prix de 40 $, il y a une pénurie de 60 caisses par semaine.

ⓔ **d)** En situation d'équilibre, les équations deviennent :

Demande : $P^* = 75 - 0,25\ Q^*$
ou $Q_D = 300 - 4\ P$
Offre : $P^* = 0,5\ Q^*$
ou $Q_O = 2P$

Pour résoudre l'équation pour Q^*, supposons que la demande est égale à l'offre :

$$75 - 0,25\ Q^* = 0,5\ Q^*$$
$$75 = 0,75\ Q^*$$
$$100 = Q^*$$

Pour résoudre l'équation pour P^*, nous pouvons utiliser Q^* dans les équations d'offre ou de demande. Prenons d'abord la demande:

$$P^* = 75 - 0,25 \ Q^*$$
$$P^* = 75 - 0,25 \ (100)$$
$$P^* = 75 - 25$$
$$P^* = 50$$

En utilisant Q^* dans l'équation de l'offre nous obtenons le même résultat:

$$P^* = 0,5 \ Q^*$$
$$P^* = 0,5 \ (100)$$
$$P^* = 50$$

e) i)   Le tableau 4.3 indique aussi la quantité offerte (inchangée) à titre de référence.

TABLEAU **4.3**   BARÈMES D'OFFRE ET DE DEMANDE DE LA GELÉE DE RAISIN PAR SEMAINE

Prix (par caisse)	Quantité demandée (en caisses)	Quantité offerte (en caisses)
70 $	80	140
60 $	120	120
50 $	160	100
40 $	200	80
30 $	240	60

ii)   Le graphique de la nouvelle courbe de demande, D_1, est présenté dans la figure 4.2 Solution.

iii)   Le nouveau prix d'équilibre est de 60 $ par caisse et la quantité est de 120 caisses de gelée de raisin par semaine.

iv)   La nouvelle équation de demande est $P = 90 - 0,25 \ Q_D$, (ou $Q_D = 360 - 4P$). Remarquez que la pente de la nouvelle équation de la courbe de demande est la même que celle de l'équation de la courbe de demande d'origine. Une augmentation de la demande de 60 caisses pour tous les prix entraîne un déplacement *parallèle* vers la droite de la courbe de demande. Les deux courbes étant parallèles, elles ont la même pente. Le chiffre de 90 est l'ordonnée à l'origine sur l'axe des prix de la nouvelle courbe de demande, que vous pouvez voir sur votre graphique. *N'oubliez pas* que l'équation de la demande est l'équation d'une ligne droite ($y = a + bx$); dans ce cas, $a = 90$.

Si vous souhaitez vous exercer encore un peu à utiliser les équations de demande et d'offre pour calculer les valeurs d'équilibre du prix et de la quantité, vous pouvez utiliser la nouvelle équation de la courbe de demande avec l'équation de la courbe d'offre pour trouver les réponses obtenues à **e iii**.

9   En situation d'équilibre, les équations deviennent:

Demande: $P^* = 8 - 1 \ Q^*$
Offre: $P^* = 2 + 1 \ Q^*$

a)   Pour résoudre l'équation pour Q^*, supposons que la demande est égale à l'offre:

$$8 - 1 \ Q^* = 2 + 1 \ Q^*$$
$$6 = 2 \ Q^*$$
$$3 = Q^*$$

b)   Pour résoudre l'équation pour P^*, nous pouvons utiliser Q^* dans les équations de la demande ou de l'offre. Voyons d'abord la demande:

$$P^* = 8 - 1 \ Q^*$$
$$P^* = 8 - 1(3)$$
$$P^* = 8 - 3$$
$$P^* = 5$$

En utilisant Q^* dans l'équation de l'offre, nous obtenons le même résultat:

$$P^* = 2 + 1 \ Q^*$$
$$P^* = 2 + 1(3)$$
$$P^* = 2 + 3$$
$$P^* = 5$$

c)   En situation d'équilibre, les équations sont les suivantes:

Demande: $P^* = 4 - 1 \ Q^*$
Offre: $P^* = 2 + 1 \ Q^*$

Pour résoudre l'équation pour Q^*, supposons que la demande est égale à l'offre:

$$4 - 1 \ Q^* = 2 + 1 \ Q^*$$
$$2 = 2 \ Q^*$$
$$1 = Q^*$$

Pour résoudre l'équation pour P^*, nous pouvons utiliser Q^* dans les équations de demande ou d'offre. Voyons d'abord la demande:

$$P^* = 4 - 1 \ Q^*$$
$$P^* = 4 - 1(1)$$
$$P^* = 4 - 1$$
$$P^* = 3$$

En utilisant Q^* dans l'équation de demande, nous obtenons le même résultat :

$$P^* = 2 + 1Q^*$$
$$P^* = 2 + 1(1)$$
$$P^* = 2 + 1$$
$$P^* = 3$$

d) La courbe d'offre, la courbe de demande initiale et la nouvelle courbe de demande de grille-pain sont présentées dans la figure 4.3 Solution.

FIGURE **4.3** SOLUTION

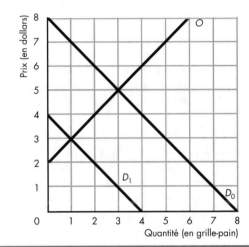

e) Les grille-pain sont un bien inférieur. Une augmentation du revenu (de 300 $ à 500 $) entraîne une diminution de la demande – la courbe de demande des grille-pain s'est déplacée vers la gauche.

10 a) On utilise le prix de 56 $ dans les équations d'offre et de demande pour calculer les quantités demandées et offertes à ce prix. Il s'agit de l'équivalent mathématique de ce que l'on fait sur un graphique pour déterminer un prix sur l'axe vertical ; suivez des yeux la courbe de demande (ou d'offre), puis regardez vers le bas pour lire la quantité sur l'axe horizontal.

On utilise le prix dans l'équation de la demande pour trouver :

$$P = 80 - 2Q_D$$
$$56 = 80 - 2Q_D$$
$$2Q_D = 24$$
$$Q_D = 12$$

En utilisant le prix dans l'équation de l'offre :

$$P = 50 + 1Q_O$$
$$56 = 50 + 1Q_O$$
$$6 = Q_O$$

La quantité demandée excède la quantité offerte de 6 unités (12 – 6), de sorte qu'il y a pénurie de 6 pastilles à la menthe.

b) Une pénurie signifie que le prix a été fixé au-dessous du prix d'équilibre. La concurrence que se livrent les consommateurs pour obtenir le nombre limité de pastilles à la menthe fera monter le prix et augmenter la quantité offerte jusqu'à ce que l'on atteigne le prix et la quantité d'équilibre.

c) En situation d'équilibre, les équations sont les suivantes :

Demande : $P^* = 80 - 2Q^*$
Offre : $P^* = 50 + 1Q^*$

Pour résoudre l'équation pour Q^*, supposons que la demande est égale à l'offre :

$$80 - 2Q^* = 50 + 1Q^*$$
$$30 = 3Q^*$$
$$10 = Q^*$$

d) Pour résoudre l'équation pour P^*, utilisez Q^* dans l'équation de la demande :

$$P^* = 80 - 2Q^*$$
$$P^* = 80 - 2(10)$$
$$P^* = 80 - 20$$
$$P^* = 60$$

Vous pouvez vérifier cette réponse vous-même, en utilisant Q^* dans l'équation de l'offre.

e) Les nouvelles équations d'équilibre sont les suivantes :

Demande : $P^* = 80 - 2Q^*$
Offre : $P^* = 20 + 1Q^*$

Pour résoudre l'équation pour Q^*, supposons que la demande est égale à l'offre :

$$80 - 2Q^* = 20 + 1Q^*$$
$$60 = 3Q^*$$
$$20 = Q^*$$

Pour résoudre l'équation pour P^*, utilisez Q^* dans l'équation de l'offre :

$$P^* = 20 + 1Q^*$$
$$P^* = 20 + 1(20)$$
$$P^* = 20 + 20$$
$$P^* = 40$$

Vous pouvez vérifier cette réponse vous-même, en utilisant Q^* dans l'équation de la demande.

5

Notions de macroéconomie

CONCEPTS CLÉS

Les origines de la macroéconomie et les problèmes qu'elle aborde

La macroéconomie moderne s'est développée en réponse à la **Grande Dépression**.

◆ Keynes se préoccupait surtout des problèmes à court terme de la dépression, qu'il croyait causés par une insuffisance des dépenses privées. Selon lui, la solution appartenait au gouvernement, qui devait augmenter ses dépenses.

◆ Une fois la crise économique enrayée, les problèmes à long terme que constituait, entre autres, l'inflation ont resurgi. Il a donc fallu réduire les dépenses gouvernementales. Les événements des années 1960 et 1970 ont démontré l'importance de ces problèmes à long terme.

◆ Les événements récents ont contribué à faire de la macroéconomie un vaste domaine qui traite des questions à court terme et à long terme : le chômage, la croissance économique, l'inflation, de même que les déficits budgétaires gouvernementaux et le déficit commercial. Nous avons pour objectif de comprendre ces théories.

L'emploi et le chômage

Chaque année au Canada, bon nombre d'emplois sont créés et supprimés. En moyenne, l'économie canadienne crée 200 000 emplois par année. Mais, pendant les années de faible production, plus d'emplois sont supprimés que créés, et vice versa quand la production est élevée.

◆ Il y a chômage lorsque des travailleurs qualifiés à la recherche d'un emploi ne peuvent en trouver.

• Le **taux de chômage** représente le pourcentage de chômeurs parmi la population active. Par **population active**, ou **main-d'œuvre**, on entend la somme des personnes employées et des personnes en chômage.

• Le taux de chômage n'est pas une mesure exacte de la sous-utilisation de la main-d'œuvre parce que les travailleurs découragés qui ont mis fin à leur recherche d'emploi ne sont pas inclus dans le calcul du taux de chômage alors que les travailleurs à temps partiel qui cherchent un travail à temps plein sont comptés parmi les personnes employées.

◆ Au cours de l'histoire canadienne, le chômage a fortement fluctué, enregistrant ses plus hauts taux dans les années 1930, au début des années 1980 et au début des années 1990. Depuis la fin de la Seconde Guerre mondiale, on a pu observer une tendance à la hausse du taux de chômage.

◆ Les cycles du taux de chômage au Canada suivent ceux des États-Unis, mais récemment le taux de chômage au Canada a dépassé celui des États-Unis.

◆ Les coûts du chômage englobent la perte de productivité des chômeurs, la détérioration des possibilités d'emploi, l'augmentation de la criminalité et les problèmes sociaux.

La croissance économique

La notion de **croissance économique** s'applique à la capacité d'une économie d'accroître sa production de biens et de services, laquelle est mesurée par l'augmentation de la croissance du produit intérieur brut réel (PIB réel).

◆ Le **PIB réel** représente la valeur de la production agrégée ou totale du pays évaluée aux prix observés au cours d'une année particulière.

◆ Le **PIB potentiel** est égal au PIB réel lorsque la main-d'œuvre, le capital, la terre et l'esprit d'entreprise d'une économie sont pleinement utilisés.

◆ Dans l'histoire canadienne, le taux de croissance a deux caractéristiques.

- La croissance économique à long terme, mesurée par le PIB potentiel, a connu une expansion rapide dans les années 1960, mais beaucoup moins rapide depuis à cause d'un ralentissement de la productivité.
- Il y a aussi les **cycles économiques**, au cours desquels le PIB réel fluctue autour du PIB potentiel.

◆ Chaque cycle est irrégulier, mais se caractérise par deux points de revirement (le *sommet* et le *creux*) et deux phases distinctes (la **récession**, quand il y a chute du PIB réel au cours de deux trimestres consécutifs et l'**expansion**, quand le PIB réel augmente).

◆ L'examen du PIB réel par habitant depuis 1960 au Canada par rapport aux plus grandes puissances économiques montre

- des ralentissements de la croissance de la productivité et des cycles économiques semblables,
- une croissance du PIB potentiel plus rapide que celle des États-Unis ou de l'Allemagne, mais plus lente que celle du Japon.

◆ La croissance économique a comme principal avantage d'accroître le potentiel de consommation des habitants et des gouvernements.

- Le ralentissement du rythme de croissance économique a entraîné une perte de possibilités de consommation.
- La croissance économique a quatre coûts : une réduction de la consommation courante, car les ressources sont allouées à la croissance plutôt qu'à la consommation, une accélération de l'épuisement des ressources naturelles, un accroissement de la pollution et une augmentation du rythme des changements économiques.

L'inflation

L'inflation est un mouvement à la hausse du **niveau des prix**. Elle est mesurée par le taux d'inflation (le pourcentage de changement du niveau des prix).

◆ Au Canada, dans les années 1960, le taux d'inflation était inférieur à 3 % par année. Il s'est accru dans les années 1970 pour atteindre environ 10 % et a diminué depuis pour devenir presque nul en réponse aux mesures adoptées par la Banque du Canada.

◆ Par le passé, le taux d'inflation au Canada a été similaire à celui qui avait cours dans les autres pays industrialisés, mais, depuis peu, il est moins fort que dans les autres pays.

◆ N'étant pas prévisible, l'inflation est un problème, car elle crée des gagnants et des perdants à cause de l'imprévisibilité du changement de la valeur de la monnaie – on détourne des ressources normalement destinées à des activités productrices et on les consacre à la prévision du taux d'inflation, ce qui constitue un gaspillage.

◆ Les mesures prises pour juguler l'inflation entraînent aussi des coûts élevés, car elles font presque toujours augmenter le taux de chômage.

Les déficits

◆ On parle de déficit budgétaire gouvernemental lorsque les dépenses d'un gouvernement excèdent ses recettes fiscales, ce qui a souvent été le cas au cours des dernières années.

◆ Lorsque ses importations sont supérieures à ses exportations, le Canada fait face à un déficit commercial, comme cela a été le cas au cours des dernières années.

◆ Si un gouvernement ou un pays enregistre un déficit, il doit emprunter pour combler celui-ci et payer des intérêts sur cette dette. Un gouvernement ou un pays qui emprunte pour accroître sa consommation connaîtra des difficultés à long terme. Par contre, s'il emprunte pour acheter des actifs susceptibles de générer des bénéfices, il fait un investissement fort sensé.

Les défis de la politique macroéconomique et les moyens de les relever

Keynes a été le premier à soutenir que le gouvernement devait intervenir pour restaurer le plein emploi, et le maintenir.

◆ Les cinq principaux défis de la politique consistent à diminuer le chômage, à stimuler la croissance économique, à stabiliser le cycle économique, à juguler l'inflation et à réduire le déficit budgétaire gouvernemental ainsi que le déficit commercial.

◆ Les deux principaux moyens de les relever sont

- la **politique budgétaire** – elle consiste à manipuler les impôts et les dépenses gouvernementales pour influer sur l'économie.

- la **politique monétaire** – elle permet à la Banque du Canada de modifier les taux d'intérêt et la masse monétaire disponible pour influer sur l'économie.

R A P P E L S

1 Il est à noter que, pour être comptée parmi les chômeurs, dont le nombre est mesuré par l'Enquête sur la population active canadienne, une personne ne doit pas uniquement être sans emploi. Elle doit également chercher « activement » du travail. La plupart des étudiants universitaires n'ont pas d'emploi mais ne sont pas comptés parmi les chômeurs, puisqu'ils ne recherchent pas d'emploi pendant leurs études.

2 Les variables que nous avons étudiées dans le présent chapitre ne sont pas indépendantes les unes des autres; elles influent les unes sur les autres selon des corrélations économiques que nous verrons peu à peu au cours des chapitres suivants.

Les conséquences du cycle économique sur les autres variables constituent la plus importante de ces corrélations. Premièrement, le cycle économique influe fortement sur le taux de chômage. Lorsque l'économie entre en période de récession, le taux de chômage augmente, atteignant son plus haut niveau dans le creux de la période. Lorsque l'économie est en période d'expansion, le taux de chômage diminue, atteignant son plus bas niveau au sommet.

La taille du déficit gouvernemental est aussi fortement influencée par le cycle économique. Lorsque l'économie entre en période de récession, le PIB réel et les impôts diminuent, tandis que les paiements du gouvernement, tels que l'assurance-emploi et la sécurité sociale, augmentent, ce qui crée un déficit plus grand. En période d'expansion, ces effets sont à l'opposé.

Il existe une forte relation entre le cycle économique et le compte courant, laquelle est bidirectionnelle. Lorsque les exportations augmentent, on fait face à un surplus du compte courant, ce qui tend à créer de fortes pressions expansionnistes sur le PIB réel. Par ailleurs, au fur et à mesure que l'économie prend de l'expansion, les Canadiens ont tendance à acheter une plus grande quantité de biens importés, ce qui entraîne un déficit du compte courant.

3 Le taux d'inflation est la variation, en pourcentage, du niveau des prix. Il est calculé à l'aide de la formule suivante:

$$\text{Taux d'inflation} = \frac{\begin{array}{c}\text{Niveau des} \\ \text{prix de} \\ \text{l'année} \\ \text{courante}\end{array} - \begin{array}{c}\text{Niveau des} \\ \text{prix de} \\ \text{l'année} \\ \text{précédente}\end{array}}{\text{Niveau des prix de l'année précédente}} \times 100.$$

Par exemple, le niveau des prix moyen de 1995 était de 133,5, et celui de 1994 était de 130,7. Le taux d'inflation pour 1995 est donc:

$$\text{Taux d'inflation} = \frac{133,5 - 130,7}{130,7} \times 100 = 2,1\%$$

4 L'inflation pose un problème dans la mesure où elle entraîne une dépréciation de la valeur de la monnaie à un rythme imprévisible. La *valeur de la monnaie* est la quantité de biens et de services que l'on peut acheter avec une quantité d'argent donnée. Lorsqu'une économie fait face à l'inflation, la valeur de la monnaie chute et on ne peut acheter autant de biens avec un dollar durant l'année courante que durant l'année précédente.

Pour illustrer cette notion, considérez les données du tableau 5.1 sur le prix d'une tablette de chocolat au Canada au cours des 46 dernières années[1].

TABLEAU **5.1**

Année	Prix d'une tablette de chocolat (¢)	Nombre de tablettes de chocolat que 1 $ permet d'acheter
1950	10	10,00
1966	15	6,67
1976	30	3,33
1986	75	1,33
1996	100	1,00

Ce tableau nous montre l'important effet cumulatif de l'inflation ainsi que la forte dépréciation de la valeur du dollar au cours de cette période; il permet d'acheter environ 1/10 du nombre de tablettes de chocolat qu'il permettait d'acheter en 1950. Lorsque votre grand-père vous dit qu'un dollar ne vaut plus ce qu'il valait autrefois, il ne vous ment pas!

---

[1] *Source*: Statistique Canada, *L'indice des prix à la consommation*, avec calculs et extrapolations de 1989 par H. King.

Nous examinerons la valeur de la monnaie plus en détail au chapitre 17.

A U T O É V A L U A T I O N

Vrai/Faux/Incertain (Justifiez votre réponse.)

1 Une croissance économique plus rapide est avantageuse pour l'économie.

2 Si le Canada vend plus au reste du monde qu'il n'achète à l'étranger, il devra faire face à un déficit commercial.

3 Le taux de chômage du Canada est presque identique à celui des États-Unis.

4 Les travailleurs découragés qui mettent fin à leur recherche d'emploi sont comptés parmi les chômeurs, mais ne devraient probablement pas l'être.

5 Au Canada, la politique budgétaire est mise en œuvre par le gouvernement fédéral.

6 Pendant la phase de contraction du cycle économique, le taux de chômage augmente.

7 Un déficit budgétaire gouvernemental entraîne des problèmes pour le gouvernement.

8 La macroéconomie se concentre uniquement sur les problèmes à court terme, tels que le chômage.

9 Si le niveau des prix était de 130 en 1998 et de 110 en 1997, le taux d'inflation en 1998 était de 20 %.

10 Puisque l'inflation est coûteuse, son élimination est utile.

Questions à choix multiple

1 La politique budgétaire permet de changer
a) le taux d'intérêt.
b) la masse monétaire.
c) le taux de change.
d) les taux d'imposition.
e) Toutes ces réponses.

2 Si le taux d'inflation est positif, le niveau des prix dans une économie
a) diminue rapidement.
b) augmente.
c) est constant.
d) diminue lentement.
e) est nul.

3 Depuis 1970, le Canada a presque continuellement enregistré
a) un important déficit du compte courant.
b) un important surplus du compte courant.
c) un faible déficit du compte courant.
d) un faible surplus du compte courant.
e) des déficits et des surplus du compte courant.

4 Lequel des énoncés suivants concernant la macroéconomie moderne est vrai ?
a) Elle s'est développée durant les années 1960 et 1970.
b) Au départ, elle portait une attention particulière aux problèmes à court terme.
c) Elle porte uniquement attention aux problèmes à court terme.
d) Elle combine maintenant les problèmes à court terme et à long terme.
e) **b** et **d**.

5 Comparativement à ceux des États-Unis, les cycles du taux de chômage canadien
a) sont indépendants de ceux des États-Unis.
b) suivent ceux des États-Unis.
c) vont dans le sens inverse de ceux des États-Unis.
d) suivent ceux des États-Unis, mais, tout récemment, le taux de chômage au Canada a dépassé celui des États-Unis.
e) suivent ceux des États-Unis et sont au même niveau.

6 L'imprévisibilité de l'inflation pose un problème, car
a) elle entraîne une hausse de la variabilité du cycle économique.
b) le marché boursier perd de sa valeur.
c) la valeur de la monnaie commence à augmenter.
d) on détourne les ressources normalement destinées à des activités productrices et on les consacre à l'évasion fiscale.
e) on détourne les ressources normalement destinées à des activités productrices et on les consacre à la prévision du taux d'inflation.

7 Lequel des éléments suivants *ne* fait *pas* partie des coûts du chômage?
a) Le fait que des travailleurs quittent leur emploi et vont à l'université
b) L'augmentation des sévices à l'endroit des enfants
c) Les possibilités de perte d'emploi
d) L'augmentation de la criminalité
e) L'augmentation du taux de suicide

8 Les déficits posent un problème
a) s'ils sont causés par la croissance économique.
b) seulement s'il y a des déficits internationaux et pas de déficits budgétaires gouvernementaux.
c) seulement s'il y a des déficits budgétaires gouvernementaux et pas de déficits internationaux.
d) seulement s'ils sont causés par l'emprunt pour accroître la consommation.
e) seulement s'ils sont causés par l'emprunt pour acheter des actifs susceptibles de générer des bénéfices.

9 Lequel des énoncés suivants concernant les problèmes économiques à long terme est *vrai* ?
a) Keynes les ignorait.
b) Keynes a dit qu'on pouvait y remédier si le gouvernement augmentait ses dépenses.
c) Les économistes considèrent qu'ils sont beaucoup moins importants que les problèmes à court terme.
d) Ils comprennent l'inflation et la faible croissance économique.
e) Toutes ces réponses.

10 La comparaison de la croissance économique du Canada avec celle des principales puissances économique montre que
a) le Canada a connu un ralentissement de la productivité, mais pas les autres pays.
b) le Canada et les États-Unis ont connu un ralentissement de la productivité, mais pas le Japon et l'Allemagne.
c) le Canada n'a pas connu un ralentissement de la productivité identique à celui des autres pays.
d) le Canada a toujours connu des niveaux plus bas de productivité et de croissance économique.
e) les quatre pays ont connu des ralentissements identiques de la croissance de la productivité environ en même temps.

11 Laquelle des actions suivantes *ne* constitue *pas* un défi de la politique macroéconomique?
a) Diminuer le chômage
b) Stabiliser le cycle économique
c) Juguler l'inflation
d) Freiner la croissance économique
e) Réduire le déficit budgétaire gouvernemental

12 L'augmentation du PIB potentiel est
a) toujours avantageuse, car elle fait augmenter le niveau de vie.
b) toujours trop coûteuse, car elle fait augmenter la pollution et accélérer l'épuisement des ressources naturelles.
c) avantageuse seulement si elle fait augmenter la pollution de 5 % par année.
d) avantageuse si les bienfaits de l'accroissement du niveau de vie surpassent les coûts d'un accroissement de la pollution, etc.
e) Aucune de ces réponses.

13 Au cours de quelle année le taux de chômage au Canada a-t-il avoisiné les 20 %?
a) 1982
b) 1976
c) 1959
d) 1933
e) 1926

14 Dans un pays qui compte 20 millions d'habitants, 9 millions de personnes travaillent et 1 million de personnes sont en chômage. À combien s'élève la population active?
a) 20 millions
b) 10 millions
c) 9 millions
d) 8 millions
e) 1 million

15 Dans un pays qui compte 20 millions d'habitants, 9 millions de personnes travaillent et 1 million de personnes sont en chômage. Quel est le taux de chômage?
a) 11 %
b) 10 %
c) 8 %
d) 5 %
e) 1 %

16 Quelle situation entraînera une *augmentation* du déficit du compte courant au Canada?
a) Le Japon achète du blé des fermiers canadiens.
b) Le Japon achète du blé des fermiers australiens.
c) Le Japon achète des obligations d'épargne du Canada.
d) Le Canada achète des voitures du Japon.
e) Le Canada vend du charbon au Japon.

17 Lequel des politiciens suivants discute du cycle économique?
a) «Le taux de chômage au Canada diminue à cause d'une remontée de l'économie.»
b) «Les taux de criminalité augmentent tous les printemps avec la fin des cours.»
c) «Au Canada, chaque année, 200 000 emplois en moyenne sont créés.»
d) «Un accroissement de l'investissement en capital permettra la création d'emplois.»
e) Toutes ces réponses.

18 Lequel des énoncés suivants concernant le taux d'inflation au Canada est *faux*?
a) Il est actuellement plus bas que celui des autres pays industrialisés.
b) Il était bas dans les années 1960.
c) Il a augmenté dans les années 1970.
d) Il a diminué dans les années 1980 à la suite des mesures adoptées par la Banque du Canada.
e) Jusqu'à tout récemment, il a toujours été plus élevé que celui des autres pays industrialisés.

19 Si on comptait les travailleurs découragés parmi les chômeurs,
a) on ne modifierait pas le taux de chômage mesuré.
b) on diminuerait le taux de chômage mesuré.
c) on diminuerait la main-d'œuvre.
d) on augmenterait le taux de chômage mesuré seulement s'il n'y avait pas de travailleurs à temps partiel.
e) on augmenterait le taux de chômage mesuré.

20 Le PIB réel correspond à la valeur
a) de tous les biens produits dans une économie en une année.
b) de tous les biens et services produits dans une économie en une année.
c) de tous les biens finis produits dans une économie en une année.
d) de tous les biens et services finis produits dans une économie en une année.
e) de tous les biens et services finis produits dans une économie en une année, en maintenant fixe le niveau d'inflation.

21 Si l'indice des prix était de 128 à la fin de 1987 et de 136 à la fin de 1988, quel était le taux d'inflation en 1988?
a) 4,2%
b) 5,9%
c) 6,25%
d) 8%
e) 9,4%

22 Si l'indice des prix était de 130 en 1997 et si le taux d'inflation s'élevait à 5% entre 1997 et 1998, alors le niveau des prix en 1998 était égal à
a) 136,5.
b) 135.
c) 125.
d) 123,5.
e) 105.

23 Une inflation imprévisible
a) est coûteuse parce que l'augmentation du taux d'inflation entraînera du chômage.
b) est coûteuse parce que les gens détournent les ressources normalement destinées à des activités productrices et les consacrent à la prévision du taux d'inflation.
c) n'est pas coûteuse parce que les gens ne modifient pas leur comportement.
d) est coûteuse parce qu'elle entraîne une perte de production.
e) Aucune de ces réponses.

24 Le déficit du gouvernement augmente si
a) nous achetons plus à l'étranger que nous vendons au reste du monde.
b) nous vendons plus au reste du monde que nous n'achetons à l'étranger.
c) les revenus du gouvernement s'accroissent.
d) le chômage augmente.
e) la génération du baby-boom continue de gérer le pays.

25 Le cycle économique comporte quatre phases successives. Trouvez la bonne séquence.
a) Expansion, sommet, contraction, creux
b) Expansion, sommet, creux, contraction
c) Expansion, creux, contraction, sommet
d) Expansion, contraction, creux, sommet
e) Expansion, déviation, contraction, creux

Problèmes à court développement

1 Quels sont les coûts du chômage sur le plan économique?

2 Visitez le site Web de Statistique Canada (**http://www.statcan.ca/**) ou consultez la publication de Statistique Canada intitulée *L'indice des prix à la consommation* et trouvez le niveau des prix en décembre de l'année la plus récente, ainsi que celui de l'année précédente, et calculez le taux d'inflation au cours de cette année.

3 Qu'est-ce que la valeur de la monnaie? Pourquoi la valeur de la monnaie diminue-t-elle lorsqu'il y a inflation?

4 Le gouvernement fédéral accorde aux étudiants à temps plein un crédit d'impôt par mois d'étude. En 1980, José a reçu ce crédit, lequel valait 50 $ par mois, tandis que, en 1992, Jennifer a reçu 60 $ par mois. En 1980, le niveau des prix était de 62,3 et, en 1992, il était de 130. La valeur de la monnaie du crédit d'impôt est-elle plus élevée pour Jennifer ou pour José? (Ne tenez pas compte des changements apportés aux codes d'impôt, etc.)

5 Qu'est-ce que le compte courant? Qu'est-il advenu du compte courant au cours des dernières années?

6 Qu'advient-il de l'écart entre le PIB réel et le PIB potentiel et qu'advient-il du taux de chômage pendant chacune des quatre phases du cycle économique?

7 Les travailleurs et les dirigeants de la société ABC ont conclu un contrat de salaire, en anticipant que le taux d'inflation sera nul pendant la période que couvre le contrat. Toutefois, afin de protéger les travailleurs contre un taux d'inflation non anticipé, le contrat est pourvu d'une clause d'indexation; on y stipule que, à la fin de chaque année, les salaires seront augmentés du même pourcentage que l'indice des prix à la consommation (IPC). Au début du contrat, l'IPC est de 214, et le salaire est fixé à 10 $ l'heure. À la fin de la première année, l'IPC est de 225 et, à la fin de la deuxième année, il est de 234. Quels seront les nouveaux salaires à la fin des première et deuxième années?

8 On dispose des informations suivantes concernant une économie:
Population: 25 millions d'habitants
Emploi: 10 millions
Chômage: 1 million
a) Combien de personnes compte la population active?
b) Quel est le taux de chômage?

9 On dispose des données suivantes concernant les taux de chômage et de croissance du PIB réel pour le pays des Merveilles:

Année	Changement de pourcentage du PIB réel	Taux de chômage
1	2,0	7,0
2	3,0	6,0
3	1,0	7,8
4	0,0	9,0
5	−2,0	11,5
6	−0,3	9,5
7	3,0	6,5
8	1,5	7,5

a) Quels sont les sommets et les creux du cycle économique pour cette économie?
b) Au cours de quelles années cette économie a-t-elle été en phase de récession?
c) Quelle est la relation qui existe entre le chômage et le cycle économique pour cette économie?

10 Un taux de croissance économique plus élevé est-il avantageux ou nuisible pour une société?

RÉPONSES

Vrai/Faux/Incertain (Justifiez votre réponse.)

1 I Cela dépend des avantages par rapport aux coûts liés à une croissance plus forte.

2 F Si les ventes sont supérieures aux achats, il enregistrera un *surplus* commercial.

3 F Le taux de chômage du Canada suit celui des États-Unis, mais depuis peu le taux de chômage du Canada dépasse celui des États-Unis.

4 F Ils ne sont pas comptés parmi les chômeurs, mais devraient probablement l'être.

5 V Le gouvernement manipule les dépenses, les impôts et le déficit; il s'agit donc de la politique budgétaire.

6 V Au fur et à mesure que l'économie entre en période de récession, la croissance du PIB réel devient négative et certains travailleurs deviennent chômeurs.

7 I Les conséquences ne sont pas les mêmes si le gouvernement emprunte pour accroître la consommation (négatif) ou s'il emprunte pour accroître les investissements (positif).

8 F Récemment, la macroéconomie a réuni les questions à court terme et à long terme pour les étudier conjointement.

9 F Taux d'inflation = $((130 - 110)/110) \times 100$ = 18,2 %.

10 I L'inflation est coûteuse, mais les mesures prises pour la juguler entraînent aussi des coûts élevés, car elles font presque toujours augmenter le taux de chômage. Cela dépend de l'importance relative des coûts.

Questions à choix multiple

1 d **a** et **b** sont des mesures monétaires, **c** n'est ni une mesure budgétaire ni une mesure monétaire.

2 b Si l'inflation est positive, la différence entre le niveau des prix de l'année courante et le niveau des prix de l'année précédente est supérieure à 0 par définition.

3 a Voir la figure 5.10 du manuel.

4 e Elle s'est développée durant la Grande Dépression et se préoccupait surtout des problèmes à court terme. Cependant, au cours des dernières années, elle a réuni l'étude des deux types de problèmes.

5 d Voir la figure 5.2 du manuel et les commentaires sur celle-ci.

6 e La prévision de l'inflation devient importante, car une inflation imprévisible crée des gagnants et des perdants imprévisibles parce que la valeur de la monnaie *diminue*.

7 a Cela ne nuit pas à la société.

8 d Les deux types de déficit peuvent poser un problème s'ils servent à accroître la consommation, car ils ne génèrent pas de profits ni de revenus servant à rembourser les dettes qui en découlent. La réponse **a** n'est pas pertinente.

9 d Keynes s'en souciait, constatant qu'ils pouvaient être causés par un niveau de dépenses gouvernementales trop élevé. Les économistes les étudient maintenant de pair avec les problèmes à court terme.

10 e Voir la figure 5.5 du manuel. Les quatre pays ont tous connu une importante diminution du taux de croissance autour des années 1970.

11 d La stimulation de la croissance économique constitue un défi de la politique macroéconomique.

12 d Pour décider, il faut peser les coûts et les avantages et déterminer lesquels sont les plus importants.

13 d Durant la Grande Dépression des années 1930.

14 b Main-d'œuvre = chômeurs + travailleurs.

15 b Taux de chômage = chômeurs/population active = 1/10.

16 d **a** et **e** font baisser le déficit, **b** et **c** ne sont pas pertinentes.

17 a Une remontée entraîne une période d'expansion, ce qui provoque une diminution du chômage. **b** n'est pas pertinente, **c** constitue la moyenne au cours du cycle, **d** est la croissance du PIB potentiel.

18 e Jusqu'à tout récemment, il était environ le même que celui des autres pays.

19 e Cela ajouterait des chômeurs au taux mesuré.

20 e Définition.

21 c 6,25 % = $((136 - 128)/128) \times 100$.

22 a On doit résoudre le problème en inversant le taux d'inflation de la formule $= ((P_{1998} - P_{1997})/P_{1997}) \times 100$.

23 b Une inflation imprévisible est coûteuse à un tel point qu'on pourrait comparer l'économie à un casino, où les gens tentent de prévoir l'inflation plutôt que de produire des biens et des services.

24 d **a**, **b**, **e** ne sont pas pertinentes, tandis que **c** réduit le déficit. La hausse du chômage entraîne une augmentation des paiements du gouvernement et une baisse des recettes fiscales.

25 a Définition.

Problèmes à court développement

1 Les coûts les plus évidents du chômage sont les pertes de production et de revenus. Lorsqu'un travailleur connaît une longue période de chômage, sa formation et ses compétences se détériorent, ainsi que ses possibilités d'emploi. Il y a aussi les coûts du chômage que représentent une hausse de la criminalité et un accroissement des problèmes sociaux.

2 Vous deviez utiliser la formule suivante :

$$\text{Taux d'inflation} = \frac{\begin{array}{c}\text{Niveau des} \\ \text{prix de} \\ \text{l'année} \\ \text{courante}\end{array} - \begin{array}{c}\text{Niveau des} \\ \text{prix de} \\ \text{l'année} \\ \text{précédente}\end{array}}{\begin{array}{c}\text{Niveau des prix} \\ \text{de l'année précédente}\end{array}} \times 100.$$

3 La valeur de la monnaie est la quantité de biens et de services que l'on peut acheter avec une quantité donnée de monnaie. Puisque l'inflation suppose une augmentation générale des prix, une unité de monnaie permet donc d'acheter moins de biens et de services. Ainsi, la valeur de la monnaie chute lorsqu'il y a inflation.

4 On peut répondre à cette question de deux manières. Premièrement, entre 1980 et 1992, la valeur du crédit d'impôt s'est accrue de 20 % (= 10/50 × 100), tandis que le niveau des prix a augmenté de 109 % (= ((130 − 62,3) × 100).

De toute évidence, les prix ont augmenté plus rapidement que la valeur monétaire du crédit, réduisant ainsi cette valeur. Pour Jennifer, les gains sont donc inférieurs. Deuxièmement, on pourrait calculer le pouvoir d'achat du crédit d'impôt en fonction de la quantité de biens qu'il permet d'acheter (n'oubliez pas que l'indice des prix à la consommation mesure le coût des achats d'une famille type). Le crédit permet à José d'acheter 0,8 % des achats d'une famille type (= 50/62,3), tandis qu'il permet à Jennifer d'en acheter 0,46 % (= 60/130). Évidemment, pour José, les gains qui découlent du crédit sont plus grands.

5 La balance du compte courant est constituée de la différence entre nos exportations et nos importations et tient également compte des paiements d'intérêts versés aux autres pays et reçus par eux. Comme le montre la figure 5.10 du manuel, le compte courant du Canada a fluctué depuis 1960, mais, depuis la fin des années 1980, il se situe régulièrement autour de 4 % du PIB.

6 Pendant la phase de contraction du cycle économique, le taux de croissance du PIB réel ralentit et devient négatif, tandis que le PIB réel chute sous sa valeur tendancielle. Pendant cette phase, le taux de chômage augmente. Durant un creux, le PIB réel atteint le point le plus bas au-dessous de sa valeur tendancielle, et le taux de chômage est à son niveau le plus élevé du cycle. Le creux est le point de revirement le plus bas du cycle économique, entre la phase de contraction et celle d'expansion, pendant laquelle le taux de croissance du PIB réel augmente et le taux de chômage diminue. À la fin d'une expansion, l'économie atteint le sommet du cycle économique. Le PIB réel se situe alors au point le plus élevé au-dessus de sa valeur tendancielle, et le taux de chômage est à son niveau le plus bas du cycle économique.

7 Afin de déterminer le salaire à la fin de la première année, on doit évaluer, en pourcentage, la hausse de l'IPC et appliquer ce pourcentage au salaire initial de 10 $ l'heure. Le changement, en pourcentage, de l'IPC est de [(225 − 214) /214] × 100, soit 5,1 %. Donc, le nouveau salaire à la fin de la première année sera de 10 $ × 1,051 = 10,51 $. Pour la deuxième année, la hausse de l'IPC est de 4 %. Donc, le nouveau salaire à la fin de la deuxième année sera de 10,51 $ × 1,04 = 10,93 $.

8 a) La population active est de 11 millions de personnes, soit la somme des chômeurs et des travailleurs.
b) Le taux de chômage est de 9,09 %, soit le pourcentage de chômeurs par rapport à la population active.

9 a) Les sommets surviennent aux points de revirement du PIB réel quand il augmente durant l'année 4. Les creux se produisent aux points de revirement du PIB réel quand il est négatif durant l'année 6.
b) L'économie est en phase de récession quand le taux de croissance du PIB réel est négatif, durant les années 5 et 6.
c) Il existe une relation inverse approximative entre les deux variables – quand le PIB réel augmente, le taux de chômage diminue (entre les années 1 et 2) et quand le PIB réel diminue, le taux de chômage augmente (entre les années 4 et 5).

10 Il n'y a pas de bonne réponse à cette question puisque cela dépend de l'équilibre qui existe entre les coûts et les avantages liés à l'augmentation du taux de croissance – il s'agit d'une question normative. Cependant, une société doit comparer les coûts (une réduction de la consommation, car les ressources sont allouées à la croissance plutôt qu'à la consommation, une accélération de l'épuisement des ressources naturelles, un accroissement de la pollution environnementale et une augmentation du rythme des changements économiques) aux avantages (une augmentation du potentiel de consommation des personnes et des gouvernements) et prendre une décision.

Le calcul du PIB, de l'inflation et de la croissance économique

Le produit intérieur brut

Le **produit intérieur brut** (PIB) mesure la valeur totale des biens et des services finis produits au cours d'une année. De plus, le PIB est un flux (une quantité qui varie en fonction d'une unité de temps). Un **stock** est une quantité qui existe à un moment donné.

- Le plus important des stocks en macroéconomique est le **capital** (les usines, les équipements, les bâtiments ainsi que les stocks qui servent à produire d'autres biens et services).

  - **Investissement** (I) = sommes consacrées à l'achat de nouveaux biens (usines, équipements, bâtiments) ainsi qu'à l'accroissement des stocks. Toute addition au stock de capital = **investissement net**.
  - **Investissement brut** = investissement net + remplacement du stock de capital déprécié.
  - **Dépréciation** = diminution de la valeur du stock de capital due à l'usure et à l'obsolescence.

- Un autre stock important est la **richesse** (la valeur de tous les avoirs des individus) et Δ richesse = épargne.

  - **Épargne** ($\acute{E}$) = revenu disponible − dépenses de consommation.
  - **Dépenses de consommation** (C) = sommes totales du revenu disponible consacrées à l'achat de biens de consommation et de services.

Les flux de l'investissement et de l'épargne interagissent avec les flux du revenu et des dépenses de consommation dans le *flux circulaire* pour déterminer la production totale = revenu agrégé = dépense agrégée.

- L'économie se divise en quatre secteurs (les entreprises, les ménages, les gouvernements et les pays étrangers) qui se rencontrent sur trois principaux marchés (les marchés des biens, les marchés des facteurs et les marchés financiers).

- Les ménages vendent leurs services productifs aux entreprises en contrepartie de revenus, par conséquent, le revenu total des ménages = revenu agrégé (Y).

- Les ménages placent leur épargne ($\acute{E}$) sur les marchés financiers, que les entreprises empruntent pour financer leurs investissements (I), que les gouvernements empruntent pour combler leur déficit budgétaire et que les pays étrangers empruntent également.

- Les entreprises produisent des biens et des services et les vendent à titre :

  - de C aux ménages,
  - de I aux autres entreprises,
  - de dépenses gouvernementales (G) aux gouvernements,
  - d'exportations nettes (XN) = exportations (X) − importations (IM) au reste du monde.

- Les gouvernements achètent des biens et des services, prélèvent des taxes et des impôts sur les ménages et les entreprises, leur versent des paiements de transfert (**impôts nets** (T) = taxes et impôts − transferts) et empruntent leurs épargnes.

- Les pays étrangers achètent nos exportations, nous vendent leurs exportations et doivent emprunter à notre économie ou vendre des éléments d'actif qu'ils y détiennent. Ces dernières transactions s'effectuent sur les marchés financiers.

Le flux circulaire illustre les méthodes pour calculer le PIB.

- Les décideurs de l'économie achètent les biens et services produits par les entreprises (production = dépenses).

- La totalité des recettes tirées de la vente de produits sert à payer les revenus, les loyers, les profits, etc. (dépenses = revenu).

- Résultat : revenus = production = dépenses.

◆ Cette égalité s'exprime par l'équation de base suivante : $Y = C + I + G + XN$.

Le flux circulaire peut aussi nous aider à comprendre comment l'I est financé par l'épargne nationale et les emprunts au reste du monde.

◆ Les revenus des ménages sont dépensés sur $C + T + É \rightarrow Y = C + É + T$. Par conséquent, les épargnes des ménages = $(Y - T) - C$ = Revenu disponible (après impôts) – Consommation.

◆ L'épargne gouvernementale = $T - G$ (si $T > G$, le gouvernement pourra prêter une partie de son surplus, etc.).

◆ L'**épargne nationale** = $É + (T - G)$ sert à financer les investissements.

◆ Lorsque les Canadiens dépensent plus en biens et en services étrangers que les étrangers ne le font pour les biens canadiens ($IM > X$), ils doivent emprunter à l'étranger pour payer la différence. En fait, une partie de l'épargne des pays étrangers sert à financer nos investissements.

◆ Résultat : I = épargne nationale + emprunt au reste du monde = $É + (T - G) - (X - IM)$.

◆ Nous pouvons donc écrire : $I + G + X = É + T + IM$, ou bien, **injections** (dépenses qui n'émanent pas des ménages) = **fuites** (revenus qui ne sont pas consacrés à l'achat de biens et de services nationaux).

L'évaluation du PIB canadien

Pour évaluer le PIB du pays, les analystes de Statistique Canada utilisent deux méthodes basées sur l'égalité entre les revenus, la production et les dépenses :

◆ La *méthode des dépenses* évalue $C + I + G + XN$.

◆ Les dépenses que l'on exclut de l'évaluation du PIB comprennent :

- les **biens et services intermédiaires** (que les entreprises achètent les unes aux autres et utilisent pour produire des biens et des services);
- les biens usagés;
- les valeurs mobilières.

◆ La *méthode des revenus des facteurs* additionne tous les revenus que les entreprises versent aux ménages et apporte des ajustements.

- Le **revenu intérieur net au coût des facteurs** = salaires, etc. + bénéfices + intérêts et revenus de placements + revenus des agriculteurs + revenus des entreprises individuelles non agricoles.
- Le produit intérieur net au prix du marché = revenu intérieur net au coût des facteurs + impôts indirects – subventions.

- PIB = produit intérieur net + dépréciation.

◆ Pour évaluer la production d'une industrie ou d'une entreprise, on doit utiliser la valeur ajoutée par chaque secteur, où la **valeur ajoutée** = valeur de la production d'une entreprise – valeur des biens intermédiaires qu'elle achète des autres entreprises.

Le niveau des prix et l'inflation

On utilise deux indices des prix pour mesurer le niveau des prix :

◆ L'**indice des prix à la consommation** (IPC) mesure ce que coûte durant la *période courante* un panier type de biens et de services que consomme habituellement une famille qui vit en milieu urbain par rapport à la valeur du même panier durant la période de référence =

$$\frac{\text{Valeur du panier durant la période courante}}{\text{Valeur du panier durant la période de référence}} \times 100.$$

◆ L'**indice implicite du PIB** mesure ce que coûte durant la période courante un panier de tous les biens et services produits par rapport à la valeur du même panier durant la période de référence =

$$\frac{\text{PIB nominal}}{\text{PIB réel}} \times 100.$$

- Le **PIB nominal** est calculé aux prix courants. Il englobe les conséquences de l'inflation et les variations de la quantité de biens et services produits.
- Le **PIB réel** est calculé aux prix d'une période de référence donnée. Il ne représente que la quantité de biens et services produits.

◆ Les indices des prix constituent des mesures imparfaites de l'inflation, car

- de nouveaux produits de qualité supérieure *et* à prix plus élevés viennent remplacer les produits existants,
- les améliorations apportées à la qualité font souvent grimper les prix des biens et services existants,
- les consommateurs remplacent le panier de biens et services par un panier moins cher et ce type de substitution n'est pas pris en compte par le panier de biens et services dont le contenu est *fixe*.

L'utilité du PIB réel

Les mesures du PIB réel permettent de comparer le PIB réel entre les pays et d'apprécier l'évolution du bien-être économique au cours des années.

◆ La comparaison du PIB réel par habitant entre les pays peut poser un problème à cause de la variation des prix, qui peut entraîner une divergence dans les résultats.

◆ Le PIB réel est une mesure imparfaite du bien-être économique à cause de deux facteurs.

• Il ne comprend pas certains éléments qui font augmenter le bien-être économique, notamment, les améliorations apportées à la qualité des produits, les activités domestiques, l'économie souterraine, les loisirs, la santé et l'espérance de vie, la liberté politique.

• Il n'englobe pas certains éléments qui font diminuer le bien-être économique, entre autres, les sommes consacrées à la sécurité publique, l'épuisement des ressources, la pollution.

RAPPELS

1 L'étude du flux circulaire et des comptes nationaux peut vous sembler ennuyeuse, mais elle est d'une très grande utilité pour de nombreuses raisons. Premièrement, elle permet de trouver les égalités essentielles qui constituent le point de départ de notre modèle économique. L'étude de ce matériel vous aidera à réussir le cours! Deuxièmement, bon nombre de débats actuels portent sur les avantages et les inconvénients liés à la croissance économique et aux dommages environnementaux. Pour pouvoir participer à ce débat, nous devons comprendre ce que le PIB permet de mesurer et ce qu'il ne permet pas de mesurer. Troisièmement, en macroéconomique, nous étudions la manière dont divers marchés fonctionnent simultanément pour créer un équilibre uni et corrélé. Le flux circulaire constitue une initiation à cette corrélation.

2 Dans ce chapitre, nous présentons quelques équations clés. Nous pouvons étudier la première de ces quatre équations en examinant le flux circulaire. Le flux circulaire présente une image simplifiée de l'économie, que les équations tentent de mesurer. En macroéconomique, nous cherchons à comprendre les facteurs qui influent sur le PIB et nous commençons cette recherche en apprenant comment on mesure la production (PIB). Cependant, nous ne pouvons pas mesurer directement la production avec facilité. L'examen du flux circulaire nous aide à la mesurer indirectement. Dans le flux circulaire, quatre décideurs économiques achètent la production (qui est mesurée par les dépenses), et les revenus

qu'elle engendre servent à payer les revenus. Nous pouvons mesurer la production de trois façons permettant toutes d'arriver aux mêmes résultats : Revenu = Dépense = Valeur de la production (PIB).

3 Cette équation ainsi que le flux circulaire entraînent quatre équations essentielles :

i) $Y = C + I + G + X - IM$

Cette équation décrit la méthode du calcul du PIB par les dépenses. Elle indique que le PIB est égal à la valeur totale des dépenses en produits nationaux de l'économie effectuées par les ménages, les entreprises, les gouvernements et les étrangers. On soustrait les dépenses d'importations pour tenir compte du fait que les importations ne sont pas produites au pays.

ii) $Y = C + \acute{E} + T$

Tous les revenus sont versés aux ménages qui possèdent les facteurs de production. Cette équation montre que le revenu est dépensé pour l'achat des biens et services de consommation (C), pour le paiement des taxes et impôts nets (T), ou encore, est épargné ($\acute{E}$). En fait, l'épargne correspond au revenu disponible ($Y - T$) moins les dépenses de consommation (C).

En combinant les équations i et ii, on obtient :

$$C + I + G + X - IM = C + \acute{E} + T$$

que l'on peut récrire ainsi :

iii) $I + G + X = \acute{E} + T + IM$

Cette équation indique que les injections dans le flux circulaire ($I + G + X$) sont égales aux fuites hors du flux circulaire ($\acute{E} + T + IM$). Cette équation est nécessaire pour créer l'équilibre.

Finalement, on peut récrire l'équation **iii** pour voir comment l'investissement est financé :

iv) $I = \acute{E} - (G - T) - (X - IM)$
ou $I = \acute{E} + (T - G) + (IM - X)$

Cette équation énonce que la somme que fourniront les marchés financiers pour les emprunts des entreprises sera égale aux épargnes des ménages moins la somme nécessaire pour financer le déficit du gouvernement moins la somme requise pour financer le surplus des exportations nettes.

4 Veillez à bien faire la distinction entre les biens intermédiaires et les biens d'investissement. Ces deux types de biens sont généralement vendus par une entreprise à une autre, mais l'usage qu'on en fait est différent. Les biens intermédiaires sont d'abord transformés, puis revendus. Les biens d'investissement sont des biens finis. Il faut également mentionner que Statistique Canada, dans les *Comptes nationaux des revenus et dépenses*, considère les achats de maisons comme des investissements parce que les résidences, comme le stock de capital d'une entreprise, engendrent un flux de revenus au fil du temps.

5 Faites également la différence entre les dépenses gouvernementales en biens et services (G) et les paiements de transfert du gouvernement. Ces deux éléments constituent des sommes que verse le gouvernement, mais les paiements de transfert ne sont pas effectués en échange de biens et services. Ils représentent plutôt un flux monétaire, un peu comme les taxes et les impôts. En fait, il est utile de considérer les paiements de transfert comme des taxes négatives. Nous pouvons donc définir les taxes et impôts nets (T) comme les taxes et impôts payés moins les paiements de transfert.

6 L'indice des prix pour une année donnée correspond au rapport entre le prix qu'on doit payer cette année-là pour acheter un panier de biens et le prix qu'on devrait payer pour ce *même* panier au cours d'une période de référence, le tout multiplié par 100. On tente donc de calculer le coût d'achat de biens pour deux années. Il existe deux différences importantes entre les indices des prix présentés dans ce chapitre.
a) La première concerne le type de biens contenus dans le panier de biens commun à l'année courante et à l'année de référence. Le panier de biens utilisé pour calculer l'indice des prix à la consommation contient les biens et services que consomme habituellement une famille canadienne vivant en milieu urbain. Par contre, le panier de biens utilisé pour calculer l'indice implicite du PIB contient tous les biens et services compris dans le PIB. Il inclut donc les biens d'équipement.
b) La seconde différence concerne la manière dont le panier est choisi. Dans le cas de l'IPC, le panier contient un ensemble de biens achetés pendant l'année de *référence*. Le panier qui sert à mesurer l'indice implicite du PIB comprend un ensemble de biens achetés pendant l'année *courante*. Ainsi, pour mesurer l'IPC, on se sert d'un panier de biens fixe (tant que l'année de référence ne change pas). Le panier de biens utilisé pour mesurer l'indice implicite du PIB, par contre, change chaque année.

7 Il est essentiel de saisir la différence entre le PIB réel et le PIB nominal. Le PIB nominal est la valeur des biens et services finis, calculée aux *prix courants*, produits dans une économie pendant une année. Le PIB réel est la valeur de ces mêmes biens et services finis, calculés aux *prix d'une période de référence donnée*.

Le PIB nominal peut augmenter d'une année à l'autre parce que les prix montent ou parce que la production de biens et services s'accroît. Cependant, une augmentation du PIB réel signifie que la production de biens et services s'est accrue. Prenons, par exemple, une économie simple dans laquelle on ne produit que des pizzas. Habituellement, on s'intéresse davantage au PIB réel, soit le nombre de pizzas que l'on peut manger!

A U T O É V A L U A T I O N

Vrai/Faux/Incertain
(Justifiez votre réponse.)

1 Les salaires versés aux ménages en contrepartie des services qu'ils fournissent sont un exemple de flux réel qui va des entreprises aux ménages.

2 Toutes autres choses étant égales, plus le déficit gouvernemental est élevé, plus les investissements sont faibles.

3 L'investissement net mesure l'addition nette au stock de capital.

4 Si le PIB est égal aux dépenses de consommation plus l'investissement brut, plus les dépenses publiques en biens et services, alors les exportations sont égales aux importations.

5 Si deux économies ont le même PIB réel par habitant, alors le niveau de vie est le même dans ces deux économies.

6 Pour l'ensemble d'une économie, le revenu est égal à la dépense et au PIB.

7 Lorsque vous désirez savoir si l'économie produit un plus grand volume de biens, vous utilisez le PIB réel plutôt que le PIB nominal.

8 Les biens produits cette année, mais qui ne sont pas vendus, ne font pas partie du PIB de cette année.

9 L'indice implicite du PIB est calculé ainsi : le PIB réel divisé par le PIB nominal, multiplié par 100.

10 S'il n'y avait pas de gouvernement mais seulement des ménages et des entreprises, le prix du marché et le coût des facteurs seraient égaux pour tous les biens.

Questions à choix multiple

1 À l'aide des données du tableau 6.1, calculez l'indice implicite du PIB en 1997.
a) 250
b) 200
c) 160
d) 125
e) 88,9

TABLEAU **6.1**

Année	PIB nominal	PIB réel	Indice implicite du PIB en 1991 = 100
1991	125	125	100
1997	250	200	
1998	275		122,22

2 Utilisez les données du tableau 6.1 pour répondre à la question suivante : quel est le PIB réel en 1998 ?
a) 336,2
b) 275
c) 225
d) 220
e) 110

3 La différence entre la valeur de la production d'une entreprise et la valeur des biens intermédiaires achetés à d'autres entreprises est représentée par
a) les exportations nettes.
b) l'investissement dans les stocks.
c) les impôts nets.
d) les paiements de transfert.
e) la valeur ajoutée.

4 L'investissement est financé par
a) $C + I + G + XN$.
b) $C + É + T$.
c) $É + T + IM$.
d) $É + (T - G) + (X - IM)$.
e) $É + (T - G) - (X - IM)$.

5 Parmi les éléments suivants, lequel est un exemple de flux réel qui va des ménages vers les entreprises ?
a) Les biens et services
b) Les facteurs de production
c) Les paiements pour les biens et services
d) Les paiements pour les facteurs de production
e) Les prêts

6 À l'aide des données du tableau 6.2, calculez le PIB nominal pour l'année courante.
a) 197 $
b) 208 $
c) 209 $
d) 226 $
e) On ne peut le calculer.

TABLEAU **6.2**

Biens	Prix (en dollars)		Quantité	
	Année de référence	Année courante	Année de référence	Année courante
Canards en caoutchouc	1,00	1,25	100	100
Serviettes de plage	9,00	6,00	12	14

7 Le tableau 6.2 contient des données sur les prix et les quantités d'une économie qui ne produit que deux biens de consommation : des canards en caoutchouc et des serviettes de plage. Quel est l'indice des prix à la consommation pour l'année courante ?
a) 112
b) 105,6
c) 100,5
d) 100
e) 94,7

8 L'économie souterraine constitue l'activité économique
a) qui produit des biens et services intermédiaires.
b) qui n'est pas déclarée.
c) qui est légale, mais pas légalement déclarée, ou qui est illégale.
d) qui a une valeur sociale négative.
e) qui est effectuée de manière illégale.

9 Pour obtenir la valeur d'un bien au coût des facteurs, à partir de son prix, on doit :
a) ajouter les impôts indirects et soustraire les subventions.
b) soustraire les impôts indirects et ajouter les subventions.
c) soustraire les impôts indirects et les subventions.
d) ajouter les impôts indirects et les subventions.
e) soustraire la dépréciation.

10 À quoi correspond la différence entre la valeur de la production d'une entreprise et la valeur des biens intermédiaires qu'elle a achetés ?
a) Aux exportations nettes
b) À la valeur ajoutée
c) Au profit net
d) À la production indirecte
e) À la consommation de capital

11 Puisque la pollution est une des conséquences de certains processus de production,
a) les économistes qui mesurent le PIB le rajustent à la baisse.
b) les économistes qui mesurent le PIB le rajustent à la hausse.
c) les économistes qui mesurent le PIB ne l'ajustent pas à moins que la pollution ne constitue un grave problème, comme ce fut le cas dans l'ancienne Allemagne de l'Est.
d) le PIB tend à surévaluer le bien-être économique.
e) le PIB tend à sous-évaluer le bien-être économique.

12 L'un des éléments suivants est un exemple d'une fuite hors du flux circulaire des revenus. Lequel ?
a) Les exportations
b) L'investissement
c) L'épargne
d) Les subventions
e) Les dépenses publiques

13 L'un des énoncés suivants s'applique à l'ensemble d'une économie. Lequel ?
a) Le revenu est égal aux dépenses, mais il n'est généralement pas égal au PIB.
b) Le revenu est égal au PIB, mais les dépenses sont habituellement inférieures.
c) Le revenu est égal aux dépenses et au PIB.
d) Le revenu est égal aux dépenses et au PIB seulement si on fait abstraction du gouvernement et des pays étrangers.
e) Le revenu est égal aux dépenses et au PIB seulement s'il n'y a pas de dépréciation.

14 Les intérêts plus les revenus divers de placements sont une composante d'une méthode de calcul du PIB. Quelle est cette méthode ?
a) La méthode des revenus des facteurs
b) La méthode des dépenses
c) La méthode des injections
d) La méthode de production
e) La méthode du coût d'opportunité

15 Certains éléments *ne* sont *pas* pris en compte dans le calcul du PIB, de sorte que le PIB sous-évalue la production totale d'une économie. L'un des éléments suivants n'échappe pas à la mesure de l'activité économique d'un pays. Lequel ?
a) Le crime
b) Les activités non commercialisées
c) L'économie souterraine
d) La consommation de capital
e) Les coûts sociaux comme la pollution

16 Une des équations suivantes est *fausse*. Laquelle ?
a) $Y = C + I + G + IM - X$
b) $I + G + X = É + T + IM$
c) $Y = C + É + T$
d) $Y + IM = C + I + G + X$
e) $Y = C + I + G + XN$

17 L'un des éléments suivants *ne* fait *pas* partie du stock de capital. Lequel ?
a) La maison que possède la famille Boisvert
b) Les actions que détient la famille Boisvert dans la société Les cornichons Boisvert
c) L'usine de cornichons que la famille Boisvert possède
d) La machine servant à mettre les cornichons en pots dans l'usine que la famille Boisvert possède
e) Les stocks de cornichons de l'usine que possède la famille Boisvert

18 D'après les données du tableau 6.3, quel est l'investissement net ?
a) 160 $
b) 240 $
c) 400 $
d) 500 $
e) −160 $

TABLEAU **6.3**

Catégorie	Montant (en dollars)
Salaires, traitements et autres revenus de travail	800
Revenus des entreprises agricoles	80
Dépenses publiques en biens et services	240
Consommation de capital	240
Investissement brut domestique privé	400
Impôts sur le revenu des particuliers	140
Impôts indirects	120
Exportations nettes	80
Dépenses de consommation	640
Intérêts et revenus de placements divers	100

19 À l'aide du tableau 6.3, de quelles autres données auriez-vous besoin pour calculer le revenu intérieur net au coût des facteurs?
   a) Les revenus des entreprises non agricoles individuelles
   b) L'écart statistique
   c) Les bénéfices avant impôts des sociétés
   d) La dépréciation
   e) **a** et **c**

20 Toujours à l'aide des données du tableau 6.3, quel est le revenu après impôts?
   a) 260 $
   b) 500 $
   c) 640 $
   d) 1 100 $
   e) 1 220 $

21 Le PIB réel
   a) surestime le bien-être économique à cause de l'économie souterraine.
   b) est une mesure précise du bien-être économique.
   c) corrige le PIB nominal à l'aide de la parité du pouvoir d'achat.
   d) surestime le bien-être économique à cause de la pollution.
   e) surestime le bien-être économique, car il sous-entend que les économistes offrent des services utiles.

22 L'épargne correspond au revenu moins
   a) les taxes et impôts.
   b) les paiements de transfert.
   c) les taxes et impôts, moins les dépenses de consommation.
   d) les taxes et impôts nets, moins les dépenses de consommation.
   e) les taxes et impôts nets plus les subventions.

23 D'après les données du tableau 6.4, quel est le PIB nominal courant?
   a) 192 000
   b) 189 900
   c) 95 000
   d) 93 000
   e) Aucune de ces réponses.

TABLEAU **6.4** Il n'y a que deux biens dans cette économie.

Biens	Prix (en dollars)		Quantité	
	Année de référence	Année courante	Année de référence	Année courante
Pain	1,00	2,10	70 000	75 000
Disquettes d'ordinateur	1,00	1,80	25 000	18 000

24 D'après les données du tableau 6.4, quel est le PIB réel courant?
   a) 192 000
   b) 189 900
   c) 95 000
   d) 93 000
   e) Aucune de ces réponses.

25 Toujours d'après les données du tableau 6.4, quelle est la valeur courante de l'indice implicite du PIB?
   a) 206
   b) 204
   c) 200
   d) 49
   e) Aucune de ces réponses.

Problèmes à court développement

1 Comment peut-on mesurer le *produit* intérieur brut à l'aide de la méthode des dépenses ou des revenus des facteurs, alors qu'aucune de ces méthodes ne mesure la production?

2 Supposons que le PIB nominal s'accroisse de 75 % entre l'an 1 et l'an 2.
   a) Si le niveau moyen des prix a également augmenté de 75 % entre l'an 1 et l'an 2, qu'est-il advenu du PIB réel?
   b) Si l'augmentation du niveau moyen des prix a été inférieure à 75 % entre l'an 1 et l'an 2, le PIB réel a-t-il augmenté ou diminué?

3 Quelles activités productives *ne sont pas* mesurées et donc pas inclues dans le PIB? Cela pose-t-il un problème grave?

4 Les analystes économiques qui ont étudié l'économie de l'ancienne Union soviétique ont noté que, vers la fin des années 1980, cette économie produisait de nombreuses ressources naturelles qu'elle ne vendait pas sur le marché mondial, mais transformait plutôt en biens et services de consommation et d'investissement. Les calculs montraient que la valeur marchande des ressources naturelles de l'Union soviétique sur le marché mondial était supérieure à la valeur marchande des biens transformés dans ce pays.

a) Que pouvez-vous dire au sujet de la valeur ajoutée de ces biens?

b) Bon nombre de politiciens soutiennent qu'il serait préférable que nous ne vendions pas nos ressources non transformées, mais que nous transformions d'abord nos biens (on invoque souvent cet argument à propos des exportations de bois rond de la Colombie-Britannique). Était-il préférable pour l'ancienne Union soviétique de transformer ces ressources? Est-il toujours plus avantageux de transformer des biens avant de les exporter?

5 Utilisez les données du tableau 6.5, qui porte sur une économie fictive, pour calculer les éléments énumérés de **a** à **g**.

TABLEAU **6.5**

Catégorie	Montant (en milliards de dollars)
Dépenses de consommation (C)	600
Taxes et impôts (T)	400
Paiements de transfert (TR)	250
Exportations (X)	240
Importations (IM)	220
Dépenses gouvernementales en biens et services (G)	200
Investissement brut (I brut)	150
Dépréciation (Dépr.)	60

a) Le PIB.
b) L'investissement net.
c) Les exportations nettes.
d) Le revenu après impôts.
e) L'épargne.
f) Les fuites totales hors du flux circulaire des dépenses et les injections totales dans le flux circulaire des dépenses. Sont-elles égales?
g) La valeur de chacune des trois sources de financement de l'investissement.

6 Utilisez les données du tableau 6.6 de cette même économie fictive pour calculer les éléments suivants.

TABLEAU **6.6**

Catégorie	Montant (en milliards de dollars)
Salaires, traitements et autres revenus de travail	550
Impôts indirects	120
Subventions	20
Revenus des entreprises agricoles	20
Bénéfices avant impôts des sociétés	80
Intérêts et revenus de placements divers	90
Dépréciation	60
Revenus des entreprises non agricoles individuelles	70

a) Le revenu intérieur net au coût des facteurs.
b) Le produit intérieur net au prix du marché.
c) Le PIB.

7 Le tableau 6.7 contient les données concernant une économie dans laquelle on ne produit que trois biens de consommation: des bananes, des noix de coco et des raisins.

TABLEAU **6.7**

Biens	Quantité de biens dans le panier	Période de référence Prix (en dollars)	Période de référence Dépenses (en dollars)	Période courante Prix (en dollars)	Période courante Dépenses (en dollars)
Bananes	120	6		8	
Noix de coco	60	8		10	
Raisins	40	10		9	

a) Remplissez les colonnes «Dépenses» de la période de référence et pour la même quantité de chaque bien de la période courante.
b) Quelle est la valeur du panier de biens de consommation pour la période de référence? pour la période courante?
c) Quel est l'indice des prix à la consommation pour la période courante?

8 Le tableau 6.8 contient les données concernant une économie dans laquelle trois biens finis entrent dans le calcul du PIB: les pizzas, les bières et les CD.

a) Remplissez la colonne «Dépenses» relative à chaque bien, aux prix de la période de référence.

b) Quelle est la valeur du PIB nominal pour la période courante?

c) Quelle est la valeur du PIB réel pour la période courante?

d) Quelle est la valeur de l'indice implicite du PIB pour la période courante?

TABLEAU **6.8**

Biens	Quantité de biens dans le panier	Période courante		Période de référence	
		Prix (en dollars)	Dépenses (en dollars)	Prix (en dollars)	Dépenses (en dollars)
Pizzas	110	8	880	6	
Bières	50	10	500	8	
CD	50	9	450	10	

9 Le tableau 6.9 présente les données d'une économie fictive.

TABLEAU **6.9**

Année	PIB nominal	PIB réel	Indice implicite du PIB
1995	3 055		94
1996		3 170	100
1997	3 410	3 280	
1998		3 500	108

a) Remplissez le tableau 6.9.

b) Quelle est la période de référence pour l'indice implicite du PIB?

10 La figure 6.1 présente le flux circulaire de la planète Mars. Tous les montants sont donnés en milliers de dollars.

FIGURE **6.1**

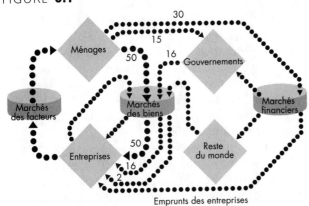

Emprunts des entreprises

À l'aide de la figure 6.1, calculez les éléments suivants pour la planète Mars:

a) le PIB

b) la dépense agrégée

c) l'investissement

d) le revenu agrégé

e) l'épargne des ménages

f) l'emprunt ou l'épargne du gouvernement

g) l'emprunt ou l'épargne des pays étrangers

h) l'emprunt des entreprises

R É P O N S E S

Vrai/Faux/Incertain (Justifiez votre réponse.)

1 F Il s'agit d'un exemple de flux monétaire payé en contrepartie d'un flux réel.

2 V Une augmentation du déficit entraîne une diminution $(T - G)$ qui à son tour fait diminuer $I = [\acute{E} + (T - G) = (X - IM)]$.

3 V L'investissement net élimine la dépréciation (le remplacement du capital usé ou obsolescent), ne laissant que l'addition nette au stock de capital.

4 V $Y = C + I + G + XN$. Par conséquent, si $Y = C + I + G$, $XN = 0$, donc $X = IM$.

5 I Le PIB réel constitue une mesure imparfaite du niveau de vie, donc la réponse dépend des facteurs comme la pollution, l'économie souterraine, etc.

6 V À partir du flux circulaire, la production des entreprises est vendue (dépenses) et les bénéfices qui en découlent servent à payer les revenus.

7 V Le PIB réel mesure la quantité de biens et services produits tandis que le PIB nominal mesure la quantité de biens et services produits aux prix courants et inclut les conséquences de l'inflation.

8 F Le PIB mesure la production pendant l'année courante.

9 F L'indice implicite du PIB = ((PIB nominal)/(PIB réel)) × 100.

10 V Prix du marché = coût des facteurs + impôts indirects − subventions.

Questions à choix multiple

1 d Indice implicite du PIB = ((PIB nominal)/(PIB réel)) × 100.

2 c PIB réel = ((PIB nominal)/(indice implicite du PIB)) × 100.

3 e Définition.

4 e Définition.

5 b **a** va dans la direction opposée, tous les autres sont des flux monétaires.

✪ **6** c PIB nominal = somme de la valeur en dollars (= prix courant × quantité courante) de tous les biens.

✪ **7** e IPC = ((somme des prix courants × quantités de référence))/(somme des prix de référence × quantités de référence)) × 100.

8 c Définition.

9 b Prix du marché = coût des facteurs + impôts indirects – subventions.

10 b Définition.

11 d Aucun ajustement n'a lieu, donc le PIB surestime le bien-être économique.

12 c Définition : les sommes d'argent retirées du flux circulaire des dépenses.

13 c Dépenses = produits tirés de la vente des biens et services produits, par conséquent elles servent à payer les revenus (comprenant les bénéfices).

14 a Définition.

15 d Il s'agit de la dépréciation et elle est prise en compte dans le PIB.

16 a $Y = C + I + G + X - IM$.

17 b Il ne s'agit pas de capital, mais d'un actif financier.

18 a Investissement net = investissement brut – consommation de capital ou dépréciation.

19 e Le tableau dresse la liste de trois autres composantes des revenus des facteurs.

✪ **20** e $Y = C + I + G + XN = 640 + 400 + 240 + 80 = 1\,360$, $T = 140$, $Y - T = 1\,360 - 140 = 1\,220$.

21 d **a** est inversée, **b** est fausse, **c** et **e** sont absurdes.

22 d De $\acute{E} = (Y - T) - C$.

23 b PIB nominal = somme des dépenses courantes consacrées à tous les biens.

24 d PIB réel = somme des quantités courantes aux prix de référence.

25 b Indice implicite = ((PIB nominal)/(PIB réel)) × 100.

Problèmes à court développement

1 L'analyse du flux circulaire montre que les entreprises produisent des biens et services (ce que nous souhaitons mesurer), les vendent (ce que mesure la méthode des dépenses) puis utilisent les recettes pour payer les revenus des facteurs, les loyers, les bénéfices, etc. (ce que mesure la méthode des revenus des facteurs). Par conséquent, dépenses = production = revenus.

2 a) Le PIB réel est inchangé. L'augmentation de la valeur des biens et services est uniquement due à la hausse des prix.

b) Le fait que les prix aient augmenté dans une proportion moindre que la hausse du PIB nominal signifie que le PIB réel s'est accru.

3 a) Les activités illégales ou criminelles, le travail au noir (économie souterraine) et les activités non commercialisées sont des activités économiques qui ne sont pas comprises dans le calcul du PIB. Les activités criminelles ne sont pas déclarées car elles sont illégales. Le travail au noir est souvent légal, mais on ne le déclare pas afin de se soustraire aux impôts et à diverses réglementations. Les activités non commercialisées sont des activités productives accomplies par les ménages (comme tondre la pelouse ou laver la voiture). Ces activités ne sont pas comprises dans le calcul du PIB. La gravité de ce problème dépend de l'ampleur des activités omises. Le marché noir, au Canada, représenterait environ 1 à 5 % de l'économie.

4 a) La valeur ajoutée était négative puisque la valeur des biens et services produits était inférieure à la valeur des biens intermédiaires.

b) Si on utilise la mesure du PIB réel, l'ancienne Union soviétique n'était pas plus avantagée – la transformation des ressources faisait diminuer le PIB réel alors que la vente des ressources sur le marché mondial l'aurait fait augmenter. De toute évidence, il *n'est pas* toujours plus avantageux de transformer les biens avant de les exporter, car cela peut entraîner une diminution du PIB.

5 a) PIB = $C + I + G + (X - IM)$ = 970 milliards de dollars.

b) I net = I – Dépr. = 90 milliards de dollars.

c) $XN = X - IM$ = 20 milliards de dollars.

d) Revenu après impôts = PIB + $TR - T$ = 820 milliards de dollars.

e) $\acute{E}$ = revenu après impôts – C = 220 milliards de dollars.

f) Fuites totales = $(T - TR) + IM + \acute{E}$ = 590 milliards de dollars.
Injections totales = $I + G + X$ = 590 milliards de dollars.
Donc, les fuites totales sont égales aux injections totales.

g) $I = \acute{E} + (T - G) + (IM - X)$ ou $150 = 220 + (150 - 200) + (220 - 240)$. L'épargne représente 220 milliards de dollars, le déficit budgétaire gouvernemental réduit l'investissement de 50 milliards de dollars, et le surplus des exportations nettes fait diminuer l'investissement de 20 milliards de dollars.

6 a) Revenu intérieur net au coût des facteurs
= salaires, traitements et autres revenus du travail + intérêts et revenus de placements divers + bénéfices avant impôts des sociétés + revenus des entreprises agricoles + revenus des entreprises individuelles non agricoles
= 810 milliards de dollars.

  b) Produit intérieur net aux prix du marché
= revenu intérieur net au coût des facteurs + impôts indirects − subventions
= 910 milliards de dollars.

  c) PIB = produit intérieur net aux prix du marché + dépréciation = 970 milliards de dollars.

7 a) La solution de ce problème est donnée dans le tableau 6.7 Solution. Remarquez que, pour la période de référence, on calcule les quantités aux prix courants afin de trouver les dépenses pour l'année courante.

TABLEAU **6.7** SOLUTION

Biens	Quantité de biens dans le panier	Période de référence		Période courante	
		Prix (en dollars)	Dépenses (en dollars)	Prix (en dollars)	Dépenses (en dollars)
Bananes	120	6	720	8	960
Noix de coco	60	8	480	10	600
Raisins	40	10	400	9	360

  b) Pour la période de référence, la valeur du panier de biens de consommation correspond à la somme des dépenses effectuées au cours de cette période, soit 1 600 $. Pour la période courante, la valeur du panier de biens de consommation est obtenue en faisant la somme des dépenses effectuées au cours de cette période, soit 1 920 $.

  c) L'indice des prix à la consommation est obtenu en divisant les dépenses effectuées pendant la période courante par les dépenses effectuées durant la période de référence, le tout multiplié par 100 : IPC = (1 920/1 600) × 100 = 120.

8 a) La solution est donnée dans le tableau suivant. On obtient les dépenses effectuées pendant la période de référence pour chaque article en évaluant les quantités produites pendant la période courante aux prix de la période de référence.

TABLEAU **6.8** SOLUTION

Biens	Quantité de biens dans le panier	Période courante		Période de référence	
		Prix (en dollars)	Dépenses (en dollars)	Prix (en dollars)	Dépenses (en dollars)
Pizzas	110	8	880	6	660
Bières	50	10	500	8	400
CD	50	9	450	10	500

  b) La valeur du PIB nominal pour la période courante correspond à la somme des dépenses effectuées durant la période courante, soit 1 830 $.

  c) La valeur du PIB réel pour la période courante correspond à la somme des quantités produites pendant la période courante, évaluées aux prix de la période de référence. En d'autres termes, il s'agit de la valeur des dépenses effectuées aux prix de la période de référence, soit 1 560 $.

  d) L'indice implicite du PIB pour la période courante est obtenu en divisant le PIB nominal par le PIB réel, le tout multiplié par 100 :
Indice implicite du PIB = (1 830/1 560) × 100 = 117,3.

9 Le tableau qui suit donne la solution. On a utilisé l'équation suivante pour trouver les valeurs manquantes : Indice implicite du PIB = (PIB nominal/PIB réel) × 100.

TABLEAU **6.9** SOLUTION

Année	PIB nominal	PIB réel	Indice implicite du PIB
1995	3 055	3 250	94
1996	3 170	3 170	100
1997	3 410	3 280	104
1998	3 780	3 500	108

  b) L'année de référence est 1996, donc l'indice implicite du PIB est 100.

10 Tous les montants sont donnés en milliers de dollars.

a) On peut calculer le PIB à partir de la manière dont les ménages dépensent leurs revenus :
$Y = C + \acute{E} + T = 50 + 30 + 15 = 95$.

b) Dépense agrégée = PIB = 95.

c) L'investissement est la seule composante absente de la dépense agrégée et on peut la déduire de l'équation $Y = C + I + G + XN$ ou $95 = 50 + I + 16 + 2$, ce qui implique que $I = 27$. (Remarquez que les composantes de la dépense agrégée doivent toutes passer par le marché des biens.)

d) Le revenu agrégé versé aux ménages doit être égal à la dépense agrégée que gagnent les entreprises, donc il est égal à 95.

e) L'épargne des ménages va des ménages aux marchés financiers et est égale à 30.

f) L'emprunt ou l'épargne = $T - G = 15 - 16 = 1$, soit l'emprunt.

g) En examinant le marché des biens, on constate que l'emprunt étranger ou l'épargne = $X - IM = 2$ d'emprunt.

h) L'emprunt des entreprises provient du fait que l'épargne = emprunt des entreprises + emprunt des gouvernements + emprunt des pays étrangers ou 30 = emprunt des entreprises $+ 1 + 2$, donc l'emprunt des entreprises = 27.

PROBLÈME

a) Considérez les données suivantes pour l'économie d'Autonésie en 1997 et en 1998. Calculez la valeur du PIB nominal pour chaque année.

TABLEAU **R2.1** 1997

Catégorie	Montant (en milliards de dollars)
Achats publics de biens et services	60
Paiements de transfert	30
Impôts	80
Salaires, etc., versés à la main-d'œuvre	200
Recettes tirées des exportations	30
Dépenses de consommation	180
Paiements d'importations	25
Dépenses d'investissement net	15
Dépréciation	5

TABLEAU **R2.2** 1998

Catégorie	Montant (en milliards de dollars)
Salaires, etc., versés à la main-d'œuvre	200
Impôts indirects	20
Bénéfices des entreprises	20
Subventions	5
Intérêts et revenus de placements divers	5
Dépréciation	10
Revenus des entreprises agricoles	10
Revenus des entreprises non agricoles individuelles	10

b) À l'aide des données de a, remplissez le tableau suivant:

TABLEAU **R2.3**

Année	PIB nominal (en milliards de dollars)	Niveau des prix	PIB réel (en milliards de dollars de 1992)
1997		132,5	
1998		140,0	

c) Calculez le taux d'inflation, le taux de croissance du PIB réel et le taux de croissance du PIB nominal au cours de cette période.

EXAMEN DE MI-ÉTAPE

Prévoyez 16 minutes pour cet examen (8 questions, 2 minutes par question). Pour chacune des questions, choisissez la *meilleure* réponse.

1 Parmi les personnes suivantes, laquelle serait comptée parmi les chômeurs au Canada?
   a) Ginette ne travaille que cinq heures par semaine et cherche du travail à temps plein.
   b) Sophie ne cherche plus de travail après une recherche infructueuse de deux mois.
   c) Isabelle est étudiante et ne travaille pas.
   d) Maurice travaille dans son jardin pendant qu'il est à la recherche d'un emploi.
   e) Maya est une femme d'intérieur.

2 Un cycle économique est
   a) une hausse du PIB réel pendant plus de deux périodes consécutives.
   b) une chute du PIB réel pendant plus de deux périodes consécutives.

c) la fluctuation irrégulière du PIB potentiel autour du PIB réel.

d) une hausse du potentiel économique dans la production de biens et services.

e) la fluctuation irrégulière du PIB réel autour du PIB potentiel.

3 Les défis de la politique macroéconomique comprennent

a) le maintien d'un déficit élevé si l'emprunt sert à financer la consommation.

b) la stabilisation du cycle économique.

c) la stabilisation de l'inflation au niveau actuel.

d) Toutes ces réponses.

e) Aucune de ces réponses.

4 Si l'indice des prix était de 150 à la fin de 1997 et de 165 à la fin de 1998, quel était le taux d'inflation en 1998?

a) 15 %

b) 9,1 %

c) 10 %

d) 50 %

e) 65 %

5 L'un des éléments suivants *n'est pas* une composante de la méthode du calcul du PIB par les revenus des facteurs. Trouvez cet élément.

a) Les exportations nettes

b) Les salaires, traitements et autres revenus de travail

c) Les bénéfices des entreprises

d) Les revenus des entreprises agricoles

e) Les revenus des entreprises non agricoles individuelles

6 Dans le flux circulaire, les flux de l'investissement et de l'épargne interagissent avec les flux des revenus et de la consommation pour déterminer

a) la production totale.

b) le revenu agrégé.

c) la dépense agrégée.

d) Toutes ces réponses.

e) Aucune de ces réponses.

7 Parmi les éléments suivants, lequel *n'est pas* un exemple d'investissement selon la méthode de calcul du PIB par les dépenses? La société General Motors

a) achète une nouvelle emboutisseuse.

b) ajoute 500 nouvelles voitures à ses stocks.

c) achète des obligations du gouvernement canadien.

d) construit une nouvelle usine d'assemblage.

e) remplace des emboutisseuses usées.

8 La technique que l'on utilise pour calculer l'IPC suppose implicitement que les consommateurs achètent

a) relativement plus de biens dont les prix relatifs augmentent.

b) relativement moins de biens dont les prix relatifs augmentent.

c) les mêmes quantités relatives de biens et services que pendant l'année de référence.

d) des biens et services dont la qualité s'améliore au même taux de croissance que celui du revenu réel.

e) une plus grande quantité d'ordinateurs et de CD et une moins grande quantité de téléviseurs noir et blanc.

RÉPONSES

Problème

a) Pour 1997, calculez le PIB nominal comme s'il s'agissait de la somme de $C + I + G + XN$. Pour G, vous ne devez utiliser que les achats de biens et services et vous devez calculer l'investissement brut (= investissement net + dépréciation, soit 20 milliards de dollars) ainsi que les exportations nettes (= exportations − importations, soit 5 milliards de dollars). Ainsi, le PIB nominal = 180 + 20 + 60 + 5 = 265 milliards de dollars pour 1997.

Pour 1998, vous devez utiliser la méthode des revenus des facteurs. Tout d'abord, calculez le revenu intérieur net au coût des facteurs = salaires, etc. + bénéfices + intérêts et revenus de placements divers + revenus des entreprises agricoles + revenus des entreprises non agricoles individuelles = 200 + 20 + 5 + 10 + 10 = 245 milliards de dollars. Ensuite, pour obtenir le produit intérieur net, vous devez ajouter les impôts indirects au produit intérieur net et en soustraire les subventions, soit 245 + 20 − 5 = 260 milliards de dollars. Finalement, pour calculer le produit intérieur brut, vous devez additionner la dépréciation et le produit intérieur net, soit 260 + 10 = 270 milliards de dollars pour 1998.

b) Voir la réponse au tableau R2.3 Solution. Elle a été trouvée en utilisant le fait que le PIB réel = PIB nominal divisé par le niveau des prix.

TABLEAU **R2.3** SOLUTION

Année	PIB nominal (en milliards de dollars)	Niveau des prix	PIB réel (en milliards de dollars de 1992)
1997	265	132,5	200,0
1998	270	140,0	192,9

c) Le taux d'inflation est égal à

$$5,7\% = \frac{(140,0 - 132,5)}{132,5} \times 100$$

Le taux de croissance du PIB réel est égal à

$$-3,6\% = \frac{(192,9 - 200)}{200} \times 100$$

Le taux de croissance du PIB nominal est égal à

$$1,9\% = \frac{(270 - 265)}{265} \times 100$$

Examen de mi-étape

1 d Ginette travaille à temps partiel et Sophie ne cherche pas de travail, elles sont donc toutes les deux des travailleuses découragées. Isabelle et Maya ne font plus partie de la population active.

2 e Définition.

3 b Cela devrait réduire le déficit et juguler l'inflation.

4 c $10\% = ((165 - 150)/150) \times 100$.

5 a Elles font partie de la méthode des dépenses.

6 d Dépense = recettes tirées des ventes des biens produits, qui servent à payer les revenus (y compris les bénéfices).

7 c Il s'agit de l'achat d'actifs financiers et non de l'achat de stock de capital.

8 c Parce qu'elle suppose qu'il s'agit du même panier de biens qui a été utilisé pour les années comparées.

La demande agrégée et l'offre agrégée

CONCEPTS CLÉS

Dans le présent chapitre, nous présentons le modèle fondamental de la demande (*DA*) et de l'offre agrégées (*OA*).

La demande agrégée

La *quantité demandée de PIB réel* est la somme des biens et services finis produits au Canada que les agents économiques ont l'intention d'acheter. Elle dépend du niveau des prix, des anticipations, des politiques budgétaire et monétaire et de l'économie mondiale.

◆ La *DA* est la relation entre la quantité demandée de PIB réel (Y) et le niveau des prix (P), toutes autres choses étant égales.

◆ Une hausse du niveau des prix entraîne une baisse de la quantité demandée de PIB réel, laquelle est représentée par un mouvement vers le haut le long de la courbe de *DA* pour deux raisons :

• *l'effet de richesse* – l'augmentation de P entraîne une diminution de la valeur de certains actifs qui, à son tour, fait diminuer les dépenses.
• les *effets de substitution* ; si P augmente, les gens remplacent leurs achats de biens fabriqués au Canada par des achats de biens fabriqués à l'étranger relativement moins coûteux (baisse des *XN*) et remettent leurs achats à l'an prochain (baisse de la *C* et de l'*I*).

◆ La variation des autres facteurs provoque un *déplacement* de la courbe de *DA*.

• Une augmentation des anticipations qui portent sur les revenus, l'inflation et les profits futurs fait augmenter la *DA*.
• Si la **politique budgétaire** fait augmenter les impôts ou fait diminuer les achats publics, la *DA* diminue.

• Si la **politique monétaire** fait diminuer les taux d'intérêt ou augmenter l'offre de monnaie, la *DA* augmente.
• Une augmentation du taux de change (c.-à-d. une appréciation du dollar canadien) ou une diminution du revenu dans les pays étrangers entraîne une baisse de la *DA*.

L'offre agrégée

La *quantité agrégée offerte de biens et de services* représente la quantité de tous les biens et services finis que les entreprises produisent dans une économie donnée. On la mesure par le PIB réel.

◆ L'*OA* est la relation entre la quantité offerte de PIB réel et le niveau des prix. Elle dépend du cadre temporel étudié. Il existe deux cadres temporels : le court terme (*OACT*) et le long terme (*OALT*).

◆ L'**offre agrégée à long terme** (*OALT*) est la relation entre la quantité offerte de PIB réel et le niveau des prix lorsque le PIB réel est égal au PIB potentiel (la main-d'œuvre, la terre, le capital et les habiletés entrepreneuriales sont entièrement employés).

• La courbe *OALT* est toujours une droite verticale qui se situe au niveau du PIB potentiel.
• Une hausse de P entraîne une augmentation équivalente du prix des facteurs de production, mais le taux de salaire réel et l'emploi demeurent inchangés ainsi que la quantité offerte de Y.

◆ L'**offre agrégée à court terme** (*OACT*) est la relation entre la quantité offerte de PIB réel et le niveau des prix lorsque le taux de salaire nominal et le prix de tous les autres facteurs de production demeurent constants.

• La courbe *OACT* a une pente positive.
• Une augmentation de P entraîne une hausse de l'emploi et une augmentation de la quantité offerte de Y (PIB réel).

◆ La courbe *OACT* se déplace lorsque le PIB potentiel change. Celui-ci est amené à changer pour deux raisons :

- une variation des heures de travail agrégées ;
- une variation de la productivité à cause d'un changement dans le stock de capital, dans le capital humain et dans les progrès technologiques.

◆ La courbe *OACT* se déplace de pair avec la courbe *OALT* si cette dernière se déplace, mais elle se déplace également si les prix des facteurs changent.

◆ Le changement des prix des facteurs n'entraîne pas un déplacement de la courbe *OALT* puisqu'il n'y a pas de changement dans les variables sous-jacentes de l'offre.

L'équilibre macroéconomique

Il existe deux types d'équilibre macroéconomique – l'équilibre à long terme est l'état vers lequel l'économie se dirige tandis que l'équilibre à court terme survient à chaque point dans le temps le long du chemin qui mène vers l'équilibre de plein emploi.

◆ Il y a **équilibre macroéconomique** à court terme lorsque *DA* = *OACT*, alors que *P* s'ajuste pour établir l'équilibre.

◆ Cet équilibre peut survenir lorsqu'il y a

- **équilibre de plein emploi** – *DA* = *OACT* le long de *OALT* alors que le PIB réel = au PIB potentiel.
- **équilibre de chômage** – *DA* = *OACT* à gauche de *OALT*, alors que le PIB réel est inférieur au PIB potentiel à cause du montant de l'**écart récessionniste**.
- **équilibre de suremploi** – *DA* = *OACT* à la droite de *OALT*, lorsque le PIB réel est supérieur au PIB potentiel à cause de l'importance de l'**écart inflationniste**.

◆ L'économie fluctue à court terme à cause des fluctuations de *DA* et de *OA*.

- Lorsque *DA* augmente et que *Y* est supérieur au PIB potentiel, l'économie ne demeure pas en équilibre de suremploi parce que les pressions à la hausse exercées sur les salaires entraînent un déplacement vers la gauche de *OACT* vers l'équilibre à long terme.
- Lorsque les prix des facteurs augmentent, *OACT* se déplace vers la gauche, et *Y* est inférieur au PIB potentiel, ce qui entraîne une stagflation (augmentation de *P*, diminution de *Y*) et un long ajustement vers l'équilibre à long terme par une diminution du prix des facteurs

(déplacement vers la droite de *OACT*) ou des interventions du gouvernement (déplacement vers la droite de *DA*).

La croissance, l'inflation et les cycles de l'économie canadienne

◆ Dans l'économie canadienne, les niveaux de *Y* et de *P* ont changé considérablement au fil des ans, mais trois caractéristiques importantes peuvent être constatées.

- La croissance de *Y* découle du déplacement vers la droite de *OALT* en moyenne à cause de la hausse des variables sous-jacentes de l'offre.
- La croissance de *Y* n'est pas stable, mais suit des cycles, car *DA* et *OACT* ne se déplacent pas au même rythme.
- On est en présence d'une inflation persistante lorsque *DA* augmente plus rapidement que *OA*.

◆ Dans les années 1970, on a connu une hausse de l'inflation et une baisse de la croissance provoquée par l'augmentation massive des prix du pétrole et l'accroissement de la masse monétaire.

◆ Les banques centrales ont réagi en contenant la croissance de *DA*, ce qui a provoqué une récession profonde vers les années 1981-1982.

◆ Les années 1980 ont été marquées par une croissance économique stable et une inflation alors que la courbe *OALT* se déplaçait vers la droite.

◆ En 1991, la diminution de *DA* a entraîné une récession. Depuis ce temps, l'économie canadienne a enregistré une faible croissance économique et un niveau d'inflation peu élevé.

RAPPELS

I Le modèle de l'offre et de la demande agrégées que nous étudions dans le présent chapitre (et qui sera examiné en détail dans ce guide) constitue une méthode utile d'analyse des événements macroéconomiques complexes. Pour vous aider à mieux comprendre ces activités, il vous sera utile de *tracer un graphique*, même s'il est petit, en marge des questions à choix multiple. Les graphiques sont des outils puissants et efficaces que nous utilisons pour analyser les événements économiques. Vous devriez vous familiariser avec eux le plus tôt possible.

2 En utilisant les graphiques, les étudiants sont souvent troublés par deux facteurs.

a) Les graphiques sont parfois basés sur des modèles numériques et algébriques explicites, auquel cas les ordonnées, les abscisses, les pentes et les grandeurs des déplacements, etc., ont des valeurs explicites. En général, ces nombres sont fonction de valeurs tirées du monde réel, mais parfois il ne s'agit que de nombres irréels que l'enseignant a choisi pour illustrer une notion (même s'ils sont logiques sur le plan économique). Évitez de vous faire prendre à tenter de découvrir la valeur exacte des nombres. Concentrez-vous sur les résultats économiques fondamentaux. Par exemple, une augmentation de *DA* entraîne une hausse du niveau des prix et du PIB réel.

b) Les étudiants commettent souvent l'erreur de ne pas bien faire la distinction entre le déplacement d'une courbe et le mouvement le long d'une courbe. Cette distinction est essentielle pour la compréhension des facteurs qui influent sur *DA* et *OA*. D'ailleurs, soyez assuré que votre enseignant vous interrogera sur celle-ci! La pente de *DA* reflète les effets d'un changement du niveau des prix sur la demande agrégée. Un changement du niveau des prix entraîne un mouvement le long de la courbe *DA*. Un changement de l'un des facteurs qui influent sur la courbe *DA*, mis à part les prix, se reflète par un déplacement de toute la courbe *DA*. De la même manière, une variation des prix amène un mouvement le long de *OACT* ou de *OALT* et n'entraîne pas un déplacement de la courbe.

3 Une variation des prix ne provoque pas un déplacement des courbes de *DA* ou de *OA*. Pour bien saisir la notion précédente, étudiez la figure 7.1. L'équilibre à long terme initial se trouve au point *a*.

Examinons maintenant ce qu'il advient de notre modèle lorsqu'il y a une diminution imprévue des revenus futurs et des profits (comme ce fut le cas lors de la dernière récession). Cette diminution a provoqué une baisse de la consommation et de l'investissement et une chute de la demande agrégée, laquelle est illustrée par le déplacement de DA_0 en DA_1.

Nous pourrons mieux saisir ce qui se produit ensuite en imaginant que nous pouvons supprimer la courbe DA_0 de la page et qu'elle n'existe dorénavant plus. Après tout, les facteurs qui l'ont entraînée n'existent plus! Nous nous retrouvons donc avec les courbes $OACT_0$ et DA_1 et avec un niveau des prix P_0. Il y a un surplus

de biens et services (la quantité offerte de PIB réel est égale à Y_0 [en *a*], et supérieure à la quantité demandée de PIB réel de Y_c [en *c*]), par conséquent les entreprises font face à une accumulation de stocks. Dans ce cas, elles baissent leurs prix et vendent leur production, ce qui entraîne une diminution des prix. Cette diminution des prix élimine le surplus de deux manières. Premièrement, les prix diminuent et les entreprises fournissent une quantité moins élevée de biens et services: un mouvement le long de la courbe *OACT* de *a* en *b*. (Attention, le changement de prix NE fait PAS déplacer la courbe *OACT*). Deuxièmement, la chute des prix entraîne une augmentation de la quantité demandée: un mouvement le long de la DA_1 de *c* en *b*. (Notez qu'il n'y a aucun déplacement de la courbe *DA* à mesure que les prix varient.)

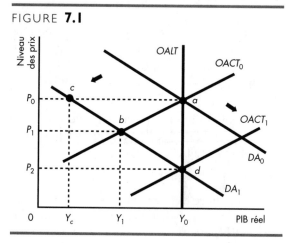

FIGURE **7.1**

Finalement, on obtient un nouvel équilibre de chômage en *b*, avec des niveaux plus bas des prix et du PIB réel.

4 À la figure 7.1, le point *b* est un équilibre de chômage à court terme, mais il n'est pas un équilibre à long terme puisque Y_1 est inférieur à Y_0 (potentiel). Deux ajustements sont possibles pour retourner de Y_1 en Y_0. Premièrement, le gouvernement ou la banque centrale pourrait intervenir en adoptant une politique budgétaire ou une politique monétaire expansionnistes, ce qui aurait pour effet d'accroître *DA*, la faisant passer de DA_1 à DA_0. L'économie retournerait alors en équilibre de plein emploi à long terme en *a* où $Y = Y_0$ (potentiel). Deuxièmement, si le gouvernement ne fait rien, alors le chômage en *b* provoquera des pressions à la baisse sur les salaires et les autres prix des facteurs (bien que ce processus puisse être très lent). À mesure que les salaires diminuent, la courbe *OACT* se déplace lentement vers la droite, atteignant finalement $OACT_1$, avec un équilibre de plein emploi à long terme en d où $Y = Y_0$ (potentiel).

5 Du côté de l'offre, une distinction essentielle (et souvent difficile à comprendre) s'impose entre le comportement de l'offre à court et à long termes. Nous ne définissons pas le long terme et le court terme en fonction d'une durée précise, mais plutôt à partir de variables clés qui varient ou ne varient pas dans le temps. Dans le cas qui nous intéresse, les prix des facteurs de production ne changent pas à court terme, alors qu'à long terme ils varient.

Pour savoir quelles en sont les conséquences pour les décisions relatives à l'offre, considérons ce qui se produit quand le niveau des prix augmente. À court terme, les prix des facteurs demeurent inchangés. Par conséquent, le revenu par unité augmente tandis que les coûts par unité restent les mêmes. Ainsi, les entreprises qui cherchent à accroître leurs bénéfices réagissent en engageant plus de facteurs de production et en offrant plus de PIB réel au fur et à mesure que le niveau des prix augmente. La **courbe d'offre agrégée à court terme** a une pente positive.

À long terme, les prix des facteurs de production s'ajustent du même montant que le niveau des prix, ce qui signifie que les coûts de chaque unité de production se sont élevés du même pourcentage que les revenus. Ces deux effets s'annulent et les entreprises ne modifient pas leurs décisions d'offre à mesure que le niveau des prix augmente. La **courbe d'offre agrégée à long terme** est verticale.

Cette distinction entre le court terme et le long terme s'applique également aux différences entre les facteurs qui ont une incidence sur les courbes d'offre agrégée à court terme et à long terme. Puisque les prix des facteurs de production demeurent constants en ce qui a trait à la courbe d'offre agrégée à court terme, mais pas en ce qui concerne la courbe d'offre agrégée à long terme, un changement des prix des facteurs de production entraînera un déplacement de la courbe d'offre agrégée à court terme, mais n'aura aucune incidence sur la courbe d'offre agrégée à long terme.

AUTOÉVALUATION

Vrai/Faux/Incertain (Justifiez votre réponse.)

1 Une hausse de la valeur du dollar canadien provoquera une augmentation de la demande agrégée au Canada.

2 Un déplacement vers la droite de la courbe de demande agrégée entraîne une hausse du niveau des prix qui, à son tour, provoque un déplacement de la courbe d'offre agrégée à court terme vers la droite.

3 Si la courbe de demande agrégée et la courbe d'offre agrégée à court terme se déplacent toutes les deux vers la droite en même temps, alors le niveau des prix augmente.

4 Une hausse du taux d'inflation anticipé fait diminuer la demande agrégée.

5 À mesure que le niveau des prix augmente, la quantité agrégée de biens et services offerte s'accroît.

6 Au départ, une économie se trouve en situation d'équilibre macroéconomique à court terme, puis les profits anticipés diminuent. Ce nouvel équilibre à court terme est nécessairement un équilibre de chômage.

7 L'augmentation de l'offre agrégée à long terme constitue la principale force qui provoque la tendance sous-jacente du PIB réel à s'accroître au fil du temps.

8 Tous les facteurs qui entraînent un déplacement vers la droite de la courbe d'offre agrégée à court terme provoquent également un déplacement vers la droite de la courbe d'offre agrégée à long terme.

9 Si de nouvelles techniques de production sont mises au point (toutes autres choses étant égales), la courbe d'offre agrégée à long terme se déplace vers la droite, mais ces progrès n'ont aucune incidence sur la courbe d'offre agrégée à court terme.

10 Si l'économie se trouve en équilibre de suremploi, la courbe d'offre agrégée à long terme se déplace vers la droite jusqu'à ce que l'économie atteigne son équilibre de plein emploi.

Questions à choix multiple

1 Le fait que la courbe d'offre agrégée à court terme et la courbe de demande agrégée ne se déplacent pas à un rythme régulier explique pourquoi on observe
a) une inflation persistante.
b) des cycles économiques.
c) une croissance économique.
d) d'importants déficits budgétaires des gouvernements.
e) un chômage persistant.

2 On remarque que le niveau des prix augmente et que le PIB réel diminue. Cinq explications sont données ci-dessous. Laquelle est la bonne?
a) Le profit anticipé a augmenté.
b) Les revenus anticipés ont augmenté.
c) Le prix des matières premières a augmenté.
d) Le stock de capital a augmenté.
e) L'offre de monnaie a augmenté.

3 Une amélioration technique provoquera
a) un déplacement vers la droite de la courbe d'offre agrégée à court terme et de la courbe de demande agrégée.
b) un déplacement vers la gauche des courbes d'offre agrégée à court terme et à long terme.
c) un déplacement vers la droite de la courbe d'offre agrégée à court terme, mais cette amélioration n'aura pas d'effet sur la courbe d'offre agrégée à long terme.

d) un déplacement vers la droite de la courbe d'offre agrégée à long terme, mais cette amélioration n'aura pas d'effet sur la courbe d'offre agrégée à court terme.
e) un déplacement vers la droite des courbes d'offre agrégée à court terme et à long terme.

4 Une augmentation des salaires entraînera
a) un déplacement vers la droite des courbes d'offre agrégée à long terme et à court terme.
b) un déplacement vers la gauche des courbes d'offre agrégée à long terme et à court terme.
c) un déplacement vers la gauche de la courbe d'offre agrégée à court terme, mais cette diminution n'aura pas d'effet sur la courbe d'offre agrégée à long terme.
d) un déplacement vers la droite de la courbe d'offre agrégée à long terme, mais cette diminution n'aura pas d'effet sur la courbe d'offre agrégée à court terme.
e) un déplacement vers la droite de la courbe d'offre agrégée à court terme, mais cette diminution n'aura pas d'effet sur la courbe d'offre agrégée à long terme.

5 Parmi les effets suivants, lequel ne permet pas d'expliquer pourquoi la courbe de demande agrégée a une pente négative?
a) L'effet de richesse
b) Les effets de substitution
c) L'effet de l'inflation anticipée
d) L'effet de la balance nominale
e) c et d

6 Il y a toujours équilibre macroéconomique à court terme quand
a) l'économie est en équilibre de plein emploi.
b) l'économie est en équilibre de chômage.
c) l'économie est en équilibre de suremploi.
d) la quantité demandée de PIB réel est égale à la quantité offerte de PIB réel.
e) la courbe *DA* croise la courbe *OALT*.

7 Considérez l'économie présentée au tableau 7.1. Lorsque l'économie est en équilibre à court terme, le niveau des prix est de _____ et le niveau de PIB réel est de _____ milliards de dollars de 1992.
a) 120; 600
b) 120; 500
c) 125; 550
d) 130; 600
e) 130; 500

TABLEAU **7.1**

Niveau des prix	Demande agrégée	Offre agrégée à court terme	Offre agrégée à long terme
100	800	300	600
110	700	400	600
120	600	500	600
125	550	550	600
130	500	600	600
140	400	700	600

8 Considérez l'économie présentée au tableau 7.1. Cette économie se trouve en
a) équilibre de plein emploi et les prix des facteurs ne changeront pas.
b) équilibre de suremploi et les prix des facteurs augmenteront.
c) équilibre de suremploi et les prix des facteurs diminueront.
d) équilibre de chômage et les prix des facteurs diminueront.
e) équilibre de chômage et les prix des facteurs augmenteront.

9 Considérez l'économie présentée au tableau 7.1.
a) Il y a un écart inflationniste égal à 110 milliards de dollars.
b) Il y a un écart inflationniste égal à 50 milliards de dollars.
c) Il y a un écart récessionniste égal à 50 milliards de dollars.
d) Il y a un écart récessionniste égal à 100 milliards de dollars.
e) Il n'y a aucun écart, l'économie est en équilibre de plein emploi.

10 Quel événement entraîne un déplacement de la courbe de demande agrégée vers la droite?
a) Une hausse des taux d'intérêt (à un niveau des prix donné)
b) Une hausse de l'inflation anticipée
c) Une hausse des impôts et taxes
d) Une diminution du niveau des prix
e) Une hausse du niveau des prix

11 L'économie ne peut demeurer à un niveau de PIB réel au-dessus de l'offre agrégée à long terme (*OALT*) puisque les prix des facteurs de production
a) diminueront, ce qui provoquera un déplacement vers la droite de *OALT*.
b) diminueront, ce qui provoquera un déplacement vers la droite de *OACT*.
c) augmenteront, ce qui provoquera un déplacement vers la gauche de *OALT*.
d) augmenteront, ce qui provoquera un déplacement vers la gauche de *OACT*.
e) augmenteront, ce qui provoquera un déplacement vers la droite de *OACT*.

12 Considérez la figure 7.2. Quel graphique illustre ce qui se produit lorsque les dépenses gouvernementales augmentent?
a) (a)
b) (b)
c) (c)
d) (d)
e) Aucune de ces réponses.

FIGURE **7.2**

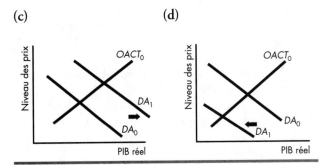

13 Considérez la figure 7.2. Quel graphique illustre ce qui se produit lorsque l'offre de monnaie diminue?
a) (a)
b) (b)
c) (c)
d) (d)
e) Aucune de ces réponses.

14 Considérez la figure 7.2. Quel graphique illustre ce qui se produit lorsque les revenus anticipés augmentent?
a) (a)
b) (b)
c) (c)
d) (d)
e) Aucune de ces réponses.

15 Considérez la figure 7.2. Quel graphique illustre ce qui se produit lorsque les prix des facteurs diminuent?
a) (a)
b) (b)
c) (c)
d) (d)
e) (a) et (b)

16 Une inflation *persistante* est provoquée par
a) des déplacements vers la droite de la demande agrégée.
b) des déplacements vers la droite de l'offre agrégée à court terme.
c) la tendance de l'offre agrégée à long terme à augmenter plus rapidement que la demande agrégée.
d) des déplacements vers la droite de l'offre agrégée à court terme accompagnés de déplacements vers la gauche de la demande agrégée.
e) la tendance de la demande agrégée à augmenter plus rapidement que l'offre agrégée à long terme.

17 Considérez une économie qui au départ se trouve en situation d'équilibre de plein emploi. Lequel des changements suivants *ne* se produira *pas* à cause d'une diminution de la demande agrégée?
a) Le niveau des prix diminue.
b) Le niveau de PIB réel diminue à court terme.
c) Un écart récessionniste se produit.
d) Les prix des facteurs diminueront à long terme, ce qui provoquera un déplacement de la courbe d'offre agrégée à court terme vers la droite.
e) La courbe d'offre agrégée à long terme se déplace vers la gauche pour créer le nouvel équilibre à long terme.

18 Si les salaires diminuent,
a) *DA* se déplace vers la droite.
b) les entreprises engagent moins de travailleurs.
c) la courbe *OALT* se déplace vers la droite.
d) la courbe *OACT* se déplace vers la droite.
e) c et d.

19 Le PIB potentiel est le niveau de PIB réel auquel
a) la demande agrégée est égale à l'offre agrégée à court terme.
b) il y a plein emploi.
c) il y a un écart récessionniste.
d) il y a suremploi.
e) les prix augmenteront certainement.

20 L'offre agrégée à court terme est la relation entre le niveau des prix et la quantité de PIB réel offerte lorsqu'on maintient constant un facteur en particulier. Précisez lequel.
a) Le taux de salaire seulement
b) Les quantités de facteurs de production
c) Le niveau des dépenses publiques
d) Le niveau des prix
e) Les prix des facteurs de production

21 Si les prix des facteurs de production demeurent constants, une hausse de la demande agrégée entraînera
a) un accroissement du niveau des prix et du PIB réel.
b) un accroissement du niveau des prix et une baisse du PIB réel.
c) une baisse du niveau des prix et un accroissement du PIB réel.
d) une baisse du niveau des prix et du PIB réel.
e) un accroissement du niveau des prix, mais le PIB réel ne changera pas.

22 Parmi les graphiques de la figure 7.3, lequel est un exemple d'équilibre de chômage?
a) (a)
b) (b)
c) (c)
d) (d)
e) (c) et (d)

FIGURE **7.3**

(a)
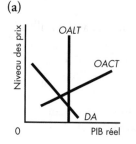

(b)
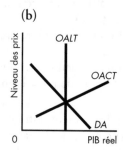

(c)
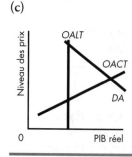

(d)
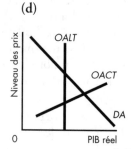

23 Quel graphique de la figure 7.3 illustre un équilibre de suremploi?
a) (a)
b) (b)
c) (c)
d) (d)
e) (c) et (d)

24 Si le PIB réel est supérieur au PIB potentiel, l'économie
a) n'a pas atteint un équilibre macroéconomique à court terme.
b) est en équilibre de plein emploi.
c) est en équilibre de suremploi.
d) est en équilibre de chômage.
e) est en équilibre à long terme.

25 Lequel des énoncés suivants tirés d'un journal décrit le mouvement le long de la courbe *OACT*?
a) « La baisse des dépenses de consommation pourrait entraîner une récession. »
b) « On prévoit que la hausse des dépenses de consommation provoquera l'inflation sans toutefois accroître le PIB réel. »
c) « On prévoit que les ententes conclues en vue d'accroître les salaires feront augmenter l'inflation cette année. »
d) « La croissance économique a été inhabituellement élevée au cours des dernières années, car un plus grand nombre de femmes se sont jointes à la population active. »
e) « Les tornades récentes ont détruit de nombreuses usines à Calgary et à Edmonton. »

Problèmes à court développement

1 Les effets de substitution supposent qu'une hausse du niveau des prix entraînera une diminution de la quantité agrégée de biens et services demandée. Expliquez pourquoi.

2 Pourquoi la courbe d'offre agrégée à long terme est-elle verticale?

3 Pourquoi la courbe d'offre agrégée à court terme a-t-elle une pente positive?

4 Quels sont les facteurs les plus importants qui expliquent la hausse soutenue et persistante du niveau des prix constatée au Canada au fil des années?

5 Supposons au départ que l'économie se trouve en situation d'équilibre à long terme. Représentez graphiquement les effets à court terme d'une hausse des salaires. Qu'advient-il du niveau des prix et du niveau de PIB réel?

6 Prenons le cas d'une économie qui se trouve en situation d'équilibre de suremploi en raison d'une hausse de la demande agrégée et dont les prix des facteurs de production sont fixes. À l'aide d'un graphique, expliquez de quelle manière le niveau de plein emploi sera rétabli, sans intervention de la part du gouvernement.

7 Supposons au départ que l'économie se trouve en situation d'équilibre à long terme. Ensuite, supposons que la confiance en l'avenir des investisseurs chute (ils s'attendent à une future diminution des profits).
a) Expliquez (à l'aide d'un graphique) les effets de ce choc sur *DA*, le niveau des prix, le PIB réel et *OA* à court terme.
b) Supposons que le gouvernement n'adopte aucune mesure et que la confiance des investisseurs demeure faible. Quels types d'ajustements se produisent à long terme? Expliquez ce qui advient du niveau des prix, du PIB réel, de *DA* et de *OA* durant cette période d'ajustement, en illustrant les changements sur votre graphique.

8 À l'aide d'un graphique, illustrez le cas d'une économie qui enregistre une inflation persistante et une croissance économique positive durant une période de trois ans.

9 Prenons le cas d'une économie dans laquelle les économistes estiment que le PIB réel de l'année passée s'élevait à 600 milliards de dollars et qu'il était égal au PIB potentiel. Le niveau des prix était de 120. Supposons que, cette année, les économistes estiment que le PIB potentiel s'est élevé de 10 %. Cependant, le PIB réel *effectif* a chuté de 5 %, et le niveau des prix a également diminué de 5 %.

Tracez un graphique de *OA* et de *DA* qui présente l'équilibre de l'an dernier ainsi que la demande agrégée, l'offre agrégée (à court terme et à long terme), le niveau des prix et le niveau de PIB réel de l'an dernier. Ensuite, à l'aide de ces données, montrez ce qui advient du niveau des prix et du niveau de PIB réel de l'année courante (présentez l'équilibre de l'année courante), ainsi que ce qui est advenu de la demande agrégée, de l'offre agrégée à court terme et de l'offre agrégée à long terme depuis l'an passé.

10 En 1996, la région du Saguenay au Québec a souffert d'une des pires inondations dont on puisse se souvenir. Bon nombre de routes, de villages et de bâtiments ont été détruits. Plusieurs observateurs, de l'industrie de la construction surtout, ont soutenu que la reconstruction du stock de capital stimulerait l'économie régionale.

a) En supposant que l'économie était au départ en équilibre à long terme, expliquez à l'aide de graphiques ce qui est advenu et ce qui adviendra au cours des prochaines années du niveau des prix, du PIB réel, de *OACT*, de *OALT* et de *DA* dans l'économie régionale.

b) Certains observateurs ont affirmé que l'économie régionale serait plus prospère, dans un sens purement économique, par suite des inondations et du processus de reconstruction qui en découle. Êtes-vous d'accord?

RÉPONSES

Vrai/Faux/Incertain (Justifiez votre réponse.)

1 **F** La hausse de la valeur du dollar fait augmenter le prix des exportations canadiennes et fait diminuer le prix des importations, ce qui entraîne une baisse de la demande de biens canadiens.

2 **F** La hausse de *P* entraîne un mouvement le long de la courbe *OACT* mais n'en cause pas le déplacement.

3 **I** Cela dépend de la taille relative des deux déplacements. Essayez de tracer un graphique.

4 **F** Si les gens s'attendent à une augmentation du taux d'inflation, ils dépenseront plus d'argent tout de suite pour éviter l'augmentation des prix qui surviendra plus tard.

5 **I** La réponse est vraie si l'offre est à court terme et fausse si elle est à long terme.

6 **I** Cela dépend de l'endroit où l'équilibre initial se trouve et de l'importance de la chute de *DA* qui découle d'une diminution des profits anticipés. Essayez de tracer un graphique des deux courbes.

7 **V** L'augmentation de la population, du stock de capital et du capital humain ainsi que les améliorations techniques provoquent un déplacement de la courbe *OALT* au fil du temps.

8 **F** Les changements des prix des facteurs entraînent un déplacement de *OACT*, mais pas de *OALT*.

9 **F** Tout ce qui provoque un déplacement de *OALT* entraîne aussi un déplacement de *OACT*.

10 **F** *OACT* se déplace dans ce type de situation, mais pas *OALT*.

Questions à choix multiple

1 **b** Les courbes se déplacent parfois vers la gauche (ce qui crée une période de récession) et parfois vers la droite (ce qui provoque une période d'expansion).

2 **c** Les réponses **a**, **b** et **e** font augmenter *DA*, ce qui fait accroître le PIB réel, tandis que **d** entraîne un déplacement vers la droite de *OACT*, ce qui fait augmenter le PIB réel. **c** provoque un déplacement vers la gauche de *OACT*, ce qui fait augmenter *P* et fait diminuer le PIB réel.

3 **e** Les améliorations techniques rendent la main-d'œuvre plus productive, ce qui entraîne une augmentation de la quantité offerte à court et à long termes.

4 **c** Les salaires sont maintenus constants le long de *OACT*; si les salaires augmentent, la production est inférieure à tous les niveaux de prix, ce qui provoque un déplacement vers la gauche de *OACT*.

5 **e** **c** provoque un déplacement de la courbe *DA* et **d** n'existe pas.

6 **d** L'équilibre à court terme survient toujours là où *DA* = *OACT*; l'équilibre peut se produire avec les réponses **a** à **c** et **e**, mais ce n'est pas toujours le cas.

7 **c** L'équilibre à court terme survient toujours là où *DA* = *OACT*, soit en *P* = 125 et le PIB réel = 550 à mi-chemin entre *P* = 120 et *P* = 130.

8 **d** Le PIB réel = 550 milliards, ce qui est inférieur au PIB potentiel de 600 milliards. Par conséquent, l'économie est en équilibre de chômage, et les chômeurs finissent par offrir leur travail à un prix moins élevé.

9 **c** Le PIB réel effectif = 550 milliards, il est donc de 50 milliards moins élevé que le PIB potentiel de 600 milliards.

10 **b** Les réponses **a** et **c** provoquent son déplacement vers la gauche, tandis que les réponses **d** et **e** sont des mouvements le long de la courbe *DA*.

11 **d** Au-dessus de l'offre agrégée à long terme, la demande supplémentaire de facteurs de production entraîne une hausse du prix des facteurs, ce qui provoque une augmentation des coûts de production et un déplacement de la courbe *OACT* vers la gauche.

12 c Une hausse des dépenses gouvernementales engendre une augmentation de la dépense agrégée qui fait déplacer *DA* vers la droite.

13 d Une baisse de l'offre de monnaie entraîne une diminution de la dépense agrégée qui fait déplacer *DA* vers la gauche.

14 c Une hausse des revenus anticipés provoque une augmentation de la consommation des ménages qui fait déplacer *DA* vers la droite.

15 a Lorsque les prix des facteurs diminuent, les entreprises augmentent leur production à tous les niveaux des prix, ce qui provoque un déplacement vers la droite de *OACT*.

16 e La combinaison de ces déplacements entraîne des pénuries qui font augmenter *P*. **a**, **b** et **c** peuvent provoquer une augmentation du *P*, alors que **d** provoque une diminution du *P*.

17 e Une diminution de *DA* provoque une récession, ce qui entraîne une diminution du prix des facteurs et un déplacement vers la droite de *OACT* afin de ramener l'économie à *OALT*.

18 d Si les salaires diminuent, les coûts de production baissent, les entreprises engagent plus de main-d'œuvre et fournissent une plus grande quantité de biens et de services, ce qui est représenté par le déplacement vers la droite de *OACT* (seulement).

19 b Définition.

20 e L'offre à court terme désigne la période durant laquelle les prix des facteurs demeurent constants.

21 a L'augmentation de *DA* provoque des pénuries qui font augmenter les prix, ce qui entraîne une augmentation de la quantité agrégée offerte à court terme. Par conséquent, *P* augmente et le PIB réel s'accroît.

22 a L'équilibre de chômage survient quand *DA* = *OACT* vers la gauche de *OALT*.

23 e L'équilibre de suremploi survient quand *DA* = *OACT* vers la droite de *OALT*.

24 c L'équilibre survient lorsque *DA* = *OACT*; si elle est supérieure à *OALT*, l'économie se trouvera en équilibre de suremploi.

⊘ **25 a** Une diminution des dépenses de consommation entraînera un déplacement vers la gauche de *DA* qui provoquera un mouvement vers le bas de la courbe *OACT* à court terme. Par conséquent, *P* et *Y* diminueront.

Problèmes à court développement

1 Il existe deux effets de substitution. Premièrement, si le prix des biens produits au pays augmente tandis que le prix des biens fabriqués à l'étranger reste constant, les biens produits au pays coûteront relativement plus cher, de sorte que les ménages achèteront moins de biens fabriqués au pays et plus de biens fabriqués à l'étranger. Il y aura donc une diminution de la quantité demandée de PIB réel. Ainsi, une augmentation du niveau des prix (les prix des biens produits au pays) entraîne une diminution de la quantité agrégée de biens et services demandée (au pays).

Deuxièmement, si les prix des biens actuels augmentent et que les prix futurs des biens demeurent constants, les biens actuels deviennent relativement plus coûteux et les ménages reporteront à plus tard leurs achats de biens. Il y aura donc de nouveau une diminution de la quantité demandée de PIB réel.

2 L'offre agrégée à long terme représente le niveau de PIB réel offert lorsque chaque entreprise de l'économie atteint sa capacité optimale de production et qu'il y a plein emploi. Étant donné que ce niveau de PIB réel est indépendant du niveau des prix, la courbe d'offre agrégée à long terme est verticale. Remarquez également qu'il s'agit du niveau de PIB réel atteint lorsque les prix des facteurs de production peuvent s'ajuster afin d'équilibrer les marchés des facteurs.

3 La courbe d'offre agrégée à court terme a une pente positive parce que les prix des facteurs de production restent constants. Ainsi, lorsque le niveau des prix augmente, les entreprises constatent que les prix de leur production (revenus) augmentent, mais que les prix de leurs facteurs de production (coûts) restent constants. Toutes les entreprises augmentent alors leur production, de sorte que la production agrégée s'accroît.

4 Une augmentation du niveau des prix peut résulter soit d'une hausse de la demande agrégée, soit d'une baisse de l'offre agrégée. En effet, ces deux forces ont eu un impact pendant les périodes où le niveau des prix a augmenté. Cependant, la hausse soutenue et régulière du niveau des prix est due à la tendance qu'a eu la demande agrégée d'augmenter plus rapidement que l'offre agrégée.

5 À la figure 7.4, l'économie se trouve au départ au point *a* sur la courbe $OACT_0$. Une hausse des salaires entraînera un déplacement vers la gauche de la courbe *OACT* en $OACT_1$. Au nouveau point d'équilibre *b*, le niveau des prix a augmenté et le niveau du PIB réel a diminué.

FIGURE **7.4**

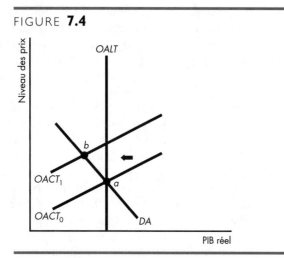

6 À la figure 7.5, l'augmentation de la demande agrégée, de DA_0 à DA_1, donne le point d'équilibre de suremploi *b* et provoque une hausse du niveau des prix. Puisque les salaires n'ont pas changé, le coût réel de la main-d'œuvre pour les entreprises a chuté, de sorte que la production s'accroît. Cette augmentation de la production se traduit par un mouvement le long de la courbe $OACT_0$, du point *a* au point *b*. De plus, le pouvoir d'achat des salaires des travailleurs a baissé. En conséquence, les travailleurs demanderont des salaires plus élevés, que les entreprises seront prêtes à verser. De la même manière, les prix des autres facteurs de production augmenteront. Cette augmentation à long terme entraînera un déplacement de la courbe $OACT$ vers la gauche, ce qui produira un nouvel équilibre. Les pressions exercées sur les salaires et les prix des autres facteurs de production se poursuivront jusqu'à ce que la courbe $OACT$ se trouve en $OACT_1$, là où le pouvoir d'achat des salaires et des prix des autres facteurs est rétabli et où l'économie se trouve de nouveau au plein emploi (au point *c*).

FIGURE **7.5**

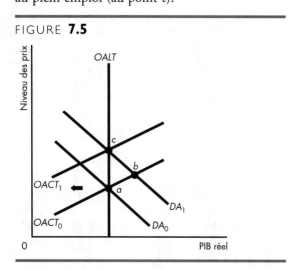

7 **a)** La baisse de la confiance des investisseurs entraîne une diminution de la dépense agrégée, ce qui provoque un déplacement de la courbe DA vers la gauche à la figure 7.6 en DA_1. Cette baisse de la demande agrégée crée un surplus au niveau initial des prix. Par conséquent, les entreprises réduisent leurs prix, ce qui entraîne une baisse de la quantité produite, représentée par le mouvement le long de $OACT_0$ vers le nouvel équilibre au point *b*, et une diminution du niveau de PIB réel.

b) L'économie est en équilibre de chômage et les chômeurs commenceront à offrir leur travail à des prix moins élevés, ce qui provoquera un déplacement de la courbe $OACT$ vers $OACT_1$. Ainsi, l'offre agrégée augmentera, ce qui fera diminuer davantage les prix et entraînera un nouvel équilibre à long terme en *c* avec un niveau de PIB réel plus élevé qu'au point *b*. Il n'y a aucun déplacement de DA.

FIGURE **7.6**

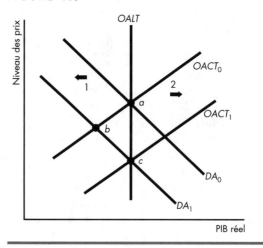

8 Pour que ces deux événements se produisent, l'offre agrégée à long terme augmente (se déplaçant vers la droite) et la demande agrégée se déplace vers la droite également, mais à un rythme plus rapide. La figure 7.7 illustre ce cas et les points *a*, *b* et *c* représentent les trois années. (Afin de simplifier le graphique, les courbes $OACT$ ont été omises.)

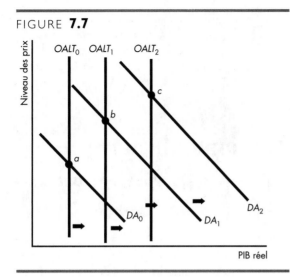

FIGURE **7.7**

◑ 9 La figure 7.8 montre l'équilibre de plein emploi initial au niveau des prix d'équilibre de l'an passé de 120 et au niveau de revenu de 600.

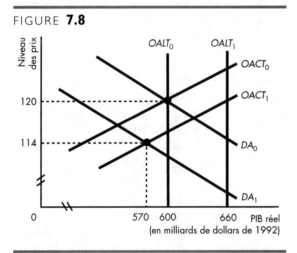

FIGURE **7.8**

Pour l'année en cours, la courbe $OALT$ s'est déplacée vers la droite en $OALT_1$, une valeur de 660, et la courbe $OACT$ se déplace de pair avec celle-ci en $OACT_1$, toutes autres choses étant égales. Le nouvel équilibre à court terme doit être le long du point d'intersection des courbes $OACT_1$ et DA. Puisque les prix sont de 5 % de moins à 114 et que le PIB réel est de 5 % de moins à 570, la nouvelle courbe DA doit s'être déplacée vers la gauche, comme l'illustre la figure.

◑ 10 **a)** La figure 7.9 montre l'équilibre initial à long terme en Y_0 et P_0.

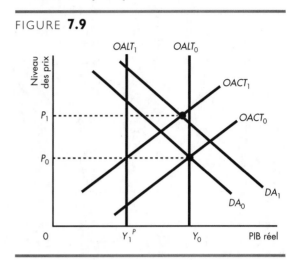

FIGURE **7.9**

La destruction des villages, des routes, etc., constitue une destruction du stock de capital susceptible de faire diminuer le PIB potentiel et d'entraîner un déplacement de la courbe $OALT$ vers la gauche en $OALT_1$, comme le montre la figure (ce qui déplacera également la courbe $OACT$ vers la gauche). La reconstruction stimulera la demande d'investissement et augmentera la DA (sans doute considérablement) en DA_1. À court terme, le niveau des prix augmentera en P_1, bien que l'effet net sur le PIB réel sera incertain. Au cours des prochaines années, la pénurie de main-d'œuvre et des autres facteurs (par exemple, des matières premières) aura tendance à faire augmenter les salaires, ce qui provoquera des pressions inflationnistes à cause du déplacement vers la gauche de la courbe $OACT$. Ce déplacement sera en quelque sorte compensé par le déplacement vers la droite de la courbe $OALT$ puisque les nouveaux investissements entraîneront le retour du stock de capital à sa valeur initiale. À long terme, l'économie retournera à son niveau de PIB initial, mais le niveau des prix sera plus élevé.

b) La région sera désavantagée. L'inflation augmentera et, à court terme, le PIB potentiel diminuera ainsi que le PIB réel.

La demande agrégée et le multiplicateur

CONCEPTS CLÉS

Les composantes de la demande agrégée sont la consommation (*C*), l'investissement (*I*), les dépenses gouvernementales (*G*) et les exportations (*X*) moins les importations (*IM*).

◆ La **dépense agrégée planifiée** (*DAP*) = *C* planifiée + *I* planifié + *G* planifiées + *X* planifiées − *IM* planifiées.

La consommation et l'épargne

◆ Les dépenses de consommation et l'épargne dépendent du **revenu disponible** (*RD* = revenu + paiements de transfert − impôts).

   • La **fonction de consommation** montre que l'augmentation du *RD* entraîne un accroissement des dépenses de consommation.
   • La **fonction d'épargne** montre que l'augmentation du *RD* provoque un accroissement de l'épargne, avec $\Delta C + \Delta \acute{E} = \Delta RD$.

◆ Lorsque le niveau de *RD* est bas, *C* est supérieure au *RD* et *É* est inférieure à 0 (il y a désépargne).

◆ Une augmentation du *RD* de 1 $ entraîne une hausse de *C* et de *É*, mais les augmentations de *C* et de *É* sont inférieures à 1 $.

   • La **propension marginale à consommer** (*PmC*) = fraction de la ΔRD qui est consommée = $\Delta C/\Delta RD$ = pente de la fonction de consommation.
   • La **propension marginale à épargner** (*PmÉ*) = fraction de la ΔRD qui est épargnée = $\Delta \acute{E}/\Delta RD$ = pente de la fonction d'épargne.
   • *PmC* + *PmÉ* = 1.

◆ La consommation et l'épargne sont une fonction du PIB réel puisqu'une hausse du PIB réel provoque une augmentation du *RD*.

   • Une augmentation du *Y* de 1 $ entraîne une hausse des impôts nets qui provoque un accroissement du *RD* de moins de 1 $.
   • Le **taux marginal d'imposition** = $\Delta T/\Delta Y$.
   • La *propension marginale à consommer en fonction du PIB réel* = *PmC* × (1 − taux marginal d'imposition) = pente des dépenses de consommation en fonction du PIB réel.

L'investissement et les dépenses gouvernementales

◆ L'investissement est déterminé par le taux d'intérêt réel et par le taux de rentabilité réel anticipé.

   • **Taux d'intérêt réel** = taux d'intérêt sur emprunt − taux d'inflation anticipé.
   • Une augmentation du taux d'intérêt réel provoque une diminution de *I*.
   • Une augmentation du taux de rentabilité réel anticipé entraîne une augmentation de *I*.

◆ Les dépenses gouvernementales sur les biens et services ne dépendent pas du PIB réel.

Les exportations et les importations

◆ Les exportations canadiennes dépendent

   • des prix internationaux – une hausse des prix des biens et services produits à l'étranger ou une diminution du taux de change d'une devise étrangère (une appréciation) entraîne une hausse des exportations.
   • des accords commerciaux internationaux – plus les marchés internationaux sont ouverts, plus le volume des exportations et des importations est important.
   • du PIB réel dans le reste du monde – une hausse du PIB entraîne une augmentation des *X*.

◆ Les importations canadiennes sont influencées par

- les prix internationaux – une augmentation des prix des biens et services produits à l'étranger par rapport à ceux des biens et services similaires produits au Canada ou une baisse du taux de change des devises étrangères provoque une diminution des importations.
- les accords de commerce internationaux – l'ouverture des marchés à la concurrence étrangère fait augmenter les importations.
- le PIB réel canadien – une augmentation du PIB entraîne une augmentation des IM.

◆ La **fonction d'importation** est la relation entre les importations et le PIB réel.

- La **propension marginale à importer** est la fraction d'une augmentation du Y qui est consacrée aux importations = $\Delta IM/\Delta Y$ = pente de la fonction d'importation.
- D'autres variables déplacent la fonction d'importation.

Les dépenses d'équilibre et le PIB réel

Les intentions agrégées de dépenses interagissent pour déterminer Y, et DAP est influencée par Y.

◆ On peut représenter la DAP par une courbe ou un barème. L'augmentation de Y provoque une hausse de DAP.

◆ La dépense agrégée se divise en deux composantes :

- Les **dépenses autonomes** = partie de la DAP qui *ne* varie *pas* en fonction du revenu.
- Les **dépenses induites** = partie de la DAP qui *varie* avec le revenu.

◆ La dépense agrégée effective n'est pas nécessairement égale à la dépense agrégée planifiée si le niveau de PIB réel ne concorde pas avec les intentions des différents facteurs de l'économie.

◆ Il y a **équilibre des dépenses** lorsque DAP = PIB réel.

- Sur le graphique, cela se produit là où la courbe DAP croise la droite à 45°.
- Si le PIB réel est supérieur à son niveau d'équilibre, la DAP est inférieure au PIB réel. Les entreprises ne parviennent pas à vendre leur production, ce qui entraîne un accroissement non planifié des stocks et incite les entreprises à freiner la production. Ainsi, le PIB réel baisse jusqu'à ce qu'il y ait équilibre.
- Si le PIB réel est inférieur à son niveau d'équilibre, la DAP est supérieure au PIB réel. Les entreprises vendent toute leur production, ce qui provoque une diminution non planifiée des stocks et

amène les entreprises à accroître leur production pour reconstituer leurs stocks. Le PIB réel augmente jusqu'à ce qu'il y ait équilibre.

Le multiplicateur

Le **multiplicateur** est le nombre par lequel on doit multiplier la variation des dépenses autonomes pour calculer la variation des dépenses d'équilibre ou du PIB réel qu'elle engendre.

◆ La hausse des dépenses autonomes a pour principal effet d'entraîner une augmentation de la dépense agrégée planifiée qui, à son tour, engendre un accroissement du PIB réel, qui vient accroître davantage (effet secondaire) la dépense agrégée planifiée (par exemple, une hausse des dépenses de consommation). Cette augmentation entraîne une nouvelle hausse du PIB réel, et ainsi de suite.

◆ Les effets secondaires induits provoquent une variation totale du PIB supérieure à la variation initiale des dépenses autonomes.

◆ Multiplicateur = (ΔPIB réel)/(Δdépenses autonomes) = $1/(1 -$ pente de la fonction DAP) supérieur à 1 à cause des effets induits.

- La pente plus élevée de la fonction DAP provoque des effets induits plus grands qui font augmenter le multiplicateur.
- La pente de la fonction DAP est plus élevée si la PmC (= b) est plus élevée ou si le taux marginal d'imposition (= t) est faible ou si la propension marginale à importer (= m) est faible.

◆ Les récessions et les dépressions débutent lorsque les fluctuations des dépenses sont amplifiées par le processus du multiplicateur.

Le multiplicateur, le PIB réel et le niveau des prix

La courbe de demande agrégée montre la relation entre la quantité demandée de PIB réel et le niveau des prix, toutes autres choses étant égales. On peut tirer cette relation de la courbe DAP.

◆ La courbe DAP montre la relation entre la DAP et le PIB réel, toutes autres choses étant égales.

◆ Lorsque le niveau des prix augmente, la courbe DAP se déplace vers le bas, et le PIB réel d'équilibre diminue. Cette diminution est représentée par un mouvement vers le haut et vers la gauche sur la courbe DA.

◆ Une variation des facteurs autres que les prix entraîne un déplacement des courbes DAP et DA.

- Une hausse de *I* entraîne une augmentation de la courbe *DAP* qui provoque un déplacement vers la droite de la courbe *DA* par la Δ*I* × multiplicateur.

Dans le monde réel, les multiplicateurs sont plus petits que ceux dont nous venons de parler à cause de la variation du niveau des prix.

- ◆ À court terme, l'augmentation de *DAP* provoque une hausse du niveau des prix qui, à son tour, fait diminuer la *DAP*, provoquant ainsi une augmentation du *Y* et faisant diminuer le multiplicateur.

- ◆ À long terme, *OACT* verticale provoque une augmentation suffisamment importante du niveau des prix pour que la diminution de *DAP* annule la hausse initiale. Par conséquent, le multiplicateur = 0.

Note mathématique : le calcul algébrique du multiplicateur

- ◆ La dépense agrégée planifiée (*DAP*) = somme des composantes des niveaux planifiés, c'est-à-dire : $DAP = C + I + G + X - IM(1)$.

  - Dépenses de consommation = dépenses de consommation autonomes (*a*) + dépenses induites. Ainsi, $C = a + bRD = a + b(Y - T) = a + b(1 - t)Y(2)$.
  - Les importations dépendent du PIB réel, par conséquent $IM = mY(3)$.

- ◆ Remplacez (2) et (3) par (1) : $DAP = a + b(1 - t)Y + I + G + X - mY$,

  - ou : $DAP = [a + I + G + X] + [b(1 - t) - m]Y$,
  - ou : $DAP = a + eY$, où *A* = dépenses autonomes et *e* est la pente de la courbe *DAP*.

- ◆ Il y a équilibre lorsque $Y = DAP$ le long de la droite à 45°. Par conséquent, $Y = A + eY$ et $Y - eY = A$, donc $(1 - e)Y = A$, et $Y = A/(1 - e)$ à l'équilibre.

- ◆ Si Δ*A* alors $\Delta Y = \Delta A/(1 - e)$, donc le multiplicateur = $\Delta Y/\Delta A = 1/1 - e$.

R A P P E L S

1 Au chapitre 7, nous avons découvert que le modèle de l'offre et de la demande agrégées nous est très utile pour explorer les événements macroéconomiques. Dans les deux prochaines parties du guide, nous réexaminerons la demande agrégée (chapitres 8 à 11) et l'offre agrégée (chapitres 12 à 14) pour explorer en détail leur composition ainsi que les facteurs qui influent sur elles. Dans les chapitres 8 et 9, nous étudierons le marché des biens et services (la fonction *DAP*) et la politique fiscale. Dans les chapitres 10 et 11, nous examinerons le secteur financier et la politique monétaire. Dans le chapitre 12, nous rassemblerons le secteur des biens et des services et le secteur financier en vue d'explorer leurs interactions et d'approfondir notre compréhension de la demande agrégée.

2 La demande agrégée est la relation entre le niveau des prix et la quantité de biens et services demandée, ou encore la relation entre le niveau des prix et le niveau de la dépense agrégée planifiée. Le présent chapitre a pour but de nous aider à mieux comprendre la dépense agrégée planifiée en examinant séparément chacune de ses composantes. Plus particulièrement, nous étudierons les dépenses de consommation, les dépenses d'investissement et d'exportation nettes, c'est-à-dire les trois composantes privées de la dépense agrégée. Pendant l'étude de ce chapitre, gardez à l'esprit que le but fondamental est d'en arriver à une compréhension plus complète de la demande agrégée (et des facteurs qui en provoquent le déplacement), laquelle combine les composantes de la dépense agrégée avec les dépenses publiques en biens et services. En saisissant les composantes de la dépense agrégée, telles que les dépenses de consommation, vous pourrez mieux comprendre les causes potentielles des récessions passées et futures dont il est question dans les chapitres ultérieurs.

Assurez-vous de bien faire la distinction entre la courbe *DA* et la courbe *DAP*. Elles sont basées sur différentes expériences de la pensée. Chaque courbe *DAP* maintient le niveau des prix constant et représente un seul point sur la courbe *DA*, tandis que la courbe *DA* permet au niveau des prix de varier. Un changement du niveau des prix entraîne un déplacement de la courbe *DAP* mais crée un mouvement le long de la courbe *DA*.

3 Les changements non planifiés des stocks constituent une composante essentielle pour comprendre la manière dont l'équilibre des dépenses est atteint et comment il change par suite d'un choc. Pour vous aider à comprendre ce processus, supposons que vous dirigiez une boutique de CD ou de robes. Selon vos ventes normales et les coûts par rapport aux avantages qui découlent de vos stocks, vous établiriez une quantité cible pour vos stocks planifiés, disons 200 robes. Chaque semaine, vous pourriez vendre en moyenne 40 robes et en commander

40 du fabricant qui vous les fournit. Dans cet exemple simple, la production des 40 robes est égale aux ventes (dépenses planifiées) de 40 robes en moyenne, avec des fluctuations hebdomadaires qui sont fonction du temps qu'il fait, etc.

Ensuite, supposons que les consommateurs changent leurs dépenses planifiées, ce qui entraîne une diminution de vos ventes, les faisant passer à 30 robes seulement par semaine. Au départ, vous commandez toujours 40 robes par semaine, car vous croyez qu'il ne s'agit que d'une fluctuation temporaire qui finira par s'inverser. Cependant, quelques semaines plus tard, elle ne s'est pas inversée et vous constatez que votre stock de robes a connu une hausse non planifiée. Vous réagissez en réduisant vos commandes pour diminuer vos stocks. À son tour, le fabricant de robes réduit sa production et mettra sans doute à pied des travailleurs, etc. La chute des dépenses planifiées des consommateurs a provoqué une diminution du PIB réel.

En réalité, cette histoire comporte deux complications réelles. Premièrement, alors que le prix est maintenu constant dans le manuel, dans le monde réel (et à la fin du chapitre), les prix s'ajustent. Par exemple, la boutique de robes pourrait réduire ses prix pour tenter de diminuer ses stocks et accroître ses ventes.

Deuxièmement, dans beaucoup d'industries, les entreprises ne peuvent conserver des stocks et doivent ajuster la production ou les prix instantanément lorsque les ventes diminuent. La plupart des industries de service appartiennent à cette catégorie. Songez par exemple au cas d'un cabinet d'avocats. Un tel cabinet ne peut conserver un stock de causes. Il réagit plutôt aux variations de la demande de services en changeant immédiatement la production. Par conséquent, les avocats et d'autres travailleurs dans les entreprises de services connaissent souvent des périodes de faibles charges de travail, suivies de périodes de lourdes charges de travail. Dans une certaine mesure, l'ajustement des stocks se produit par suite d'un ajustement du nombre d'heures travaillées.

4 Dans le présent chapitre, nous faisons la distinction entre les dépenses *autonomes* et les dépenses *induites*. Les dépenses autonomes sont indépendantes des variations du PIB réel, tandis que les dépenses induites varient avec le PIB réel. Généralement, un changement des dépenses autonomes entraîne une variation du PIB réel, laquelle entraîne un changement des dépenses induites. Comme le montre

le diagramme du flux de la figure 8.1, ces changements sont au cœur de l'effet multiplicateur.

FIGURE **8.1**

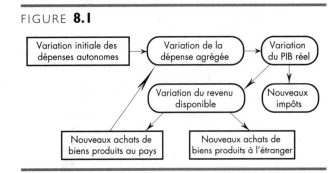

(Il est toutefois important de noter que, même si les dépenses autonomes sont indépendantes des variations du PIB réel, d'autres variables – comme le niveau des prix – ont une incidence sur les dépenses autonomes.)

5 Les effets induits par les variations du PIB réel sont essentiels pour déterminer l'ampleur du multiplicateur et dépendent de la pente de la courbe de dépense agrégée planifiée (*DAP*). Il est donc important de comprendre la relation qui existe entre la pente de la fonction *DAP* et ses trois principales influences : la propension marginale à consommer (en fonction du revenu disponible), la propension marginale à importer et le taux marginal d'imposition.

Considérez la hausse des dépenses pour les biens et services domestiques qui découle d'une augmentation de un dollar du PIB réel. (La figure 8.1 illustre les arguments suivants.) Seules les dépenses de consommation et les importations comportent des composantes induites. De plus, toute augmentation des importations doit être déduite de la hausse des dépenses de consommation puisque nous ne mesurons que les dépenses pour les biens et les services *produits* au pays. La pente de la fonction *DAP* est égale à la différence entre la propension marginale à consommer *en fonction du PIB réel* (de sorte que l'on puisse contrôler les impôts) et la propension marginale à importer.

6 La notion de multiplicateur est également très importante. Le multiplicateur découle de l'interaction entre les différentes composantes de la dépense agrégée. Plus particulièrement, une augmentation initiale des dépenses autonomes entraîne un accroissement direct du PIB réel, lequel est suivi de plusieurs autres variations. En effet, l'augmentation initiale du PIB réel fera augmenter les dépenses *induites*, lesquelles provoqueront une autre hausse du PIB réel et induiront encore une augmentation des dépenses. L'effet total sur le PIB réel sera plus important que l'augmentation initiale des dépenses autonomes parce qu'il y a des dépenses induites. Vous devez vous familiariser avec les calculs relatifs au multiplicateur.

Vous pouvez également prendre note de l'effet stabilisateur des impôts. Plus le taux d'imposition est élevé, plus la pente de la fonction *DAP* est basse et plus le multiplicateur est faible. Cet effet de stabilisation automatique fonctionne en réduisant la deuxième série d'effets induits par le processus du multiplicateur. Comme l'illustre la figure 8.1, lorsque le PIB réel augmente, les impôts plus élevés entraînent une hausse plus faible du revenu disponible et donc une baisse des achats de biens et services produits au pays et de plus faibles augmentations des dépenses induites.

7 Le multiplicateur montre la variation des dépenses d'équilibre et la variation du PIB réel d'équilibre, le niveau des prix étant maintenu constant. Il présente le déplacement vers la droite ou vers la gauche de la courbe *DA*. Cependant, le niveau des prix variera normalement par suite du déplacement de la courbe *DA*, l'ampleur de la variation étant fonction de la courbe *OA*. À court terme, la variation du niveau des prix crée un changement opposé sur la dépense agrégée qui annule la variation initiale de la dépense agrégée, de sorte que la variation totale du PIB réel est inférieure à ce que le déplacement initial de *DA* indiquerait. À long terme, cet effet d'annulation est de 100 %.

3 L'équilibre des dépenses est atteint lorsque la dépense agrégée planifiée est égale au PIB réel.

4 Lorsque le niveau du PIB réel dans le reste du monde chute, mais que le PIB réel du Canada ne change pas, on peut prévoir une chute des exportations nettes canadiennes.

5 La somme de la propension marginale à consommer et de la propension marginale à épargner est égale à 1.

6 Une variation du revenu disponible fait déplacer la fonction de consommation.

7 Si la pente de la fonction *DAP* est égale à 0,75, alors le multiplicateur est égal à 3.

8 Une hausse des dépenses autonomes de 1 million de dollars entraîne une augmentation du PIB réel d'équilibre de plus de 1 million de dollars.

9 Plus la propension marginale à consommer en fonction du PIB réel et la propension marginale à importer sont élevées, plus le multiplicateur l'est aussi.

10 Une hausse du taux d'intérêt réel et du taux de rentabilité réel anticipé provoquera une augmentation des dépenses d'investissement.

AUTOÉVALUATION

Vrai/Faux/Incertain (Justifiez votre réponse.)

1 Une augmentation du niveau des prix entraîne un déplacement de la courbe de dépense agrégée planifiée vers le haut.

2 Lorsque la dépense agrégée planifiée dépasse le PIB réel, il se produit une hausse imprévue des stocks.

Questions à choix multiple

1 Une hausse du niveau des prix
   a) provoquera un déplacement vers le haut de la courbe *DAP* et une hausse des dépenses d'équilibre.
   b) provoquera un déplacement vers le haut de la courbe *DAP* et une baisse des dépenses d'équilibre.

c) provoquera un déplacement vers le bas de la courbe *DAP* et une hausse des dépenses d'équilibre.

d) provoquera un déplacement vers le bas de la courbe *DAP* et une baisse des dépenses d'équilibre.

e) n'aura aucune conséquence sur la courbe *DA*.

2 Une baisse du niveau des prix

a) entraînera une hausse des dépenses autonomes et par conséquent un mouvement le long de la courbe de demande agrégée.

b) entraînera une hausse des dépenses autonomes de même qu'un déplacement vers la droite de la courbe de demande agrégée.

c) entraînera une hausse des dépenses autonomes de même qu'un déplacement vers la gauche de la courbe de demande agrégée.

d) n'aura aucun effet sur les dépenses agrégées.

e) entraînera une hausse des dépenses agrégées, mais n'aura aucun effet sur la courbe de demande agrégée.

3 La courbe de dépense agrégée planifiée représente la relation entre la dépense agrégée planifiée et

a) le revenu disponible.

b) le PIB réel.

c) le taux d'intérêt.

d) les dépenses de consommation.

e) le niveau des prix.

4 S'il se produit une hausse imprévue des stocks, la dépense agrégée planifiée sera

a) supérieure au PIB réel, et les entreprises augmenteront leur production.

b) supérieure au PIB réel, et les entreprises réduiront leur production.

c) inférieure au PIB réel, et les entreprises augmenteront leur production.

d) inférieure au PIB réel, et les entreprises réduiront leur production.

e) inférieure au PIB réel, et les entreprises diminueront leurs investissements.

5 Parmi les citations suivantes, laquelle illustre la notion du multiplicateur?

a) «Le nouveau stade produira 200 millions de dollars de dépenses en apport d'actifs partiel.»

b) «Des profits anticipés plus élevés entraînent une hausse des dépenses d'investissement et provoqueront une augmentation des dépenses de consommation.»

c) «Les compressions projetées dans les emplois du secteur public nuiront à l'industrie de la vente au détail de la région.»

d) «En retirant le silo à grains de notre petit village, on supprimera 300 emplois.»

e) Toutes ces réponses.

6 Parmi les éléments suivants, lequel entraîne une augmentation des exportations canadiennes?

a) Une diminution des prix des biens et services dans le reste du monde

b) Une augmentation du PIB réel au Canada

c) Une augmentation du niveau du PIB réel dans le reste du monde

d) Une augmentation de la valeur du dollar sur le marché des changes

e) Une diminution du niveau du PIB réel dans le reste du monde

7 Parmi les énoncés suivants, lequel entraîne une augmentation du niveau des investissements, toutes autres choses étant égales?

a) Une hausse des taux d'intérêt réels

b) Une augmentation du taux d'inflation anticipé

c) Une diminution du taux de rentabilité réel anticipé

d) Une diminution des taux d'intérêt sur les emprunts

e) Une diminution du taux d'inflation anticipé

8 Comment appelle-t-on la fraction du dernier dollar de revenu disponible consacrée à l'épargne?

a) La propension marginale à consommer

b) La propension marginale à épargner

c) La propension moyenne à épargner

d) Le taux d'imposition marginal

e) La propension marginale à importer

9 Quel événement provoquerait une hausse des importations de produits étrangers au Canada?

a) Une augmentation des prix des biens et des services dans le reste du monde

b) Une diminution du PIB réel au Canada

c) Une augmentation du niveau du PIB réel dans le reste du monde

d) Une augmentation de la valeur du dollar sur le marché des changes

e) Une diminution de la valeur du dollar sur le marché des changes

10 Si $DAP = 50 + 0,6Y$ et $Y = 200$, alors les stocks imprévus

a) augmentent de 75.

b) augmentent de 30.

c) diminuent de 75.

d) diminuent de 30.

e) varient de 0 et il y a équilibre.

11 La consommation est une fonction stable du PIB réel parce que

a) le *PmC* en fonction du revenu disponible est égal à un.

b) les impôts nets ne sont pas une fonction du PIB réel.

c) le *PmC* en fonction du PIB réel est égal à 0.

d) les impôts nets constituent une fonction instable du PIB réel, mais ils sont annulés par le fait que la consommation est une fonction instable du revenu disponible.

e) les impôts nets constituent une fonction stable du PIB réel.

ⓔ **12** Considérez la figure 8.2. L'équation de la fonction de consommation de cette figure est

a) $C = 200 + 0{,}8RD$.

b) $C = 200 + 800RD$.

c) $C = 200 + 0{,}75RD$

d) $C = 200 + 0{,}25RD$.

e) $C = 200 + 200RD$.

FIGURE **8.2**

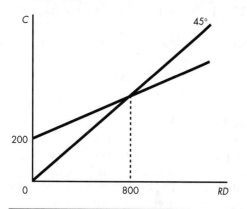

ⓔ **13** Si la fonction d'épargne est $É = -25 + 0{,}4RD$, alors la fonction de consommation est

a) indéterminée si on ne dispose pas d'autres données.

b) $C = -25 + 0{,}4RD$.

c) $C = 25 - 0{,}4RD$.

d) $C = 25 + 0{,}6RD$.

e) $C = 25 - 0{,}4RD$.

ⓔ **14** Considérez les données 8.1. Quelle est l'équation de la fonction de dépense agrégée planifiée de cette économie?

a) $DAP = 16 + 0{,}7Y$

b) $DAP = 36 - 0{,}7Y$

c) $DAP = 26 + 0{,}8Y$

d) $DAP = 36 + 0{,}9Y$

e) $DAP = 36 + 0{,}7Y$

DONNÉES **8.1**

L'économie de Beverly Hills a une fonction de consommation de $C = 10 + 0{,}8Y$, un investissement de 6, des achats publics de 10, des exportations de 10 et une fonction d'importation de $IM = 0{,}1Y$.

ⓔ **15** Considérez les données 8.1. Quel est le PIB réel d'équilibre de cette économie?

a) 36

b) 120

c) 130

d) 360

e) Aucune de ces réponses.

16 À la figure 8.3, la propension marginale à consommer en fonction du PIB réel est de

a) 0,3.

b) 0,6.

c) 0,9.

d) 1,0.

e) Aucune de ces réponses.

FIGURE **8.3**

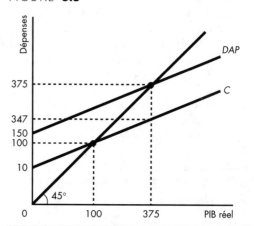

17 À la figure 8.3, la dépense agrégée autonome est de

a) 10.

b) 100.

c) 150.

d) 347.

e) 375.

18 À la figure 8.3, la propension marginale à importer est de

a) 0.

b) 0,1.

c) 0,25.

d) 0,3.

e) 0,6.

19 À la figure 8.3, le multiplicateur est de

a) 0,25.

b) 1,00.

c) 1,60.

d) 2,50.

e) 10.

20 À la figure 8.3, au niveau d'équilibre du PIB réel, les dépenses *induites* sont de
a) 28.
b) 150.
c) 225.
d) 347.
e) 375.

21 Les dépenses autonomes *ne* sont *pas* influencées par
a) le taux d'intérêt.
b) le taux de change.
c) le PIB réel.
d) le niveau des prix.
e) quelque variable que ce soit.

22 La pente de la courbe *DAP* est égale
a) à la différence entre la propension marginale à consommer en fonction du PIB réel et la propension marginale à importer.
b) à la propension marginale à consommer.
c) à la propension marginale à importer.
d) à un moins la propension marginale à importer.
e) au multiplicateur des dépenses autonomes.

23 Parmi les énoncés suivants, lequel fait augmenter la pente de la fonction *DAP*?
a) Une augmentation de la propension marginale à importer
b) Une augmentation du taux marginal d'imposition
c) Une diminution de la propension marginale à consommer
d) Une diminution de la propension marginale à épargner
e) Une augmentation de la propension marginale à épargner

24 Supposons que, à la suite d'une hausse du profit anticipé, l'investissement augmente de 10 milliards de dollars. Si le multiplicateur est égal à 2, la courbe de demande agrégée
a) se déplacera vers la droite d'une distance horizontale correspondant à 20 milliards de dollars.
b) se déplacera vers la droite d'une distance horizontale représentant plus de 20 milliards de dollars.
c) se déplacera vers la droite d'une distance horizontale représentant moins de 20 milliards de dollars.
d) ne sera pas touchée.
e) se déplacera vers le haut d'une distance verticale correspondant à 20 milliards de dollars.

25 Supposons que le multiplicateur soit égal à 2 et que la courbe d'offre agrégée ait une pente positive. Supposons également que, à la suite d'une hausse du profit anticipé, l'investissement augmente de 10 milliards de dollars. Qu'adviendra-t-il du PIB réel d'équilibre?
a) Il augmentera de 20 milliards de dollars.
b) Il augmentera de plus de 20 milliards de dollars.
c) Il diminuera de moins de 20 milliards de dollars.
d) Il ne sera pas touché.
e) Il augmentera de moins de 20 milliards de dollars.

Problèmes à court développement

1 Expliquez comment l'étude du flux circulaire du chapitre 6 nous aide à comprendre le processus du multiplicateur du chapitre 8.

2 Supposons que la dépense agrégée planifiée soit supérieure au PIB réel. Expliquez de quelle manière l'équilibre des dépenses est atteint.

3 Définissez les dépenses autonomes ainsi que les dépenses induites. Expliquez leur rôle respectif dans le processus du multiplicateur.

4 Expliquez (sans utiliser de formules algébriques) pourquoi le multiplicateur est plus élevé lorsque la propension marginale à consommer augmente.

5 Expliquez comment les effets des variations du niveau des prix sur la courbe *DAP* permettent de tracer une courbe de demande agrégée.

6 Le tableau 8.1 montre la fonction de consommation d'un ménage.

TABLEAU **8.1**

Revenu disponible (en dollars de 1992)	Dépenses de consommation (en dollars de 1992)	Épargne (en dollars de 1992)
0	3 000	
3 000	5 250	
6 000	7 500	
9 000	9 750	
12 000	12 000	
15 000	14 250	

a) Calculez l'épargne de ce ménage à chaque niveau de revenu disponible en remplissant le tableau 8.1.
b) Trouvez la valeur de la *PmC* et de la *PmÉ*.

c) À l'aide des données du tableau, tracez les fonctions de consommation et d'épargne de ce ménage.

ⓔ d) Écrivez les équations des fonctions de consommation et d'épargne.

7 Supposons une économie qui a les composantes suivantes de la dépense agrégée :

Fonction de consommation : $C = 20 + 0,8\,Y$,
Fonction d'investissement : $I = 30$,
Dépenses publiques : $G = 8$,
Fonction d'exportation : $X = 4$,
Fonction d'importation : $IM = 2 + 0,2\,Y$.

a) Quelle est la propension marginale à consommer en fonction du PIB réel de cette économie ?

ⓔ b) Quelle est l'équation de la fonction de dépense agrégée planifiée de cette économie ?

c) Quelle est la pente de la fonction DAP ?

d) Trouvez les dépenses agrégées et le PIB réel d'équilibre de cette économie en remplissant les colonnes du tableau 8.2.

TABLEAU **8.2**

Y	C	I	G	X	IM	DAP
0						
30						
60						
90						
120						
150						
180						

ⓔ e) À l'aide de l'équation de la fonction agrégée dérivée en **b**, calculez les dépenses agrégées et le PIB réel d'équilibre.

f) Quel est le multiplicateur de cette économie ?

8 On dispose des informations suivantes concernant une économie :

Partie autonome des dépenses de consommation = 10 milliards de dollars
Dépenses d'investissement = 5 milliards de dollars
Dépenses publiques en biens et services = 40 milliards de dollars
Exportations = 5 milliards de dollars
Propension marginale à consommer (en fonction du PIB réel) = 0,64
Propension marginale à importer (en fonction du PIB réel) = 0,14
(Supposez que le niveau des prix est constant.)

a) Quelle est la valeur des dépenses autonomes de cette économie ?

b) Quelle est la pente de la fonction DAP ?

ⓔ c) Quelle est l'équation de la fonction DAP ?

d) Sur un graphique, tracez la courbe DAP de cette économie (nommez-la DAP_0) de même qu'une droite à 45°.

e) Quelle est la valeur des dépenses d'équilibre ?

f) Quelle est la valeur des dépenses induites en équilibre ?

9 Utilisez de nouveau les données concernant l'économie du problème **8**. Supposons maintenant que le gouvernement décide d'élever ses achats de biens et de services à 60 milliards de dollars.

a) Sur le graphique du problème **8d**, tracez la nouvelle courbe DAP, que vous nommerez DAP_1.

ⓔⓓ b) À présent, à combien se chiffrent les dépenses d'équilibre ? Calculez cette valeur à l'aide des approches graphique et mathématique.

c) Quelle est la valeur du multiplicateur ?

d) Quelles sont les variations des dépenses autonomes, des dépenses induites, de la consommation, des importations et de l'investissement après cette augmentation ?

10 Prenons maintenant le cas d'une nouvelle économie identique à celle du problème **8**, sauf que la propension marginale à importer est de 0,24.

a) Quelle est la pente de la fonction DAP de cette économie ?

ⓔ b) À présent, quelle est l'équation de la fonction de DAP ?

c) Sur un autre graphique, tracez la courbe DAP de cette économie (étiquetez-la DAP_2) de même que la droite à 45°.

d) Quelles sont les dépenses d'équilibre ?

e) Quelle est la valeur du multiplicateur ?

R É P O N S E S

Vrai/Faux/Incertain (Justifiez votre réponse.)

1 F Une hausse du niveau des prix entraîne une baisse de DAP par l'effet de richesse, etc.

2 F Les DAP sont supérieures au PIB réel, ce qui entraîne un excédent des ventes et donc une baisse des stocks.

3 V Définition.

4 V Si le PIB réel diminue dans le reste du monde, les X diminuent mais les IM ne varient pas. Par conséquent, la baisse de $XN = X - IM$.

5 V La fraction du dernier dollar de *RD* est consacrée aux dépenses de consommation ou à l'épargne.

6 F La variation du *RD* entraîne un mouvement le long de la fonction de consommation.

◐ **7** F Multiplicateur = $1/(1 - e) = 1/(1 - 0{,}75) = 1/0{,}25 = 4$.

8 I Cela dépend si elle est à court terme ou à long terme et, si elle est à court terme, cela dépend de la courbe *OACT*.

◐ **9** I Multiplicateur = $1/(1 - e)$. Par conséquent, la hausse de *e* entraîne une augmentation du multiplicateur, mais *e* = *PmC* en fonction du PIB réel – propension marginale à importer. Le multiplicateur dépend donc des tailles relatives des deux propensions marginales.

10 I La hausse du taux d'intérêt entraîne une baisse de l'investissement et une hausse du taux de rentabilité anticipé. Par conséquent, l'augmentation de l'investissement dépend de la force relative des deux effets.

Questions à choix multiple

1 d La hausse du niveau des prix entraîne une baisse de la dépense agrégée planifiée à cause des trois effets. Ainsi, le nouvel équilibre correspond à un PIB réel plus bas = dépenses d'équilibre.

2 a La baisse du niveau des prix entraîne une hausse de la dépense agrégée planifiée à cause des trois effets. Ainsi, il y a un mouvement le long de la courbe *DA*.

3 b Définition.

◐ **4** d Si les stocks augmentent, la *DAP* sera inférieure au PIB réel, ce qui entraînera une diminution des ventes des entreprises. Celles-ci réduiront donc la production en conséquence.

5 e Tous les choix s'appliquent aux effets secondaires induits.

6 c Une augmentation du PIB réel dans le reste du monde signifie que les autres pays achètent plus de biens et de services, incluant ceux qui sont produits au Canada. Les réponses **a**, **d**, **e** font toutes diminuer les exportations et **b** n'a pas d'effet sur les exportations.

7 b Cela ferait diminuer les taux d'intérêt, toutes autres choses étant égales, ce qui entraînerait une augmentation de l'investissement. Les autres réponses font diminuer l'investissement.

8 b Définition.

9 d Elle diminue le prix des biens fabriqués à l'étranger. Les réponses **a**, **b**, **e** diminuent les importations et **c** n'a pas d'effet.

◐ **10** b $Y = 200$. Par conséquent, $DAP = 50 + 0{,}6(200) = 170$. Les stocks imprévus = $Y - DAP = +30$.

11 e Cela rend la relation entre le *RD* et le PIB réel stable.

◉ **12** c Ordonnée = 200, pente = $\Delta C/\Delta RD$ et de *RD* = 0 à *RD* = 800, la pente = $+600/+800 = 0{,}75$.

◉ **13** d $C = RD = É = RD - (-25 + 0{,}4RD) = 25 + 0{,}6RD$.

◉ **14** e $DAP = 10 + 0{,}8Y + 6 + 10 + 10 - 0{,}1Y = 36 + 0{,}7Y$.

◉ **15** b Calculez $Y^* = 36 + 0{,}7Y^*$, donc $Y^*(1 - 0{,}7) = 36$ et $Y^* = 36/0{,}3 = 120$.

16 c *PmC* en fonction du PIB réel = pente de la fonction de consommation = $\Delta C/\Delta Y = 90/100 = 0{,}9$.

17 c Ordonnée de la fonction *DAP*.

◐ **18** d Propension marginale à importer = *PmC* en fonction du PIB réel – pente de la courbe *DAP* = $0{,}9 - 0{,}6 = 0{,}3$, où la pente de la courbe *DAP* = $\Delta DAP/\Delta Y = 225/375$.

19 d Multiplicateur = $1/(1 - e) = 1/(1 - 0{,}6) = 1/0{,}4 = 2{,}5$.

20 c Dépenses induites = dépenses agrégées – dépenses autonomes = $375 - 150 = 225$.

21 c Définition.

22 a Définition.

◐ **23** d Elle fait augmenter la *PmC* et *e*. Toutes les autres font diminuer *e*.

24 a L'effet multiplicateur fait augmenter *DAP* et *Y* de deux fois le montant de la Δ des dépenses autonomes. Par conséquent, la courbe *DA* se déplace vers la droite du même montant.

25 e L'effet multiplicateur de la question 24 est réduit par l'augmentation du niveau des prix à cause de la pente positive de la courbe *OACT*.

Problèmes à court développement

1 Le flux circulaire nous montre que les entreprises produisent des biens et des services, les vendent sur le marché aux consommateurs, aux investisseurs, aux gouvernements et au reste du monde et utilisent les recettes de ces ventes pour payer les facteurs de production qui, à leur tour, achètent des biens et des services. Le flux circulaire nous montre ainsi les effets induits secondaires du processus du multiplicateur. Une hausse initiale des dépenses autonomes entraîne une augmentation des ventes des entreprises, des revenus des facteurs et, par conséquent, des dépenses de consommation, etc.

2 Lorsque la dépense agrégée planifiée est supérieure au PIB réel, il se produit une diminution imprévue des stocks, et les entreprises augmentent leur production afin de reconstituer leurs stocks. En conséquence, le PIB réel s'accroît. Ce processus se poursuit tant que le PIB réel est inférieur à la dépense agrégée planifiée. Il se termine seulement lorsque l'équilibre est atteint, c'est-à-dire lorsque le PIB réel est égal à la dépense agrégée planifiée.

3 Les dépenses autonomes font partie des dépenses agrégées planifiées qui ne varient pas avec le PIB réel, mais qui varient par suite des changements d'autres facteurs comme le taux d'intérêt réel. Les dépenses induites sont une composante des dépenses agrégées planifiées qui varient avec le PIB réel. Le processus du multiplicateur débute par une variation des dépenses autonomes qui entraîne une variation des dépenses agrégées planifiées qui, à son tour, provoque une variation du PIB réel. Cette variation du PIB réel crée des effets secondaires en modifiant les dépenses induites dans la même direction. À leur tour, les dépenses induites font varier les dépenses agrégées planifiées et le PIB réel, ce qui amène l'effet total, qui est un multiple de la variation initiale des dépenses autonomes.

4 Toute modification initiale des dépenses autonomes entraîne une hausse directe du PIB réel. Selon le principe du multiplicateur, une augmentation initiale du PIB réel entraîne d'autres hausses du PIB réel à mesure que sont provoquées les hausses des dépenses de consommation. À chaque étape du processus du multiplicateur, les hausses des dépenses, donc l'augmentation supplémentaire du PIB réel, sont déterminées par la propension marginale à consommer. Puisqu'une propension marginale à consommer plus élevée signifie une hausse plus importante du PIB réel à chaque étape, l'accroissement total du PIB réel sera donc plus grand que l'augmentation initiale. Ainsi, le multiplicateur est plus élevé si la propension marginale à consommer augmente.

5 La courbe de demande agrégée illustre la relation entre le niveau des prix et la dépense agrégée. Le diagramme de la dépense agrégée planifiée montre le niveau des dépenses d'équilibre, *lorsque le niveau des prix demeure constant*. Lorsque le niveau des prix change, la courbe *DAP* se déplace, et un nouvel équilibre des dépenses est atteint. Ainsi, pour chaque niveau des prix, il existe un point d'équilibre des dépenses différent. Ces combinaisons de diverses valeurs du niveau des prix et des dépenses

agrégées d'équilibre correspondantes constituent des points sur la courbe de demande agrégée. Par exemple, si le niveau des prix augmente, les dépenses autonomes chutent, et la courbe *DAP* se déplace vers le bas. Par conséquent, les dépenses d'équilibre diminuent. Étant donné qu'une augmentation du niveau des prix se traduit par une réduction des dépenses d'équilibre, la courbe *DA* a une pente négative.

6 Le tableau suivant présente les réponses à la question **a**, où l'épargne = $RD - C$.

TABLEAU **8.1** SOLUTION

Revenu disponible (en dollars de 1992)	Dépenses de consommation (en dollars de 1992)	Épargne (en dollars de 1992)
0	3 000	−3 000
3 000	5 250	−2 250
6 000	7 500	−1 500
9 000	9 750	−750
12 000	12 000	0
15 000	14 250	+750

b) La *PmC* = variation des dépenses de consommation/variation du revenu disponible. En utilisant les deux premières entrées du tableau, nous pouvons voir que la variation des dépenses de consommation est de 2 250, et la variation du revenu disponible, de 3 000, de sorte que la *PmC* = 0,75 = 2 250/3 000. La *PmÉ* = variation de l'épargne/ variation du revenu disponible. En utilisant les deux premières entrées du tableau, nous pouvons voir que la variation de l'épargne est de + 750 et que la variation du revenu disponible est de 3 000, de sorte que la *PmÉ* = 0,25 = 750/3 000. En utilisant deux autres entrées adjacentes du tableau, nous obtiendrions le même résultat.

c) La figure 8.4 présente la fonction de consommation, et la figure 8.5 illustre la fonction d'épargne.

d) L'équation de la fonction de consommation est basée sur l'ordonnée de 3 000 et la pente (*PmC*) de 0,75. $C = 3\,000 + 0,75RD$. De la même manière, pour la fonction d'épargne, $É = -3\,000 + 0,25RD$.

7 a) D'après l'équation de la fonction de consommation, nous savons que la réponse est $0,8 = \Delta C/\Delta Y$.

b) Substituez les différentes équations en *DAP* = $C + I + G + X - IM$: $DAP = 20 + 0,8Y + 30 + 8 + 2 - 0,2Y = 60 + 0,6Y$.

FIGURE **8.4**

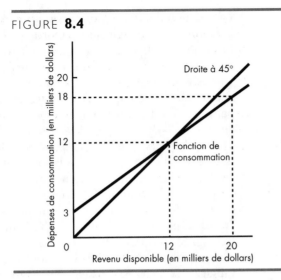

FIGURE **8.5**

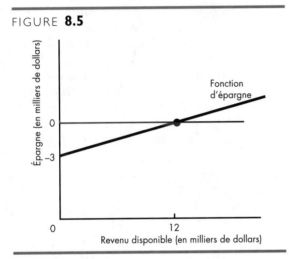

c) La pente de la fonction *DAP* découle
de l'équation et est égale à $\Delta DAP/\Delta Y = 0,6$
ou peut également être calculée à partir de la
PmC en fonction du PIB réel − propension
marginale à importer = 0,8 − 0,2.

d) Le tableau suivant présente la réponse.
Le tableau est construit en utilisant
les diverses valeurs de *Y* dans les équations.
Notez que l'équilibre est atteint quand
DAP = *Y* à une valeur de 150.

TABLEAU **8.2** SOLUTION

Y	C	I	G	X	IM	DAP
0	20	30	8	4	2	60
30	44	30	8	4	8	78
60	68	30	8	4	14	96
90	92	30	8	4	20	114
120	116	30	8	4	26	132
150	140	30	8	4	32	150
180	164	30	8	4	38	168

e) Il y a équilibre quand

$Y = DAP$ ou
$Y^* = 60 + 0,6Y^*$ ou
$Y^* (1 − 0,6) = Y^* (0,4) = 60$ ou
$Y^* = 60 / 0,4 = 150$.

f) Le multiplicateur = $1/(1 −$ pente de la
fonction *DAP*) = $1/(1 − 0,6) = 1/0,4 = 2,5$.

8 a) Les dépenses autonomes correspondent
à la somme de la partie autonome des
dépenses de consommation, des dépenses
d'investissement, des dépenses publiques
en biens et services et des exportations,
dont le total est de 60 milliards de dollars.

b) La pente de la fonction *DAP* est égale
à différence entre la *PmC* en fonction
du PIB et la propension marginale
à importer = 0,64 − 0,14 = 0,50.

c) Cette équation a la forme *DAP* = *A* + *eY*,
où *A* représente les dépenses autonomes et *e*,
la pente de la fonction *DAP*. Dans ce cas,
l'équation est *DAP* = 60 + 0,5*Y*, où
les unités sont des milliards de dollars.

d) Observez la courbe DAP_0 de la figure 8.6.
La courbe a été tracée à partir de la valeur des
dépenses autonomes (60 milliards de dollars),
qui donne l'ordonnée verticale, et en
considérant que la pente de la fonction
DAP est de 0,5.

FIGURE **8.6**

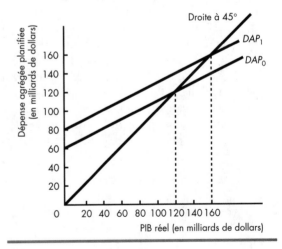

e) Nous pouvons trouver la valeur des dépenses d'équilibre de deux manières. L'équilibre des dépenses se trouve à l'intersection de la courbe DAP_0 et de la droite à 45°. Les dépenses d'équilibre sont de 120 milliards de dollars. Nous pouvons aussi calculer les dépenses d'équilibre en résolvant l'équation $DAP = Y$:

$$Y^* = 60 + 0,5Y^* \text{ ou}$$
$$Y^*(1 - 0,5) = 60 \text{ ou}$$
$$Y^* = 60 / 0,5 = 120.$$

f) Dépenses induites = dépense agrégée – dépenses autonomes = 120 – 60 = 60 dans ce cas.

9 a) Observez la courbe DAP_1 à la figure 8.6. La nouvelle courbe indique que les dépenses autonomes augmentent de 20 milliards de dollars, mais que la pente de la fonction DAP demeure la même.

b) Les dépenses d'équilibre se chiffrent maintenant à 160 milliards de dollars. Cette valeur est donnée par le point d'intersection de la courbe DAP_1 et de la droite à 45°. On peut aussi l'obtenir en résolvant la nouvelle condition d'équilibre :

$$Y^* = 80 + 0,5Y^* \text{ ou}$$
$$Y^*(1 - 0,5) = 80 \text{ ou}$$
$$Y^* = 80 / 0,5 = 160.$$

c) Puisque les dépenses autonomes augmentent de 20 milliards de dollars à la suite d'une hausse des dépenses d'équilibre de 40 milliards de dollars, le multiplicateur est égal à 2. On peut évidemment obtenir cette valeur en utilisant la formule du multiplicateur = $1/(1 - e)$ où e est la pente de la fonction DAP.

d) La variation totale du PIB réel est de 40 milliards de dollars. Premièrement, nous pouvons noter que la variation des dépenses autonomes constitue simplement la variation des dépenses publiques de + 20 milliards de dollars. Nous pouvons également noter que :

Δ dépense totale = Δ dépenses autonomes + Δ dépense induite ou
+ 40 milliards de dollars = + 20 milliards de dollars + 20 milliards de dollars,

de sorte que la variation des dépenses autonomes est également de 20 milliards de dollars.

Deuxièmement, la propension marginale à consommer en fonction du PIB réel est de 0,64, de sorte que la variation de la consommation correspond à 0,64 × 40 milliards de dollars, soit à 25,6 milliards de dollars.

La variation des importations correspond à la propension marginale à importer en fonction du PIB réel (0,14) × 40 milliards de dollars, soit à 5,6 milliards de dollars. L'investissement est une composante autonome, de sorte qu'il n'est pas touché par la variation du PIB réel.

10 a) D'après l'analyse effectuée au problème **8b**, nous trouvons que la pente de la fonction DAP est de 0,4 dans cette économie.

b) L'équation a la forme $DAP = A + eY$, où A représente les dépenses autonomes et e est la pente de la fonction DAP. Dans ce cas, l'équation est $DAP = 60 + 0,4Y$, où les unités sont des milliards de dollars.

c) Observez la figure 8.7. La courbe DAP_2 a été tracée à partir de la valeur des dépenses autonomes, qui se maintiennent à 60 milliards de dollars, mais en considérant cette fois que la pente de la fonction DAP est de 0,4 (plus petite que dans l'économie du problème **8**). Par conséquent, la pente de la courbe DAP_2 est plus faible que la pente de la courbe DAP_1, et l'équilibre se produit au niveau où les dépenses autonomes – se chiffrant à 60 milliards de dollars – multipliées par le multiplicateur – 5/3 – sont égales à 100 milliards de dollars.

FIGURE **8.7**

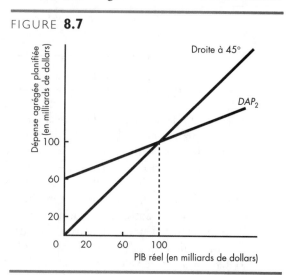

d) Les dépenses d'équilibre s'élèvent à 100 milliards de dollars, selon le point d'intersection de la courbe DAP_2 et de la droite à 45°. On peut également les trouver à l'aide de l'approche mathématique utilisée dans le problème **8**.

e) Le multiplicateur est obtenu à l'aide de la formule suivante : $1/(1 - e) = 1/(1 - 0,4) = 1/0,6 = 1,67$.

La politique budgétaire

Les budgets gouvernementaux

Le discours annuel du budget ainsi que les lois et règlements qui entérinent les revenus et les dépenses proposés par le gouvernement du Canada constituent ce qu'on appelle le **budget fédéral** (le **budget provincial** est dressé par les gouvernements provinciaux).

◆ L'un des objectifs visés est de financer les activités publiques et l'autre est d'utiliser le budget pour atteindre les objectifs de la politique macroéconomique (la **politique budgétaire**).

◆ C'est au gouvernement et au Parlement, en consultation avec les fonctionnaires, les gouvernements provinciaux ainsi que diverses associations de consommateurs et d'entreprises, qu'incombent l'élaboration et l'application de la politique budgétaire.

◆ En général, un budget comporte les recettes et les dépenses budgétaires ainsi que les déficits ou les surplus.

◆ Les recettes budgétaires proviennent des impôts sur les revenus des particuliers (la plus importante source), des impôts sur le revenu des sociétés, des impôts indirects (comme la TPS) et des revenus de placements.

◆ Les dépenses budgétaires comprennent les paiements de transfert, les dépenses en biens et services du gouvernement, les paiements d'intérêts sur la dette et les réserves pour éventualités.

◆ Solde budgétaire = recettes − dépenses.

• Lorsque les recettes sont supérieures aux dépenses, le gouvernement fédéral a un **surplus budgétaire**.
• Lorsque les recettes excèdent les dépenses, il accuse un **déficit budgétaire**.

• Si les recettes et les dépenses sont égales, il s'agit d'un **budget équilibré**.

◆ Le gouvernement fédéral a eu un déficit budgétaire chaque année depuis 1974, et le déficit s'est accru au début des années 1980 et est demeuré élevé depuis.

• La baisse des recettes des impôts sur les revenus vers la fin des années 1970 a été provoquée par des réductions fiscales.
• Les dépenses totales augmentent et diminuent de pair avec le cycle économique mais se sont également accrues au cours de cette période alors que les paiements d'intérêts augmentaient de manière constante.

◆ La **dette publique** représente le montant total des emprunts des gouvernements, lequel est égal à la différence entre le montant total des déficits passés et le montant total des surplus passés.

• L'apparition d'un déficit budgétaire chronique découle d'une augmentation des emprunts qui, à son tour, engendre des paiements d'intérêts accrus qui, à leur tour, viennent augmenter le déficit, etc.

◆ Le déficit budgétaire du Canada est comparable à celui des autres pays industrialisés.

◆ La réduction de la taille du déficit est difficile sur le plan politique, mais des plans concrets sont maintenant en place pour nous permettre de le faire.

◆ Les dépenses des gouvernements provinciaux sont presque aussi élevées que celles du gouvernement fédéral, car elles sont consacrées aux hôpitaux, aux écoles publiques, aux collèges et aux universités.

• Elles ont tendance à fluctuer avec les dépenses du gouvernement fédéral.
• Au niveau provincial, la politique budgétaire occupe une place moins importante.

Les multiplicateurs de la politique budgétaire

◆ La politique budgétaire comprend des mesures qui peuvent être

- **automatiques** – déclenchées par l'état de l'économie.
- **discrétionnaires** – déclenchées par les lois votées au Parlement. Elles requièrent une modification de certains programmes de dépenses ou des lois fiscales.

◆ Les **impôts induits** varient avec le Y – mesuré par le taux marginal d'imposition (t) –, tandis que les impôts autonomes (T_a) sont indépendants du Y (revenu agrégé).

◆ Le gouvernement modifie les dépenses en biens et services, les impôts et les paiements de transfert pour tenter d'atténuer les fluctuations du cycle économique.

◆ Le multiplicateur des dépenses gouvernementales = (variation du PIB réel)/(variation des dépenses gouvernementales) = $1/(1 - e)$ est supérieur à 1 parce que l'augmentation initiale des dépenses gouvernementales entraîne une hausse du PIB réel qui, à son tour, amène des effets secondaires induits.

◆ Le **multiplicateur des impôts autonomes** = (variation du PIB réel)/(variation des impôts). Il est inférieur à 0.

- Une hausse des impôts entraîne une baisse du revenu disponible qui, à son tour, provoque une diminution des dépenses de consommation qui fait diminuer la dépense agrégée et le PIB réel, lesquelles entraînent des effets secondaires induits.
- Puisqu'une partie de la variation des impôts influe sur l'épargne, la variation des dépenses de consommation = $PmC \times$ variation des impôts, ce qui donne le multiplicateur des impôts autonomes = $-PmC/(1 - e)$.

◆ Le multiplicateur des transferts autonomes = $PmC/(1 - e)$ puisque les paiements de transfert sont considérés comme des impôts négatifs.

◆ Le **multiplicateur du budget équilibré** montre la variation du PIB réel après des variations simultanées et égales des dépenses gouvernementales et des impôts autonomes. Il est positif.

◆ Au cours des dernières années, le multiplicateur a baissé de pair avec la hausse du taux marginal d'imposition et de la propension marginale à importer.

◆ Les gouvernements provinciaux n'ont pas autant recours à la politique budgétaire discrétionnaire, car les multiplicateurs des dépenses provinciales sont faibles puisque leur propension marginale à importer provinciale est forte.

◆ Les impôts et les paiements de transfert agissent comme des stabilisateurs automatiques; par conséquent, ils atténuent les fluctuations de la dépense agrégée de deux manières:

- Une baisse des impôts induits et une hausse des paiements de transfert en période de récession entraînent une augmentation du RD qui, à son tour, provoque une hausse automatique des dépenses.
- Les impôts induits et les paiements de transfert font augmenter le taux marginal d'imposition, ce qui entraîne une baisse de la PmC en fonction du PIB réel et donc des effets secondaires induits plus petits qui provoquent une baisse de l'ampleur du multiplicateur.

◆ Les déficits budgétaires fluctuent avec le cycle économique à cause des fluctuations cycliques des impôts nets.

- Le gouvernement accuse un **déficit cyclique** uniquement si le PIB réel est inférieur au PIB potentiel.
- Il y a **déficit structurel** même si le PIB réel est égal au PIB potentiel.
- Le déficit budgétaire est égal à la somme du déficit structurel et du déficit cyclique.

La politique budgétaire à court et à long terme

Les ajustements du niveau des prix peuvent modifier les résultats de la politique budgétaire:

◆ La **politique budgétaire expansionniste** (une hausse des dépenses gouvernementales ou une baisse des impôts) entraîne un déplacement vers la droite de la courbe DA d'un montant égal au multiplicateur multiplié par la variation de la politique.

◆ La **politique budgétaire restrictive** (une baisse des dépenses gouvernementales ou une hausse des impôts) provoque un déplacement vers la gauche de la courbe DA.

◆ À court terme, la politique expansionniste a toujours des effets positifs mais moindres à cause de l'augmentation de la DA, qui entraîne une hausse du niveau des prix qui, à son tour, provoque une diminution de la DAP et un mouvement le long de la DA qui annule partiellement l'effet initial.

◆ Si le PIB réel est égal au PIB potentiel, la politique expansionniste entraîne une hausse de la *DA* qui fait augmenter le niveau des prix qui, à son tour, provoque une baisse de la *DAP* et un mouvement vers le haut le long de *DA*, ce qui annule complètement l'effet initial.

◆ La politique budgétaire a également des effets sur l'*OA* :

- les achats gouvernementaux de biens d'équipement entraînent une hausse de l'*OA*,
- la réduction des impôts renforce les effets persuasifs sur les travailleurs, les épargnants et les investisseurs, ce qui entraîne une augmentation de l'offre de travail et de capital qui, à son tour, fait monter l'*OA*.

◆ Les déficits budgétaires gouvernementaux peuvent représenter un fardeau pour les générations à venir si

- la dette gouvernementale est financée par des emprunts à l'étranger que l'on devra payer à partir d'impôts futurs plus élevés ;
- les déficits courants entraînent un ralentissement du rythme des investissements actuels qui, à son tour, fait diminuer le taux de croissance du PIB réel.

Note mathématique : le calcul algébrique des multiplicateurs fiscaux

◆ La dépense agrégée planifiée (*DAP*) = $C + I + G + X - IM$ (1).

- Impôts = impôts autonomes + impôts induits, par conséquent, $T = T_a + tY$.
- Les dépenses de consommation dépendent du revenu disponible, par conséquent, $C = a + b(Y - T) = a - bT_a + b(1 - t)Y$ (2).
- Les importations (*IM*) = mY (3).

◆ Substituez (2) et (3) par (1) : $DAP = a - bT_a + b(1 - t)Y + I + G + X - mY$.

- Ou : $DAP = [a - bT_a + I + G + X] + [b(1 - t) - m]Y$,
- Ou : $DAP = A + eY$, où *A* désigne les dépenses autonomes et *e* la pente de courbe *DAP*.

◆ Il y a équilibre lorsque $Y = DAP$ le long de la droite à 45° ; par conséquent, $Y = A + eY$, donc $Y - eY = A$ et $(1 - e)Y = A$, donc $Y = A/(1 - e)$ à l'équilibre.

◆ La variation des dépenses gouvernementales influe directement sur *A* ($\Delta A = \Delta G$), par conséquent, $\Delta Y = \Delta G/(1 - e)$, donc le multiplicateur des dépenses gouvernementales = $\Delta Y/\Delta G = 1/1 - e$.

◆ La variation des impôts autonomes influe directement sur *A* ($\Delta A = b\Delta T_a$), donc $\Delta Y = -b\Delta T_a/(1 - e)$; par conséquent, le multiplicateur des impôts autonomes = $\Delta Y/\Delta T = b/1 - e$.

◆ Pour le multiplicateur du budget équilibré, $\Delta G = \Delta T_a$; par conséquent, $\Delta Y = \Delta G/(1 - e) - b\Delta T_a/(1 - e)$, donc $\Delta Y = (1 - b)\Delta T_a/(1 - e)$, ainsi le multiplicateur du budget équilibré = $1 - b/1 - e$.

R A P P E L S

1 Il est essentiel de faire la distinction entre les deux types de chocs autonomes. Certains chocs déstabilisent l'économie : ils comprennent les variations de la consommation autonome, de l'investissement et des exportations. D'autres chocs sont habituellement planifiés (on l'espère) et visent à réduire l'instabilité de l'économie. Ils comprennent la politique budgétaire, c'est-à-dire les variations des dépenses gouvernementales en biens et services et les variations des taxes et des impôts. Toutefois, ces deux types de chocs font effet à travers le processus du multiplicateur. Par conséquent, le processus qui déstabilise l'économie peut également être utilisé pour réduire l'instabilité économique.

2 En tant qu'étudiant de cégep ou d'université, vous connaissez les conséquences sur vos études des réductions des dépenses gouvernementales en vue de diminuer le déficit. Les cégeps et les universités tirent 80 % de leurs revenus des gouvernements provinciaux qui, à leur tour, reçoivent par bloc du gouvernement fédéral des fonds qu'ils consacrent aux dépenses liées à l'éducation, à la santé et aux services sociaux.

Dans le cadre de ses tentatives en vue de réduire la taille du déficit, le gouvernement fédéral est actuellement en train de diminuer les paiements de transfert et prévoit les faire baisser encore davantage. Comme le montre la figure 9.4 du manuel, ces paiements de transfert constituent une partie importante des revenus des provinces. Par conséquent, celles-ci doivent réduire leurs propres dépenses si elles souhaitent contrôler leur déficit. Dans plusieurs provinces, les dépenses consacrées aux soins de santé ont été réduites ainsi que les dépenses consacrées à l'éducation post-secondaire. Les frais de scolarité ont donc augmenté (jusqu'à 17 % en une année en Saskatchewan), et il y a plus d'étudiants par classe.

3 Le rappel 5 du chapitre 6 mettait l'accent sur la différence entre les dépenses gouvernementales en biens et services et les paiements de transfert du gouvernement. Cette différence est également essentielle pour vous aider à comprendre pourquoi le multiplicateur des dépenses gouvernementales (= $1/(1 - e)$) est plus grand que le multiplicateur des dépenses autonomes ($PmC/(1 - e)$).

Une hausse de 1 $ des achats gouvernementaux de biens et services entraîne une augmentation directe des dépenses autonomes de 1 $ dans la première étape du multiplicateur. Cependant, une augmentation de 1 $ des dépenses autonomes en paiements de transfert fait augmenter le revenu disponible des consommateurs de 1 $. Une partie de ce montant est épargnée, de sorte que seul 1 $ × PmC est consommé, et les dépenses autonomes augmentent d'un montant inférieur à 1 $ dans la première étape du multiplicateur.

A U T O É V A L U A T I O N

Vrai/Faux/Incertain (Justifiez votre réponse.)

1 Une augmentation des dépenses gouvernementales, accompagnée d'une diminution des paiements de transfert, entraîne une hausse du niveau de PIB réel.

2 Si le niveau des prix est variable, une hausse des achats gouvernementaux *n'*entraînera *jamais* d'augmentation du PIB réel.

3 Le déficit budgétaire est le montant total des emprunts que le gouvernement fédéral a contractés.

4 Ce sont seulement les dépenses en biens et services, et non les paiements de transfert, qui sont essentielles lors de l'analyse du déficit budgétaire.

5 Une augmentation des paiements de transfert, accompagnée d'une hausse des impôts et taxes, entraîne un accroissement du PIB réel égal à la valeur de l'augmentation des paiements de transfert.

6 Au départ, le budget d'un gouvernement est équilibré. Durant l'année suivante, le pourcentage d'augmentation des dépenses est supérieur à celui des recettes. Il accusera alors un déficit.

7 Une réduction des impôts autonomes de 1 million de dollars engendrera une augmentation du PIB réel d'équilibre de plus de 1 million de dollars.

8 Les impôts et les paiements de transfert qui varient de pair avec le revenu agissent comme des stabilisateurs automatiques de l'économie.

9 Une hausse des dépenses publiques fait déplacer la courbe *DAP* vers le haut et donc la courbe *DA* vers la droite.

10 Le multiplicateur des paiements de transfert est plus petit que le multiplicateur des dépenses gouvernementales.

Questions à choix multiple

1 Si la propension marginale à consommer en fonction du PIB réel est de 0,6 et que la propension marginale à importer est de 0,1, alors le multiplicateur des dépenses gouvernementales est égal à
a) 3,33.
b) 2,5.
c) 2.
d) 1,67.
e) Impossible à calculer si on ne dispose pas d'autres données.

2 Au Canada, au cours des dernières années, le multiplicateur
a) a chuté à cause d'une augmentation progressive de la propension marginale à importer.
b) a chuté à cause de la diminution progressive de la propension marginale à importer.
c) a augmenté à cause de l'augmentation progressive de la propension marginale à importer.
d) a augmenté à cause de la diminution progressive de la propension marginale à importer.
e) a fluctué autour d'un niveau constant de 1,25.

3 Supposons que le modèle des dépenses d'investissement ait changé, de sorte que l'investissement est constitué de l'investissement autonome *ainsi que* d'une portion positivement reliée au niveau de PIB réel.
a) La pente de la fonction *DAP* deviendrait plus grande.
b) Le multiplicateur deviendrait plus gros.
c) Le multiplicateur deviendrait plus petit.
d) La pente de la fonction *DAP* deviendrait plus petite.
e) a et b.

4 Laquelle des formules suivantes représente la formule de la fonction d'imposition ?
a) $G = G_a + gY$
b) $IM = mY$
c) $T = T_a + tY$
d) $T = 1/(1 - e)$
e) Aucune de ces réponses.

5 Parmi les énoncés suivants, lequel désigne correctement les effets de la politique budgétaire à *long terme* ?
a) « La hausse des impôts fera diminuer le PIB réel. »
b) « La hausse des impôts fera uniquement augmenter les prix. »
c) « Une variation du budget n'a pas de conséquences sur le PIB réel à moins qu'elle ne modifie l'offre agrégée. »
d) « Une variation du budget n'a pas de conséquences sur le PIB réel. »
e) Aucune de ces réponses.

6 Parmi les énoncés suivants, lequel est *vrai*? Les dépenses du gouvernement provincial
a) sont petites et sans rapport avec l'économie.
b) constituent une source importante de la politique budgétaire.
c) ont des multiplicateurs élevés.
d) sont concentrées sur les paiements de transfert aux particuliers, comme l'assurance-emploi.
e) tendent à fluctuer avec les dépenses fédérales.

7 Lequel des événements suivants survient automatiquement si l'économie entre en période de récession ?
a) Seules les dépenses gouvernementales augmentent.
b) Seuls les impôts nets augmentent.
c) Le déficit augmente.
d) Le déficit diminue.
e) Les dépenses gouvernementales et les impôts nets augmentent et le déficit demeure le même.

8 Parmi les énoncés suivants, lequel *n'a pas* pour effet d'augmenter le déficit budgétaire ?
a) Une hausse du taux d'intérêt sur la dette publique.
b) Une augmentation des achats gouvernementaux de biens et services.
c) Une augmentation des paiements de transfert.
d) Une augmentation des impôts indirects des entreprises.
e) Une diminution des revenus de placements des gouvernements.

9 Durant une phase d'expansion, les recettes fiscales
a) et les dépenses gouvernementales diminuent.
b) diminuent, et les dépenses gouvernementales augmentent.
c) augmentent, et les dépenses gouvernementales diminuent.
d) et les dépenses gouvernementales augmentent.
e) demeurent constantes, et les dépenses gouvernementales augmentent.

10 Supposons une économie dans laquelle la propension marginale à consommer est égale à 0,875, le taux marginal d'imposition est de 20 % et la propension marginale à importer en fonction du PIB réel est de 0,10. Dans cette économie, quel est le multiplicateur des paiements de transfert ?
a) 2,50
b) −2,50
c) 2,1875
d) −2,1875
e) 0,3125

11 Considérez une économie avec une propension marginale à consommer de 0,875, un taux marginal d'imposition de 20 % et une propension marginale à importer en fonction du PIB réel de 0,10. Dans cette économie, quel est le multiplicateur du budget équilibré?
a) 2,50
b) −2,50
c) 2,1875
d) −2,1875
e) 0,3125

12 Le déficit budgétaire s'est accru après 1974 parce que
a) les achats gouvernementaux de biens et services ont augmenté, tandis que les recettes fiscales sont demeurées constantes.
b) les achats gouvernementaux de biens et services sont demeurés constants, tandis que les recettes fiscales ont diminué.
c) les paiements d'intérêts sur la dette ont augmenté, tandis que les recettes fiscales sont demeurées constantes.
d) les paiements d'intérêts sur la dette ont augmenté, tandis que les recettes fiscales ont diminué.
e) Aucune de ces réponses.

13 À l'heure actuelle, l'État de Ricardia a un plan budgétaire qui comporte des dépenses gouvernementales constantes qui sont égales à 100 milliards de dollars et un modèle fiscal qui est positivement relié au PIB réel en fonction de l'équation suivante: impôts = 25 milliards de dollars + 0,1 (PIB réel). Si le déficit structurel est de 10 milliards de dollars, quel est le PIB potentiel pour cette économie?
a) 65 milliards de dollars
b) 75 milliards de dollars
c) 650 milliards de dollars
d) 750 milliards de dollars
e) 850 milliards de dollars

14 La politique budgétaire fédérale est influencée par
a) les fonctionnaires du gouvernement.
b) les gouvernements provinciaux.
c) le Parlement.
d) les associations de consommateurs et d'entreprises.
e) Toutes ces réponses.

15 Le déficit cyclique
a) n'est présent que si le PIB réel est supérieur au PIB potentiel.
b) existerait même si le PIB réel était égal au PIB potentiel.
c) est égal au déficit structurel plus le déficit réel.

d) stabilise l'économie.
e) Aucune de ces réponses.

16 Si la pente de la fonction *DAP* est de 0,6 et que le gouvernement souhaite provoquer un déplacement de la courbe *DA* vers la droite de 5 milliards de dollars, la variation des dépenses gouvernementales est de
a) 2 milliards de dollars.
b) 2,5 milliards de dollars.
c) 3 milliards de dollars.
d) 7,5 milliards de dollars.
e) 8,33 milliards de dollars.

17 Parmi les énoncés suivants, lequel représente un fardeau pour les générations à venir?
a) Des impôts futurs plus élevés pour que les Canadiens puissent payer la dette publique qui est due aux prêteurs du pays
b) Des impôts futurs plus élevés pour que les Canadiens puissent payer la dette publique qui est due aux prêteurs de l'étranger
c) Une diminution du rythme de croissance de PIB réel à cause d'un ralentissement du rythme de croissance des investissements
d) a et c
e) b et c

18 Parmi les énoncés suivants sur la politique budgétaire expansionniste, lequel est *faux*?
a) Elle peut ne pas avoir de conséquences à long terme sur le PIB réel.
b) Elle peut annuler les fluctuations de la dépense agrégée et de la demande agrégée.
c) La courbe *DA* se déplace vers la droite d'un montant égal au multiplicateur multiplié par le changement de la politique.
d) Elle n'a jamais de conséquence sur l'offre agrégée.
e) Elle fait habituellement augmenter le niveau des prix.

19 Si la réduction des impôts fait augmenter le PIB potentiel, le multiplicateur des impôts à long terme doit être
a) supérieur à 1,0.
b) compris entre 0 et 1,0.
c) supérieur à 0.
d) égal à 0.
e) négatif.

20 Considérez les données 9.1. Le niveau des prix à Nouvelle-Estevan est
a) de 1 000.
b) de 280.
c) de −280.
d) Aucune de ces réponses.
e) Impossible à déterminer à l'aide des données disponibles.

DONNÉES **9.1**

Les équations suivantes représentent les composantes de la dépense pour l'économie fermée de Nouvelle-Estevan:

Dépenses de consommation:
$C = 2\,000 + 0{,}6(Y - T) - 3P$

Investissement: $I = 1\,400$

Dépenses gouvernementales: $G = 2\,000$

Impôts nets: $T = 0{,}6Y$

Paiements d'intérêts sur la dette gouvernementale: $= 0$

L'offre agrégée est verticale au niveau de PIB potentiel:
$Y = 6\,000$

où P est le niveau des prix.

21 Considérez les données 9.1. À l'équilibre à long terme, l'équilibre budgétaire du gouvernement correspond à
a) un surplus de 400.
b) un surplus de 1 600.
c) un déficit de 1 600.
d) un déficit de 1 400.
e) Aucune de ces réponses.

22 Considérez les données 9.1. Le multiplicateur à long terme pour l'économie est de
a) 2,5.
b) 1,7.
c) 1,3.
d) 0,6.
e) 0.

23 Considérez les données 9.1. Si les dépenses gouvernementales augmentent, pour passer à 4 000, toutes autres choses étant égales, alors le nouveau PIB réel d'équilibre est de
a) 11 0000.
b) 9 400.
c) 8 600.
d) 7 200.
e) 6 000.

24 Considérez les données 9.1. Si les dépenses gouvernementales augmentent, pour passer à 4 000, toutes autres choses étant égales, alors, au nouvel équilibre, le nouvel équilibre budgétaire du gouvernement correspond à
a) un surplus de 2 600.
b) un surplus de 1 640.
c) un surplus de 1 160.
d) un surplus de 320.
e) un déficit de 400.

25 Considérez les données 9.1. Si les dépenses gouvernementales augmentent, pour passer à 4 000, toutes autres choses étant égales, alors au nouvel équilibre, le nouveau niveau des prix sera de
a) 85.
b) 288.
c) 320.
d) 643.
e) 947.

Problèmes à court développement

1 Depuis 1974, certaines composantes du budget du gouvernement ont fluctué et peuvent expliquer la persistance du déficit budgétaire élevé auquel le gouvernement doit faire face. Précisez quelles ont été ces variations?

2 Durant l'été de 1995, la Saskatchewan a tenu des élections provinciales. L'une des principales cibles de la stratégie électorale du parti Libéral de la Saskatchewan était la promesse de réduire considérablement les impôts. Il affirmait que cette mesure créerait 50 000 nouveaux emplois (environ 10 % de la population active) au cours des cinq prochaines années. Certains critiques ont soutenu que cette politique n'aurait que de faibles conséquences en Saskatchewan et que la plupart des emplois créés grâce aux réductions fiscales seraient dans d'autres provinces.
a) Quelle notion économique sous-tend la promesse des Libéraux?
b) Quelle notion économique sous-tend les arguments des critiques?
c) Les Libéraux ont perdu l'élection, donc nous ne pouvons pas savoir si les réductions fiscales auraient entraîné l'effet promis. Cependant, selon vous, que se serait-il produit?

3 Supposons que vous visitiez la ville d'Elbow, en Saskatchewan, laquelle souffre d'une économie déprimée à cause du bas prix du blé. Vous dépensez 100 $ pour l'hôtel et 100 $ de plus pour une partie de golf et un repas à l'excellent club de golf de la région.
a) Quels facteurs influeront sur la quantité supplémentaire de PIB réel engendrée à Elbow par vos dépenses de 200 $? (Considérez Elbow comme une économie distincte.)
b) Quelles sont les conséquences de votre réponse sur l'argument invoqué par le conseil municipal de la ville d'Elbow selon lequel le gouvernement de la Saskatchewan devrait transférer un de ses services à la ville pour en stimuler l'économie?

4 Expliquez la raison pour laquelle le multiplicateur d'une politique budgétaire expansionniste est plus petit lorsqu'on tient compte de la courbe d'offre agrégée. Que se produit-il si l'offre agrégée subit les effets de mesures persuasives?

5 Dites si les événements suivants entraîneront un déplacement de la courbe *DAP* ou de la courbe *DA*, ou des deux, et expliquez brièvement pourquoi. (Dans chaque cas, supposez que toutes les autres variables demeurent constantes.)
a) Une hausse du niveau des prix
b) Une hausse du taux de rentabilité anticipé pour les entreprises
c) Une réduction des impôts
d) Une hausse des dépenses gouvernementales

6 En quoi un déficit peut-il représenter un fardeau pour les générations de Canadiens à venir?

7 Vous devriez réviser les notes mathématiques des chapitres 8 et 9 avant de travailler sur ce problème. Considérez les fonctions de dépense pour l'économie suivante:

Dépenses de
consommation: $C = 4\,000 + 0,7\,(Y - T) - 20P$
Investissement: $I = 2\,000$
Gouvernement: $G = 5\,000$
Exportations: $X = 400$
Importations: $IM = 0,1Y$
Impôts: $T = 2\,000$

où *P* est le niveau des prix.

a) Quelle est l'équation de la fonction de dépense agrégée planifiée? Quelles sont les dépenses autonomes pour cette économie? Quelle est la pente de la fonction *DAP*?
b) Supposons que le niveau des prix soit égal à 100. Calculez la valeur du PIB réel d'équilibre, des dépenses de consommation et des importations.
c) Si le niveau des prix est maintenant égal à 200, quelle est la nouvelle valeur du PIB réel d'équilibre?
d) À l'aide de vos réponses en **b** et **c**, tracez la courbe *DA* pour cette économie.
e) Calculez le multiplicateur des dépenses gouvernementales, le multiplicateur des impôts autonomes, le multiplicateur des paiements de transfert et le multiplicateur du budget équilibré pour cette économie.
f) Supposons que le niveau des prix soit égal à 100 et que les dépenses gouvernementales augmentent de 2 000. Quelle est la variation du PIB réel demandé, le niveau des prix étant maintenu constant? Supposons que la variation

du PIB réel demandé fasse augmenter le niveau des prix de 100. Quelle est la variation totale du PIB réel provoquée par les deux effets? Quelle est la valeur du multiplicateur après que les deux effets ont provoqué des changements dans l'économie? Pourquoi votre réponse diffère-t-elle de **e**?

8 Vous êtes ministre des Finances du gouvernement fédéral et votre équipe d'économistes hors pair vous informe que la fonction de dépense agrégée de l'économie est

$$DAP = 5\,000 + 0,75\,Y$$

(le niveau des prix étant maintenu constant) et que la *PmC* est de 0,9. Tous les chiffres sont donnés en milliards de dollars. Vous avez confiance en ces estimations puisque vous avez menacé les économistes de les exiler à Inuvik s'ils se trompent. Vous avez décidé que, pour être réélu l'an prochain, vous deviez faire en sorte que le PIB réel augmente de 200 milliards de dollars.
a) Si vous décidez de ne modifier que les achats gouvernementaux, quelle valeur cette variation doit-elle avoir pour que vous puissiez atteindre vos objectifs?
b) Si vous décidez de ne changer que les impôts autonomes, quelle valeur cette variation doit-elle avoir pour que vous puissiez atteindre vos objectifs?
c) Si vous décidez d'utiliser une variation du budget équilibré des dépenses gouvernementales *et* des dépenses autonomes, quelle valeur cette variation doit-elle avoir pour que vous puissiez atteindre vos objectifs?
d) Ayant sélectionné la méthode **c**, vous vous rendez compte que la hausse du PIB réel est inférieure à 200 milliards de dollars, ce qui compromet vos chances d'être réélu. Avant d'exiler ces pauvres économistes à Inuvik, comment pouvez-vous justifier leurs erreurs? (En d'autres mots, que s'est-il passé?)

9 Supposons que l'économie soit en équilibre au point où la courbe *DA* croise la courbe *OACT*. (Tenons pour acquis que l'économie demeure en équilibre à court terme pour le reste du problème.) Supposons également que le gouvernement augmente considérablement les impôts.
a) Au départ, considérez que le niveau des prix est maintenu constant. Expliquez ce qui advient des dépenses agrégées, de la demande agrégée et du PIB réel par suite du choc autonome. Représentez votre réponse à l'aide de deux graphiques: les dépenses agrégées et la droite à 45° sur un graphique et les courbes *DA* et *OACT* sur l'autre.

b) Qu'advient-il des niveaux des composantes de la dépense agrégée après ce choc?

c) Ensuite, sur le graphique de **a**, montrez ce qui se produit lorsque le niveau des prix varie. Expliquez l'effet global sur la dépense agrégée, la demande agrégée, l'offre agrégée à court terme, le niveau des prix et le PIB réel des effets combinés du choc et de la variation du niveau des prix qui en résulte.

10 Dans l'économie de Paradisio, les dépenses gouvernementales sont reliées au niveau de PIB réel par la formule suivante :

$$\text{Dépenses} = 500 - 0,6Y,$$

tandis que les recettes fiscales sont rattachées au niveau de PIB réel par la formule :

$$\text{Impôts} = 100 + 0,2Y.$$

a) Remplissez le tableau 9.1.

TABLEAU **9.1**

PIB réel	Dépenses	Recettes	Budget équilibré
0			
100			
200			
300			
400			
500			
600			

b) Si le PIB potentiel est de 300, quel est le déficit structurel de Paradisio?

c) Si le PIB réel est actuellement de 200, quelles sont les valeurs du déficit cyclique, du déficit structurel et du déficit effectif?

d) La structure fiscale de cette économie agit-elle comme stabilisateur automatique?

R É P O N S E S

Vrai/Faux/Incertain (Justifiez votre réponse.)

1 I Cela dépend de l'ampleur de chaque augmentation.

2 F À court terme, la hausse de G entraîne un déplacement vers la droite de DA et une augmentation du PIB réel.

3 F Déficit = (dépenses − recettes) de l'année en cours.

4 F Les dépenses gouvernementales en biens et services, les paiements de transfert et les paiements d'intérêts font tous partie des dépenses.

5 F Elles s'annulent l'une l'autre (Δ impôts nets = 0), donc la ΔPIB réel = 0.

6 V Si les dépenses augmentent plus rapidement que les impôts, les dépenses seront supérieures aux impôts l'année prochaine et le gouvernement accusera donc un déficit.

7 I Cela dépend du court terme ou du long terme ainsi que de la pente de $OACT$ si elle est à court terme.

8 V Si la baisse des revenus entraîne une diminution des impôts et une augmentation des paiements de transfert, la hausse du revenu disponible entraînera une augmentation de la dépense agrégée et donc une hausse du revenu, ce qui annulera la baisse initiale.

9 V La hausse des achats gouvernementaux entraînera une augmentation des dépenses autonomes, ce qui provoquera un déplacement vers le haut de la courbe DAP et donc un niveau de DA plus élevé, mais le niveau des prix sera le même.

10 V Puisque la PmC est inférieure à 1, le multiplicateur des dépenses gouvernementales $[1/(1 - e)]$ est supérieur au multiplicateur des paiements de transfert $[PmC/(1 - e)]$.

Questions à choix multiple

1 c $e = PmC$ − propension marginale à importer = 0,5, multiplicateur = $1/(1 - e) = 1(1 - 0,5)$ = 2,0.

2 a L'augmentation de la propension marginale à importer entraîne une diminution de la pente de la fonction DAP qui fait diminuer le multiplicateur.

3 e La nouvelle pente de la fonction $DAP = PmC$ + propension marginale à investir − propension marginale à importer. Elle est plus élevée ; par conséquent, le multiplicateur augmente.

4 c Définition.

5 c À long terme, les changements de la politique budgétaire ont des conséquences uniquement s'ils font varier le PIB potentiel (offre agrégée).

6 e Elles ont de petits multiplicateurs et ne servent pas vraiment à déterminer la politique budgétaire, mais elles sont presque aussi élevées que celles du gouvernement fédéral, lequel est chargé de verser les prestations de chômage.

7 c En période de récession, la diminution de Y entraîne une baisse des impôts ; l'augmentation des dépenses en prestations de chômage, etc., entraîne une hausse du déficit.

8 d Il s'agit d'une hausse des revenus.

9 c Une hausse du PIB réel entraîne une augmentation des recettes fiscales. Une baisse du chômage provoque une diminution des paiements de transfert.

10 c $e = 0,875(1 - 0,2) - 0,1 = 0,6$. Le multiplicateur des paiements de transfert $= PmC/(1 - e) = 0,875/(1 - 0,6) = 2,1875$.

11 e $e = 0,6$ d'après **10**. Le multiplicateur du budget équilibré $= (1 - PmC)/(1 - e)$ $= (1 - 0,875)/(1 - 0,6) = 0,3125$.

12 d Voir le manuel.

13 c 10 milliards de dollars $= G - T = 100$ milliards de dollars $- 25$ milliards de dollars $- 0,1$ (PIB potentiel), donc le PIB potentiel $= (100 - 25 - 10)/0,1 = 650$ milliards de dollars.

14 e Voir le manuel.

15 d Il y a déficit cyclique quand le PIB réel est inférieur au PIB potentiel et qu'il agit comme stabilisateur automatique.

16 a Le multiplicateur des dépenses gouvernementales $= 1/(1 -$ pente de la fonction $DAP) = 1/(1 - 0,6) = 2,5$. Inversez $\Delta Y =$ multiplicateur $X \Delta G$, donc $\Delta G = \Delta Y/$multiplicateur, donc $\Delta G = \Delta Y/$multiplicateur $= 5/2,5 = 2$.

17 e L'emprunt, car il faudra effectuer des paiements d'intérêts futurs aux prêteurs du pays et de l'étranger mais seuls les paiements à l'étranger sont nuisibles. Les déficits peuvent provoquer un effet d'éviction et donc une diminution des investissements.

18 d Si le gouvernement achète des biens d'équipement ou si les taux d'imposition influent sur les mesures persuasives, la politique pourrait modifier l'OA.

19 c Le déplacement vers la droite de $OALT$ entraîne une augmentation du PIB réel. Le multiplicateur est donc supérieur à 0, mais il est impossible de déterminer de combien.

20 b L'équation d'équilibre est $Y^* = 5\,400 + 0,24\,Y^* - 3P$. En utilisant $Y^* = 6\,000$ dans l'équation, on obtient $P = 280$.

21 b Équilibre $= G - T = 2\,000 - 0,6(6\,000)$ $= -1\,600$ (surplus de 1 600).

22 e À long terme, la courbe $OALT$ est verticale, donc le Y^* ne varie pas.

23 e Aucune variation de $OALT$ verticale, il n'y a donc aucune variation de Y^*.

24 e Équilibre $= G - T = 4\,000 - 0,6(6\,000) = 400$.

25 e L'équation d'équilibre est $Y^* = 7\,400 + 0,24\,Y^* - 3P$. En utilisant $Y^* = 6\,000$ dans l'équation, on obtient $P = 947$.

Problèmes à court développement

1 En général, le déficit a augmenté parce que le niveau des dépenses gouvernementales, exprimé en pourcentage du PIB, s'est élevé, tandis que les impôts, exprimés en pourcentage du PIB, ont diminué vers la fin des années 1970. Les paiements de transfert et les paiements d'intérêts sur la dette gouvernementale sont les composantes des dépenses publiques qui ont connu une croissance soutenue.

2 a) Les Libéraux misent sur le multiplicateur des dépenses autonomes pour accroître les dépenses agrégées et créer des emplois.

b) Les critiques soutiennent que la plupart des nouvelles dépenses seraient consacrées aux produits provenant de l'extérieur de la province. Ils affirment que la propension marginale à importer pour une province est très élevée, donc les multiplicateurs sont très bas.

c) Il est probable que les multiplicateurs de la politique budgétaire soient bas pour les provinces à cause des propensions marginales à importer élevées. À titre d'information, en Saskatchewan, les importations se situaient à environ 62 % (= 15,14 milliards de dollars/24,28 milliards) du PIB réel provincial en 1995.[1]

3 a) Vos 200 $ déclencheront le processus du multiplicateur – les propriétaires des facteurs de production du terrain de golf dépenseront leurs revenus supplémentaires, par exemple. Ces dépenses font augmenter les dépenses de consommation dans la deuxième étape, ce qui entraîne la variation finale du PIB réel d'Elbow, qui est un multiple de 200 $. L'ampleur de l'effet du multiplicateur sera déterminée par deux facteurs. Premièrement, plus la propension marginale à consommer à Elbow est grande et plus la propension marginale à importer est petite (à l'extérieur d'Elbow), plus le multiplicateur sera élevé – dans une petite ville, la propension marginale à importer sera sans doute très élevée, ce qui rendra le multiplicateur beaucoup plus petit. Deuxièmement, l'effet est plus petit si la courbe d'offre agrégée est plus abrupte – la hausse de la demande agrégée est réduite par l'augmentation du niveau des prix.

---

[1] *Source*: Statistique Canada, matrices CANSIM nᵒˢ D21425 et D31874, sur le Web.

b) De toute évidence, un tel déplacement pourrait stimuler l'économie de la ville puisque l'augmentation annuelle des dépenses gouvernementales engendrera un effet multiplicateur. L'utilité de ce projet est limitée par les facteurs qui pourraient réduire l'ampleur du multiplicateur. (Cette politique était véritablement en vigueur en Saskatchewan jusqu'à ce que les Conservateurs perdent leurs élections à cause de cette politique, du moins en partie.)

4 Le multiplicateur nous indique l'ampleur de la variation du PIB réel (le déplacement de la courbe *DA*) par rapport à l'ampleur d'un changement initial des dépenses gouvernementales ou des impôts autonomes, le niveau des prix étant maintenu constant. Lorsque nous considérons la courbe *OA*, nous savons que le niveau des prix augmentera avec la hausse de la demande agrégée – plus la hausse du niveau des prix est élevée, plus la courbe *OA* sera abrupte. L'augmentation du niveau des prix fait diminuer la dépense agrégée, laquelle est représentée par un mouvement vers le haut le long de la courbe *DA*, ce qui entraîne une hausse plus petite du PIB réel.

Les effets des mesures persuasives auraient pour conséquence potentielle de déplacer la courbe *OA* vers la droite, ce qui ferait augmenter la valeur du multiplicateur.

5 Un changement qui ne provoque pas une variation du PIB réel fera déplacer la courbe *DAP*. Par conséquent, les quatre variations provoquent un déplacement de la courbe *DAP*. Toute variation des dépenses autonomes qui n'est pas provoquée par une variation du niveau des prix provoquera un déplacement de la courbe *DA*. Par conséquent, **a** fait intervenir un mouvement le long de la courbe *DA*, tandis que **b** à **d** comportent des déplacements de la courbe *DA*.

6 Un déficit représentera un fardeau pour les générations à venir dans la mesure où ce sont les étrangers qui financent une partie de la dette publique. Les générations à venir devront payer des intérêts plus élevés sur la dette publique plus élevée mais, s'ils reçoivent également ces paiements d'intérêts (s'ils sont versés aux prêteurs du pays), il n'y a pas de fardeau net.

Toutefois, si les étrangers détiennent une partie de la dette, les contribuables canadiens effectueront tous les paiements d'intérêts. La partie que recevront les étrangers représente le fardeau net.

Un déficit représente un fardeau supplémentaire pour les générations futures s'il provoque un effet d'éviction sur les investissements. Le cas échéant, les générations futures hériteront d'un stock de capital moindre.

7 a) On peut trouver l'équation en additionnant les composantes de la dépense agrégée :

$$DAP = 4\,000 + 0,7(Y - 2\,000) - 20P + 2\,000 + 5000 + 400 - 0,1\,Y \text{ ou}$$

$$DAP = 10\,000 - 20P + 0,6Y.$$

Les dépenses autonomes, qui ne dépendent pas du PIB réel, sont de $10\,000 + 20P$. La pente est égale à 0,6.

b) Utilisez $P = 100$ dans la fonction *DAP* et calculez $Y^* = DAP$:

$$Y^* = 10\,000 - 20(100) + 0,6Y^* \text{ ou}$$
$$Y^*(1 - 0,6) = 8\,000 \text{ ou}$$
$$Y^* = 8\,000 / 0,4 = 20\,000.$$

Les dépenses de consommation d'équilibre sont égales à $4\,000 + 0,7\,(20\,000 - 2\,000) - 20(100) = 14\,600$. Les importations $= 0,1(20\,000) = 2\,000$.

c) Utilisez $P = 200$ dans la fonction *DAP* d'après **a** :

$$Y^* = 10\,000 - 20(200) + 0,6Y^* \text{ ou}$$
$$Y^*(0,4) = 6\,000 \text{ ou}$$
$$Y^* = 6\,000 / 0,4 = 15\,000.$$

d) Un point sur la courbe est $P = 100$, $Y = 20\,000$ et un autre point est $P = 200$, $Y = 15\,000$. La figure 9.1 illustre cette courbe.

FIGURE **9.1**

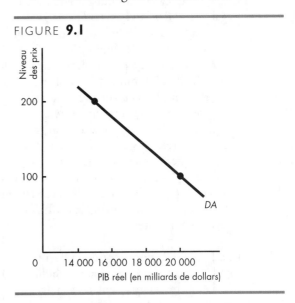

e) Le multiplicateur des dépenses gouvernementales
= $1/(1 - e) = 1/(1 - 0,6) = 2,5$.
Le multiplicateur des impôts autonomes
= $- PmC/(1 - e) = -0,7/(1 - 0,6) = -1,75$.
Le multiplicateur des paiements de transfert
= $PmC/(1 - e) = 0,7/(1 - 0,6) = 1,75$.
Le multiplicateur du budget équilibré
= $(1 - PmC)/(1 - e) = (1 - 0,7)/(1 - 0,6)$
= $0,3/0,4 = 0,75$.

f) La variation de la quantité demandée de PIB réel est égale à la variation des achats gouvernementaux multipliée par le multiplicateur des dépenses gouvernementales ou $2\,000 \times 2,5 = 5\,000$. Si le niveau des prix augmente de 100, alors les dépenses autonomes diminuent de 5 000, comme nous l'avons vu en **d**. Cette baisse annule complètement la hausse du PIB réel à cause de l'augmentation des achats gouvernementaux de 2 000. Par conséquent, la variation globale du PIB réel est égale à zéro et le multiplicateur est égal à zéro. La réponse est différente par rapport à la partie **e**, car le niveau des prix peut s'ajuster, ce qui entraîne les effets d'annulation.

8 a) Le multiplicateur des dépenses gouvernementales est égal à $1/(1 - e) = 1/(1 - 0,75) = 4$ dans ce cas; donc, pour faire augmenter le PIB réel de 200 milliards de dollars, les dépenses gouvernementales doivent être de l'ordre de 50 milliards de dollars = 200 \$/4 milliards de dollars.

b) Le multiplicateur des impôts autonomes est égal à $-PmC/(1 - e) = -0,9/(1 - 0,75) = -3,6$ dans ce cas; donc, pour faire augmenter le PIB réel de 200 milliards de dollars, vous devez *réduire* les impôts de 55,6 milliards de dollars = 200 \$/3,6 milliards de dollars.

c) Le multiplicateur du budget équilibré étant égal à $(1 - PmC)/(1 - e) = (1 - 0,9)/(1 - 0,75)$ = 0,4, vous devez donc augmenter les achats gouvernementaux et les impôts de 200 \$/0,4 = 500 milliards de dollars pour accroître le PIB réel de 200 milliards de dollars.

d) Les effets multiplicateurs que nous avons analysés sont basés sur l'hypothèse selon laquelle le niveau des prix est constant. Dans le monde réel, la stimulation de la demande agrégée que vous avez effectuée ferait augmenter le niveau des prix ce qui ferait diminuer la dépense agrégée et annulerait partiellement (ou complètement) la hausse du PIB réel de votre politique.

9 a) La figure 9.2 montre ce qui advient de la dépense agrégée (graphique du haut) et de l'offre et de la demande agrégées

(graphique du bas). À mesure que les impôts augmentent, le revenu disponible diminue, et les dépenses de consommation des ménages baissent, ce qui entraîne une chute des dépenses autonomes, représentée par le déplacement vers le bas de la courbe DAP, de DAP_0 à DAP_b. Cette chute provoque une baisse du PIB réel (le niveau des prix étant maintenu constant) de Y_0 à Y_b, le nouvel équilibre se situant au point b, lequel est représenté sur le graphique du bas par le déplacement vers la gauche de la courbe DA, de DA_0 à DA_1.

FIGURE **9.2**

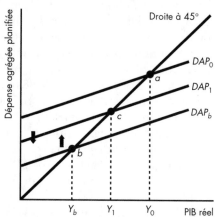

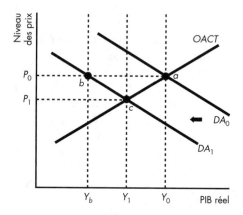

b) La chute du PIB réel étant égale à la baisse de la dépense agrégée, la valeur des cinq composantes de la dépense agrégée a donc diminué. Puisqu'il s'agit de composantes autonomes, les dépenses gouvernementales, l'investissement et les exportations demeurent inchangés. Les dépenses de consommation auront chuté pour deux raisons: la diminution des dépenses autonomes qui a provoqué les variations ainsi que la baisse de la consommation engendrée par la chute du PIB réel. Les importations auront chuté à cause de la baisse du PIB réel.

c) Au niveau des prix initial, P_0, il y a un surplus de l'offre. Celui-ci incite les entreprises à réduire leurs prix, ce qui provoque une chute des prix. Cette chute élimine le surplus de l'offre, ce qui entraîne un nouvel équilibre au point c. La baisse des prix fait augmenter la demande agrégée au niveau de DAP_1, et amène également un mouvement le long de la courbe DA_1, de b à c. La chute des prix provoque un mouvement le long de la courbe $OACT$, du point a au point c. Au nouvel équilibre, l'effet global du choc se traduit par un niveau moins élevé de la dépense agrégée, de la demande agrégée, de l'offre agrégée, du niveau des prix et du PIB réel.

10 a) Le tableau 9.1 Solution contient les valeurs manquantes que l'on a trouvées en utilisant les deux formules et en tenant compte du fait que le budget équilibré = recettes − dépenses.

b) Le déficit structurel − le déficit qui existerait avec la structure budgétaire en place au PIB potentiel − est égal à 100.

TABLEAU **9.1** SOLUTION

PIB réel	Dépenses	Recettes	Budget équilibré
0	500	100	−400
100	440	140	−300
200	380	180	−200
300	320	220	−100
400	260	260	0
500	200	300	100
600	140	340	200

c) Le déficit structurel est toujours égal à 100, le déficit réel est égal à 200 pour un PIB réel de 200 et le déficit cyclique = déficit réel − déficit structurel = 100.

d) Oui, puisque le PIB réel diminue, les recettes fiscales chutent et les dépenses augmentent, ce qui crée des pressions à la hausse sur la dépense agrégée.

Chapitre 10

La monnaie, les banques et les taux d'intérêt

Qu'est-ce que la monnaie?

Par **monnaie**, on entend tout ce qui est généralement accepté comme **moyen de paiement**, c'est-à-dire tout mécanisme qui permet de régler une dette.

◆ La monnaie a trois fonctions. Elle joue le rôle d'instrument d'échange, d'unité de compte et de réservoir de valeur.

◆ L'instrument d'échange est tout ce qui est généralement accepté en contrepartie de biens et de services.

- La monaie est préférable au **troc** (l'échange direct de biens contre d'autres biens) et permet d'éviter la double coïncidence des besoins.
- Elle permet de réduire le coût des opérations.

◆ L'unité de compte est la mesure reconnue pour évaluer les prix des biens et des services.

- Il est plus simple de tenir compte des prix en fonction d'un bien (monnaie).
- La fonction d'unité de compte s'étend également aux transactions futures. Elle sert de moyen de paiement différé.

◆ Un réservoir de valeur est une marchandise qui peut être conservée dans le but d'être vendue ultérieurement.

- Il étaye la fonction d'instrument d'échange.
- Il est affaibli par l'inflation.

◆ On distingue quatre formes de monnaie: la monnaie-marchandise, le papier-monnaie convertible, la monnaie fiduciaire et la monnaie scripturale.

◆ La monnaie-marchandise a été la première forme de monnaie.

- Elle a une valeur intrinsèque pour la production et la consommation.
- Elle pose un problème à cause de son caractère aisément falsifiable et de son coût d'opportunité.

◆ Lorsqu'une reconnaissance de dette permettant de réclamer un bien circule comme instrument d'échange, on est en présence d'un papier-monnaie convertible.

- Au départ, l'or garantissait la valeur du papier-monnaie.
- Aujourd'hui, le papier-monnaie n'est que partiellement garanti.

◆ La monnaie fiduciaire est un bien qui a une valeur intrinsèque nulle et elle n'est garantie que par la déclaration des gouvernements.

- Les billets de banque et les pièces métalliques qui sont actuellement en circulation au Canada constituent le **numéraire**.

◆ La **monnaie scripturale** est constituée des dépôts auprès des banques et autres institutions financières.

◆ Aujourd'hui, la monnaie se compose du numéraire et des dépôts dans les banques et les institutions financières. Il existe deux façons principales de la mesurer:

- **M1** correspond au numéraire hors banques plus les dépôts à vue détenus par les particuliers et les entreprises dans les banques à charte.
- **M2+** comprend M1 plus les dépôts d'épargne personnelle et les dépôts à préavis autres que ceux des particuliers détenus dans les banques à charte, auxquels viennent s'ajouter tous les autres types de dépôts dans les sociétés de fiducie ou de prêts hypothécaires, les caisses d'économie, les caisses populaires ou autres institutions financières.

◆ Le numéraire et certains dépôts constituent des moyens de paiement. D'autres dépôts ne le sont pas. Toutefois, ils sont des **actifs liquides** (ceux qui peuvent être convertis rapidement et sans perte en monnaie).

◆ Les dépôts sont de la monnaie, mais les chèques ne constituent qu'une directive écrite donnée à la banque.

◆ La carte de débit est comme le chèque, tandis que la carte de crédit est essentiellement une pièce d'identité qui permet d'emprunter une somme d'argent. Ni l'une ni l'autre ne sont de la monnaie.

Les intermédiaires financiers

Un **intermédiaire financier** est une entreprise dont l'activité principale consiste à utiliser les dépôts des ménages et des entreprises pour octroyer des prêts à d'autres ménages ou entreprises.

◆ Les trois principaux types d'intermédiaires financiers sont les **banques à charte** (ayant obtenu une charte en vertu de la Loi sur les banques), les **caisses d'économie** et les caisses populaires et, finalement, les **sociétés de fiducie et de prêts hypothécaires**.

◆ Le bilan dresse la liste des éléments d'actif et de passif d'une banque et indique sa valeur comptable nette. Passif + valeur comptable nette = actif.

◆ Le principal objectif d'une banque est d'optimiser sa valeur comptable nette en octroyant des prêts.

- Les banques doivent faire preuve de prudence en gérant les risques afin d'éviter les situations de crise.
- Les banques conservent des **réserves** (somme du numéraire et des dépôts à la Banque du Canada) pour satisfaire les demandes de numéraire de leurs clients.
- Les banques divisent les autres actifs en liquidités, en titres d'investissement et en prêts.

◆ Les intermédiaires financiers créent des liquidités en empruntant à des taux faibles et en prêtant à des taux élevés. En contrepartie, ils accomplissent quatre fonctions économiques :

- Ils créent des liquidités.
- Ils réduisent au minimum le coût des emprunts.
- Ils réduisent au minimum le coût de la surveillance des emprunteurs.
- Ils mettent les risques en commun.

La création de monnaie par les banques

Les intermédiaires financiers créent de la monnaie (des dépôts) en octroyant des prêts.

◆ Les banques créent de la monnaie lorsqu'elles prêtent leurs réserves excédentaires.

- Le **coefficient de réserve** est égal au rapport entre les réserves et la somme des dépôts.

- Le **coefficient de réserve désiré** correspond au pourcentage de dépôts que les banques souhaitent détenir.
- Les **réserves excédentaires** sont égales à la différence entre les réserves effectives d'une banque et ses réserves désirées.

◆ Lorsqu'une banque obtient un nouveau dépôt, elle crée des réserves excédentaires.

- La banque prête ses réserves excédentaires.
- Les emprunteurs dépensent les prêts et ceux qui reçoivent la monnaie la dépensent dans une nouvelle banque.
- La nouvelle banque dispose de réserves excédentaires, ce qui crée de nouvelles étapes dans le processus du multiplicateur de dépôts.

◆ La variation totale des dépôts est égale au multiplicateur de dépôts multiplié par la variation initiale des réserves. Par conséquent, le **multiplicateur de dépôts** = Δdépôts/Δréserves = 1/coefficient de réserve désiré > 1.

◆ Le multiplicateur de dépôts réel est moins grand parce qu'une partie des prêts consentis demeurent à l'extérieur des banques sous forme de monnaie hors banques.

La demande de monnaie

Quatre facteurs importants ont une incidence sur la quantité de monnaie que nous voulons détenir : le niveau des prix, le taux d'intérêt, le PIB réel et les innovations financières.

◆ Nous détenons de la monnaie à cause de son pouvoir d'achat.

- Nous choisissons une quantité de monnaie nominale pour atteindre la quantité de monnaie réelle désirée, laquelle est égale à la quantité nominale/niveau des prix.
- Une hausse du niveau des prix provoque une augmentation équivalente de la quantité demandée de monnaie nominale et aucune variation de la quantité demandée de monnaie réelle.

◆ Taux d'intérêt = coût d'opportunité lié à la détention de la monnaie.

- Une hausse du taux d'intérêt provoque une baisse de la quantité demandée de monnaie réelle.
- La courbe de demande de monnaie (*DM*) illustre la relation entre la quantité demandée de monnaie réelle et le taux d'intérêt, toutes autres choses étant égales.

◆ Une hausse du PIB réel entraîne un déplacement vers la droite de la courbe *DM*.

◆ Les innovations financières récentes ont fait diminuer la demande de M1 et augmenter la demande de M2+.

La détermination du taux d'intérêt

Les gens diversifient leurs placements entre les obligations et la monnaie.

◆ Le prix des obligations est inversement relié aux taux d'intérêt. Par conséquent, leurs valeurs sont déterminées conjointement.

◆ Les taux d'intérêt sont déterminés là où la quantité demandée de monnaie réelle est égale à la quantité offerte.

R A P P E L S

1 Qu'est-ce que la monnaie? On peut répondre simplement que toute chose qui remplit les fonctions de la monnaie constitue de la monnaie. On sait, par exemple, que les cigarettes servaient de monnaie dans les camps de prisonniers de guerre et dans d'autres situations semblables. Toutefois, vous devez pouvoir considérer cette question sous plusieurs aspects. Premièrement, selon la définition générale de la monnaie, il s'agit d'un instrument d'échange. Deuxièmement, du point de vue de la classification, les dépôts transférables par chèque sont de la monnaie, mais les dépôts d'épargne n'en sont pas. Troisièmement, selon les définitions officielles de la monnaie, M1, M2, M2+ et M3 constituent des types de monnaie au Canada.

2 En poursuivant l'étude des prochains chapitres, portez une attention particulière au rôle que jouent les variations des taux d'intérêt et du taux de change dans la création de déplacements de la demande agrégée et de chocs sur le cycle économique. Les chapitres 10 et 11 présentent les facteurs qui influent sur les valeurs des taux d'intérêt et des taux de change en montrant que le marché monétaire joue un rôle essentiel. Dans le chapitre 10, nous examinons la demande de monnaie et une partie de l'offre de monnaie. Cette dernière est déterminée par les mesures adoptées par la Banque du Canada (chapitre 11) et le processus de création des dépôts. L'une des principales notions présentée dans ce chapitre est le processus du multiplicateur de dépôts grâce auquel les banques créent de la monnaie. Vous devez bien comprendre ce processus.

Deux éléments essentiels permettent aux banques de créer de la monnaie. Premièrement, un des éléments de passif des banques (les dépôts transférables par chèque) constitue de la monnaie. Les banques émettent de la monnaie en créant de nouveaux dépôts transférables par chèque. Deuxièmement, les banques détiennent des réserves représentant une fraction de leurs dépôts. Or, lorsqu'une banque reçoit un dépôt, elle en conserve une partie et peut prêter le reste. Il ne s'agit pas d'une escroquerie; les banques s'assurent que la valeur de leur actif (les réserves plus les prêts) correspond à la valeur de leur passif (les dépôts). Lorsqu'un prêt est dépensé, au moins une fraction du montant dépensé est déposée dans une autre banque, ce qui crée un nouveau dépôt (de la monnaie).

Le processus du multiplicateur découle de ce dernier fait: les banques accordent des prêts lorsqu'elles reçoivent de nouveaux dépôts, ces prêts sont dépensés et retournent donc dans une autre banque, créant ainsi un nouveau dépôt additionnel. Le processus se poursuit encore, faisant augmenter la quantité de dépôts (mais les montants sont de plus en plus petits) à chaque étape. Familiarisez-vous avec ce processus en utilisant divers exemples.

3 Pour clarifier le fonctionnement du processus du multiplicateur, considérez la figure 10.2 du manuel. Nous allons examiner les bilans (également appelés comptes en T) pour les deux premières banques dans le processus du multiplicateur. Dans votre analyse, notez que, à chaque étape, la variation des éléments de passif doit correspondre à une variation équivalente des éléments d'actif. Tous les montants sont donnés en milliers de dollars.

Le dépôt initial de 100 $ effectué par André à sa banque provoque des changements dans les comptes en T présentés dans le tableau 10.1(a). Avec ce dépôt, la banque se retrouve avec 100 $ de réserves supplémentaires, mais elle ne souhaite posséder que 25 $ de réserves supplémentaires (= 25 % du nouveau dépôt de 100 $). La banque d'André prête donc ses réserves excédentaires à France, qui crédite son compte de 75 $ de plus (partie (b) du tableau 10.1). France dépense son argent en achetant de Barbara une franchise de centre de photocopie. Cet achat entraîne un retrait de 75 $ (partie (c) du tableau 10.1). (Barbara dépose cet argent à sa banque, dont nous discuterons ci-après.) La situation financière (nette) de la banque d'André est présentée dans la partie (d) du tableau 10.1 Notez que le dépôt initial a créé 100 $ de nouveaux dépôts dans la banque d'André, 25 $ de nouvelles réserves et 75 $ de nouveaux prêts.

Tout ce processus se poursuit encore avec le dépôt de 75 $ de Barbara, qu'elle a reçu de France pour la franchise. Ce dépôt dans la banque de Barbara est présenté dans la partie (a) du tableau 10.2. La banque de Barbara possède maintenant 75 $ de réserves réelles, mais ne souhaite en détenir que 18,25 $ (= 25 % du nouveau dépôt de 75 $), et la banque de Barbara se retrouve avec 56,25 $ en réserves excédentaires. Ces réserves excédentaires sont prêtées à Bernard. Le compte de celui-ci est crédité du montant de 56,25 $, comme le montre la partie (b) du tableau 10.2. À son tour, Bernard se sert de cet argent pour rembourser son emprunt à Carl, ce qui entraîne le retrait présenté dans la partie (c) du tableau 10.2. (Carl déposera cette somme d'argent, ce qui engendrera les créations supplémentaires présentées à la figure 10.2 du manuel, mais nous n'examinerons que deux banques.) La situation financière finale de la banque de Barbara est présentée dans la partie (d) du tableau 10.2 Notez que cette banque dispose de 75 $ de nouveaux dépôts, de 18,25 $ de nouvelles réserves et de 56,25 $ de nouveaux prêts.

TABLEAU 10.1 BANQUE D'ANDRÉ

(a) Nouveau dépôt initial de 100 $

Éléments d'actif		Éléments de passif	
Réserves	+100 $	Dépôts	+100 $

(b) Création du prêt de 75 $

Éléments d'actif		Éléments de passif	
Prêts	+75 $	Dépôts	+75 $

(c) Retrait du prêt

Éléments d'actif		Éléments de passif	
Réserves	−75 $	Dépôts	−75 $

(d) Situation finale

Éléments d'actif		Éléments de passif	
Réserves	+25 $	Dépôts	+100 $
Prêts	+75 $		
	+100 $		

TABLEAU 10.2 BANQUE DE BARBARA

(a) Nouveau dépôt initial de 75 $

Éléments d'actif		Éléments de passif	
Réserves	+75 $	Dépôts	+75 $

(b) Création du prêt de 56,25 $

Éléments d'actif		Éléments de passif	
Prêts	+56,25 $	Dépôts	+56,25 $

(c) Retrait du prêt

Éléments d'actif		Éléments de passif	
Réserves	−56,25 $	Dépôts	−56,25 $

(d) Situation finale

Éléments d'actif		Éléments de passif	
Réserves	+18,25 $	Dépôts	+75 $
Prêts	+56,25 $		
	+75 $		

Le moteur de ce processus du multiplicateur est le désir des banques de faire des profits en transformant leurs réserves, qui ne leur permettent pas de gagner de revenus, en prêts, qui leur permettent d'accroître leurs revenus.

4 L'ampleur des changements finaux constitue un des aspects essentiels du processus du multiplicateur. Étant donné les hypothèses sur le fonctionnement des banques, nous pouvons calculer le multiplicateur de dépôts. Le processus du multiplicateur s'arrête lorsque les banques ont prêté toutes leurs réserves excédentaires, de sorte que toutes les réserves détenues sont désirées. Par conséquent, la variation initiale des réserves – variation finale désirée des réserves = coefficient de réserve désiré × variation des dépôts ou :

Δréserves = coefficient de réserve désiré × Δdépôts.

On peut récrire cette équation pour obtenir le multiplicateur de dépôts :

$$\text{Multiplicateur de dépôt} = \frac{\Delta \text{ des dépôts}}{\Delta \text{ des réserves}}$$

$$= \frac{1}{\text{coefficient de réserve désiré}}$$

Comme il a été précisé dans le manuel, dans la réalité, le multiplicateur de dépôts est bien différent.

5 L'utilisation courante que l'on fait du terme *monnaie* n'exprime pas bien toutes les distinctions économiques importantes. De manière à éviter la confusion relative à la notion de demande de monnaie, il est essentiel de bien faire ces distinctions.

Par exemple, nous parlons souvent de notre revenu en tant que quantité de *monnaie* que nous gagnons au cours d'une période donnée. Dans ce contexte, on considère alors la monnaie comme un flux, soit une somme reçue durant une période donnée.

Par ailleurs, nous pouvons parler de la quantité de *monnaie* que nous possédons dans notre compte chèques ou notre portefeuille à un moment précis. Dans ce cas, on considère la monnaie comme un stock, soit une quantité à un moment précis. La différence entre ces deux notions est primordiale.

Pour éviter toute ambiguïté, les économistes utilisent rarement le terme *monnaie* lorsqu'ils parlent d'un flux. Ils se servent plutôt de termes beaucoup moins ambigus comme revenu et salaire. Dans le présent chapitre, la *monnaie* correspond toujours à un *stock*. Lorsque nous parlons de la demande de *monnaie*, nous faisons référence au désir de détenir un *stock de monnaie* et de ne pas le dépenser. Toutefois, cette monnaie sera utilisée ultérieurement.

6 Il est aussi essentiel de faire la distinction entre la quantité de monnaie nominale et la quantité de monnaie réelle. La quantité de *monnaie nominale* correspond à la quantité de monnaie que vous détenez sous forme de numéraire et de dépôts à vue. La quantité de *monnaie réelle* mesure le pouvoir d'achat de la monnaie nominale, soit la quantité de biens et services que vous pouvez acheter avec cette somme. La monnaie nominale est détenue seulement pour effectuer des achats : il s'agit donc d'encaisses réelles.

Par conséquent, lorsque le niveau moyen des prix augmente, et que tous les autres facteurs sont maintenus constants (en particulier les dépenses réelles désirées), vous voulez détenir le même montant d'encaisses réelles qu'auparavant. Cela ne sera possible que si la quantité de monnaie nominale augmente de façon proportionnelle à l'augmentation du niveau moyen des prix.

7 Nous pouvons facilement résumer la relation inverse entre le prix d'une perpétuité et le taux d'intérêt à l'aide d'une formule simple :

$$\text{Taux d'intérêt} = \frac{\text{paiement annuel}}{\text{prix de l'actif}} \times 100.$$

AUTOÉVALUATION

Vrai/Faux/Incertain (Justifiez votre réponse.)

1 Lorsque le niveau des prix augmente, les ménages désirent détenir une plus grande quantité de monnaie réelle.

2 Lorsque les taux d'intérêt augmentent, la quantité demandée de monnaie réelle a tendance à diminuer.

3 Les ménages sont généralement plus efficaces que les intermédiaires financiers pour mettre leurs risques en commun.

4 Lorsqu'on retire de la monnaie d'une banque, le coefficient de réserve de cette banque diminue.

5 Lorsque les ménages et les entreprises se rendent compte qu'ils détiennent plus de monnaie qu'ils n'en veulent, ils achètent des éléments d'actif financiers. Dans ce cas, les prix des éléments d'actif financiers augmentent et les taux d'intérêt de ces éléments chutent.

6 Dans notre économie, les cartes de crédit sont de la monnaie.

7 Tout bien qui est généralement accepté comme instrument d'échange tient lieu de monnaie.

8 Les réserves des banques sont composées du numéraire qu'une banque détient et de ses dépôts à la Banque du Canada.

9 Le multiplicateur de dépôts est égal à 1 divisé par le coefficient de réserve désiré.

10 Un dépôt à préavis dans une banque à charte est un exemple de monnaie.

Questions à choix multiple

1 Considérez les données 10.1. En fonction du bilan de la Banque de Crête, quel est son coefficient de réserve désiré ?
a) 4 %
b) 8 %
c) 12,5 %
d) 25 %
e) 40 %

DONNÉES **10.1**

La Banque de Crête a choisi le bilan initial suivant :

Éléments d'actif		Éléments de passif	
Réserves	40 $	Dépôts	500 $
Prêts	460 $		
	500 $		

Yoko Pantalon dépose un billet de 10 $.

---

2 Considérez les données 10.1. Après le dépôt de Yoko, mais avant qu'aucun autre événement ne se produise, la quantité totale de monnaie de l'économie
a) est demeurée la même et ses composantes n'ont pas varié.
b) est demeurée la même alors que le numéraire a chuté et que les dépôts ont augmenté.
c) a chuté alors que le numéraire a chuté et que les dépôts sont demeurés constants.
d) a augmenté alors que le numéraire est demeuré constant et que les dépôts ont augmenté.
e) a chuté alors que le numéraire a chuté et que les dépôts sont demeurés constants.

3 Considérez les données 10.1. Après le dépôt de Yoko, mais avant qu'aucun autre événement ne se produise, les réserves excédentaires de la Banque de Crête seront égales à
a) 0.
b) 9,00 $.
c) 9,20 $.
d) 10,00 $.
e) 40,00 $.

4 Considérez les données 10.1. Après le dépôt de Yoko, et étant donné que la banque cherche à augmenter au maximum ses profits, quel montant de prêts octroiera-t-elle de plus ?
a) 0
b) 9,00 $
c) 9,20 $
d) 10,00 $
e) 40,00 $

5 Considérez les données 10.1. Après le dépôt de Yoko, après que la banque a prêté le montant qu'elle souhaite prêter et après tous les retraits des sommes prêtées, la quantité totale des réserves de la Banque de Crête sera de _____ $, la quantité totale des prêts sera de _____ $ et la quantité totale des dépôts sera de _____ $.
a) 40,80 ; 469,20 ; 510,00
b) 40,00 ; 460,00 ; 500,00
c) 50,00 ; 470,00 ; 520,00
d) 41,00 ; 469,00 ; 510,00
e) 42,50 ; 467,50 ; 510,00

6 Considérez les données 10.1. Si toutes les banques du système bancaire avaient le même coefficient de réserve désiré que la Banque de Crête, quelle serait la variation totale des dépôts, à l'intérieur du système, découlant du dépôt initial de Yoko ?
a) 125,00 $
b) 100,00 $
c) 80,00 $
d) 40,00 $
e) 12,50 $

7 L'un des éléments suivants *ne* constitue *pas* l'une des quatre fonctions de la monnaie. Précisez lequel.
a) Instrument d'échange
b) Mesure de liquidité
c) Moyen de paiement différé
d) Réservoir de valeur
e) Unité de compte

8 De quelle fonction de la monnaie parle-t-on lorsqu'un contrat stipule des montants qui seront versés pour des services rendus ?
a) Instrument d'échange
b) Mesure de liquidité
c) Unité de compte
d) Réservoir de valeur
e) Moyen de paiement différé

9 De nos jours, les billets de banque canadiens sont un exemple de
a) monnaie fiduciaire.
b) monnaie-marchandise.
c) papier-monnaie convertible.
d) dette monétaire privée.
e) monnaie convertible en or partiellement garantie.

10 Si les banques maintiennent un coefficient de réserve de 100 %, quelle est la valeur du multiplicateur de dépôts ?
a) 0
b) 1
c) 10
d) 100
e) Elle est infinie.

11 Quel élément est une composante de M2+ mais *pas* de M1 ?
a) Le numéraire
b) Les dépôts à vue des particuliers dans les banques à charte
c) Les dépôts d'épargne des particuliers dans les banques à charte
d) Les dépôts d'épargne des particuliers dans les sociétés de fiducie
e) c et d

12 Parmi les éléments d'actif suivants, lequel est le plus liquide ?
a) Les dépôts à vue
b) Les biens immobiliers
c) Les obligations du gouvernement
d) Les dépôts d'épargne
e) Les chèques

13 Considérez la figure 10.1. Parmi les énoncés suivants, lequel décrit avec le plus de précision la réaction des ménages à une augmentation de leur revenu annuel ?
a) Un mouvement de *a* à *f*
b) Un mouvement de *a* à *c*
c) Un mouvement de *e* à *a*
d) Un mouvement de *b* à *a*
e) Aucune de ces réponses.

FIGURE **10.1** LA DEMANDE DE MONNAIE RÉELLE PAR UN MÉNAGE

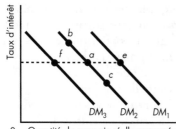

---

14 Considérez la figure 10.1. Parmi les énoncés suivants, lequel décrit avec le plus de précision la réaction des ménages à une baisse du prix des obligations sur le marché ?
a) Un mouvement de *a* à *b*
b) Un mouvement de *a* à *c*

c) Un mouvement de *a* à *f*
d) Un mouvement de *a* à *e*
e) Un mouvement de *e* à *a*

15 Si le taux d'intérêt se situe au-dessus du taux d'intérêt d'équilibre, comment l'équilibre est-il atteint sur le marché monétaire ?
a) Les gens achètent des biens pour se défaire de leur monnaie excédentaire, ce qui entraîne une diminution du prix des biens et une baisse du taux d'intérêt.
b) Les gens vendent des biens pour se défaire de leur monnaie excédentaire, ce qui entraîne une diminution du prix des biens et une baisse du taux d'intérêt.
c) Les gens vendent leurs obligations pour se défaire de leur monnaie excédentaire, ce qui entraîne une diminution du prix des obligations et une baisse du taux d'intérêt.
d) Les gens vendent leurs obligations pour se défaire de leur monnaie excédentaire, ce qui entraîne une hausse du prix des obligations et une baisse du taux d'intérêt.
e) Les gens achètent des obligations pour se défaire de leur monnaie excédentaire, ce qui entraîne une augmentation du prix des obligations et une baisse du taux d'intérêt.

16 Que font les ménages et les entreprises lorsqu'ils se rendent compte qu'ils désirent détenir plus de monnaie réelle ?
a) Ils vendent des éléments d'actif financiers, ce qui entraîne une hausse des taux d'intérêt.
b) Ils vendent des éléments d'actif financiers, ce qui entraîne une baisse des taux d'intérêt.
c) Ils achètent des éléments d'actif financiers, ce qui entraîne une hausse des taux d'intérêt.
d) Ils achètent des éléments d'actif financiers, ce qui entraîne une baisse des taux d'intérêt.
e) Ils achètent des biens, ce qui entraîne une hausse du niveau des prix.

17 Parmi les éléments suivants, lequel *ne* constitue *pas* un réservoir de valeur ?
a) Les cartes de crédit
b) Les dépôts à vue
c) Les dépôts à terme
d) Les autres dépôts transférables par chèque
e) Les dépôts d'épargne

18 L'équilibre sur le marché monétaire survient
a) lorsque les taux d'intérêt sont constants.
b) lorsque le niveau du PIB réel est constant.
c) lorsque l'offre de monnaie est égale à la demande de monnaie.
d) uniquement lorsque le taux de change est fixe.
e) quand **a** et **b** sont vrais.

19 Si, par exemple, on établit le prix des biens et services en kilogrammes de sel, que représente le sel?
a) Une unité de compte
b) Un moyen de paiement différé
c) Un réservoir de valeur
d) De la quasi-monnaie
e) Un instrument d'échange

20 Parmi les caractéristiques suivantes, laquelle constitue un des *inconvénients* de la monnaie-marchandise?
a) Elle est évaluée à sa propre valeur.
b) Sa valeur marchande est beaucoup plus grande que sa valeur en tant que bien.
c) C'est un bien qui pourrait être utilisé autrement que comme un instrument d'échange.
d) Elle a une faible valeur intrinsèque.
e) Elle est facile à utiliser.

21 Un dépôt transférable par chèque dans une institution de dépôt est un exemple de
a) monnaie-marchandise.
b) monnaie fiduciaire.
c) papier-monnaie convertible.
d) monnaie scripturale.
e) dette monétaire publique.

22 Quel élément fait partie du passif d'une banque à charte?
a) Le numéraire
b) Les prêts
c) Les titres
d) Les dépôts à vue
e) Ses dépôts à la Banque du Canada

23 Quel élément fera déplacer la courbe de demande de monnaie réelle vers la gauche?
a) Une hausse du PIB réel
b) Une baisse des taux d'intérêt
c) L'utilisation plus répandue des cartes de crédit
d) Une hausse de la quantité offerte de monnaie
e) Une hausse du niveau des prix

24 À quoi la quantité de monnaie réelle est-elle égale?
a) À la quantité de monnaie nominale divisée par le PIB réel
b) À la quantité de monnaie nominale moins le PIB réel
c) À la quantité de monnaie nominale divisée par le niveau des prix
d) À la quantité de monnaie nominale moins le niveau des prix
e) À la quantité de monnaie nominale divisée par la vitesse de circulation

25 L'un des éléments suivants constitue de la monnaie. Lequel?
a) Un dépôt transférable par chèque
b) Un chèque en blanc
c) Une carte de crédit
d) Un dépôt à terme
e) Une obligation d'épargne du Canada

Problèmes à court développement

1 Les banques n'émettent dorénavant plus leur propre papier-monnaie, mais peuvent créer de la monnaie en créditant nos dépôts. Puisqu'il n'y pas de dépôt de papier-monnaie pour garantir cette création de monnaie, est-elle véritable? Est-elle acceptable dans notre société? Justifiez vos réponses.

2 Pourquoi les cartes de crédit ne sont-elles pas de la monnaie?

3 Comment et pourquoi les banques créent-elles de la monnaie durant le processus du multiplicateur de dépôts?

4 Pourquoi nous intéressons-nous plus à la quantité de monnaie réelle que nous détenons qu'à la quantité de monnaie nominale?

5 Supposons qu'un individu vende pour 1 000 $ de titres du gouvernement à la Banque du Canada et qu'il dépose ce montant (1 000 $) à la banque 1. Ce nouveau dépôt fait d'abord augmenter la quantité de monnaie de 1 000 $. (Dans le prochain chapitre, nous verrons comment ce type de dépôts se produit.) Supposons que le coefficient de réserve désiré de toutes les banques soit de 20 % (0,2). Supposons également qu'il ne se produise pas de drainage du numéraire. Le tableau 10.3 contient des informations sur la première étape du processus de création de monnaie qui sera engendré par ce nouveau dépôt.
a) Poursuivez le processus de création de monnaie pour les cinq étapes suivantes en remplissant le tableau 10.3.

TABLEAU **10.3** PROCESSUS DE CRÉATION DE LA MONNAIE – SANS DRAINAGE DU NUMÉRAIRE

Banque	Nouveaux dépôts	Nouveaux prêts	Nouvelles réserves	Augmentation des dépôts	Hausse cumulative des dépôts
1	1 000	800	200	1 000	1 000
2					
3					
4					
5					
6					

b) Quelle est l'augmentation totale de la quantité de monnaie après six étapes?

c) Quelle est la valeur du multiplicateur de dépôts?

d) À la fin du processus, quelle sera l'augmentation totale des dépôts?

6 Présentez le bilan des deux premières banques du problème 5 à chaque étape du processus (dépôt initial, création de prêts, retrait de l'emprunteur, situation finale).

7 Pour tout le système bancaire du problème 5, à quoi ressemblent les variations finales du bilan? (Supposez que les banques ne détiennent que des réserves, des prêts et des dépôts.)

8 À Gondor, les banques à charte possèdent les éléments d'actif et de passif suivants (aucun élément n'est absent de la liste à moins d'indication contraire):

Réserves de devises	20 millions de dollars
Réserves détenues à la Banque de Gondor	10 millions de dollars
Prêts	?
Titres	25 millions de dollars
Dépôts à vue	150 millions de dollars
Dépôts à préavis	600 millions de dollars

a) Dressez le bilan pour tout le système bancaire de Gondor. Quel est le montant des prêts dans ce système?

b) En supposant que les banques aient librement choisi le montant de leurs réserves, quel est le coefficient de réserve désiré dans ce système? Quel est le multiplicateur de dépôts?

9 Considérez une perpétuité dont le paiement annuel est de 100 $. Quel est le taux d'intérêt de cet élément d'actif financier si son prix est de

a) 1 000 $?

b) 900 $?

c) 1 100 $?

10 Représentez graphiquement le résultat de chacun des éléments suivants (en ordre) sur la demande de monnaie réelle (définie par M1) et donc sur le taux d'intérêt d'équilibre. Ensuite, expliquez brièvement chacun de ces résultats. Supposez que l'offre de monnaie réelle demeure constante.

a) Le niveau des prix augmente.

b) Une innovation financière (l'adoption générale du transfert électronique des fonds) réduit la nécessité de recourir aux comptes chèques.

c) Le PIB réel chute durant une récession.

R É P O N S E S

Vrai/Faux/Incertain (Justifiez votre réponse.)

1 F La demande de monnaie réelle est indépendante du niveau des prix.

2 V La hausse du taux d'intérêt entraîne une augmentation du coût d'opportunité lié à la détention de monnaie, ce qui fait diminuer la quantité demandée de monnaie.

3 F Leur taille importante leur permet de mettre leurs risques en commun.

4 V Les retraits entraînent une diminution des réserves, qui correspond à une diminution des dépôts qui, à son tour, provoque une diminution des réserves/coefficient de dépôts. Dressez le bilan.

5 V Les agents la remplacent par des obligations, ce qui entraîne une hausse de la demande d'obligations et une hausse du prix des obligations et donc une diminution du taux d'intérêt des obligations.

6 F Les cartes de crédit constituent une forme de pièce d'identité qui permet d'emprunter de l'argent à court terme.

7 V La fonction de base de la monnaie.

8 V Définition.

9 V Définition.

10 I Cela dépend de la définition de la monnaie. Les comptes à préavis ne font pas partie de M1, mais font partie de M2+.

Questions à choix multiple

1 b Coefficient de réserve désiré = réserves choisies/dépôts = 40/50 = 0,08.

2 b La baisse du numéraire en tant que dépôt = une hausse des dépôts.

3 c Réserves excédentaires = réserves réelles (50 $) – réserves désirées (40,80 $) = (0,08 × 510 $).

4 c Les banques prêteront la somme de leurs réserves excédentaires.

5 a Examinez les changements dans le bilan selon le rappel 3.

6 a Δdépôts = (1/(coefficient de réserve désiré)) × Δréserves = (1/0,08) × 10 $ = 125 $.

7 b Voir le manuel.

8 e Définition.

9 a Définition.

10 b Multiplicateur = 1/(coefficient de réserve désiré) = 1/1 = 1.

11 e Définition.

12 a Ils se transforment le plus facilement en numéraire.

13 e *a* vers *f*, *e* vers *a* représentent des chutes du revenu, les autres sont des variations du taux d'intérêt.

14 a Une chute du prix des obligations entraîne une hausse des taux d'intérêt, *a* vers *f*, *a* vers *e* et *e* vers *a* sont des variations du revenu, *a* vers *c* est une baisse du taux d'intérêt.

15 e Si le taux d'intérêt est supérieur au niveau d'équilibre, les gens disposent de trop d'argent et achètent des obligations, ce qui fait augmenter le prix des obligations, de sorte que le taux d'intérêt diminue, puisque le prix des obligations et les taux d'intérêt sont inversement reliés.

16 a Ils remplacent la monnaie par des obligations. Les ventes additionnelles font diminuer le prix des obligations, ce qui fait augmenter les taux d'intérêt.

17 a Les cartes de crédit ne pouvant habituellement pas servir à effectuer des achats futurs, la société de crédit pourrait refuser d'honorer votre carte.

18 c Définition.

19 a Définition.

20 c Elle a un coût d'opportunité lorsqu'elle est utilisée comme de la monnaie.

21 d Définition.

22 d Les autres sont tous des éléments d'actif, donc des créances sur les biens des autres.

23 c L'innovation financière signifie que les gens utilisent moins de monnaie.

24 c Définition.

25 a Définition.

Problèmes à court développement

1 Cette monnaie nouvellement créée est réelle puisqu'elle est garantie par les éléments d'actif de la banque, lesquels sont constitués des réserves, des prêts et des détentions de titres de la banque.

La monnaie scripturale est généralement acceptée dans la société (elle permet d'acheter des biens, de rembourser des dettes, etc.), car les gens savent que les banques fourniront du numéraire sur demande.

2 Une carte de crédit n'est pas de la monnaie; il s'agit plutôt d'un mécanisme qui permet d'emprunter une somme d'argent remboursable plus tard. Le remboursement de l'emprunt (en monnaie) s'effectue au moment où vous recevrez votre relevé de compte et où vous émettez un chèque de remboursement à la société de crédit.

3 Les banques créent de la monnaie en octroyant de nouveaux prêts. Lorsque les banques reçoivent un nouveau dépôt, elles se retrouvent avec des réserves excédentaires. Puisqu'elles souhaitent accroître au maximum leurs profits (leur valeur nette), elles prêtent leurs réserves excédentaires, ce qui crée un dépôt correspondant, soit de la nouvelle monnaie. Lorsque le montant de ces prêts est dépensé, la personne qui reçoit la monnaie en dépose la plus grande partie dans une banque, ce qui constitue également de la nouvelle monnaie.

4 La quantité de monnaie nominale correspond simplement à la quantité de dollars que l'on détient, tandis que la quantité de monnaie réelle représente ce que cette monnaie permet d'acheter. La monnaie réelle diminue si le niveau des prix augmente et si le nombre de dollars est constant. On s'intéresse plus à la quantité de biens et de services qu'un certain montant permet d'acheter qu'à la quantité de dollars. Lorsque le niveau des prix augmente de 10 %, on désire détenir 10 % de plus de monnaie nominale (à un revenu réel et à un taux d'intérêt constants) afin de conserver le même pouvoir d'achat.

5 a) La réponse est donnée au tableau 10.3 Solution. Notez que 80 % de chaque nouveau dépôt est prêté et que 20 % est détenu sous forme de réserves. Lorsqu'un nouveau prêt est déposé dans une banque, il devient un nouveau dépôt.

TABLEAU **10.3** SOLUTION

Banque	Nouveaux dépôts	Nouveaux prêts	Nouvelles réserves	Augmentation des dépôts	Hausse cumulative des dépôts
1	1 000	800	200	1 000	1 000
2	800	640	160	800	1 800
3	640	512	128	640	2 440
4	512	410	102	512	2 952
5	410	328	82	410	3 362
6	328	262	66	328	3 690

b) Après six étapes, l'augmentation totale de la quantité de monnaie est de 3 690 $. Cette donnée apparaît à la dernière colonne du tableau 10.3 Solution.

c) Le multiplicateur de dépôts, dans ce cas, est égal à 1/(coefficient de réserve désiré). Puisque le coefficient de réserve désiré est de 0,2, le multiplicateur de dépôts est égal à 5.

d) L'augmentation totale de la monnaie sera de 5 000 $ après toutes les étapes du processus. On obtient cette valeur en multipliant la hausse initiale des réserves (1 000 $) par le multiplicateur de dépôts (5).

6 Les bilans de la banque 1 sont présentés dans le tableau 10.4 et ceux de la banque 2 dans le tableau 10.5.

TABLEAU **10.4** BANQUE 1

(a) Nouveau dépôt initial de 1000 $

Éléments d'actif		Éléments de passif	
Réserves	+1 000 $	Dépôts	+1 000 $

(b) Création du prêt de 800 $

Éléments d'actif		Éléments de passif	
Prêts	+800 $	Dépôts	+800 $

(c) Retrait du prêt

Éléments d'actif		Éléments de passif	
Réserves	−800 $	Dépôts	−800 $

(d) Situation finale

Éléments d'actif		Éléments de passif	
Réserves	+200 $	Dépôts	+1 000 $
Prêts	+800 $		
	+1 000 $		

TABLEAU **10.5** BANQUE 2

(a) Nouveau dépôt initial de 800 $

Éléments d'actif		Éléments de passif	
Réserves	+800 $	Dépôts	+800 $

(b) Création du prêt de 640 $

Éléments d'actif		Éléments de passif	
Prêts	+640 $	Dépôts	+640 $

(c) Retrait du prêt

Éléments d'actif		Éléments de passif	
Réserves	−640 $	Dépôts	−640 $

(d) Situation finale

Éléments d'actif		Éléments de passif	
Réserves	+160 $	Dépôts	+800 $
Prêts	+640 $		
	+800 $		

7 La variation totale des réserves dans le système doit être égale au dépôt initial de +1 000 $. La somme des nouveaux dépôts a été calculée et correspond à +5 000 $. Pour que le bilan soit équilibré, les prêts doivent donc s'élever à +4 000 $. Le tableau 10.6 présente le bilan.

TABLEAU **10.6**

Éléments d'actif		Éléments de passif	
Réserves	+1 000 $	Dépôts	+5 000 $
Prêts	+4 000 $		
	+5 000 $		

8 Le tableau 10.7 présente le bilan (toutes les valeurs sont en millions de dollars). Puisque les éléments d'actif doivent être égaux aux éléments de passif qui figurent au bilan, les prêts = 750 $ − 30 $ − 25 $ = 695 $.

TABLEAU **10.7**

Éléments d'actif		Éléments de passif	
Réserves	+30 $	Dépôts à vue	+150 $
Titres	+25 $	Dépôts	
Prêts	+695 $	à préavis	+600 $
	+750$		+750 $

b) Le coefficient de réserve désiré = réserves désirées/dépôts = 30/750 = 0,04. Le multiplicateur de dépôts = 1/(coefficient de réserve désiré) = 1/0,04 = 25.

9 Le taux d'intérêt sur la perpétuité s'obtient à l'aide de la formule du rappel 7 :

a) $r = \dfrac{100}{1\,000} \times 100 = 10\,\%$

b) $r = \dfrac{100}{900} \times 100 = 11,11\,\%$

c) $r = \dfrac{100}{1\,100} \times 100 = 9,09\,\%$

10 **a)** Une variation du niveau des prix n'aura aucune conséquence sur la demande de monnaie réelle et donc aucune conséquence sur le taux d'intérêt d'équilibre. À la figure 10.2, la demande de monnaie réelle demeure en DM_0 et le taux d'intérêt demeure en r_0.

FIGURE **10.2**

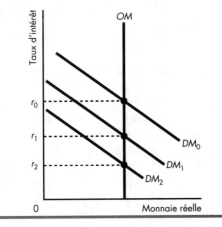

b) L'innovation financière réduirait la nécessité d'utiliser les comptes chèques, lesquels font partie de M_1. Par conséquent, à la figure 10.2, la demande de monnaie réelle chute en DM_1 et le taux d'intérêt d'équilibre en r_1.

c) À la figure 10.2, la baisse du PIB réel entraîne une chute de la demande de monnaie réelle en DM_2, et le taux d'intérêt d'équilibre diminue en r_2.

Chapitre 11

La politique monétaire

La Banque du Canada

La **Banque du Canada** est la banque centrale du pays. Elle est chargée de superviser les institutions financières et elle est responsable de la politique monétaire du pays.

◆ La **politique monétaire** est un ensemble de mesures qui visent à combattre l'inflation et à atténuer les fluctuations économiques en modifiant la quantité de monnaie en circulation ainsi que les taux d'intérêt et le taux de change.

◆ La banque centrale du Canada est en quelque sorte subordonnée au gouvernement fédéral.

• Une banque centrale indépendante détermine la politique monétaire sans intervention de la part du gouvernement. Avantages possibles – une banque centrale indépendante est mieux en mesure de résister aux pressions à court terme.

• Une banque centrale dépendante doit mettre en application les mesures dictées par le gouvernement, mais n'est pas pour autant sans pouvoir.

◆ Le bilan de la Banque du Canada présente :

• les éléments de passif = billets de la Banque du Canada + dépôts (une partie des réserves) des banques à charte + dépôts du gouvernement ;

• les éléments d'actif = titres du gouvernement + prêts accordés aux banques à charte ;

• la **base monétaire** = billets de la Banque du Canada + réserves bancaires + pièces métalliques en circulation.

◆ L'élaboration de la politique monétaire est une tâche difficile puisque les outils actuels créent des effets dans le futur. Il faut donc essayer de prévoir l'avenir de l'économie.

◆ Les **indicateurs de la politique monétaire** renvoient aux éléments présents qui permettent de déterminer l'évolution future de la conjoncture économique. Le principal indicateur est le **taux des fonds à un jour** (le taux d'intérêt sur les prêts que s'octroient mutuellement les banques à charte).

◆ La Banque du Canada ajuste les réserves du système bancaire, ce qui fait varier le taux des fonds à un jour qui, à leur tour, entraînent une variation de la quantité de monnaie, etc., en manipulant quatre outils de la politique monétaire :

• la variation du coefficient de réserve obligatoire, c'est-à-dire la quantité minimum de réserves qu'une banque doit détenir (actuellement, il est nul).

• la variation du **taux d'escompte**, soit le taux d'intérêt que la Banque du Canada demande aux banques à charte pour leur prêter des réserves. Une hausse du taux d'escompte entraîne une augmentation des coûts d'emprunt des réserves qui provoque une diminution des réserves détenues par les banques et une diminution des prêts accordés au public. Une hausse du taux créditeur des banquiers correspond aux taux gagnés par les dépôts des banques à charte effectués à la Banque du Canada, ce qui entraîne une hausse des taux des fonds à un jour.

• les **opérations sur le marché libre**, c'est-à-dire l'achat ou la vente auprès du public de titres du gouvernement qui font varier la base monétaire par des effets supplémentaires.

• les **transferts de dépôts gouvernementaux**, autrement dit, les fonds qui sont transférés entre les dépôts du gouvernement et des banques à charte. Lorsque la Banque du Canada transfère des fonds gouvernementaux aux banques à charte, elle fait augmenter les dépôts et les réserves de celles-ci, de sorte qu'elles peuvent consentir plus de prêts et, par le fait même, créer de la monnaie.

La gestion de la masse monétaire

Les opérations sur le marché libre constituent le principal outil de la politique monétaire de la Banque du Canada.

◆ La Banque du Canada effectue des opérations sur le marché libre auprès des banques ou du grand public, ce qui produit essentiellement le même résultat.

◆ La Banque du Canada achète des titres gouvernementaux, ce qui fait augmenter les réserves des banques à charte. Par conséquent, la hausse des réserves excédentaires entraîne une augmentation des prêts. Les emprunts servent à effectuer des paiements, ce qui crée de nouveaux dépôts dans les autres banques et fait augmenter le numéraire détenu par le grand public.

- Les nouveaux dépôts font accroître les réserves des banques à charte, ce qui provoque une hausse des réserves désirées et une augmentation des réserves excédentaires.
- Les réserves excédentaires servent à octroyer de nouveaux prêts, ce qui crée une deuxième étape ou des effets multiplicateurs.
- Le résultat final se traduit par une augmentation du numéraire (**drainage du numéraire**) et une hausse des dépôts, ce qui correspond à la masse monétaire.
- *Lorsque la Banque du Canada achète des titres du gouvernement, la masse monétaire augmente.*

◆ Lorsque la Banque du Canada vend des titres du gouvernement, les réserves des banques à charte diminuent et celles-ci demandent le remboursement de leurs prêts, ce qui provoque une baisse des dépôts et les effets de la deuxième étape, lesquels entraînent une diminution de la masse monétaire.

- *Lorsque la Banque du Canada vend des titres du gouvernement, la masse monétaire diminue.*

◆ Le **multiplicateur monétaire** est le nombre par lequel on doit multiplier la variation de la valeur de la base monétaire (*BM*) afin d'obtenir la variation induite dans la quantité de monnaie = $\Delta M / \Delta BM$.

◆ L'ampleur de la variation de la masse monétaire dépend de l'ampleur des effets de la deuxième étape, qui sont plus grands si

- le drainage du numéraire est plus petit,
- le coefficient de réserve désiré est plus petit.

Les effets de la politique monétaire sur les taux d'intérêt et le taux de change

Les variations de l'offre de monnaie réelle (*OM*) entraînent une variation des taux d'intérêt (*r*) et une variation des prix des actifs financiers.

◆ À cause de la hausse de *OM*, les gens détiennent plus de monnaie qu'ils ne le désirent et achètent des actifs financiers, ce qui entraîne une hausse du prix des actifs financiers ainsi qu'une chute des taux d'intérêt.

◆ À cause de la baisse de *OM*, les gens vendent leurs actifs financiers, ce qui provoque une diminution du prix des actifs financiers ainsi qu'une augmentation des taux d'intérêt.

◆ La politique monétaire influe également sur le **taux de change** (le taux auquel le dollar canadien est échangé contre la devise d'un autre pays).

- Une augmentation de *OM* entraîne une baisse de *r*, ce qui provoque une diminution de la demande de dollars canadiens ainsi qu'une chute du taux de change.
- Une diminution de *OM* provoque une hausse de *r*, ce qui entraîne une augmentation de la demande de dollars canadiens ainsi qu'une hausse du taux de change.

Les effets en chaîne de la politique monétaire

La quantité de monnaie influe sur la demande agrégée et donc sur le PIB réel et le niveau des prix par un mécanisme qui comporte plusieurs rouages.

◆ Opérations sur le marché libre : l'achat de titres entraîne une hausse de *OM* ainsi qu'une baisse de *r* qui

- fait baisser le taux de change. Par conséquent, les exportations nettes augmentent et *DA* s'accroît.
- fait augmenter les dépenses de consommation et l'investissement. Par conséquent, *DA* s'accroît.

◆ Les données historiques révèlent que,

- en réalité, les taux d'intérêt au Canada varient dans le sens inverse de la variation de la *BM*.
- lorsque l'écart s'élargit entre les taux d'intérêt canadiens et américains, le taux de change subit des pressions à la hausse.

La monnaie dans le modèle *DA-OA*

◆ Dans le modèle *DA-OA*, la variation de *OM* entraîne une variation de *DA*.

- En situation de chômage, une hausse de *OM* provoque une augmentation de *DA*, ce qui fait monter le PIB réel ainsi que le niveau des prix.
- En situation de plein emploi, une hausse de *OM* entraîne une augmentation de *DA*, qui fait monter le niveau des prix seulement.

- En situation de pressions inflationnistes, une baisse de *OM* provoque une diminution de *DA,* qui a pour effet d'atténuer les pressions.

◆ Selon la **théorie quantitative de la monnaie**, une hausse de la quantité de monnaie engendre à long terme une augmentation proportionnelle du niveau des prix.

◆ La théorie quantitative s'appuie essentiellement sur le concept de la **vitesse de circulation** ($V = PY/M$) et sur l'**équation d'échange** ($VM = PY$).

- Elle suppose que la vitesse de circulation et le PIB potentiel ne sont pas touchés par la variation de la masse monétaire.
- Donc, à long terme, $\Delta P = (V/Y)\Delta M$ et $\Delta P/P = \Delta M/M$.

◆ Les données historiques nous révèlent que le taux de croissance de l'offre de monnaie influe fortement sur l'inflation mais, à court terme, d'autres facteurs de *DA-OA* ont également des effets importants.

La Banque du Canada passe à l'action

◆ Au début des années 1980, le taux de croissance de l'offre de monnaie a considérablement diminué, de sorte que les taux d'intérêt ont subi une hausse vertigineuse qui a créé une récession et un ralentissement du rythme de croissance de l'inflation.

- Vers la fin des années 1980, une politique similaire a provoqué une autre baisse de l'inflation qui a contribué à la récession de 1990-1991.

◆ Les agents économiques tentent d'accroître leur profit en prévoyant les mesures qu'adoptera la Banque du Canada, ce qui a pour effet de faire varier les taux d'intérêt avant que la masse monétaire ne varie.

RAPPELS

1 Les opérations sur le marché libre constituent l'outil le plus important dont dispose la Banque du Canada. Pour bien comprendre l'effet que produit une opération effectuée sur le marché libre sur la base monétaire, et donc sur la quantité de monnaie, il faut se rappeler que les dépôts des banques à la Banque du Canada, qui servent de réserves, constituent un élément de passif de la Banque du Canada. Ces dépôts, combinés avec le numéraire en circulation (l'autre élément de passif important de la Banque du Canada), composent la base monétaire. Il faut également se rappeler que les éléments d'actif les plus importants dans le bilan de la Banque du Canada sont les titres du gouvernement et que, lorsque l'actif total augmente, le passif total doit s'accroître du même montant, selon la comptabilité en partie double.

On peut donc considérer un achat de titres du gouvernement sur le marché libre comme une augmentation de l'actif de la Banque du Canada (les titres du gouvernement) payée à l'aide d'une hausse de ses éléments de passif, surtout les dépôts des banques à la Banque du Canada. Cette augmentation du passif de la Banque du Canada correspond à une hausse de la base monétaire qui aura un effet multiplicateur sur la quantité de monnaie.

2 Voici d'autres remarques à propos des opérations sur le marché libre :

a) Pour déterminer si un achat sur le marché libre engendre une diminution ou une augmentation de la quantité de monnaie, il peut être utile de songer aux opérations sur le marché libre comme s'il s'agissait d'un échange de titres du gouvernement contre de l'argent. Par exemple, comparez un achat fait par la Banque du Canada sur le marché libre à une acquisition qu'elle ferait de titres du gouvernement en échange de monnaie versée aux agents économiques. Il en résulterait une augmentation de l'offre de monnaie.

Méfiez-vous d'une erreur courante dans l'étude des opérations sur le marché libre. Lorsque la Banque du Canada achète ou vend des titres, les réserves des banques à charte à la Banque du Canada varient. Beaucoup d'étudiants commettent l'erreur d'inscrire les réserves bancaires modifiées de la Banque du Canada dans la section des éléments d'actif du bilan de cette dernière, car elles représentent un élément d'actif au bilan de la banque à charte. Les réserves constituent un dépôt à la Banque du Canada et représentent donc un *élément de passif* pour elle.

b) Il est important de garder à l'esprit que les titres du gouvernement constituent des éléments d'actif pour la Banque du Canada, tout comme pour les gens qui les détiennent. Les titres sont, par contre, des éléments de passif pour le gouvernement du Canada.

c) Il existe deux marchés sur lesquels les titres du gouvernement sont échangés : d'abord le marché primaire, où le Trésor vend les titres du gouvernement nouvellement émis, puis le marché secondaire, où l'on revend les titres du gouvernement achetés sur le marché primaire. Ce deuxième marché est appelé *marché libre*; c'est à cet endroit que sont menées les opérations sur le marché libre.

d) Pour comprendre comment une opération sur le marché libre provoque une variation des taux d'intérêt, considérez les changements dans le secteur bancaire. Par exemple, un achat de titres du gouvernement sur le marché libre (qui fera augmenter l'offre de monnaie) crée des réserves excédentaires pour le secteur bancaire. Les banques qui cherchent à accroître leurs profits au maximum tentent de prêter leurs réserves excédentaires. À la valeur initiale du taux d'intérêt, la demande de prêts (emprunts) est égale à l'offre de prêts. Pour convaincre les agents économiques d'emprunter plus d'argent, les banques doivent réduire leurs taux d'intérêt. Par conséquent, l'offre de monnaie augmente, et les taux d'intérêt chutent. Il est donc possible de comprendre intuitivement comment un achat sur le marché libre entraîne directement une baisse des taux d'intérêt.

e) Le manuel ne présente pas d'exemple de vente de titres sur le marché libre. À titre d'exercice, nous allons en présenter un. Supposons que la Banque du Canada souhaite réduire la masse monétaire et décide de diminuer la base monétaire de 100 millions de dollars. Elle décide de le faire en vendant 100 millions de dollars de titres à la Banque Royale. La Banque Royale paie ces titres à partir des réserves qu'elle détient à la Banque du Canada. Le tableau 11.1 présente les changements des deux bilans. Notez que les réserves de la Banque Royale ont maintenant diminué et que, si ses réserves désirées sont trop faibles, elle doit demander le remboursement de prêts pour les augmenter. Cette mesure déclenchera une chute des dépôts ainsi que de l'offre de monnaie globale, comme le souhaite la Banque du Canada.

TABLEAU 11.1

Banque du Canada

Éléments d'actif		Éléments de passif	
Titres	−100	Dépôts (réserves) de la Banque Royale	−100

Banque Royale

Éléments d'actif		Éléments de passif	
Réserves	−100		
Titres	+100		
	0		

3 L'équation d'échange joue un rôle important dans le présent chapitre :

Quantité de monnaie × Vitesse de circulation = Niveau des prix × PIB réel

Cette équation indique simplement que la quantité de monnaie multipliée par le nombre moyen de fois qu'un dollar est utilisé (soit les dépenses totales) est égale à la valeur en dollars des biens et services pour lesquels ce dollar a été dépensé. Par définition, cette équation est toujours vraie ; il s'agit d'une identité. De plus, si l'on suppose que la vitesse de circulation et le PIB potentiel sont indépendants de la quantité de monnaie, alors l'équation d'échange devient le fondement de la théorie quantitative de la monnaie. Selon cette hypothèse, une hausse de 10 % de la quantité de monnaie engendre une augmentation proportionnelle du niveau des prix, afin de maintenir l'égalité des deux membres de l'équation.

4 Nous pouvons également explorer le lien qui existe entre la vitesse de circulation et la demande de monnaie. N'oubliez pas que, en situation d'équilibre, l'offre de monnaie réelle (M/P) est égale à la demande de monnaie réelle (DM). En utilisant cela dans la définition de la vitesse de circulation, nous obtenons la relation suivante entre la vitesse de circulation et la demande de monnaie réelle.

$$V = \frac{PY}{M} = \frac{Y}{\left(\dfrac{M}{P}\right)} = \frac{Y}{DM}$$

Il existe une relation inverse entre la vitesse de circulation et la demande de monnaie réelle. *Si la vitesse de circulation n'est pas constante*, une hausse des taux d'intérêt provoquera une baisse de la demande de monnaie (les agents conservent leur numéraire) et une vitesse de circulation plus élevée (les agents effectuent plus de transactions pour compenser la baisse de leur numéraire).

AUTOÉVALUATION

Vrai/Faux/Incertain (Justifiez votre réponse.)

1 Si le PIB réel augmente et si l'offre de monnaie réelle s'accroît, alors les taux d'intérêt augmenteront également.

2 Une augmentation de la quantité de monnaie fait déplacer la courbe de demande agrégée vers la droite.

3 Une augmentation de la quantité de monnaie engendre une hausse du niveau des prix, mais n'a aucune incidence sur le niveau du PIB réel.

4 Une hausse de l'offre de monnaie entraînera une baisse du taux de change.

5 Si la quantité de monnaie se chiffre à 50 milliards de dollars, et le PIB nominal, à 200 milliards de dollars, alors la vitesse de circulation est de 1/4.

6 Des données historiques canadiennes et des données internationales démontrent une relation étroite entre la monnaie et le niveau des prix.

7 Lorsque la Banque du Canada désire réduire les taux d'intérêt, elle doit vendre des titres du gouvernement sur le marché libre.

8 La Banque du Canada est une banque centrale indépendante.

9 Lorsque la Banque du Canada vend des titres du gouvernement sur le marché libre, les réserves des banques à charte augmentent.

10 Plus le coefficient de réserve désiré d'une banque est élevé, plus le multiplicateur monétaire est grand.

Questions à choix multiple

I Lequel des bilans du tableau 11.2 présente la conséquence initiale sur le secteur bancaire de l'achat sur le marché libre par la Banque du Canada de 100 $ de titres du gouvernement au secteur bancaire ?
 a) (a)
 b) (b)
 c) (c)
 d) (d)
 e) Aucune de ces réponses.

TABLEAU **11.2**   BILANS DES BANQUES À CHARTE

(a)

Éléments d'actif	Éléments de passif
Réserves +100	
Titres −100	

(b)

Éléments d'actif	Éléments de passif
Réserves −100	
Titres +100	

(c)

Éléments d'actif	Éléments de passif
Réserves +100	Dépôts +100

(d)

Éléments d'actif	Éléments de passif
	Dépôts +100
	Titres −100

2 Lequel des bilans du tableau 11.2 présente la conséquence initiale sur le secteur bancaire de l'achat sur le marché libre par la Banque du Canada de 100 $ de titres du gouvernement à un particulier ?
 a) (a)
 b) (b)
 c) (c)
 d) (d)
 e) Aucune de ces réponses.

3 Lequel des bilans du tableau 11.2 présente la conséquence initiale sur le secteur bancaire de la vente sur le marché libre par la Banque du Canada de 100 $ de titres du gouvernement à un particulier ?
 a) (a)
 b) (b)
 c) (c)
 d) (d)
 e) Aucune de ces réponses.

4 Lequel des bilans du tableau 11.2 présente la conséquence initiale sur le secteur bancaire de la vente sur le marché libre par la Banque du Canada de 100 $ de titres du gouvernement à une banque ?
a) (a)
b) (b)
c) (c)
d) (d)
e) Aucune de ces réponses.

5 Selon les données empiriques sur la théorie quantitative de la monnaie, l'une des affirmations suivantes est *fausse*. Précisez laquelle.
a) La croissance de la monnaie est la seule cause de l'inflation.
b) À l'échelle mondiale, l'inflation et un fort taux de croissance de la monnaie sont liés dans les pays où l'inflation est élevée.
c) À l'échelle mondiale, l'inflation et un fort taux de croissance de la monnaie sont liés dans les pays où l'inflation est faible.
d) Un taux de croissance de la monnaie élevé est l'une des causes principales de l'inflation.
e) L'augmentation du taux de croissance de la monnaie dans les années 1960 a entraîné une inflation croissante.

6 Selon la théorie quantitative de la monnaie, lequel des événements suivants entraînerait une hausse du niveau des prix ?
a) La découverte d'un trésor de numéraire des années 1930 dans la grange d'un ami
b) La décision prise par plusieurs banques de demander le remboursement de 20 % de leurs prêts
c) Un incendie dévastateur dans les coffres de la Banque de Montréal qui détruit plusieurs millions de dollars de réserves non assurées
d) a et b feraient augmenter le niveau des prix.
e) b et c feraient augmenter le niveau des prix.

7 Parmi les énoncés suivants, lequel n'a *aucune* incidence sur la base monétaire ?
a) Une banque échange des titres du gouvernement contre un dépôt à la Banque du Canada.
b) Une banque échange de la monnaie contenue dans ses coffres contre un dépôt à la Banque du Canada.
c) La Banque du Canada achète des titres du gouvernement à une banque.
d) La Banque du Canada achète des titres du gouvernement à un autre agent économique que les banques.
e) La Banque du Canada vend des titres du gouvernement à une banque.

8 Parmi les éléments suivants, lequel constitue un des principaux outils de la politique monétaire de la Banque du Canada ?
a) Le taux préférentiel
b) Le taux de change
c) Le coefficient de numéraire
d) Le taux créditeur des banquiers
e) b et d

9 Le taux d'escompte est le taux d'intérêt
a) que les banques demandent à leurs meilleurs emprunteurs.
b) que les banques paient sur les dépôts à terme.
c) que la Banque du Canada paie sur les réserves détenues par les banques.
d) que la Banque du Canada demande aux banques à charte pour leur prêter des réserves.
e) versé pour détenir des bons du Trésor du gouvernement du Canada.

10 La théorie quantitative de la monnaie s'appuie essentiellement sur l'équation d'échange $VM = PY$ et elle suppose ensuite que
a) la vitesse de circulation varie inversement au taux d'intérêt, et le niveau des prix est indépendant du niveau de la masse monétaire.
b) la vitesse de circulation et le niveau des prix sont indépendants du niveau de la masse monétaire.
c) le PIB potentiel et la masse monétaire sont indépendants du niveau des prix.
d) le PIB potentiel et le niveau des prix sont indépendants du niveau de la masse monétaire.
e) la vitesse de circulation et le PIB potentiel sont indépendants du niveau de la masse monétaire.

11 Le taux d'escompte est un signal de l'efficacité de la politique monétaire,
a) puisqu'il s'agit d'une mesure des coûts d'emprunt pour accroître les réserves.
b) car il permet de prédire la politique monétaire.
c) car il est égal au taux préférentiel.
d) car il constitue une approximation de la valeur du multiplicateur monétaire.
e) a et b.

12 Pourquoi le taux de change constitue-t-il une variable monétaire clé ?
a) Il s'agit de l'un des quatre principaux outils de la politique monétaire.
b) Il s'agit d'un objectif clé de la politique monétaire.
c) Il s'agit d'un baromètre de la politique monétaire.
d) Il montre le montant par lequel il faut multiplier la base monétaire afin de mesurer la hausse de la masse monétaire.
e) Il fait partie des rouages du mécanisme par lequel une variation de l'offre de monnaie influe sur la demande agrégée.

13 En examinant les données historiques canadiennes sur la relation entre la croissance de l'offre de monnaie et l'inflation, on constate que
a) en moyenne, la quantité de monnaie augmente plus rapidement que l'inflation.
b) les variations du taux de croissance de la quantité de monnaie sont liées aux variations du taux d'inflation.
c) durant la Seconde Guerre mondiale, il y a eu une rupture dans la relation qui existe entre la croissance monétaire et l'inflation.
d) depuis 1950, l'inflation est moins instable que la croissance de l'offre de monnaie.
e) Toutes ces réponses.

14 Dans une situation de chômage, une hausse de l'offre de monnaie entraîne une
a) augmentation du PIB réel et du niveau des prix.
b) augmentation du PIB réel, mais une diminution du niveau des prix.
c) augmentation du PIB réel, mais aucune variation du niveau des prix.
d) augmentation du niveau des prix, mais aucune variation du PIB réel.
e) diminution du niveau des prix et du PIB réel.

15 Selon la théorie quantitative de la monnaie,
a) *V/M* est constant.
b) *Y/M* est constant.
c) *Y/P* est constant.
d) *M/P* est constant.
e) *M/V* est constant.

16 Le processus d'expansion monétaire se poursuit jusqu'à ce que
a) toutes les réserves obligatoires soient éliminées.
b) la Banque du Canada élimine les réserves obligatoires.
c) le taux d'escompte soit inférieur au taux préférentiel.
d) le taux préférentiel soit inférieur au taux d'escompte.
e) les réserves excédentaires soient éliminées.

17 Dans une opération expansionniste sur le marché libre, la Banque du Canada
a) vend des titres du gouvernement, ce qui fait diminuer les réserves bancaires et entraîne une diminution des prêts ainsi que de la masse monétaire.

b) vend des titres du gouvernement, ce qui fait diminuer les réserves bancaires et entraîne une diminution des prêts ainsi qu'une augmentation de la masse monétaire.
c) vend des titres du gouvernement, ce qui fait diminuer les réserves bancaires et entraîne une augmentation des prêts ainsi que de la masse monétaire.
d) achète des titres du gouvernement, ce qui fait augmenter les réserves bancaires et entraîne une augmentation des prêts et une diminution de la masse monétaire.
e) achète des titres du gouvernement, ce qui fait augmenter les réserves bancaires et entraîne une augmentation des prêts ainsi que de la masse monétaire.

18 Une politique monétaire expansionniste
a) provoque une hausse des taux d'intérêt et une baisse du taux de change.
b) n'a aucun effet sur les taux d'intérêt, mais fait augmenter le taux de change.
c) n'a aucun effet sur les taux d'intérêt ni sur le taux de change.
d) provoque une diminution des taux d'intérêt et une augmentation du taux de change.
e) fait diminuer les taux d'intérêt et le taux de change.

19 Lorsque le niveau des prix est de 2, le PIB réel de 100 milliards de dollars et la quantité de monnaie de 40 milliards de dollars, quelle est la vitesse de circulation?
a) 2,5
b) 4
c) 5
d) 10
e) 50

20 Selon la théorie quantitative de la monnaie, une hausse de la quantité de monnaie engendre une augmentation du niveau des prix
a) mais n'a aucun effet sur le PIB réel ni sur la vitesse de circulation.
b) de même qu'une hausse du PIB réel et de la vitesse de circulation.
c) de même qu'une hausse du PIB réel et une diminution de la vitesse de circulation.
d) de même qu'une diminution du PIB réel et une augmentation de la vitesse de circulation.
e) et une diminution de la vitesse de circulation, mais n'a aucun effet sur le PIB réel.

21 Plus le taux d'intérêt est élevé,
a) plus la quantité de monnaie demandée est faible et plus la vitesse de circulation est élevée.
b) plus la quantité de monnaie demandée est faible et plus la vitesse de circulation est lente.
c) plus la quantité de monnaie demandée est grande et plus la vitesse de circulation est élevée.
d) plus la quantité de monnaie demandée est grande et plus la vitesse de circulation est lente.
e) plus la quantité de monnaie demandée est grande, mais l'offre de monnaie ne change pas.

22 Supposons que la tendance qu'ont les prêts à revenir dans les banques sous forme de réserves soit à la hausse; en d'autres termes, il se produit une *diminution* du drainage du numéraire. Choisissez l'affirmation qui est vraie.
a) Le multiplicateur de dépôts diminue.
b) Le multiplicateur de dépôts augmente.
c) Le multiplicateur monétaire diminue.
d) Le multiplicateur monétaire demeure constant.
e) Le multiplicateur monétaire augmente.

23 Le multiplicateur monétaire augmentera si le pourcentage des dépôts que les ménages et les entreprises souhaitent détenir sous forme de numéraire
a) augmente ou si le coefficient de réserve désiré s'élève.
b) diminue ou si le coefficient de réserve désiré chute.
c) diminue ou si le coefficient de réserve désiré augmente.
d) augmente ou si le coefficient de réserve désiré diminue.
e) Aucune de ces réponses.

24 Lorsque la Banque du Canada achète des titres du gouvernement sur le marché libre, la courbe d'offre de monnaie réelle se déplace vers la
a) gauche, et le taux d'intérêt augmente.
b) gauche, et le taux d'intérêt diminue.
c) droite, et le taux d'intérêt augmente.
d) droite, et le taux d'intérêt reste constant à mesure que la courbe de demande de monnaie se déplace également vers la droite.
e) Aucune de ces réponses.

25 Parmi les outils de la politique de la Banque du Canada, lequel est le plus important?
a) Le choix du régime de taux de change
b) L'établissement des réserves obligatoires
c) La modification du taux d'escompte
d) Le paiement du déficit budgétaire du gouvernement
e) Les opérations sur le marché libre

Problèmes à court développement

1 En général, la Banque du Canada a recours à la politique monétaire pour augmenter les taux d'intérêt afin d'annuler la pression à la baisse exercée sur le taux de change. Expliquez brièvement mais avec précision comment ce processus fonctionne.

2 De quelle manière un achat de titres du gouvernement sur le marché libre entraîne-t-il un accroissement de la base monétaire?

3 Quelles sont les conséquences de l'ampleur du drainage de numéraire sur l'ampleur du multiplicateur monétaire?

4 Au départ, le marché monétaire est en situation d'équilibre quand la Banque du Canada augmente l'offre de monnaie. Expliquez l'ajustement que subira le nouveau taux d'intérêt d'équilibre.

5 Selon la théorie quantitative de la monnaie, quel est l'effet d'une augmentation de la quantité de monnaie? Quelles suppositions de la théorie sont essentielles pour que cet effet se produise? Pourquoi?

6 La figure 11.1 illustre l'équilibre sur le marché monétaire quand la courbe de demande de monnaie réelle est *DM*, et la courbe d'offre de monnaie réelle, *OM*.
a) Supposons que la Banque du Canada désire stimuler la dépense agrégée en réduisant le taux d'intérêt à 6 %. De combien la Banque du Canada doit-elle augmenter l'offre de monnaie nominale si le niveau des prix est de 2?

FIGURE **11.1**

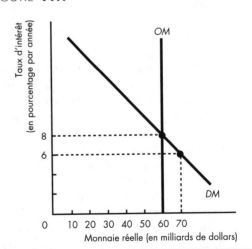

b) Après avoir calculé de combien la Banque du Canada doit accroître l'offre de monnaie nominale, trouvez maintenant l'opération que la Banque du Canada devra effectuer sur le marché libre si le multiplicateur monétaire est égal à 4. La Banque du Canada devra-t-elle acheter ou vendre des titres du gouvernement sur le marché libre, et pour quelle valeur? (Supposons que la Banque du Canada fasse directement affaire avec les banques à charte.)

7 Considérez les bilans suivants de la Banque du Canada et de la Banque de Crête:

TABLEAU **11.3**

Banque de Crête

Éléments d'actif		Éléments de passif	
Réserves	60	Dépôts	1 000
Titres	100		
Prêts	840		
	1 000		

Banque du Canada

Éléments d'actif		Éléments de passif	
Titres du gouvernement	9 000	Billets de la Banque du Canada	10 000
Prêts aux banques	500	Dépôts des banques à charte	1 000
Autres éléments d'actif nets	2 000	Dépôts du gouvernement	500
	11 500		11 500

a) La Banque de Crête a choisi une répartition des dépôts semblable à celle qui est présentée dans le bilan du tableau 11.3; quel est son coefficient de réserve désiré? Expliquez votre réponse.

b) Supposons que la Banque du Canada achète les 100 $ de titres de la Banque de Crête. Montrez ce qui se produit dans les bilans de la Banque de Crête et de la Banque du Canada à la suite de cette action. Expliquez votre réponse étape par étape. Quels effets cette action a-t-elle sur la base monétaire?

c) Que fera ensuite la Banque de Crête? En supposant qu'il n'y ait pas de drainage du numéraire, quelles sont les conséquences de cette action sur le niveau global des dépôts dans le secteur bancaire? (Calculez l'ampleur du multiplicateur de dépôts dans votre réponse.)

d) Expliquez les effets de cette opération effectuée sur le marché libre sur l'offre de monnaie et les taux d'intérêt.

8 Supposons qu'il y ait une diminution de la quantité de monnaie. À l'aide du modèle de l'offre et de la demande agrégées, montrez ce qui advient du niveau des prix et du PIB réel à court terme et à long terme.

9 Dans une économie donnée, le niveau des prix est de 1,5, le PIB réel de 240 milliards de dollars et l'offre de monnaie de 60 milliards de dollars.
a) Quelle est la vitesse de circulation?
b) Selon la théorie quantitative de la monnaie, quel sera l'effet d'une hausse de la quantité de monnaie, si celle-ci passe à 80 milliards de dollars?

10 À l'aide des données suivantes sur l'économie canadienne, représentez graphiquement le marché monétaire, en montrant l'équilibre initial en 1988 et le nouvel équilibre en 1989. Expliquez brièvement comment vous avez déterminé la position de la demande et de l'offre de monnaie sur le graphique.
Taux d'intérêt (1988) = 10,8 %
Taux d'intérêt (1989) = 13,4 %
Taux d'inflation (1988-1989) = 5,0 %
Taux de croissance de l'offre de monnaie nominale (1988-1989) = 4,6 %
Taux de croissance du PIB réel (1988-1989) = 2,3 %

RÉPONSES

Vrai/Faux/Incertain (Justifiez votre réponse.)

1 I La hausse du PIB réel entraîne un déplacement de la courbe *DM* vers la droite. Puisque *OM* se déplace également vers la droite, l'effet sur *r* est incertain.

2 V L'augmentation de *OM* entraîne une baisse de *r* qui, à son tour, fait diminuer le taux de change. Par conséquent, les *XN, C, I* augmentent, ce qui fait déplacer *DA* vers la droite.

3 I Cela est vrai à long terme, mais à court terme le PIB réel augmente.

4 V L'augmentation de *OM* entraîne une diminution de *r* qui, à son tour, fait diminuer la demande de dollars canadiens. Par conséquent, le taux de change diminue.

5 F $V = PY/M = 200/50 = 4$.

6 F On observe une certaine concordance, mais il n'en existe aucune durant certaines périodes.

7 F La vente des titres du gouvernement entraîne une baisse des réserves qui fait diminuer les prêts et les dépôts. Cette diminution provoque une baisse de *OM* qui fait augmenter les taux d'intérêt.

8 F Elle est subordonnée, voir le manuel.

9 F Si des titres sont vendus, les gens les achètent avec leurs dépôts, par conséquent les réserves diminuent.

10 F Le coefficient de réserve désiré augmente, il y a donc plus de dépôts gardés sous forme de réserves et moins de prêts à chaque étape du processus du multiplicateur monétaire.

Questions à choix multiple

1 a La Banque du Canada crédite les réserves du secteur bancaire et en retour obtient des titres du secteur bancaire.

2 c Cette personne obtient une traite bancaire de la Banque du Canada qu'elle dépose à sa banque. La Banque du Canada crédite les réserves de sa banque.

3 e Une vente sur le marché libre ressemblerait à **c**, sauf que les deux valeurs seraient de −100.

4 b La banque obtient 100 $ de titres et les paie en débitant les réserves qu'elle détient à la Banque du Canada.

5 a Les preuves empiriques révèlent des périodes durant lesquelles la croissance monétaire fluctue mais l'inflation ne varie pas, car la vitesse de circulation n'est pas constante comme l'affirmation le suppose.

6 a Ce numéraire ferait augmenter les dépenses et le niveau des prix. Les réponses **b** et **c** feraient diminuer l'offre de monnaie.

7 b Les autres sont tous des exemples d'opérations sur le marché libre.

8 d Définition.

9 d Définition.

10 e Voir le manuel.

11 e La réponse **a** est la définition du taux d'escompte et **b** se produit parce que le taux d'escompte constitue un baromètre des opérations sur le marché libre.

12 e Δ*OM* entraîne une Δ*r*, qui provoque une Δ de la demande de dollars canadiens et donc une Δ du taux de change qui, à son tour, fait varier *XN* et donc la *DA*.

13 e Voir le manuel.

14 a Une hausse de l'offre de monnaie entraîne un déplacement vers la droite de *DA* qui fait augmenter le PIB réel et le niveau des prix si l'équilibre initial se trouve à la gauche de l'équilibre de plein emploi (dessinez un graphique).

15 d Puisque la théorie suppose que $Y/V (= M/P)$ est constant. (676)

16 e Jusqu'à ce que cela se produise, les banques continueront à prêter leurs réserves excédentaires.

17 e L'achat de titres aura pour effet de faire croître les réserves pour les payer, ce qui augmentera les réserves excédentaires. Par conséquent, les banques augmenteront leurs prêts pour accroître leur profit, ce qui provoquera une baisse des dépenses ainsi que des dépôts qui, à son tour, fera augmenter l'offre de monnaie.

18 e La hausse de l'offre de monnaie entraîne un excédent de l'offre de monnaie ainsi qu'un excédent de la demande d'actifs financiers qui feront augmenter le prix de ces derniers. Par conséquent, la diminution des taux d'intérêt entraînera une baisse de la demande de dollars canadiens qui fera baisser le taux de change.

19 c $V = PY/M = 2(100)/(40) = 5$.

20 a À cause de l'hypothèse selon laquelle ni l'un ni l'autre n'est touché par la variation de l'offre de monnaie.

21 a La hausse du taux d'intérêt provoque une augmentation du coût d'opportunité lié à la détention de monnaie, ce qui fait diminuer la demande de monnaie et augmenter la vitesse de circulation puisque celle-ci = *Y/DM*.

22 e Le multiplicateur de dépôts ne dépend pas du drainage du numéraire. Un drainage monétaire plus faible provoquera une augmentation des prêts et des dépôts (= monnaie) à chaque étape du multiplicateur.

23 b Les deux diminutions signifient qu'il y a plus de réserves pour créer des prêts à chaque étape du processus du multiplicateur.

24 e L'achat de titres entraîne une hausse des réserves qui, à son tour, fait augmenter les dépôts et l'offre de monnaie. Par conséquent, l'excédent de l'offre de monnaie et de la demande d'actifs financiers font augmenter le prix de ces derniers, ce qui provoque une diminution des taux d'intérêt.

25 e Voir le manuel.

Problèmes à court développement

1 La hausse des taux d'intérêt élargira l'écart entre les taux canadiens et ceux des autres pays, ce qui accroîtra la demande de dollars canadiens. Par conséquent, le taux de change aura tendance à augmenter, annulant la pression à la baisse initiale.

2 Lorsqu'elle achète des titres du gouvernement sur le marché libre, la Banque du Canada fait augmenter la base monétaire en accroissant l'une de ses composantes : les dépôts des banques à charte à la Banque du Canada. Le processus de cette opération varie selon que les titres sont achetés à des banques ou au public.

Si la Banque du Canada achète des titres à des banques, le processus est direct. En effet, la Banque du Canada paie les titres en créditant les comptes de dépôt que les banques détiennent chez elle, ce qui fait augmenter directement la base monétaire. Si la Banque du Canada achète des titres au public, elle paie les titres en émettant des chèques à l'ordre des vendeurs, qui les déposent à leur banque. Ensuite, les banques retournent les chèques à la Banque du Canada, qui crédite leur compte de la valeur des chèques. Donc, dans les deux cas, la base monétaire augmente du montant de l'achat des titres sur le marché libre.

3 Durant chaque étape du processus du multiplicateur de la monnaie, de nouveaux prêts servent à effectuer des paiements. Certains de ces paiements sont déposés de nouveau (ce qui déclenche une expansion supplémentaire des prêts et des dépôts) et d'autres sont conservés sous forme de numéraire. Plus le drainage du numéraire est élevé, plus le montant de numéraire conservé le sera également, plus le montant du numéraire déposé de nouveau sera petit ainsi que le montant disponible pour les prêts et l'expansion des dépôts, plus l'expansion globale des dépôts sera petite et plus la valeur du multiplicateur le sera aussi.

4 Une hausse de l'offre de monnaie réelle signifie que, au taux d'intérêt courant, la quantité de monnaie offerte sera supérieure à la quantité de monnaie demandée. Les agents économiques qui détiennent de la monnaie voudront en réduire la quantité et tenteront de le faire en achetant des actifs financiers. La hausse de la demande d'actifs financiers provoquera une augmentation du prix des actifs financiers et donc une baisse des taux d'intérêt sur les actifs financiers. À mesure que les taux d'intérêt diminueront, la quantité de monnaie demandée augmentera, ce qui provoquera une baisse de l'offre excédentaire de monnaie. Ce processus se poursuivra jusqu'à ce que le taux d'intérêt ait chuté suffisamment pour qu'il y ait égalité entre la quantité demandée et la quantité offerte de monnaie.

5 Selon la théorie quantitative de la monnaie, une hausse de la quantité de monnaie engendre une augmentation proportionnelle du niveau des prix. Elle suppose que la vitesse de circulation et le PIB potentiel sont indépendants des variations de l'offre de monnaie, de sorte que la variation de l'offre de monnaie n'a de conséquences que sur le niveau des prix.

6 a) Le taux d'intérêt d'équilibre courant est de 8 %, et la Banque du Canada désire augmenter l'offre de monnaie suffisamment pour réduire le taux d'intérêt à 6 %. Puisque la quantité de monnaie réelle demandée à un taux d'intérêt de 6 % est de 70 milliards de dollars, la Banque du Canada devra augmenter l'offre de monnaie réelle de 10 milliards de dollars, la faisant ainsi passer de 60 à 70 milliards de dollars.

La quantité de monnaie réelle est égale à la quantité de monnaie nominale divisée par le niveau des prix. La Banque du Canada peut uniquement agir sur l'offre de monnaie *nominale*. Puisque le niveau des prix est de 2, l'offre de monnaie *nominale* doit croître de 20 milliards de dollars pour que l'offre de monnaie réelle augmente de 10 milliards de dollars. Ainsi, la Banque du Canada devra augmenter l'offre de monnaie *nominale* de 20 milliards de dollars.

b) Afin d'accroître l'offre de monnaie, la Banque du Canada devra acheter des titres du gouvernement sur le marché libre, parce que cet achat aura pour effet d'augmenter les réserves bancaires et la base monétaire. Puisque le multiplicateur monétaire est 4, si l'on désire que l'augmentation totale de la quantité de monnaie soit de 20 milliards de dollars, on doit accroître la base monétaire de 5 milliards de dollars. Il est donc nécessaire d'acheter 5 milliards de dollars de titres du gouvernement sur le marché libre.

7 a) Le coefficient de réserve désiré = réserves sélectionnées/dépôts = 60/1 000 = 0,06 ou 6 %.

b) La Banque du Canada augmente ses titres de 100. Elle paie ces titres en accroissant les dépôts de la Banque de Crête de 100, ce qui constitue une hausse des réserves de cette banque de 100 (qui correspond à la baisse des détentions de titres). Les bilans du tableau 11.4 montrent les changements ainsi que les nouvelles positions.

L'augmentation de 100 des dépôts des banques à charte fera également croître la base monétaire (= billets en circulation + dépôts des banques à charte) de 100.

TABLEAU **11.4**

(a) Changements du bilan

Banque de Crête

Éléments d'actif		Éléments de passif	
Réserves	+100	Dépôts	0
Titres	−100		
Prêts	0		
	0		

Banque du Canada

Éléments d'actif		Éléments de passif	
Titres du gouvernement	+100	Billets de la Banque du Canada	0
Prêts aux banques	0	Dépôts des banques à charte	+100
Autres éléments d'actif nets	0	Dépôts du gouvernement	0
	+100		+100

(b) Positions après l'opération sur le marché libre

Banque de Crête

Éléments d'actif		Éléments de passif	
Réserves	160	Dépôts	1 000
Titres	0		
Prêts	840		
	1 000		

Banque du Canada

Éléments d'actif		Éléments de passif	
Titres du gouvernement	9 100	Billets de la Banque du Canada	10 000
Prêts aux banques	500	Dépôts des banques à charte	1 100
Autres éléments d'actif nets	2 000	Dépôts du gouvernement	500
	11 600		11 600

c) La Banque de Crête possède maintenant 100 $ de réserves excédentaires, puisque les dépôts demeurent inchangés. Elle prêtera ces réserves excédentaires, ce qui déclenchera un processus du multiplicateur qui amènera une hausse des prêts et des dépôts dans tout le système. Le multiplicateur de dépôts est $1/(\text{coefficient de réserve désiré}) = 1/0{,}06 = 16{,}67$, de sorte que l'augmentation totale des dépôts est de 1 667.

d) De toute évidence, la hausse de l'offre de monnaie crée une offre excédentaire de monnaie au taux d'intérêt initial. Les agents économiques dépensent leur monnaie excédentaire en obligations, ce qui fait augmenter le prix des obligations et diminuer les taux d'intérêt.

8 La figure 11.2 montre les effets d'une diminution de la quantité de monnaie. Au départ, l'économie est en équilibre à long terme au point a, à l'intersection des courbes DA_0 et $OACT_0$ (et $OALT$). Le niveau des prix est de P_0 et le PIB est à son niveau potentiel, Y^*. Une diminution de la quantité de monnaie fera déplacer la courbe DA vers la gauche, de DA_0 à DA_1. Le nouvel équilibre à court terme sera atteint au point b. Le niveau des prix et le PIB réel diminueront, passant respectivement à P_1 et à Y_1. À long terme, toutefois, les prix des facteurs de production baisseront également, ce qui entraînera un déplacement vers la droite de la courbe $OACT$, de $OACT_0$ à $OACT_1$. Un nouvel équilibre à long terme sera atteint au point c. Ainsi, à long terme, le niveau des prix diminuera encore jusqu'à P_2, tandis que le PIB réel reviendra à son niveau potentiel, Y^*.

FIGURE **11.2**

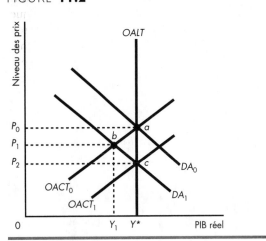

9 a) On peut trouver ainsi la vitesse de circulation :

$$\text{Vitesse de circulation} = \frac{\text{Niveau des prix} \times \text{PIB réel}}{\text{Quantité de monnaie}}$$

En remplaçant le niveau des prix, le PIB réel et la quantité de monnaie par leurs valeurs respectives, on obtient :

$$\text{Vitesse de circulation} = \frac{1,5 \times 240}{60} = 6$$

b) Selon la théorie quantitative de la monnaie, une hausse de la quantité de monnaie engendre une augmentation proportionnelle du niveau des prix. Lorsque la quantité de monnaie passe de 60 milliards de dollars à 80 milliards de dollars, cela correspond à une augmentation de 33 % ou 1/3. Par conséquent, la théorie quantitative de la monnaie prédit que le niveau des prix augmentera de 33 %, ou 1/3. Ainsi, le niveau des prix passera de 1,5 à 2. (On peut également vérifier cette relation à l'aide de l'équation d'échange.)

10 La figure 11.3 présente l'équilibre initial de 1988 à l'intersection de DM_{1988} et OM_{1988}, avec un taux d'intérêt de 10,8 %. La hausse du PIB réel de 1988 à 1989, toutes autres choses étant égales, entraîne une augmentation de la quantité de monnaie réelle demandée, laquelle est illustrée par un déplacement vers la droite de DM_{1988} à DM_{1989}. Le taux d'inflation est plus élevé que le taux de croissance de la quantité offerte de monnaie nominale, de sorte que l'offre de monnaie réelle diminue d'un faible montant de 1988 à 1989, ce qui est représenté par le déplacement vers la gauche de OM_{1988} à OM_{1989}. Ces deux changements se traduisent par une hausse du taux d'intérêt de 1988 à 1989.

FIGURE **11.3**

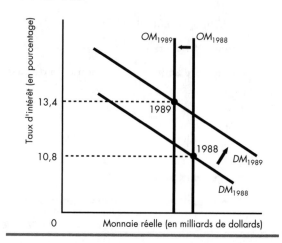

Chapitre 12

Les interactions de la politique monétaire et de la politique budgétaire

CONCEPTS CLÉS

La monnaie, le taux d'intérêt et la demande agrégée

◆ Le PIB réel et le niveau des prix sont déterminés par l'interaction de *DA* et *OA*.

- La *DA* est déterminée par l'interaction des dépenses agrégées (politique budgétaire) et du marché monétaire (politique monétaire).
- Les politiques monétaire et budgétaire font varier la dépense agrégée directement et indirectement. Par conséquent, la Δ*DA* provoque la Δ du PIB réel et la Δ du niveau des prix.

◆ Dans le présent chapitre, nous allons voir comment le PIB réel et le taux d'intérêt sont déterminés simultanément.

◆ L'équilibre du marché monétaire survient lorsque *DM* = *OM*.

- La *DM* est une fonction de *Y*.
- La Δ*Y* entraîne la Δ*DM* qui, à son tour, fait varier *r*.
- *r* dépend de *Y*.

◆ L'équilibre du marché des biens et services se situe là où *DAP* = *Y*.

- La *DAP* est une fonction de *I*, *C* et *XN*.
- La **courbe de demande d'investissement** – la relation entre *I* et *r* – est essentielle.
- La Δ*r* provoque la Δ*I*(Δ*C*, Δ*XN*) qui, à son tour, entraîne une Δ*DAP* ainsi qu'une Δ*Y*.
- *Y* dépend de *r*.

◆ Il n'existe qu'un seul niveau du *Y* et un seul niveau de *r* qui produisent simultanément ou conjointement l'équilibre du marché monétaire et du marché des biens et services.

La politique budgétaire et la demande agrégée

La politique budgétaire expansionniste est l'augmentation des dépenses gouvernementales, la hausse des paiements de transfert ou la diminution des impôts en vue d'accroître la *DA*. Elle a deux séries d'effets.

◆ Première série d'effets : l'augmentation des dépenses autonomes accroît la dépense agrégée planifiée qui fait grimper le PIB réel.

◆ Seconde série d'effets : la hausse du PIB réel provoque un déplacement vers la droite de *DM*, ce qui fait monter les taux d'intérêt. L'augmentation de ces taux fait réduire les investissements, et la dépense agrégée planifiée diminue. La baisse des dépenses entraîne un fléchissement du PIB réel, ce qui contrebalance *quelque peu* les effets de la première série.

- Lorsqu'une politique budgétaire expansionniste a tendance à faire monter les taux d'intérêt, ce qui entraîne une réduction des dépenses d'investissement, il y a **effet d'éviction**, lequel n'est habituellement que partiel.
- Une politique budgétaire expansionniste peut faire augmenter les investissements (**effet d'attraction**) si elle fait accroître les profits prévus ou la rentabilité des capitaux ou si elle fait diminuer les impôts.
- La hausse des taux d'intérêt peut provoquer un **effet d'éviction international** en faisant augmenter le taux de change, ce qui fait diminuer les exportations nettes.

La politique monétaire et la demande agrégée

La politique monétaire expansionniste est une hausse de l'offre de monnaie en vue de stimuler la *DA*. Elle a une première et une seconde séries d'effets.

◆ Première série d'effets : une hausse de l'offre de monnaie provoque une baisse des taux d'intérêt qui fait augmenter les investissements et les dépenses autonomes. Cette augmentation fait monter la dépense agrégée planifiée qui, à son tour, accroît le PIB réel.

◆ Seconde série d'effets : ils sont identiques à la seconde série d'effets de la politique budgétaire.

◆ Il y a un effet du taux de change qui accroît les effets de la politique monétaire. La diminution générale des taux d'intérêt provoque la baisse de la demande de dollars qui fait diminuer le taux de change. Cette diminution fait croître les exportations nettes.

L'efficacité relative des politiques macroéconomiques

◆ La politique budgétaire est plus efficace si l'effet d'éviction est moins fort, ce qui est le cas quand

- la demande de monnaie est *sensible* aux taux d'intérêt (ΔDM provoque une faible Δr),
- la demande d'investissement est *insensible* aux taux d'intérêt (étant donné la Δr, la Δ de l'investissement est faible).

◆ La politique monétaire est plus efficace si

- la demande de monnaie est *insensible* aux taux d'intérêt (ΔDM provoque une Δ importante de r.)
- la demande d'investissement est *sensible* aux taux d'intérêt (étant donné la Δr, la Δ de l'investissement est grande).

◆ Le débat entre keynésiens et monétaristes des années 1950 portait principalement sur l'efficacité relative des politiques budgétaire et monétaire.

- Les **keynésiens** croyaient que l'économie est intrinsèquement instable et que la politique budgétaire est plus efficace parce qu'elle n'engendre qu'un faible effet d'éviction.
- Les **monétaristes** estimaient que l'économie est intrinsèquement stable et que la politique monétaire est plus efficace parce qu'elle engendre un fort effet d'éviction.
- Les preuves empiriques démontrent que les deux politiques sont efficaces.

Le PIB réel, le niveau des prix et les taux d'intérêt

La politique monétaire et la politique budgétaire font déplacer la courbe *DA*, le niveau des prix demeurant constant par ailleurs.

◆ Dans le modèle *DA-OA* complet, la hausse de la demande agrégée entraîne une augmentation du niveau des prix qui fait diminuer l'offre de monnaie réelle. Cette diminution fait monter les taux d'intérêt qui, à leur tour, entraînent une baisse de la quantité de PIB réel demandée. Par conséquent, la hausse du PIB réel est plus faible que dans le modèle partiel.

- Si, au départ, l'économie se trouve dans une situation d'équilibre de chômage, il y a une augmentation globale du PIB réel et du niveau des prix.
- Si, au départ, l'économie se trouve dans une situation d'équilibre de plein emploi, il n'y a qu'une augmentation globale du niveau des prix.

La coordination et le conflit des politiques monétaire et budgétaire

Le gouvernement et la Banque du Canada peuvent œuvrer de concert pour atteindre des objectifs communs (**coordination des politiques**) ou poursuivre des objectifs différents (**conflit des politiques**).

◆ Les politiques monétaire et budgétaire modifient toutes les deux la *DA*, mais ont des effets opposés sur les taux d'intérêt et le taux de change.

- Une politique budgétaire expansionniste fait augmenter r ainsi que le taux de change, ce qui provoque une diminution de *C*, *I* et *XN*.
- Une politique monétaire expansionniste fait diminuer r ainsi que le taux de change, ce qui fait augmenter *C*, *I* et *XN*.
- En coordonnant la politique budgétaire et la politique monétaire et en les combinant correctement pour faire augmenter la demande agrégée, il est possible d'obtenir le changement souhaité de r.

◆ Une source potentielle de conflit réside dans le financement du déficit gouvernemental.

- Lorsque le gouvernement emprunte auprès de la Banque du Canada, il ne paie pas d'intérêts, ce qui fait augmenter *OM*. Cela mène à l'inflation.
- Seule une très faible part des déficits est financée par la Banque du Canada.

RAPPELS

1 Dans les chapitres 8 et 9, nous avons étudié le secteur des biens et services de manière isolée en utilisant le modèle de la dépense agrégée et en supposant que le taux d'intérêt était fixe.

Lorsque le taux d'intérêt varie, la dépense agrégée fluctue également, et un nouveau niveau d'équilibre du PIB réel (un équilibre de flux) est atteint.

De la même manière, dans le chapitre 11, nous avons examiné le marché monétaire de manière isolée en utilisant le modèle de l'offre et de la demande de monnaie et en supposant que le niveau du PIB réel était fixe. Lorsque le niveau du PIB réel varie, la demande de monnaie réelle change et il en résulte un nouvel équilibre (de stock). Par conséquent, la valeur d'équilibre du PIB réel est déterminée en attribuant une certaine valeur au taux d'intérêt, et la valeur d'équilibre du taux d'intérêt est déterminée en attribuant une certaine valeur au PIB réel.

Dans le présent chapitre, nous allons rassembler ces deux marchés et déterminer le PIB réel d'équilibre et le taux d'intérêt d'équilibre en utilisant simultanément les deux modèles. Lorsque le PIB réel et le taux d'intérêt atteignent des niveaux qui permettent au marché des biens et services et au marché monétaire d'être simultanément en équilibre, on dit alors qu'il y a *équilibre de stock et de flux*.

L'examen de l'équilibre simultané nous révèle une *seconde série d'effets* des politiques budgétaire et monétaire qui n'apparaissent pas dans l'analyse partielle des chapitres précédents. L'effet d'éviction constitue un exemple de la seconde série d'effets. À cause de l'effet d'éviction, les multiplicateurs de la politique budgétaire dans le modèle complet sont plus petits que les multiplicateurs que nous avons examinés dans le modèle partiel du chapitre 9.

2 Dans le présent chapitre, nous mettons principalement l'accent sur les canaux par lesquels l'effet d'un changement initial des politiques budgétaire ou monétaire est transmis à la demande agrégée, soit les canaux de transmission des politiques budgétaire et monétaire. L'analyse graphique qui est proposée dans le manuel vous sera très utile lors de l'étude de ces canaux de transmission.

On présente d'abord l'économie en situation d'équilibre, puis cet équilibre est perturbé par la mise en œuvre d'une politique budgétaire ou monétaire qui déstabilise un marché. À mesure que des modifications se produisent sur ce marché et que ce dernier se dirige vers un nouvel équilibre, des changements surviennent sur d'autres marchés. Finalement, un nouvel équilibre est atteint simultanément sur tous les marchés.

Vous trouverez peut-être utile de vous servir, en plus des graphiques, de chaînes de causalité qui montrent la *suite* de changements qui se produisent à mesure que l'économie s'ajuste à la nouvelle politique. Par exemple, la chaîne de causalité suivante représente le canal de transmission de la politique monétaire et plus précisément du taux d'intérêt :

i) Première série d'effets :

$$\uparrow M \rightarrow \uparrow OM$$
$$\uparrow OM \rightarrow \downarrow r \text{ (lien 1)}$$
$$\downarrow r \rightarrow \uparrow I \text{ (lien 2)}$$
$$\uparrow I \rightarrow \uparrow DAP$$
$$\uparrow DAP \rightarrow \uparrow \text{PIB réel}$$

Seconde série d'effets :

$$\uparrow \text{PIB réel} \rightarrow \uparrow DM$$
$$\uparrow DM \rightarrow \uparrow r$$
$$\uparrow r \rightarrow \downarrow I$$
$$\downarrow I \rightarrow \downarrow DAP$$
$$\downarrow DAP \rightarrow \downarrow \text{PIB réel}$$

Cette chaîne montre qu'une politique monétaire expansionniste (un achat de titres du gouvernement sur le marché libre effectué par la Banque du Canada) entraîne une hausse de la quantité de monnaie (M), ce qui engendre une augmentation de l'offre de monnaie réelle (OM). Par la suite, le taux d'intérêt chute (r), ce qui entraîne une hausse de l'investissement (I), qui constitue une partie de la dépense agrégée (DAP). Puis, le PIB réel commence à s'accroître, et la première série d'effets prend fin.

Cependant, la hausse du PIB réel provoque une deuxième série d'effets. Le PIB réel plus élevé entraîne un déplacement vers la droite de la demande de monnaie réelle (DM). Cette hausse fait augmenter le taux d'intérêt (r), de sorte que l'investissement (I) et la dépense agrégée (DAP) diminuent, ce qui entraîne une chute du PIB réel. Cet effet d'éviction contrebalance quelque peu le changement initial, mais l'économie converge tout de même vers un nouvel équilibre de stock et de flux. (Ne tenez pas compte des liens 1 et 2 pour le moment).

Remarquez que la chaîne de causalité représente un moyen utile de résumer ce que nous avons appris dans le cadre d'une analyse graphique plus détaillée. Les chaînes de causalité peuvent également servir à étudier le type d'effets qui peuvent réduire ou renforcer la capacité d'une politique de faire varier la demande agrégée.

3 Le canal de transmission de la politique budgétaire (par exemple une hausse des dépenses gouvernementales en biens et services) est représenté par la chaîne de causalité suivante :

ii) Première série d'effets :

$$\uparrow G \rightarrow \uparrow DAP$$
$$\uparrow DAP \rightarrow \uparrow \text{PIB réel}$$

Seconde série d'effets:

$$\uparrow\text{PIB réel}\rightarrow\uparrow DM$$
$$\uparrow DM \rightarrow\uparrow r \text{ (lien 1)}$$
$$\uparrow r\rightarrow\downarrow I \text{ (lien 2)}$$
$$\downarrow I\rightarrow\downarrow DAP$$
$$\downarrow DAP \rightarrow\downarrow\text{PIB réel}$$

Les dépenses gouvernementales en biens et services sont représentées par la lettre G. Les autres symboles sont les mêmes que ceux que nous avons utilisés dans l'exemple précédent. (Encore une fois, ne tenez pas compte des liens 1 et 2.)

4 On sait que l'importance de l'effet d'un changement de l'offre de monnaie sur la demande agrégée dépend de la sensibilité aux variations du taux d'intérêt de la demande de monnaie réelle et de la demande d'investissement.

En regardant le lien de causalité donné par i), nous pouvons comprendre comment ces facteurs ont un effet sur la portée de la politique monétaire. Le lien 1 représente le lien entre la hausse de l'offre de monnaie réelle et la chute du taux d'intérêt qui en résulte. Si la demande de monnaie réelle est très sensible aux variations du taux d'intérêt (la courbe DM tend vers l'horizontale ou est élastique par rapport au taux d'intérêt), alors ce lien est très faible: une hausse donnée de l'offre de monnaie réelle aura peu d'effet sur le taux d'intérêt. Par conséquent, l'effet sur les investissements sera également peu prononcé. Le lien 2 représente l'effet d'une variation du taux d'intérêt sur les investissements. Si les investissements sont très sensibles aux variations du taux d'intérêt (la courbe de demande d'investissement tend vers l'horizontale ou est élastique par rapport au taux d'intérêt), alors ce lien est très fort: une baisse donnée du taux d'intérêt aura un effet important sur l'investissement.

Nous pouvons également étudier les facteurs qui déterminent l'importance de l'effet de la politique budgétaire sur la demande agrégée. Les liens 1 et 2 de ii) sont importants: ce sont les mêmes liens que les liens 1 et 2 de la politique monétaire. Si la courbe de demande de monnaie réelle est très sensible aux variations du taux d'intérêt (la courbe DM tend vers l'horizontale), alors le lien 1 est assez faible, l'effet d'éviction est peu important, et la politique budgétaire est efficace. De la même manière, si l'investissement est très sensible aux variations du taux d'intérêt (la courbe de demande d'investissement tend vers l'horizontale), alors le lien 2 est assez fort, l'effet d'éviction est important, et la politique budgétaire est peu efficace.

Ainsi, les liens 1 et 2 sont essentiels dans le processus de transmission et sont au cœur de la controverse entre les keynésiens et les monétaristes. Il est intéressant d'analyser les points de vue extrêmes adoptés par les keynésiens et les monétaristes à la lumière de ces liens. L'existence d'un piège à liquidités (la courbe DM est horizontale, selon le point de vue des keynésiens extrémistes) rend la politique monétaire complètement inefficace, car elle détruit le lien 1: une hausse de l'offre de monnaie réelle n'aura pas d'effet sur le taux d'intérêt. Le piège à liquidités rend aussi la politique budgétaire très efficace, puisqu'il n'y a pas d'effet d'éviction (une hausse du PIB réel n'a aucune conséquence sur les taux d'intérêt et l'investissement).

L'existence d'une courbe de demande d'investissement verticale (selon le point de vue des keynésiens extrémistes) rend la politique monétaire complètement inefficace parce qu'elle détruit le lien 2. De la même manière, l'existence d'une courbe de demande d'investissement horizontale ou d'une courbe de demande de monnaie verticale (selon le point de vue des monétaristes extrémistes) suppose un effet d'éviction complet, rendant ainsi la politique budgétaire totalement inefficace.

Notez que les effets qui rendent une politique budgétaire efficace ont le résultat inverse sur une politique monétaire. L'inverse est aussi vrai.

5 L'effet du taux de change sur la politique monétaire ou sur la politique budgétaire joue un rôle essentiel dans les économies comportant un important secteur étranger, comme l'économie canadienne. Les variations du taux d'intérêt modifient la demande de dollars canadiens dans la même direction. En effet, le dollar canadien s'apprécie si le taux d'intérêt augmente et se déprécie si le taux d'intérêt diminue. Toutefois, il existe une différence essentielle entre la politique budgétaire et la politique monétaire en ce qui concerne cet effet, parce que les deux politiques ont des effets inverses sur les taux d'intérêt.

Une politique budgétaire expansionniste fera *augmenter* les taux d'intérêt, ce qui *accroîtra* la valeur du dollar canadien et *réduira* les exportations nettes, *contrebalançant* ainsi l'effet de la politique expansionniste. Par contre, une politique monétaire expansionniste fera *diminuer* les taux d'intérêt, ce qui *affaiblira* le dollar canadien, *accroîtra* les exportations nettes et *renforcera* la politique expansionniste.

AUTOÉVALUATION

Vrai/Faux/Incertain
(Justifiez votre réponse.)

1 Dans le modèle *DA-OA* complet, une politique monétaire expansionniste ne fait qu'augmenter le niveau des prix et ne fait pas monter le PIB réel.

2 L'effet d'attraction est plus puissant que l'effet d'éviction.

3 Si un accroissement de l'offre de monnaie fait augmenter la demande agrégée, il faut que les taux d'intérêt aient chuté et que les investissements aient augmenté.

4 Si une hausse des dépenses publiques en biens et services fait augmenter la demande agrégée, les taux d'intérêt vont chuter et les investissements vont augmenter.

5 Une hausse du taux d'intérêt fera déplacer la courbe de demande d'investissement vers la gauche.

6 Une hausse de l'offre de monnaie fait augmenter le taux d'intérêt.

7 Une hausse de l'offre de monnaie fait augmenter le taux de change.

8 Toutes autres choses étant égales, une variation de l'offre de monnaie aura un effet plus prononcé sur la dépense agrégée planifiée si la demande d'investissement réagit beaucoup aux variations du taux d'intérêt.

9 L'effet d'éviction sera plus important si la pente de la courbe de demande d'investissement est très abrupte.

10 Une hausse des dépenses publiques en biens et services entraîne un déplacement de la courbe de demande de monnaie réelle vers la droite, ce qui fait augmenter le taux d'intérêt.

Questions à choix multiple

1 Parmi les événements suivants, lequel décrit le plus correctement une politique budgétaire expansionniste? La dépense agrégée
 a) augmente, ce qui entraîne une hausse du PIB réel qui provoque une augmentation de la demande de monnaie et une chute du taux d'intérêt. Cette chute fait augmenter davantage le PIB réel.
 b) augmente, ce qui entraîne une hausse du PIB réel qui provoque une augmentation de l'offre de monnaie et une chute du taux d'intérêt. Cette chute fait augmenter davantage le PIB réel.
 c) diminue, ce qui entraîne une hausse du PIB réel qui provoque une augmentation de la demande de monnaie et une chute du taux d'intérêt. Cette chute fait augmenter davantage le PIB réel.
 d) augmente, ce qui entraîne une baisse du PIB réel qui provoque une augmentation de la demande de monnaie et une chute du taux d'intérêt. Cette chute contrebalance partiellement la hausse du PIB réel.
 e) augmente, ce qui entraîne une hausse du PIB réel, qui provoque une augmentation de la demande de monnaie et une augmentation du taux d'intérêt. Cette augmentation contrebalance partiellement la hausse du PIB réel.

2 Toutes autres choses étant égales, laquelle des séries d'événements suivants modère l'effet de la politique monétaire expansionniste sur la demande agrégée? Les taux d'intérêt
 a) diminuent, le dollar canadien se déprécie, le prix des exportations chute et le prix des importations monte.
 b) augmentent, le dollar canadien s'apprécie, le prix des exportations augmente et le prix des importations diminue.
 c) diminuent, le dollar canadien s'apprécie, le prix des exportations augmente et le prix des importations diminue.
 d) augmentent, le dollar canadien se déprécie, le prix des exportations chute et le prix des importations monte.
 e) diminuent, la demande d'investissement augmente, la dépense agrégée monte, le PIB réel s'accroît et la demande de monnaie réelle augmente.

3 On appelle *effet d'attraction* la tendance qu'a une augmentation des achats gouvernementaux de biens et services à
a) provoquer une hausse de la demande de monnaie qui entraîne une augmentation des taux d'intérêt et une diminution de l'investissement.
b) provoquer une baisse de la demande de monnaie qui entraîne une diminution des taux d'intérêt et une augmentation de l'investissement.
c) provoquer une augmentation de l'offre de monnaie.
d) faire augmenter les taux d'intérêt, ce qui entraîne une augmentation du taux de change et une baisse des exportations nettes.
e) faire augmenter les prévisions de bénéfices dans le secteur privé, ce qui entraîne une hausse de la demande d'investissement.

4 Dans le modèle *DA-OA* complet, les variations de la demande agrégée provoquées par les politiques budgétaire et monétaire ont des effets moins importants sur le PIB réel, car la hausse du niveau des prix qui en découle fait augmenter les taux d'intérêt qui, à leur tour, font diminuer
a) l'investissement.
b) les exportations nettes.
c) la consommation.
d) Toutes ces réponses.
e) Aucune de ces réponses.

5 La coordination des politiques budgétaire et monétaire est plus avantageuse pour une économie puisqu'elle
a) permet de financer le déficit à peu de frais.
b) provoque le changement souhaité dans les taux d'intérêt en combinant correctement la politique monétaire et la politique budgétaire.
c) provoque des effets opposés sur le taux d'intérêt et sur le taux de change.
d) Toutes ces réponses.
e) Aucune de ces réponses.

6 Dans le modèle *DA-OA* complet, les variations du niveau des prix supposent
a) que le multiplicateur de la politique budgétaire dans le monde réel est plus petit puisque le niveau des prix se déplace dans le sens inverse de la variation du PIB réel.
b) que la politique monétaire n'est dorénavant plus utile.
c) que la politique budgétaire n'est dorénavant plus utile.
d) que le multiplicateur de la politique budgétaire dans le monde réel est plus petit puisque le niveau des prix se déplace de pair avec la variation du PIB réel.
e) **b** et **c**.

7 Considérez le modèle *DA-OA* complet lorsque l'économie est en situation d'équilibre de chômage. Si une politique monétaire expansionniste provoque une hausse de la demande agrégée, le PIB réel
a) chute en général à cause de l'augmentation du niveau des prix.
b) augmente davantage à cause de la hausse du niveau des prix.
c) n'est pas touché par la hausse du niveau des prix.
d) ne varie généralement pas à cause de la hausse du niveau des prix.
e) augmente, mais d'un montant plus faible à cause de la hausse du niveau des prix.

8 Si l'on tient compte de la première et de la seconde séries d'effets, une politique budgétaire restrictive a pour effet de faire diminuer le PIB réel,
a) le taux d'intérêt et l'investissement.
b) ainsi que le taux d'intérêt et de faire augmenter l'investissement.
c) de faire augmenter le taux d'intérêt et de réduire l'investissement.
d) de faire augmenter le taux d'intérêt ainsi que l'investissement.
e) Aucune de ces réponses.

9 Si l'on tient compte de la première et de la seconde séries d'effets, une politique monétaire restrictive a pour effet de faire diminuer le PIB réel,
a) le taux d'intérêt et l'investissement.
b) ainsi que le taux d'intérêt et de faire augmenter l'investissement.
c) de faire augmenter le taux d'intérêt et de réduire l'investissement.
d) de faire augmenter le taux d'intérêt ainsi que l'investissement.
e) Aucune de ces réponses.

10 Au départ, une diminution de l'offre de monnaie aura pour effet de provoquer
a) une hausse de l'investissement et de la dépense agrégée planifiée.
b) une hausse de l'investissement et une diminution de la dépense agrégée planifiée.
c) une baisse de l'investissement et une hausse de la dépense agrégée effective.
d) une baisse de l'investissement ainsi que de la dépense agrégée planifiée.
e) une hausse de l'investissement ainsi que de la dépense agrégée effective.

11 Étudiez les graphiques de la figure 12.1.
Pourquoi cette situation *ne* correspond-elle
pas à un équilibre de stock et de flux?
a) Le niveau de la dépense agrégée planifiée
est incompatible avec le taux d'intérêt.
b) Ni le marché monétaire ni le marché
des biens et services ne sont en équilibre.
c) Il y a équilibre des dépenses à un niveau de
PIB réel différent de celui qu'on a utilisé pour
tracer la courbe de demande de monnaie réelle.
d) Le niveau des investissements dans le
graphique (c) est incompatible avec celui
du graphique (b).
e) La dépense agrégée est supérieure à l'offre
agrégée.

12 Supposons que la figure 12.1 que vous venez
d'analyser décrive une certaine économie.
Si l'équilibre de stock et de flux est atteint,
qu'adviendra-t-il du PIB réel et du taux d'intérêt?
a) Le PIB réel sera inférieur à 800 milliards de
dollars et le taux d'intérêt sera supérieur à 4 %.
b) Le PIB réel sera inférieur à 800 milliards de
dollars et le taux d'intérêt sera inférieur à 4 %.
c) Le PIB réel sera supérieur à 800 milliards de
dollars et le taux d'intérêt sera supérieur à 4 %.
d) Le PIB réel sera supérieur à 800 milliards de
dollars et le taux d'intérêt sera inférieur à 4 %.
e) Aucune de ces réponses.

13 Une hausse de l'offre de monnaie fait généralement
augmenter le PIB réel. Cela entraîne
un déplacement de la courbe de demande
de monnaie réelle
a) vers la gauche, et le taux d'intérêt chute.
b) vers la gauche, et le taux d'intérêt monte.
c) vers la droite, et le taux d'intérêt chute.
d) vers la droite, et le taux d'intérêt monte.
e) vers la droite, et l'offre de monnaie augmente.

14 La politique monétaire a *très peu* d'effet sur
la demande agrégée lorsque la sensibilité de la
demande de monnaie réelle au taux d'intérêt
a) est grande, et que la sensibilité de la demande
d'investissement au taux d'intérêt l'est également.
b) est grande, et que la sensibilité de la demande
d'investissement aux taux d'intérêt est faible.
c) est faible, et que la sensibilité de la fonction
de consommation au taux d'intérêt est grande.
d) est faible, et que la sensibilité de la demande
d'investissement au taux d'intérêt l'est également.
e) est faible, et que la sensibilité de la fonction de
consommation au taux d'intérêt l'est également.

15 Prenons le cas d'une économie dont la demande
de monnaie réelle est très sensible aux variations
du taux d'intérêt. Dans cette économie, la
politique monétaire est problématique, car
a) l'effet d'éviction est important.
b) elle crée des variations du taux de change
qui la rendent inefficace.
c) une variation du taux d'intérêt n'entraîne
qu'un faible changement de la demande
d'investissement.
d) un changement de l'offre de monnaie engendre
une variation importante du taux d'intérêt.
e) un changement de l'offre de monnaie n'entraîne
qu'une faible variation du taux d'intérêt.

16 Quel sera l'effet d'une réduction des impôts
et des taxes?
a) Elle fera augmenter la dépense agrégée planifiée
en entraînant une hausse du revenu disponible.
b) Elle fera augmenter la dépense agrégée planifiée
en provoquant une chute du taux d'intérêt.
c) Elle fera diminuer la dépense agrégée planifiée
en entraînant une baisse du revenu disponible.
d) Elle fera diminuer la dépense agrégée planifiée
en entraînant une hausse du taux d'intérêt.
e) Elle fera augmenter la dépense agrégée planifiée
en entraînant une hausse des investissements.

FIGURE **12.1**

(a)

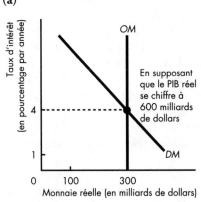

(b)

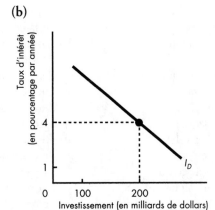

(c)

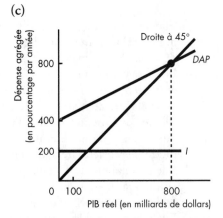

17 Des données statistiques portant sur un grand nombre de pays et de périodes ont démontré que
a) la politique budgétaire a un effet sur la demande agrégée et que la politique monétaire n'en a pas.
b) la politique monétaire a un effet sur la demande agrégée et que la politique budgétaire n'en a pas.
c) les politiques monétaire et budgétaire ont un effet sur la demande agrégée.
d) les politiques monétaire et budgétaire n'ont pas d'effet sur la demande agrégée.
e) la politique budgétaire n'a eu un effet sur la demande agrégée que durant la Grande Dépression des années 30.

18 On peut augmenter la demande agrégée en accroissant l'offre de monnaie (politique monétaire expansionniste) ou en augmentant les dépenses publiques en biens et services (politique budgétaire expansionniste). Lequel des énoncés suivants est vrai?
a) La politique monétaire fait monter le taux d'intérêt alors que la politique budgétaire le fait chuter. Les dépenses de consommation augmentent dans les deux cas.
b) La politique monétaire fait chuter le taux d'intérêt alors que la politique budgétaire le fait monter. Les dépenses de consommation augmentent dans les deux cas.
c) La politique monétaire fait augmenter les dépenses de consommation alors que la politique budgétaire les fait chuter. Le taux d'intérêt augmente dans les deux cas.
d) La politique monétaire fait augmenter les dépenses de consommation alors que la politique budgétaire les fait chuter. Le taux d'intérêt diminue dans les deux cas.
e) La politique monétaire et la politique budgétaire font chuter les dépenses de consommation. Le taux d'intérêt augmente dans les deux cas.

19 Que provoquera une réduction des impôts et des taxes?
a) Elle fera diminuer le taux d'intérêt, ce qui entraînera une réduction de la valeur du dollar sur le marché des changes.
b) Elle fera diminuer le taux d'intérêt, ce qui entraînera une augmentation de la valeur du dollar sur le marché des changes.
c) Elle fera augmenter le taux d'intérêt, ce qui entraînera une diminution de la valeur du dollar sur le marché des changes.
d) Elle fera augmenter le taux d'intérêt, ce qui entraînera une augmentation de la valeur du dollar sur le marché des changes.
e) Elle n'aura pas d'effet sur le taux d'intérêt.

20 L'un des ensembles d'idées suivants est propre aux keynésiens. Lequel?
a) L'économie est fondamentalement instable, et la politique budgétaire est plus efficace que la politique monétaire.
b) L'économie est fondamentalement instable, et la politique monétaire est plus efficace que la politique budgétaire.
c) L'économie est fondamentalement stable, et la politique budgétaire est plus efficace que la politique monétaire.
d) L'économie est fondamentalement stable, et la politique monétaire est plus efficace que la politique budgétaire.
e) L'économie est fondamentalement stable, et l'effet d'éviction est prononcé.

21 Parmi les énoncés suivants, lequel décrit le mieux le point de vue des monétaristes extrémistes?
a) La courbe de demande d'investissement et la courbe de demande de monnaie réelle sont horizontales.
b) La courbe de demande d'investissement est horizontale, et la courbe de demande de monnaie réelle est verticale.
c) La courbe de demande d'investissement est verticale, et la courbe de demande de monnaie réelle est horizontale.
d) La courbe de demande d'investissement et la courbe de demande de monnaie réelle sont verticales.
e) La courbe de demande d'investissement est verticale, et la courbe d'offre de monnaie réelle est horizontale.

22 Une variation des taux d'intérêt influe sur la demande agrégée par une des variations suivantes. Laquelle?
a) Un déplacement de la courbe de demande d'investissement et un mouvement le long de la courbe de dépense agrégée
b) Un déplacement de la courbe de demande de monnaie réelle ainsi que de la courbe de demande d'investissement
c) Un déplacement de la courbe de demande d'investissement et de la fonction de dépense agrégée
d) Des mouvements le long des courbes de demande d'investissement et de dépense agrégée
e) Un mouvement le long de la courbe de demande d'investissement et un déplacement de la courbe de dépense agrégée

23 Une hausse de la demande agrégée provoquée par des changements dans la politique budgétaire peut être contrebalancée par
a) l'effet d'éviction.
b) l'effet du taux de change.
c) l'effet des dépenses.
d) l'effet des dépenses de consommation.
e) **a** et **b**.

24 Si l'offre de monnaie augmente, les prix des obligations auront généralement tendance à
a) diminuer lorsque le taux d'intérêt augmente.
b) augmenter lorsque le taux d'intérêt augmente.
c) diminuer lorsque le taux d'intérêt chute.
d) augmenter lorsque le taux d'intérêt chute.
e) demeurer constants.

25 Si la courbe d'offre agrégée est verticale, une politique budgétaire expansionniste provoquerait tous les événements suivants sauf un. Lequel?
a) Une augmentation de l'investissement
b) Une augmentation de la demande de monnaie réelle
c) Une augmentation des taux d'intérêt
d) Une augmentation du niveau des prix
e) Une diminution de l'investissement

Problèmes à court développement

1 Décrivez les principales étapes qui suivent une hausse de l'offre de monnaie réelle lorsque le niveau des prix demeure constant.

2 Pourquoi une hausse de l'offre de monnaie réelle a-t-elle moins d'effet sur la dépense agrégée planifiée lorsque la demande de monnaie réelle est très sensible aux variations du taux d'intérêt?

3 Expliquez comment une hausse de l'offre de monnaie entraîne une augmentation de la dépense agrégée planifiée grâce à la variation du taux de change.

4 Comment l'effet d'éviction se produit-il?

5 Supposons une économie dans laquelle le PIB réel est inférieur au PIB potentiel et où il faut mettre en œuvre une politique expansionniste. Évaluez une politique budgétaire expansionniste par rapport à une politique monétaire expansionniste en tenant compte des quatre éléments suivants:
a) les données empiriques sur l'efficacité relative de chaque politique,
b) les effets de chacune d'elles sur l'investissement,
c) les effets de chacune d'elles sur le PIB potentiel,
d) les effets de chacune d'elles sur le déficit.

6 La figure 12.2 illustre une économie. La courbe DM_0 correspond à un PIB réel de 400 milliards de dollars, la courbe DM_1 à un PIB réel de 500 milliards de dollars et la courbe DM_2 à un PIB réel de 600 milliards de dollars.
a) Quelles sont les valeurs d'équilibre du PIB réel, du taux d'intérêt et des investissements?
b) Est-ce un nouvel équilibre de stock et de flux? Justifiez votre réponse.

7 Observez de nouveau l'économie illustrée à la figure 12.2. Supposons que la Banque du Canada fasse passer l'offre de monnaie réelle de 300 à 400 milliards de dollars.
a) Quel est l'effet immédiat de cette hausse sur le taux d'intérêt?
b) Quel est l'effet de ce changement sur les investissements?

FIGURE **12.2**

(a)
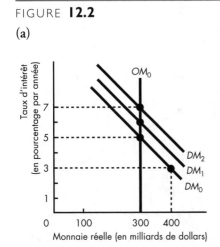

(b)
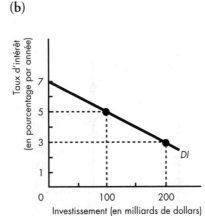

(c)
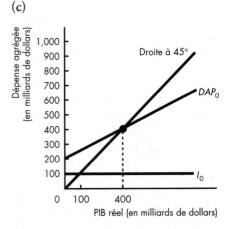

c) À la suite de la variation des investissements, qu'advient-il du PIB réel d'équilibre? Pourquoi ce niveau de PIB réel ne sera-t-il jamais atteint?

d) À combien se chiffrent le taux d'intérêt, les investissements et le PIB réel au nouvel équilibre de stock et de flux?

e) Montrez le nouvel équilibre de stock et de flux sur la figure 12.2.

8 Dans le modèle économique présenté à la figure 12.3, la courbe DM_0 correspond à un PIB réel de 400 milliards de dollars, la courbe DM_1 à un PIB réel de 500 milliards de dollars et la courbe DM_2 à un PIB réel de 600 milliards de dollars. Supposons que le gouvernement augmente ses dépenses en biens et services de 100 milliards de dollars.

a) Quel est l'effet multiplicateur sur le PIB réel? Pourquoi l'économie ne se maintiendra-t-elle pas à ce niveau de PIB réel?

b) À la suite de cet effet multiplicateur sur le PIB réel, qu'advient-il de la courbe de demande de monnaie réelle et de taux d'intérêt?

c) À combien se chiffrent le taux d'intérêt, les investissements et le PIB réel au nouvel équilibre de stock et de flux? De combien les dépenses d'investissement ont-elles été réduites? Qu'est-ce qui distingue les effets de la politique monétaire de ceux de la politique budgétaire illustrés aux problèmes **7** et **8**?

d) Montrez le nouvel équilibre de stock et de flux sur la figure 12.3.

9 Supposons que, à la suite de l'augmentation du PIB réel du problème **8**, les entreprises s'attendent à une hausse de leurs profits.

a) Qu'advient-il de la demande d'investissement à la suite de cela? Comment cela s'appelle-t-il?

b) Quels seront les première et seconde séries d'effets à la suite de cette hausse prévue de bénéfices des entreprises? Plus particulièrement, qu'advient-il de la *DAP*, de *I*, de *DM*, des *r* et du PIB réel? (Ne tracez pas de graphiques.)

10 Pourquoi l'effet d'éviction est-il plus important lorsque la demande d'investissement est très sensible aux variations du taux d'intérêt?

RÉPONSES

Vrai/Faux/Incertain (Justifiez votre réponse.)

1 I Selon qu'il existe, au départ, un équilibre de chômage ou de plein emploi.

2 I Cela dépend de l'intensité relative de chaque effet, laquelle est inconnue.

3 V Une hausse de *OM* entraîne une baisse de *r* qui provoque une augmentation de *I*. Cette augmentation fait croître la dépense agrégée, ce qui entraîne un déplacement vers la droite de *DA*.

4 F La hausse de *G* entraîne une hausse du PIB réel ainsi qu'une hausse de *DM*. Cette hausse fait augmenter *r*, ce qui fait diminuer *I*.

5 F La hausse de *r* provoque un mouvement le long de la courbe *DI*.

6 F L'augmentation de *OM* provoque une offre excédentaire de monnaie, ce qui entraîne une hausse de la demande d'obligations, une hausse du prix des obligations et une baisse des taux d'intérêt.

FIGURE **12.3**

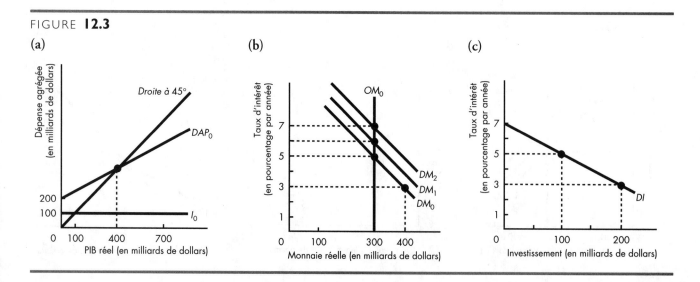

(a) — **(b)** — **(c)**

7 F Une augmentation de *OM* entraîne une diminution de *r* qui fait diminuer la demande d'éléments d'actif libellés en dollars canadiens, ce qui fait diminuer la demande de dollars canadiens et le taux de change.

8 V La ΔOM produit une Δr, ce qui provoque une ΔDI et donc une ΔDAP. Ainsi, si les effets de *r* sur la *DI* sont plus prononcés, l'effet de la ΔOM sur *DAP* est plus grand.

9 F Une courbe de demande d'investissement plus abrupte est insensible à la hausse de *r*. L'effet d'éviction crée une augmentation de *r* et un effet plus faible sur la hausse de *r*. Par conséquent, l'effet d'éviction est moins prononcé.

10 V La hausse de *G* provoque une augmentation du PIB réel, ce qui entraîne un déplacement vers la droite de *DM* qui fait augmenter l'offre de titres et diminuer leur prix, ce qui fait croître *r*.

Questions à choix multiple

1 e La hausse de *G* entraîne une augmentation de *DAP* qui fait monter le PIB réel, la *DM* et *r*. Ces augmentations provoquent une diminution de *I* qui fait chuter partiellement la *DAP* et le *PIB* réel.

2 e Cette hausse de *DM* entraîne une augmentation de *r* et une baisse des investissements qui, à leur tour, font diminuer la *DAP* et le PIB réel. Par conséquent, la hausse du PIB réel est réduite.

3 e Définition.

4 d Une hausse du niveau des prix entraîne une augmentation de *r* qui, à son tour, fait monter les coûts d'emprunt. Cette augmentation fait diminuer *C* et *I*; la hausse de *r* provoque un accroissement de la demande de dollars canadiens qui fait monter le taux de change et chuter les *XN*.

5 b La politique monétaire et la politique budgétaire ont des effets opposés sur les taux d'intérêt. En les combinant simultanément avec différentes forces, on peut faire varier les taux d'intérêt au niveau souhaité.

6 d La Δ du niveau des prix provoque une Δ de l'offre de monnaie réelle qui entraîne une Δr. À son tour, cette variation modifie la demande d'investissement ainsi que la dépense agrégée, qui contrebalancent les variations initiales engendrées par la politique.

7 e Le déplacement vers la droite de *DA* entraîne une demande excédentaire de biens et services qui fait monter le niveau des prix. Cette hausse fait augmenter *r* et diminuer la dépense agrégée.

8 b La baisse du PIB réel provoque une diminution de la demande de monnaie qui fait baisser le taux d'intérêt et monter l'investissement.

9 c La diminution du PIB réel entraîne une baisse de la demande de monnaie donc une diminution du taux d'intérêt, ce qui contrebalance quelque peu la baisse initiale. Par conséquent, l'investissement augmente, mais pas d'un montant suffisant pour surmonter la baisse initiale de l'investissement.

10 d La diminution de l'offre de monnaie provoque une hausse du taux d'intérêt qui, à son tour, fait diminuer l'investissement planifié ainsi que la dépense agrégée planifiée.

11 c Le niveau plus élevé du PIB réel d'équilibre fera déplacer la demande de monnaie. Par conséquent, la demande de monnaie courante n'est pas compatible.

12 a Le PIB réel courant de 800 milliards de dollars fera augmenter la demande de monnaie ainsi que le taux d'intérêt. Cette augmentation provoquera une baisse de l'investissement qui fera diminuer la dépense agrégée ainsi que le PIB réel d'équilibre.

13 d La demande de monnaie est positivement reliée au PIB réel; un niveau de PIB réel plus élevé entraîne une hausse de l'offre de titres qui fait diminuer les prix des titres et donc, augmenter les taux d'intérêt.

14 b La *DM* sensible fait varier *OM* ce qui provoque une faible variation de *r*. La *DI* insensible entraîne une variation de *r* qui fait légèrement varier l'investissement.

15 e Puisque la demande de monnaie réelle est très sensible, la variation du taux d'intérêt nécessaire pour atteindre l'équilibre du marché monétaire après une variation de l'offre de monnaie est faible.

16 a La baisse des impôts entraîne une hausse du revenu disponible $(Y - T)$ qui fait monter les dépenses de consommation. Cette hausse provoque une augmentation de la dépense agrégée planifiée.

17 c Voir le manuel.

18 b Avec les deux politiques, le PIB réel augmente, ce qui fait monter les dépenses de consommation. Avec l'effet d'éviction de la politique budgétaire, le taux d'intérêt augmente. Avec la politique monétaire, l'offre de monnaie augmente, ce qui fait chuter le taux d'intérêt.

19 d Une réduction des impôts provoque une hausse du PIB réel qui fait monter la demande de monnaie. À son tour, cette hausse de la demande de monnaie fait augmenter le taux d'intérêt ainsi que la demande d'actifs financiers libellés en dollars canadiens. Par conséquent, la demande de dollars s'accroît, ce qui fera augmenter la valeur du dollar sur le marché des changes.

20 a Voir le manuel.

21 b Voir le manuel.

22 e Selon la définition de la courbe *DA*, il s'agit de la variation des dépenses autonomes.

23 e La hausse du PIB réel provoque une augmentation de la demande de monnaie qui, à son tour, fait augmenter *r*, fait monter le taux de change et fait diminuer l'investissement.

24 d L'augmentation de *OM* entraîne une offre excédentaire de monnaie qui est consacrée à l'achat de titres. Ces achats font augmenter les prix des titres, ce qui fait diminuer *r*.

25 a La politique expansionniste crée un effet d'éviction ($\downarrow I$).

Problèmes à court développement

1 Voici ce qui se produit à la suite d'une hausse de l'offre de monnaie.
—Cette hausse fait déplacer la courbe d'offre de monnaie réelle vers la droite et diminuer le taux d'intérêt.
—Un taux d'intérêt plus bas fait augmenter les investissements.
—La hausse des investissements entraîne une augmentation de la dépense agrégée planifiée.
—L'augmentation de la dépense agrégée planifiée engendre une hausse du PIB réel d'équilibre et, au niveau effectif du PIB réel, les stocks diminuent plus rapidement que prévu.
—Étant donné que les stocks diminuent plus rapidement que prévu, le PIB réel commence à augmenter (vers un nouvel équilibre).
—Cette hausse du PIB réel entraîne un déplacement de la courbe de demande de monnaie réelle vers la droite, provoquant ainsi une hausse du taux d'intérêt.
—Ce taux d'intérêt plus élevé fait diminuer les investissements.
—La diminution des investissements se traduit par une diminution de la dépense agrégée planifiée.
—La diminution de la dépense agrégée planifiée signifie que le PIB réel d'équilibre a chuté.

—L'augmentation du PIB réel effectif et la diminution du PIB réel d'équilibre font que l'on tend vers un nouvel équilibre de stock et de flux.

2 Lorsque la demande de monnaie réelle est très sensible aux variations du taux d'intérêt, la courbe de demande de monnaie réelle tend vers l'horizontale. Ainsi, lorsque l'offre de monnaie augmente et que la courbe d'offre de monnaie réelle se déplace vers la droite, le taux d'intérêt d'équilibre varie légèrement. Toutes autres choses étant égales, une faible variation du taux d'intérêt n'entraîne qu'un faible changement des investissements et de la dépense agrégée planifiée.

3 Une hausse de l'offre de monnaie réelle provoque un déplacement de la courbe d'offre de monnaie réelle vers la droite et fait chuter le taux d'intérêt. Un taux d'intérêt plus bas (par rapport aux taux en vigueur dans les autres pays) incite les gens à vendre leurs éléments d'actif financiers en dollars canadiens à rendement plus faible et à acheter des éléments d'actif en devises étrangères à rendement plus élevé. Par conséquent, la demande de dollars diminue et la demande de devises étrangères augmente, ce qui fait que le dollar se déprécie. Cette chute de la valeur du dollar engendre une augmentation des exportations nettes, puisque les étrangers peuvent maintenant payer moins cher les biens fabriqués au Canada et que les Canadiens doivent débourser plus (en dollars) pour se procurer les biens produits à l'étranger. L'augmentation des exportations nettes se traduit par une hausse de la dépense agrégée planifiée.

4 Lorsqu'une politique budgétaire expansionniste fait monter les taux d'intérêt, ce qui entraîne une réduction des dépenses d'investissement, il y a effet d'éviction. La politique budgétaire expansionniste a donc pour effet de diminuer les investissements. La hausse du taux d'intérêt résulte du fait que l'augmentation du PIB réel, qui découle, par exemple, de l'accroissement des dépenses publiques en biens et services, fait déplacer la courbe de demande de monnaie réelle vers la droite, de sorte que le taux d'intérêt d'équilibre augmente.

5 a) Les données empiriques démontrent que les deux politiques sont mises en œuvre avec une certaine efficacité, vous pourriez donc choisir l'une ou l'autre.

b) La politique budgétaire expansionniste fait augmenter les taux d'intérêt, ce qui fait diminuer l'investissement, tandis que la politique monétaire expansionniste fait diminuer les taux d'intérêt, ce qui fait augmenter l'investissement. Par conséquent, vous choisiriez la politique monétaire.

c) La politique budgétaire fait diminuer l'investissement, ce qui signifie que, à long terme, les stocks d'équipement ainsi que le taux de croissance du PIB potentiel seront moins élevés. Par contre, la politique monétaire a l'effet opposé. Ainsi, vous choisiriez la politique monétaire.

d) La politique budgétaire expansionniste comporte généralement une combinaison quelconque d'une hausse des dépenses et d'une baisse des impôts, ce qui entraîne une augmentation du déficit. La politique monétaire expansionniste n'a aucune conséquence sur le déficit. Par conséquent, vous auriez tendance à la choisir.

6 a) Le PIB réel d'équilibre se situe au point d'intersection de la courbe DAP_0 et de la droite à 45°, soit à 400 milliards de dollars. Le taux d'intérêt d'équilibre est de 5 %, étant donné que la courbe DM correspond à la courbe DM_0 lorsque le PIB réel se chiffre à 400 milliards de dollars. À un taux d'intérêt de 5 %, les investissements sont de 100 milliards de dollars (graphique b).

b) Il s'agit d'un nouvel équilibre de stock et de flux parce que le PIB réel d'équilibre se chiffre à 400 milliards de dollars lorsque le taux d'intérêt est de 5 % (équilibre de flux), et le taux d'intérêt d'équilibre est de 5 % lorsque le PIB réel s'élève à 400 milliards de dollars (équilibre de stock). Ainsi, il y a équilibre de stock et de flux parce que les valeurs du PIB réel et du taux d'intérêt qui permettent d'atteindre cet équilibre sont les mêmes.

7 a) L'effet initial d'une hausse de l'offre de monnaie réelle de 100 milliards de dollars est de faire passer le taux d'intérêt de 5 % à 3 %.

b) La chute du taux d'intérêt fait passer les investissements de 100 à 200 milliards de dollars.

c) Le PIB réel d'équilibre passera de 400 milliards à 600 milliards de dollars. Ce niveau ne sera cependant jamais atteint car, à mesure que le PIB réel augmente, la courbe de demande de monnaie réelle se déplace vers la droite, et le taux d'intérêt augmente. Cela entraîne une réduction des dépenses d'investissement. Par conséquent, la courbe DAP se déplacera légèrement vers le bas.

d) Au nouvel équilibre de stock et de flux, il existe une seule combinaison de PIB réel et de taux d'intérêt qui – étant donné la nouvelle offre de monnaie – permet au marché monétaire et au marché des biens et services d'atteindre l'équilibre en même temps. Cet équilibre se produit à un taux d'intérêt de 4 % et à un PIB réel de 500 milliards de dollars. L'investissement s'élève à 150 milliards de dollars.

e) Le nouvel équilibre de stock et de flux apparaît à la figure 12.2 Solution. La courbe de demande de monnaie réelle est DM_1. Cette courbe a été tracée en supposant que le PIB réel se chiffrait à 500 milliards de dollars. La courbe OM_0 s'est déplacée en OM_1, la courbe I_0 s'est déplacée en I_1, et la courbe DAP s'est déplacée en DAP_1.

8 a) L'effet multiplicateur à la suite d'une augmentation des achats gouvernementaux de 100 milliards de dollars fait augmenter le PIB réel d'équilibre de 200 milliards de dollars (100 milliards de dollars $\times$ 1/(1 – pente de la fonction DAP), le faisant passer de 400 à 600 milliards de dollars. Il n'y a pas équilibre de stock et de flux. L'économie ne se maintiendra pas à ce niveau (en fait, il est possible qu'elle ne l'atteigne jamais) parce que, à mesure que le PIB réel augmente, la courbe de demande de monnaie réelle se déplace vers la droite, ce qui accroît le taux d'intérêt, réduit les investissements, la dépense agrégée planifiée et le PIB réel d'équilibre.

b) Si l'effet multiplicateur fait passer le PIB réel de 400 à 600 milliards de dollars, la courbe de demande de monnaie réelle se déplacera de DM_0 à DM_2, ce qui fera augmenter le taux d'intérêt qui passera de 5 à 7 %.

c) Au nouvel équilibre de stock et de flux, le taux d'intérêt est de 6 % et le PIB réel se chiffre à 500 milliards de dollars. Seule cette combinaison du taux d'intérêt et du PIB réel permet d'atteindre l'équilibre de stock (sur le marché monétaire) et de flux (sur le marché des biens et services). Les investissements ont chuté de 100 à 50 milliards de dollars, de sorte que la réduction des dépenses d'investissement est de 50 milliards de dollars.

Les politiques monétaire et budgétaire expansionnistes des problèmes 7 et **8** ont le même effet sur le PIB réel. Toutefois, la politique monétaire provoque une réduction du taux d'intérêt et un accroissement des investissements, tandis que la politique budgétaire fait monter le taux d'intérêt et diminuer les investissements.

FIGURE **12.2** SOLUTION

(a)

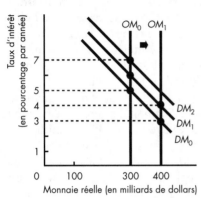

(b)

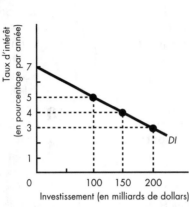

(c)

FIGURE **12.3** SOLUTION

(a)

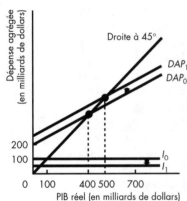

(b)

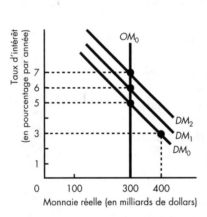

(c)

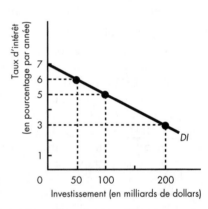

d) La figure 12.3 Solution illustre le nouvel équilibre de stock et de flux. La courbe de demande de monnaie réelle est DM_1. Cette courbe a été tracée en supposant que le PIB réel se chiffrait à 500 milliards de dollars. La courbe DAP_0 s'est déplacée en DAP_1 et la courbe I_0 s'est déplacée vers le bas en I_1.

9 a) Les anticipations de bénéfices plus élevées font augmenter la demande d'investissement des entreprises. Il s'agit de l'effet d'attraction.
b) La demande d'investissement plus élevée provoque une hausse des dépenses autonomes qui, à leur tour, font croître la dépense agrégée. L'augmentation de la dépense agrégée fait monter le PIB réel (première série d'effets). Le PIB réel plus élevé entraîne la seconde

série d'effets: la demande de monnaie réelle augmente à la suite de la hausse du PIB réel, ce qui fait monter les taux d'intérêt. Par conséquent, la demande d'investissement diminue, ce qui fait baisser la dépense agrégée et le PIB réel. Ainsi, les effets de la première série s'en trouvent réduits.

10 Lorsque la demande d'investissement est très sensible aux variations du taux d'intérêt, la courbe de demande d'investissement tend vers l'horizontale. Par conséquent, la hausse du taux d'intérêt qui a provoqué l'effet d'éviction entraîne une diminution considérable des dépenses d'investissement. L'effet d'éviction est donc plus important.

PROBLÈME

Au départ, l'économie canadienne est en situation d'équilibre de plein emploi. Supposons que l'économie américaine entre en période de récession et que, en même temps, les profits anticipés diminuent.

a) En maintenant le niveau des prix constant, expliquez (et représentez graphiquement) comment ces changements influent sur la dépense agrégée et la demande agrégée. Expliquez ce qui advient de chaque composante de la dépense agrégée et du PIB réel.

b) Ensuite, expliquez (et représentez graphiquement) ce qui advient de la dépense agrégée et de la demande agrégée à court terme lorsque le niveau des prix s'ajuste.

La Banque du Canada décide de remédier aux problèmes économiques en mettant en œuvre une politique monétaire expansionniste.

c) Donnez un exemple du type d'opération sur le marché libre que la Banque du Canada effectuerait dans de telles circonstances. Montrez les changements apportés aux bilans de la Banque du Canada et du secteur bancaire à la suite des conséquences initiales de cette opération. Quel est l'effet global de cette opération sur les réserves, les prêts, les dépôts et l'offre de monnaie des banques à charte ?

d) Expliquez quels seront les effets de cette politique sur l'offre de monnaie réelle, la demande de monnaie, le taux d'intérêt, l'investissement, les exportations nettes et la dépense agrégée, alors que le niveau des prix est maintenu constant.

e) Ensuite, à mesure que le niveau des prix s'ajuste, expliquez comment cette politique influe sur la demande et l'offre agrégées ainsi que sur le PIB réel.

f) La théorie quantitative de la monnaie s'applique-t-elle à cette économie ?

EXAMEN DE MI-ÉTAPE

Prévoir 48 minutes pour cet examen (24 questions, 2 minutes par question). Pour chacune des questions, choisir la *meilleure* réponse.

1 On remarque que le niveau des prix et le PIB réel ont augmenté. Parmi les explications suivantes, laquelle est juste ?
 a) L'offre de monnaie a chuté.
 b) Les profits anticipés ont diminué.
 c) Le prix des matières premières a augmenté.
 d) Le stock de capital a augmenté.
 e) Les profits anticipés ont augmenté.

2 À mesure que le niveau des prix diminue, la courbe de demande agrégée (*DA*) montre que
 a) la quantité demandée de PIB réel augmente.
 b) la quantité demandée de PIB réel diminue.
 c) la quantité de PIB nominal demandée augmente.
 d) la quantité de PIB nominal demandée diminue.
 e) la valeur des éléments d'actif chute.

FIGURE **R3.1**

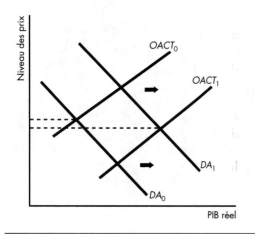

3 Les changements que présentent la figure R3.1
a) ne peuvent se produire dans le monde réel puisque *DA* et *OACT* ne peuvent varier simultanément.
b) provoquent un écart inflationniste.
c) provoquent un écart de récession.
d) créent de l'inflation.
e) Aucune de ces réponses.

4 L'offre agrégée à long terme augmentera pour toutes les raisons suivantes *sauf* une. Précisez laquelle.
a) Une chute des salaires
b) Une augmentation du capital humain
c) La mise en œuvre d'une nouvelle technique
d) Une augmentation du nombre d'heures de travail agrégé
e) Une augmentation du stock de capital

5 La fonction de consommation désigne la relation entre les dépenses de consommation et un autre élément. Précisez lequel.
a) Les taux d'intérêt
b) Le niveau des prix
c) Le revenu disponible
d) L'épargne
e) Le revenu nominal

6 Lorsque le PIB réel est inférieur à la dépense agrégée planifiée, que se produit-il?
a) La dépense agrégée planifiée augmente.
b) Le PIB réel augmente.
c) Le niveau des prix doit baisser pour rétablir l'équilibre.
d) Les importations sont trop importantes.
e) a et b.

7 Lors d'une étude récente, l'Université du Sous-financement soutenait qu'elle créait quatre fois plus d'emplois que le nombre de travailleurs qu'elle engageait directement. Cet argument illustre la notion de
a) propension marginale à consommer.
b) multiplicateur.
c) dépenses gouvernementales.
d) multiplicateur des impôts.
e) dépenses inutiles de nos impôts par les universités.

8 Supposons que, à la suite d'une hausse des profits anticipés, l'investissement augmente de 10 milliards de dollars. Parmi les éléments suivants, lequel *réduirait* l'effet de cette hausse des dépenses autonomes sur le PIB réel d'équilibre?
a) Une augmentation de la propension marginale à consommer
b) Une diminution de la propension marginale à importer
c) Une diminution du taux marginal d'imposition
d) Une courbe d'offre agrégée dont la pente serait plus élevée
e) Une courbe d'offre agrégée dont la pente serait plus faible

9 Si la pente de la fonction *DAP* est de 0,75, quelle est la valeur du multiplicateur des impôts autonomes?
a) 0,57
b) 1,50
c) 2,00
d) 4,00
e) Elle est impossible à déterminer si l'on ne dispose pas de plus de données.

10 Parmi les éléments suivants, lequel *ne* constitue *pas* une source de recettes budgétaires?
a) Les impôts sur les revenus des particuliers
b) Les paiements de transfert
c) Les impôts sur les revenus des sociétés
d) Les impôts et les taxes indirects
e) Les revenus de placements

11 Lorsqu'il y a des impôts induits, c'est que
a) les multiplicateurs de la politique budgétaire sont devenus plus efficaces.
b) la politique budgétaire discrétionnaire a été éliminée.
c) il y a toujours déficit structurel.
d) il y a toujours déficit cyclique.
e) les fluctuations de la demande agrégée sont réduites.

12 La figure R3.2 illustre une économie qui se trouve initialement en situation d'équilibre au point *a*. Si les dépenses gouvernementales augmentent, à long terme, l'économie se déplacera à l'intersection de
a) DA_1 et $OACT_1$, là où les taux de salaire ainsi que le niveau des prix sont plus élevés, et le niveau de production demeure constant à 500 milliards de dollars.
b) DA_1 et $OACT_1$, là où le niveau des prix est plus élevé, et le niveau de production a augmenté pour atteindre 620 milliards de dollars.
c) DA_0 et $OACT_1$, là où les taux de salaire sont plus élevés, et le niveau de production augmente pour atteindre 620 milliards de dollars.
d) DA_0 et $OACT_1$, là où les taux de salaire sont plus élevés, et le niveau de production diminue pour atteindre 380 milliards de dollars.
e) DA_1 et $OACT_0$, là où le niveau des prix est plus élevé, et le niveau de production augmente pour atteindre 620 milliards de dollars.

FIGURE **R3.2**

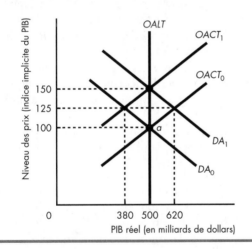

13 Nous disposons des données suivantes sur l'économie d'Adanac:
Réserves en numéraire
des banques privées : 5 milliards de dollars
Numéraire
hors banques : 15 milliards de dollars
Dépôts à vue
dans les banques : 40 milliards de dollars
Dépôts à vue détenus par
les autres institutions
financières : 50 milliards de dollars
Dépôts d'épargne personnelle détenus
dans les autres institutions
financières : 125 milliards de dollars
Dépôts à préavis, autres que ceux des
particuliers, détenus dans les banques
à charte : 200 milliards de dollars

Calculez la valeur de M1 et de M2+ (en milliards de dollars) de cette économie.
a) 105 ; 230
b) 110 ; 235
c) 55 ; 430
d) 55 ; 230
e) 60 ; 430

14 Comment une banque peut-elle créer de la monnaie?
a) En vendant une partie de ses titres
b) En augmentant ses réserves
c) En prêtant ses réserves excédentaires
d) En imprimant plus de chèques
e) En convertissant ses réserves en titres

15 La quantité de monnaie réelle que les gens souhaitent détenir augmente si le revenu réel s'accroît ou si
a) le niveau des prix s'élève.
b) le niveau des prix diminue.
c) le taux d'intérêt s'élève.
d) le taux d'intérêt diminue.
e) le prix des obligations chute.

16 Parmi les énoncés suivants qui concernent les intermédiaires financiers, lequel est *faux*?
a) Ils souhaitent accroître au maximum leur valeur nette sans autre considération.
b) Ils acceptent les dépôts des ménages et des entreprises et leur accordent des prêts.
c) Ils cherchent à réduire au minimum le coût des emprunts.
d) Ils mettent les risques en commun pour les réduire.
e) Ils détiennent une variété d'actifs et pas seulement des prêts.

17 Selon la théorie quantitative de la monnaie, une diminution de la quantité de monnaie provoquera
a) une baisse du niveau des prix ainsi que du PIB réel à court terme, mais, à long terme, seul le niveau des prix diminuera alors que le PIB retournera à son niveau initial.
b) une hausse du niveau des prix ainsi que du PIB réel à court terme, mais, à long terme, seul le niveau des prix augmentera alors que le PIB retournera à son niveau initial.
c) une baisse du niveau des prix à court terme, mais, à long terme, le niveau des prix retournera à son niveau initial.
d) une baisse du niveau des prix et une hausse du PIB réel à court terme et à long terme.
e) une baisse du niveau des prix ainsi que du PIB réel à court terme et à long terme.

18 Que se produit-il lorsque la Banque du Canada achète des titres du gouvernement sur le marché libre?

a) Les réserves des banques augmentent, de sorte que la base monétaire s'accroît.

b) Les réserves des banques diminuent, de sorte que la base monétaire fléchit.

c) Les réserves des banques augmentent, de sorte que la base monétaire diminue.

d) Les réserves des banques diminuent, de sorte que la base monétaire augmente.

e) Les réserves des banques diminuent, mais l'offre de monnaie augmente si les banques ont des réserves excédentaires.

19 Si l'on tente de stimuler l'économie à l'aide du taux d'escompte,

a) le taux d'escompte diminuera ce qui provoquera une hausse des réserves excédentaires et du nombre de prêts, de sorte que la quantité de dépôts et de monnaie augmentera.

b) le taux d'escompte augmentera ce qui provoquera une hausse des réserves excédentaires et du nombre de prêts, de sorte que la quantité de dépôts et de monnaie augmentera.

c) le taux d'escompte augmentera ce qui provoquera une baisse des réserves excédentaires et du nombre de prêts, de sorte que la quantité de dépôts et de monnaie diminuera.

d) le taux d'escompte diminuera ce qui provoquera une baisse des réserves excédentaires et du nombre de prêts, de sorte que la quantité de dépôts et de monnaie diminuera.

e) le taux d'escompte diminuera ce qui provoquera une hausse des réserves excédentaires et du nombre de prêts, de sorte que la quantité de dépôts et de monnaie diminuera.

20 Parmi les citations suivantes, laquelle décrit *correctement* les effets de la politique monétaire sur l'économie?

a) «Les ventes de maisons ont diminué à cause de la croissance plus rapide de la masse monétaire.»

b) «La quantité de monnaie supplémentaire injectée par la Banque centrale dans l'économie provoque une diminution des exportations.»

c) «Le resserrement de la croissance de la masse monétaire nous aide à accroître nos exportations.»

d) «Les entreprises ont augmenté leurs investissements depuis que la politique monétaire est devenue moins expansionniste.»

e) «La quantité de monnaie supplémentaire injectée par la Banque centrale dans l'économie crée plus d'emplois.»

21 On appelle *effet d'éviction internationale*, la tendance qu'a une hausse des dépenses gouvernementales en biens et services à provoquer

a) une chute des taux d'intérêt qui entraîne une diminution du taux de change qui, à son tour, fait diminuer les exportations nettes.

b) une chute des taux d'intérêt qui entraîne le retrait des fonds étrangers du Canada.

c) une hausse des taux d'intérêt qui entraîne une diminution du taux de change qui, à son tour, fait augmenter les exportations nettes.

d) une hausse des taux d'intérêt qui entraîne une augmentation du taux de change qui, à son tour, fait augmenter les exportations nettes.

e) une hausse des taux d'intérêt qui entraîne une augmentation du taux de change qui, à son tour, fait diminuer les exportations nettes.

22 Une politique monétaire expansionniste provoquera une baisse des taux d'intérêt qui fera

a) augmenter la demande de dollars ainsi que le taux de change, ce qui fera diminuer les exportations nettes.

b) augmenter la demande de dollars ainsi que le taux de change, ce qui accroîtra les exportations nettes.

c) augmenter la demande de dollars et diminuer le taux de change, diminution qui provoquera une hausse des exportations nettes.

d) diminuer la demande de dollars et le taux de change, ce qui fera augmenter les exportations nettes.

e) diminuer la demande de dollars et le taux de change, ce qui fera baisser les exportations nettes.

23 L'effet d'éviction ne se produira pas si

a) la demande de monnaie réelle est insensible aux variations du niveau des prix.

b) l'offre de monnaie réelle est insensible aux variations du taux d'intérêt.

c) l'investissement est très sensible aux variations du taux d'intérêt.

d) l'investissement est insensible aux variations du PIB réel.

e) la demande de monnaie réelle est insensible aux variations du PIB réel.

24 La Banque du Canada et le gouvernement risquent d'avoir un conflit à propos des emprunts gouvernementaux auprès de la Banque du Canada, car le fait d'emprunter

a) engendre une augmentation de la demande de monnaie et des taux d'intérêt, ce qui fait trop diminuer l'investissement.

b) engendre une augmentation de la demande de monnaie et des taux d'intérêt, ce qui exerce trop de pressions à la hausse sur la demande agrégée.

c) engendre une diminution de l'offre de monnaie et une augmentation des taux d'intérêt, ce qui fait trop diminuer l'investissement.

d) engendre une augmentation de l'offre de monnaie, ce qui crée des pressions déflationnistes.

e) engendre une augmentation de l'offre de monnaie, ce qui crée des pressions inflationnistes.

R É P O N S E S

Problème

a) À cause de la récession, les États-Unis ont diminué leurs importations de biens produits au Canada, ce qui signifie que nos exportations ont diminué.

La faiblesse des profits anticipés a entraîné une chute de la demande d'investissement. Ces deux facteurs ont provoqué une diminution de la dépense agrégée planifiée, qui est représentée par un déplacement vers le bas de la courbe DAP en DAP_1 à la figure R3.3. La diminution de la dépense agrégée a fait augmenter les stocks, ce qui a incité les entreprises à réduire leur production. Par conséquent, le PIB réel a diminué d'un montant égal au multiple de la baisse initiale de la dépense agrégée. La baisse du PIB réel entraîne une diminution des taux d'intérêt qui, à son tour, provoque une augmentation de la dépense agrégée. Cependant, la dépense agrégée totale est moins élevée; le nouvel équilibre est atteint en b, comparativement à l'équilibre initial, en a. Le déplacement vers le bas de la dépense agrégée est également représenté par un déplacement vers la gauche de la demande agrégée dans le graphique (b).

Les dépenses de consommation sont plus faibles à cause de la baisse du PIB réel. L'investissement a deux effets opposés et peut être plus élevé ou plus bas. Les dépenses gouvernementales demeurent inchangées. Les exportations sont plus faibles à cause du choc et les importations sont moins élevées à cause de la baisse du PIB réel.

FIGURE **R3.3**

(a)

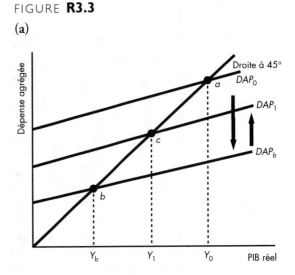

(b)

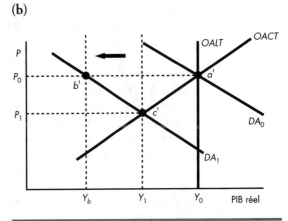

b) Après le choc, la demande agrégée est inférieure à l'offre agrégée au niveau des prix initial ($Y_b < Y_0$). Ce surplus entraîne une baisse du niveau des prix. Cette baisse provoque une diminution de la quantité réelle offerte à court terme (le mouvement de a' à c'), ainsi qu'une augmentation de l'offre de monnaie réelle qui, à son tour, fait baisser le taux d'intérêt et fait augmenter l'investissement ainsi que la dépense agrégée (de DAP_b à DAP_1). Par conséquent, il y a un mouvement le long de la courbe de demande agrégée de b' à c'.

c) La Banque du Canada veut accroître l'offre de monnaie et le fera en achetant des titres du gouvernement. Si, par exemple, elle achète ces titres auprès des banques à charte, elle les paie en créditant les dépôts des banques à charte à la Banque du Canada (qui sont des réserves). Le tableau R3.1 présente les résultats de cet achat.

TABLEAU **R3.1**

Banque du Canada		Banques à charte	
Éléments d'actif	Éléments de passif	Éléments d'actif	Éléments de passif
Titres du gouvernement (+)	Dépôts des banques (+)	Réserves (+) Titres du gouvernement (−)	

Cette opération déclenchera un effet multiplicateur de dépôts, qui provoquera une augmentation des réserves, des prêts, des dépôts et de l'offre de monnaie.

d) L'offre de monnaie nominale plus élevée entraînera une augmentation de l'offre de monnaie réelle alors que le niveau des prix est maintenu constant. À son tour, cette augmentation crée un surplus de monnaie qui provoque une augmentation de la demande d'actifs financiers. Par conséquent, le prix de ces actifs augmentera ce qui fera diminuer le taux d'intérêt. Les taux d'intérêt moins élevés provoqueront une augmentation de la demande d'investissement et de la dépense agrégée ainsi qu'une diminution de la demande de dollars canadiens. Ainsi, la valeur du dollar canadien se dépréciera et les exportations nettes, de même que la dépense agrégée, augmenteront.

e) La dépense agrégée plus élevée se traduit par un déplacement vers la droite de la courbe de demande agrégée qui provoque une hausse du niveau des prix. Cette hausse déclenche un mouvement le long de la courbe d'offre agrégée à court terme, ce qui entraîne une augmentation du PIB réel.

f) Non, car l'une des principales hypothèses de la théorie quantitative ne s'applique pas. Puisque l'économie est en situation d'équilibre à court terme, le PIB réel n'est pas indépendant des variations de l'offre de monnaie.

Examen de mi-étape

1 e La réponse **e** provoque un déplacement de la courbe *DA* vers la droite, ce qui fait augmenter *P* et le PIB réel. **a** et **b** font déplacer la courbe *DA* vers la gauche, tandis que **c** déplace la courbe *OACT* vers la gauche, ce qui provoque une diminution de *Y*. La réponse **d** entraîne un déplacement de *OALT* vers la droite, ce qui fait diminuer *P*.

2 a La courbe *DA* a une pente décroissante à cause des trois effets. Il s'agit du PIB réel par définition et non du PIB nominal, et les valeurs des éléments d'actif augmentent.

3 e Ces changements peuvent se produire. Il est impossible de déterminer s'il y a un écart sans la courbe *OALT*.

4 a Les variations des salaires ne provoqueront qu'une variation de *OACT* et non de *OALT*.

5 c Définition.

6 e Les ventes des entreprises sont supérieures à la production, ce qui fait diminuer les stocks et augmenter la production. Au nouveau niveau d'équilibre, le PIB réel plus élevé est égal à la *DAP* plus élevée.

7 b Les dépenses de l'université créent des effets multiplicateurs.

8 d Cela signifie que le *P* variera davantage et les *Y* varieront moins. Toutes les autres réponses réduiraient l'effet.

9 e Multiplicateur des impôts autonomes = $PmC/(1 - e)$. Par conséquent, il faut connaître la *PmC*.

10 b Les dépenses.

11 e Les impôts induits agissent comme un stabilisateur automatique. Les multiplicateurs sont plus faibles, il est toujours possible de mettre en œuvre la politique discrétionnaire et il peut ou non y avoir un déficit cyclique ou structurel selon d'autres facteurs.

12 a À long terme, les taux de salaire s'ajustent au niveau des prix supérieur et l'économie demeure au niveau de PIB potentiel de 500 milliards de dollars.

13 c M1 = numéraire hors banques + dépôts à vue dans les banques à charte, M2+ = M1 + (les dépôts d'épargne personnelle et les dépôts à préavis, autres que ceux des particuliers, détenus dans les banques à charte) + autres types de dépôts dans les autres institutions financières.

14 c Pour prêter ses réserves, elle doit créditer les dépôts des emprunteurs, ce qui crée plus de dépôts et donc plus de monnaie.

15 d La demande de monnaie réelle n'est pas touchée par la Δ du niveau des prix. La baisse du prix des obligations provoque une hausse du taux d'intérêt, ce qui fait diminuer la demande de monnaie réelle.

16 a Ils doivent également tenir compte des risques.

17 a À long terme, le PIB réel est indépendant de la Δ de l'offre de monnaie.

18 a La Banque du Canada paie ces titres en créditant les réserves des banques, lesquelles font partie de la base monétaire.

☉19 a La diminution du taux d'escompte provoque une baisse du coût des emprunts à la Banque centrale, ce qui fait chuter les réserves désirées. Les réserves excédentaires provoquent une hausse des prêts, etc.

☉20 e La hausse de *OM* fera diminuer *r,* ce qui provoquera une hausse de *C* (donc **a** est fausse), de *I* (donc **d** est fausse), des *XN* (donc **b** et **c** sont fausses). Par conséquent, l'augmentation de *DA* créera plus d'emplois.

21 e Définition.

22 d La baisse des taux d'intérêt provoquera une baisse de la demande d'actifs canadiens et de dollars canadiens. Ainsi, le taux de change diminuera, etc.

☉23 e Puisque la Δ du PIB réel provoquée par la politique budgétaire n'aura aucun effet sur la demande de monnaie réelle ou sur les taux d'intérêt.

24 e Si le gouvernement emprunte à la Banque du Canada, celle-ci imprimera de la monnaie qu'elle remettra au gouvernement. Ainsi, l'offre de monnaie augmentera, ce qui fera accroître la *DA* et provoquera de l'inflation.

L'offre agrégée à long et à court terme

La productivité du travail et le PIB réel

La **productivité du travail** se mesure par la production totale par personne employée.

◆ Elle est dérivée de la **fonction de production agrégée** (*FP*), laquelle montre la quantité de PIB réel produite à mesure que varie la quantité de travail utilisée, le stock de biens et les progrès techniques demeurant constants.

◆ Caractéristiques de la *FP*:

• Pente = **produit marginal du travail** = Δ du PIB réel qui résulte de l'addition d'une heure de travail.

• Le produit marginal du travail diminue à mesure que la quantité de travail utilisée augmente (**produit marginal du travail décroissant**) puisque le stock de biens demeure constant.

◆ La *FP* se déplace vers le haut (**croissance économique**) si

• l'accumulation de capital se traduit par une augmentation du nombre de machines ou du capital humain.

• Le progrès technologique correspond à l'invention, soit à la découverte d'une nouvelle technique, et à l'innovation, soit à la mise en application de celle-ci.

◆ La croissance est variable à cause des fluctuations de l'investissement et du rythme des innovations.

◆ En 1995, la fonction de production canadienne était d'environ 40 % plus élevée que celle de 1976.

La demande de travail

La **quantité de travail demandée** est le nombre d'heures de travail utilisées par les entreprises d'une économie.

◆ La **demande de travail** (*DT*) est la quantité de travail demandée à chacun des taux de salaire réels.

◆ Le **taux de salaire réel** désigne le taux de salaire horaire mesuré en dollars constants. Il correspond au **taux de salaire nominal** (exprimé en dollars courants) divisé par le niveau des prix.

◆ Les entreprises engageront des travailleurs tant et aussi longtemps que le produit marginal du travail sera supérieur au taux de salaire réel. Puisque le produit marginal du travail diminue à mesure que la quantité de main-d'œuvre engagée augmente, la pente de la *DT* est négative.

◆ La variation du taux de salaire réel peut être provoquée par une variation du taux de salaire nominal ou par une variation du niveau des prix.

◆ La courbe de demande de travail se déplace vers la droite si le produit marginal du travail augmente à cause de l'accumulation de capital ou du progrès technique.

◆ La courbe de demande de travail au Canada se déplace généralement vers la droite avec le temps mais, durant les années 1990, la demande de travail a connu un ralentissement.

L'offre de travail

La **quantité de travail offerte** correspond au nombre d'heures de travail que les ménages sont prêts à offrir aux entreprises.

◆ L'**offre de travail** (*OT*) est la relation qui existe entre la quantité de travail offerte et le taux de salaire réel.

◆ À mesure que le salaire réel augmente, la quantité de travail offerte s'accroît pour les raisons suivantes :

- le nombre d'heures par travailleur augmente en permanence tant et aussi longtemps que l'effet de substitution (une augmentation du taux de salaire réel qui provoque une hausse du coût d'opportunité lié à une réduction du nombre d'heures de travail) est plus important que l'effet de revenu (une augmentation du taux de salaire réel qui provoque une hausse de la demande de temps de loisir) ;
- le **taux de participation de la main-d'œuvre** (la proportion de la population qui est employée ou en chômage) s'accroît à mesure que les nouveaux salaires réels plus élevés dépassent le **salaire de réserve** (salaire le plus faible auquel une personne est prête à offrir du travail) d'un plus grand nombre de personnes ;
- le nombre d'heures par travailleur augmente temporairement (substitution intertemporelle) à cause des salaires réels temporairement élevés.

L'offre agrégée à long terme

L'**offre agrégée à long terme** est la relation entre la quantité offerte de PIB réel et le niveau des prix lorsque le PIB réel est égal au PIB potentiel. La **courbe d'offre agrégée à long terme** (*OALT*) illustre graphiquement cette relation.

◆ Le marché du travail est en équilibre à long terme lorsque la demande de travail est égale à l'offre de travail. Alors, le taux de chômage est égal au taux de chômage naturel.

◆ La *DT* et l'*OT* se déplacent à long terme à cause des variations des forces sous-jacentes mais, au fil du temps, la variation de la *DT* est supérieure à la variation de l'*OT,* qui est positive. Par conséquent, la quantité de travail utilisée et le taux de salaire réel augmentent.

◆ Lorsque le niveau des prix varie, le taux de salaire nominal varie également et ce, de façon à maintenir le taux de salaire réel au niveau qui assure l'égalité entre *DT* et *OT*. Par conséquent, l'emploi demeure inchangé, et la courbe *OALT* est verticale au niveau de PIB potentiel.

◆ L'*OALT* se déplace vers la droite si la productivité du travail augmente (hausse du salaire réel) ou si l'offre de travail s'accroît (baisse du salaire réel).

◆ Dans les années 1990, la hausse de l'offre de travail a provoqué une augmentation du PIB réel, mais les salaires sont demeurés les mêmes.

L'offre agrégée à court terme

L'**offre agrégée à court terme** est la relation entre la quantité offerte de PIB réel et le niveau des prix lorsque le taux de salaire nominal et les autres facteurs qui influent sur la production demeurent constants. La **courbe d'offre agrégée à court terme** (*OACT*) représente graphiquement cette relation.

◆ Lorsque le taux de salaire nominal est fixe à court terme, le taux de salaire réel varie à la suite d'un changement du niveau des prix. Par conséquent, la demande de travail varie.

◆ On suppose que ce sont les entreprises qui décident du niveau d'emploi étant donné les salaires réels. Ainsi, la *DT* ne peut égaler l'*OT*.

◆ Par conséquent, à court terme, la hausse du niveau des prix fait baisser le taux de salaire réel ce qui provoque une augmentation de la demande de travail, de l'emploi et de la quantité de PIB réel produit. L'*OACT* a donc une pente positive.

◆ Les courbes *OACT* et *OALT* se déplacent toutes les deux vers la droite si le PIB potentiel augmente.

◆ L'*OACT* se déplace vers la droite d'elle-même si les salaires nominaux diminuent.

◆ Si la *DA* varie à court terme, il y a un mouvement le long de la courbe *OACT*, et le niveau des prix ainsi que le PIB réel varient.

RAPPELS

1 Dans le présent chapitre, nous cherchons principalement à approfondir nos connaissances de l'offre agrégée, qui désigne la relation entre le niveau des prix et la quantité de PIB réel offerte. Dans le chapitre 7, nous avons présenté le modèle *DA-OA* en tant que méthode utile d'analyse des événements macroéconomiques complexes. Dans la partie suivante du manuel, nous avons examiné la demande agrégée en détail (chapitres 8 à 12), tandis que, dans cette partie (chapitres 13 à 15), nous étudions l'offre agrégée en profondeur afin de pouvoir explorer sa constitution et les variables qui exercent une influence sur celle-ci. Comme nous le verrons dans la prochaine partie (chapitres 16 à 19), l'offre agrégée constitue une composante essentielle pour comprendre les problèmes et la politique macroéconomiques.

2 Nous avons divisé la tâche de compréhension de l'offre agrégée en deux composantes principales : la fonction de production agrégée et le marché du travail.

Nous nous posons d'abord une question fondamentale : en général, comment détermine-t-on la quantité de PIB réel offerte ? Comme le stock de capital et le degré d'avancement de la technologie sont constants, la quantité maximale de PIB réel qui peut être produite dépend de la quantité de travail utilisée. La fonction de production agrégée à court terme illustre la relation entre la quantité de travail utilisée et la quantité de PIB réel offerte.

Afin de comprendre comment la quantité de PIB réel offerte est déterminée, il est essentiel de répondre à une deuxième question : comment le niveau d'emploi est-il déterminé ? On peut donner comme réponse qu'il est déterminé sur le marché du travail. Les entreprises déterminent la demande de travail et les ménages décident de l'offre de travail. Lorsque les salaires nominaux s'ajustent de façon continue afin de maintenir l'équilibre sur le marché du travail, le niveau d'emploi se situe toujours à l'équilibre de plein emploi. Cependant, lorsque les salaires nominaux sont fixes à court terme, le niveau d'emploi peut s'éloigner de son niveau d'équilibre.

Puisque nous étudions l'offre agrégée, nous voulons savoir de quelle manière la quantité de PIB réel varie avec le niveau des prix. Ce qui nous amène à poser une troisième question : comment les variations du niveau des prix influent-elles sur l'emploi, et par conséquent sur le PIB réel ? Nous apprenons ici que, lorsque les salaires s'ajustent continuellement, l'emploi et la quantité de PIB réel offerte sont indépendants du niveau des prix. Quel que soit le niveau des prix, le taux de salaire s'ajuste afin d'atteindre le niveau d'emploi d'équilibre unique. Par conséquent, la courbe d'offre agrégée à long terme doit évidemment être verticale au niveau de PIB potentiel.

Par contre, lorsque les salaires sont constants, l'emploi, donc la quantité de PIB réel offerte, dépend du niveau des prix effectif par rapport au niveau des prix prévu. Lorsque le niveau des prix est conforme aux prévisions, le niveau d'emploi d'équilibre (le plein emploi) est atteint. Lorsque le niveau des prix est supérieur au niveau prévu, le niveau d'emploi est plus élevé que le niveau d'équilibre, de sorte que la quantité de PIB réel offerte est plus grande que le niveau de PIB potentiel. Lorsque le niveau des prix est inférieur au niveau prévu, le niveau d'emploi est moindre que le niveau d'équilibre et la quantité de PIB réel offerte est inférieure au niveau de PIB potentiel. Par conséquent, la courbe d'offre agrégée à court terme a une pente positive.

3 Pour comprendre pourquoi la quantité de travail utilisée est atteinte au niveau où il y a égalité entre le produit marginal du travail (Pm_T) et le taux de salaire réel, supposons que vous soyez chef d'entreprise et que vous souhaitiez engager des travailleurs. L'entreprise ne voudra engager de la main-d'œuvre que si ses profits augmentent. Pour que cela se produise, la main-d'œuvre supplémentaire doit engendrer des revenus additionnels supérieurs ou égaux à ses coûts supplémentaires. Par conséquent, le produit du prix de la production et de la production supplémentaire provoquée par l'embauche doit être supérieur ou égal au taux de salaire nominal :

$$(P \times Pm_T) > S$$

Ainsi, les entreprises engageront de la main-d'œuvre jusqu'à ce que les revenus supplémentaires engendrés par la dernière unité de travail utilisée soient égaux aux coûts additionnels :

$$(P \times Pm_T) = S$$

En divisant les deux membres de l'équation par le niveau des prix, nous obtenons la condition finale qui détermine la demande de travail :

$$Pm_T = S/P$$

4 Le diagramme suivant peut vous aider à comprendre pourquoi la courbe d'offre agrégée à court terme a une pente positive. On y montre la suite d'événements qui relient une variation du niveau des prix au changement de la quantité de PIB réel offerte qui en résulte. Si P = au niveau des prix, S/P = au taux de salaire réel, T = à la quantité de travail utilisée, Y = à la quantité de PIB réel offerte. Si les salaires sont fixes, on obtient le diagramme fléché suivant :

$$\uparrow P \rightarrow \downarrow (S/P) \rightarrow \uparrow T \rightarrow \uparrow Y$$

Lorsque le taux de salaire nominal est constant, une hausse du niveau des prix (P) fera chuter le taux de salaire réel (S/P). Au taux de salaire réel plus bas, les entreprises veulent employer plus de main-d'œuvre (T), ce qui provoque une augmentation de la quantité de PIB réel offerte (Y). La courbe d'offre agrégée à court terme a donc une pente positive.

Lorsque les salaires nominaux s'ajustent continuellement, une hausse du niveau des prix ne produit aucun effet sur la quantité de PIB réel offerte, car le taux de salaire réel ne chutera pas.

AUTOÉVALUATION

Vrai/Faux/Incertain
(Justifiez votre réponse.)

1 Lorsqu'une économie produit à des niveaux supérieurs à l'offre agrégée à long terme, on prévoit une hausse des salaires.

2 Une baisse du niveau des prix provoquera une hausse du chômage.

3 Au départ, une économie se trouve en situation d'équilibre macroéconomique et, plus tard, les profits anticipés diminuent. Le nouveau niveau de PIB réel d'équilibre sera plus faible.

4 Lorsque le taux de salaire réel chute, l'effet de substitution fait en sorte que les ménages augmentent le nombre d'heures qu'ils consacrent au travail.

5 Si le taux de salaire effectif est supérieur au taux futur prévu, les travailleurs auront tendance à offrir moins de travail maintenant et davantage plus tard.

6 Le produit marginal du travail décroissant fait en sorte que la courbe de demande de travail a une pente négative.

7 À mesure que le taux de salaire réel augmente, la quantité de travail demandée diminue, toutes autres choses étant égales.

8 Lorsque le niveau des prix augmente, le taux de salaire réel demeure inchangé.

9 Si le produit marginal de chaque unité de travail augmente, la courbe de demande de travail se déplace vers la droite.

10 Si le taux de salaire nominal et le niveau des prix augmentent tous les deux de 10 %, la quantité de travail demandée s'accroît.

Questions à choix multiple

1 La fonction de production agrégée montre
a) la quantité de PIB réel qui varie à mesure que l'accumulation de capital change, tous les autres facteurs demeurant constants.
b) la quantité de PIB réel qui varie à mesure que le niveau des prix change, tous les autres facteurs demeurant constants.
c) la quantité de la demande de travail qui varie à mesure que le taux de salaire réel change, tous les autres facteurs demeurant constants.
d) la quantité de la demande de travail qui varie à mesure que le taux de salaire nominal change, tous les autres facteurs demeurant constants.
e) Aucune de ces réponses.

2 Parmi les citations suivantes, laquelle décrit un déplacement vers la droite de la courbe de demande de travail?
a) « Récemment, les taux de salaires plus élevés ont entraîné une augmentation du temps que les ménages consacrent au loisir. »
b) « Récemment, le niveau des prix plus bas a incité les gens à augmenter le nombre d'heures qu'ils consacrent au travail. »
c) « Récemment, le taux de salaire réel plus élevé a incité les gens à augmenter le nombre d'heures qu'ils consacrent au travail. »
d) « Récemment, le niveau d'investissement élevé dans les biens d'équipement a incité les entreprises à engager un plus grand nombre de travailleurs. »
e) « L'addition d'un nombre supplémentaire de travailleurs entraîne une diminution de la productivité de chaque travailleur additionnel. »

3 Parmi les citations suivantes, laquelle décrit un mouvement le long de la courbe d'offre de travail?
a) « Récemment, les taux de salaires plus élevés ont entraîné une augmentation du temps que les ménages consacrent au loisir. »
b) « Récemment, le niveau des prix plus bas a incité les gens à augmenter le nombre d'heures qu'ils consacrent au travail. »

c) « Récemment, le taux de salaire réel plus élevé a incité les gens à augmenter le nombre d'heures qu'ils consacrent au travail. »
d) Toutes ces réponses.
e) Aucune de ces réponses.

4 Parmi les citations suivantes, laquelle décrit un mouvement le long de la courbe d'offre agrégée à long terme ?
a) « Récemment, le niveau des prix plus élevé a provoqué une diminution de la production au pays. »
b) « Récemment, le niveau des prix plus élevé a provoqué une augmentation de la production au pays. »
c) « Récemment, le niveau des prix plus élevé a provoqué une compensation à l'augmentation des salaires, sans toutefois modifier la quantité de main-d'œuvre engagée ni la production. »
d) « Récemment, le niveau des prix plus bas a provoqué une diminution de la production au pays. »
e) Aucune de ces réponses.

5 Parmi les citations suivantes, laquelle décrit un déplacement vers la droite de la courbe d'offre agrégée à court terme ?
a) « Récemment, le niveau des prix plus élevé a provoqué une diminution de la production au pays. »
b) « Récemment, le niveau des prix plus élevé a provoqué une augmentation de la production au pays. »
c) « Récemment, le niveau des prix plus élevé a provoqué une compensation à l'augmentation des salaires, sans toutefois modifier la quantité de main-d'œuvre engagée ni la production. »
d) « Récemment, le niveau des prix plus bas a provoqué une diminution de la production au pays. »
e) Aucune de ces réponses.

6 En dérivant la courbe d'offre agrégée à court terme, laquelle des variations suivantes n'est *pas* maintenue constante ?
a) Le niveau des salaires
b) Les prix des matières premières
c) Le climat
d) Le niveau des prix
e) Les progrès techniques

7 Si les tacos se vendent 2 $ chacun au restaurant mexicain Brûlures d'estomac et si le salaire d'un cuisinier est de 60 $ par jour, son taux de salaire réel est de
a) 2 tacos par jour.
b) 60 $ par jour.
c) 120 tacos par jour.
d) 2 $ par jour.
e) 30 tacos par jour.

8 Au départ, les tacos se vendent 2 $ chacun au restaurant mexicain Brûlures d'estomac et le salaire d'un cuisinier est de 60 $ par jour. Supposons que le prix d'un taco augmente, pour passer à 2,50 $, après la publication d'un article établissant un lien entre la consommation de tacos et les traitements contre la calvitie. Le gérant du restaurant, qui cherche à maximiser ses profits :
a) engagera plus de cuisiniers, car le taux de salaire réel a augmenté pour atteindre 2,50 $ par jour.
b) engagera moins de cuisiniers, car le taux de salaire réel a augmenté pour atteindre 2,50 $ par jour.
c) engagera le même nombre de cuisiniers, car le taux de salaire réel demeure inchangé.
d) engagera plus de cuisiniers, car le taux de salaire réel a diminué pour atteindre 24 tacos par jour.
e) commencera à faire la publicité suivante : « Je suis le propriétaire du restaurant, mais j'en suis également un client. »

9 La courbe de demande de travail a
a) une pente positive et se déplace lorsque le stock de capital varie.
b) une pente positive et se déplace lorsque la quantité de travail utilisée varie.
c) une pente négative et se déplace lorsque le stock de capital varie.
d) une pente négative et se déplace lorsque la quantité de travail utilisée varie.
e) une pente négative et se déplace lorsque le taux de salaire varie.

10 Parmi les éléments suivants, lequel entraînerait un déplacement de la fonction de production agrégée vers le haut ?
a) Une diminution du stock de capital
b) Une chute du taux de salaire réel
c) Une augmentation de la quantité de travail utilisée
d) Une hausse du niveau des prix
e) Un progrès technologique

11 La courbe de demande de travail indique que, toutes autres choses étant égales,
   a) à mesure que le niveau des prix augmente, la quantité de travail demandée diminue.
   b) à mesure que le taux de salaire réel augmente, la quantité de travail demandée s'accroît.
   c) à mesure que le taux de salaire nominal augmente, la quantité de travail demandée diminue.
   d) à mesure que le taux de salaire nominal augmente, la quantité de travail demandée s'accroît.
   e) à mesure que le taux de salaire réel augmente, la quantité de travail demandée diminue.

12 À long terme, une hausse du PIB réel laisse supposer
   a) que le PIB potentiel a augmenté.
   b) que la demande agrégée a augmenté.
   c) que l'économie s'est déplacée vers le haut le long de sa courbe d'offre agrégée à court terme.
   d) que le niveau des prix a augmenté.
   e) que les salaires réels ont chuté.

13 À long terme, quel sera l'effet d'une hausse du niveau des prix?
   a) Elle entraînera une chute du taux de salaire réel, de sorte que l'emploi augmentera.
   b) Elle entraînera une chute du taux de salaire réel, de sorte que l'emploi diminuera.
   c) Elle entraînera une hausse proportionnelle du taux de salaire nominal, de sorte que l'emploi augmentera.
   d) Elle entraînera une hausse proportionnelle du taux de salaire nominal, de sorte que l'emploi ne variera pas.
   e) Elle entraînera une hausse proportionnelle du taux de salaire nominal, de sorte que l'emploi diminuera.

14 Pourquoi la courbe de demande de travail a-t-elle une pente négative?
   a) Lorsque les salaires sont bas, les travailleurs sont moins productifs, de sorte que les entreprises doivent engager plus de travailleurs.
   b) Le produit marginal du travail diminue lorsque la quantité de travail augmente.
   c) À mesure que la technologie évolue, une moins grande quantité de travail est nécessaire pour produire une quantité de biens et services donnée.
   d) À mesure que le coût de production augmente, les entreprises emploient moins de main-d'œuvre.
   e) À mesure que le produit marginal du travail augmente, les entreprises ont besoin de moins de travailleurs.

15 La figure 13.1 présente le marché du travail. Le niveau des prix, mesuré à l'aide de l'indice implicite du PIB, est de 150. Quel est le taux de salaire nominal à l'équilibre?
   a) 8 $
   b) 12 $
   c) 15 $
   d) 18 $
   e) 24 $

FIGURE **13.1**

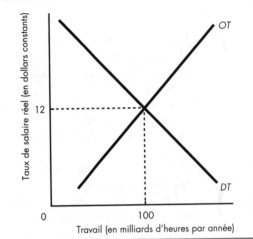

16 Reprenez la figure 13.1 et supposez que, lorsque le taux de salaire nominal a été fixé, il était prévu que l'indice implicite du PIB demeurerait constant à 150. Si l'indice implicite du PIB passe finalement à 200 à court terme, le taux de salaire réel sera de
   a) 9 $, et l'emploi sera inférieur à 100 milliards d'heures par année.
   b) 9 $, et l'emploi sera supérieur à 100 milliards d'heures par année.
   c) 24 $, et l'emploi sera inférieur à 100 milliards d'heures par année.
   d) 24 $, et l'emploi sera supérieur à 100 milliards d'heures par année.
   e) 6 $, et l'emploi sera supérieur à 100 milliards d'heures par année.

17 La courbe d'offre agrégée est verticale à un niveau de PIB réel de plein emploi si
   a) le taux de salaire réel s'ajuste de façon continue afin de maintenir l'équilibre sur le marché du travail.
   b) le taux de salaire nominal est fixe, mais le taux de salaire réel change en raison des variations du niveau des prix.
   c) l'emploi est déterminé par la quantité de travail demandée.
   d) l'emploi est déterminé par la quantité de travail offerte.
   e) l'emploi est déterminé par l'utilisation que l'on fait de la monnaie.

18 À court terme, si le niveau des prix diminue, le taux de salaire réel sera
a) inférieur au taux de salaire réel d'équilibre, et l'emploi chutera.
b) inférieur au taux de salaire réel d'équilibre, et l'emploi augmentera.
c) supérieur au taux de salaire réel d'équilibre, et l'emploi chutera.
d) supérieur au taux de salaire réel d'équilibre, et l'emploi augmentera.
e) égal au taux de salaire réel d'équilibre, et l'emploi demeurera constant.

19 À long terme, si le niveau des prix diminue, le taux de salaire réel sera
a) inférieur au taux de salaire réel d'équilibre, et l'emploi chutera.
b) inférieur au taux de salaire réel d'équilibre, et l'emploi augmentera.
c) supérieur au taux de salaire réel d'équilibre, et l'emploi chutera.
d) supérieur au taux de salaire réel d'équilibre, et l'emploi augmentera.
e) égal au taux de salaire réel d'équilibre, et l'emploi demeurera constant.

20 Lorsque le taux de salaire nominal est de 12 $ l'heure et que l'indice implicite du PIB est de 150, quel est le salaire réel horaire?
a) 18 $
b) 15 $
c) 12 $
d) 8 $
e) 6 $

21 La demande et l'offre de travail augmentent avec le temps, mais la demande de travail s'accroît plus rapidement que l'offre. À quoi peut-on s'attendre concernant le taux de salaire réel et l'emploi?
a) Le taux de salaire réel augmentera, et l'emploi chutera.
b) Le taux de salaire réel et l'emploi augmenteront.
c) Le taux de salaire réel diminuera, et l'emploi augmentera.
d) Le taux de salaire réel et l'emploi chuteront.
e) La courbe d'offre agrégée se déplacera vers la gauche.

22 Une hausse du stock de capital _____ la fonction de production agrégée, et la courbe de demande de travail _____.
a) fera augmenter; demeurera constante
b) fera diminuer; demeurera constante
c) fera augmenter; augmentera
d) fera diminuer; augmentera
e) demeurera constante; demeurera constante

23 Les entreprises qui veulent maximiser leurs profits augmentent la quantité de travail utilisée jusqu'à ce que
a) les travailleurs ne veulent plus travailler.
b) le produit marginal du travail soit nul.
c) le produit marginal du travail soit à son maximum.
d) le produit marginal du travail soit égal au salaire réel.
e) le produit marginal du travail soit égal au salaire nominal.

24 À court terme, le chômage est déterminé
a) par la quantité de travail demandée au taux de salaire réel effectif.
b) par la quantité de travail offerte au taux de salaire réel effectif.
c) au point d'intersection des courbes d'offre et de demande de travail.
d) au point d'intersection des courbes d'offre et de demande agrégées.
e) par le niveau des prix.

25 Parmi les raisons suivantes, laquelle *ne* contribue *pas* à donner à la courbe d'offre de travail une pente positive?
a) La substitution intertemporelle du travail
b) Le fait que les gens décident de faire partie de la population active seulement si le salaire réel est aussi élevé que leur salaire de réserve
c) L'effet de revenu d'une variation du salaire réel
d) L'effet de substitution d'une variation du salaire réel
e) Le fait que les gens décident de quitter la population active seulement si le salaire réel est inférieur à leur salaire de réserve

Problèmes à court développement

1 Expliquez pourquoi le taux de participation de la main-d'œuvre augmente avec le taux de salaire réel. De quelle manière ce fait aide-t-il à expliquer pourquoi la courbe d'offre de travail a une pente positive?

2 Supposons qu'il y ait une augmentation imprévue du niveau des prix. À long terme, qu'advient-il du taux de salaire nominal, du taux de salaire réel, de l'emploi et du PIB réel?

3 Supposons qu'il y ait une hausse imprévue du niveau des prix. À court terme, qu'advient-il du taux de salaire nominal, du taux de salaire réel, de l'emploi et du PIB réel?

4 « Les fluctuations de la demande agrégée ne peuvent avoir d'effet sur le PIB réel ni l'emploi ». Discutez la validité de cet énoncé.

5 À court terme, quels facteurs déterminent la demande de travail ?

6 Le tableau 13.1 contient des données relatives à la fonction de production agrégée d'une petite économie. La quantité de travail utilisée par jour est représentée par la lettre T, et la quantité de biens et services produite par jour (PIB réel), par la lettre Y.

TABLEAU **13.1**   LA FONCTION DE PRODUCTION AGRÉGÉE

T	Y	Pm_T
0	0	
1	8	
2	15	
3	21	
4	26	
5	30	
6	33	

a) Remplissez la dernière colonne du tableau en y inscrivant le produit marginal du travail (Pm_T). N'oubliez pas d'inscrire le produit marginal à mi-chemin entre deux lignes.
b) Quelle est la quantité de travail demandée lorsque le taux de salaire nominal se chiffre à 6 $ et que l'indice implicite du PIB est de 150 ?
c) Tracez la courbe de demande de travail.

7 Le tableau 13.2 contient le barème d'offre de travail de l'économie du problème **6**.

TABLEAU **13.2**   L'OFFRE DE TRAVAIL

Taux de salaire réel	Quantité de travail offerte
8	7,5
7	6,5
6	5,5
5	4,5
4	3,5
3	2,5

a) Dans le graphique du problème **6c**, tracez la courbe d'offre de travail.
b) Quel est le taux de salaire réel d'équilibre ?
c) Quel est le niveau d'emploi d'équilibre ?
d) Quel est le niveau de production à ce niveau d'emploi ?

8 Supposons que l'économie des problèmes 6 et 7 soit en situation d'équilibre à long terme.
a) Si l'indice implicite du PIB est de 100, à combien s'élèveront le taux de salaire nominal d'équilibre, le niveau d'emploi et le niveau de production ?
b) Si l'indice implicite du PIB est de 80, à combien s'élèveront le taux de salaire nominal d'équilibre, le niveau d'emploi et le niveau de production ?
c) Si l'indice implicite du PIB est de 120, à combien s'élèveront le taux de salaire nominal d'équilibre, le niveau d'emploi et le niveau de production ?
d) Tracez la courbe d'offre agrégée à long terme de cette économie.

9 Supposons maintenant que les économies des problèmes 6 et 7 soient caractérisées par des salaires nominaux fixes. Utilisez le modèle à court terme pour répondre aux questions suivantes.
a) Si la valeur effective de l'indice implicite du PIB est de 100, à combien s'élèveront le taux de salaire réel, le niveau d'emploi et le niveau de production ?
b) Si la valeur effective de l'indice implicite du PIB est de 82, à combien s'élèveront le taux de salaire réel, le niveau d'emploi et le niveau de production ?
c) Si la valeur effective de l'indice implicite du PIB est de 128, à combien s'élèveront le taux de salaire réel, le niveau d'emploi et le niveau de production ?
d) Dans le graphique du problème **8d**, placez trois points sur la courbe d'offre agrégée à court terme de cette économie dont les salaires sont rigides. Tracez ensuite la partie de la courbe $OACT$ en reliant ces points.

◑ 10 Supposons que des progrès techniques donnent lieu à la nouvelle fonction de production agrégée résumée au tableau 13.3.

TABLEAU **13.3**   LA NOUVELLE FONCTION DE PRODUCTION AGRÉGÉE

T	Y	Pm_T
0	0	
1	10	
2	19	
3	27	
4	34	
5	40	
6	45	

a) Remplissez la dernière colonne du tableau 13.3 en calculant le produit marginal du travail. N'oubliez pas d'inscrire le produit marginal à mi-chemin entre les deux lignes.

b) Sur le graphique des problèmes **6c** et **7a**, tracez la nouvelle courbe de demande de travail.

c) À long terme, à combien s'élèvent le taux de salaire réel d'équilibre, l'emploi et la production ? (La courbe d'offre de travail ne change pas.)

d) Qu'est-il advenu des courbes *OACT* et *OALT* ?

RÉPONSES

Vrai/Faux/Incertain (Justifiez votre réponse.)

1 V L'économie sera en situation d'équilibre de suremploi. Par conséquent, la demande supplémentaire de travail provoquera une augmentation des salaires.

2 I Cela dépend si les salaires nominaux sont constants ou non.

3 I Une baisse des profits anticipés provoque un déplacement de la courbe *DA* vers la gauche. Cependant, les effets sur le PIB réel dépendent de l'équilibre s'il est à court terme ou à long terme.

4 F Une baisse du taux de salaire réel provoque une diminution du coût d'opportunité lié au temps consacré au loisir. Par conséquent, le temps de loisir augmente au moyen de l'effet de substitution.

5 F À l'heure actuelle, le taux de salaire réel élevé signifie que les travailleurs se joignent en plus grand nombre à la population active. Par conséquent, la quantité de travail offerte est plus élevée.

6 V Si les entreprises engagent plus de main-d'œuvre, le produit marginal du travail décroissant provoque une diminution du produit marginal. Par conséquent, les entreprises engageront plus de main-d'œuvre seulement si le taux de salaire réel diminue.

7 V Définition de la courbe de demande de travail.

8 I Cela dépend si la situation se produit à court terme ou à long terme.

9 V Une augmentation du produit marginal provoque une hausse de la production par travailleur. Par conséquent, le nombre de travailleurs souhaité à un taux de salaire réel constant augmente.

10 F Le taux de salaire réel = (taux de salaire nominal/niveau des prix) × 100 demeure inchangé et donc la quantité de travail demandée demeure inchangée.

Questions à choix multiple

1 e Définition : la quantité de PIB réel varie de pair avec la quantité de travail utilisée.

2 d Cela provoque une augmentation de la production ainsi que de la demande de travail. **a**, **b** et **c** sont les effets de l'offre de travail, et **e** est un mouvement le long de la courbe.

3 d Se reporter au manuel. Il est à noter que la baisse du niveau des prix provoque une hausse du taux de salaire réel.

4 c Aucune variation de l'emploi et donc aucune variation de la production. La courbe *OALT* est donc verticale.

5 e **a** est illogique, **b**, **c** et **d** sont des mouvements le long des courbes.

6 d Toutes les autres le sont par définition.

7 e Taux de salaire réel = taux de salaire nominal/niveau des prix = 60 $/2 $ = 30.

8 d Taux de salaire réel = 60 $/2,50 $ = 24 < 30. Par conséquent, les entreprises engageront plus de main-d'œuvre puisqu'elle est moins coûteuse.

9 c Elle a une pente négative à cause du produit marginal du travail décroissant. **d** et **e** provoquent des mouvements le long de la courbe.

10 e Les progrès technologiques provoquent une augmentation de la productivité du travail.

11 e La demande de travail est inversement reliée au taux de salaire réel.

12 a Les fluctuations du PIB réel sont provoquées par la variation de *OALT*.

13 d Les salaires nominaux augmentent puisqu'ils sont flexibles et les salaires réels demeurent inchangés. Par conséquent, l'emploi ne change pas.

14 b Le produit marginal du travail décroissant crée une courbe de demande de travail à pente négative.

15 d Les salaires réels sont fixés là où *DT* = *OT*, soit à 12 $. Les salaires nominaux = (salaires réels × niveau des prix)/100.

⏱ 16 b Les salaires réels effectifs = (salaires nominaux/niveau des prix) × 100, et les salaires réels plus bas provoquent une augmentation de la demande de travail.

17 a Puisque l'offre agrégée (à long terme) est verticale, le salaire réel s'ajuste.

18 c Le niveau des prix effectif plus bas provoque une hausse du salaire réel (puisque le salaire nominal est constant). Par conséquent, la demande de travail diminue.

19 e Le salaire nominal s'ajuste à un changement du niveau des prix lorsque les salaires réels sont constants. Par conséquent, la quantité de travail utilisée ne varie pas.

20 d Salaire réel = (salaire nominal/niveau des prix) × 100.

21 b Tracez le graphique.

22 c Une augmentation du stock de capital provoque une hausse de la quantité de biens et services produits par unité de travail ainsi que de la productivité marginale. Par conséquent, la demande de travail se déplace vers la droite.

23 d Les profits sont maximisés.

24 a Les entreprises choisissent la quantité de travail utilisée étant donné le taux de salaire réel effectif.

25 c Cet effet tend à créer une courbe d'offre de travail dont la pente est négative.

Problèmes à court développement

1 Le salaire de réserve d'une personne correspond au salaire le plus faible auquel cette personne est prête à offrir du travail. Par exemple, si le taux de salaire réel est inférieur au salaire de réserve d'une personne, celle-ci ne voudra pas travailler. À mesure que le taux de salaire réel augmente, les personnes ayant un salaire de réserve inférieur au taux de salaire réel sont plus nombreuses, de sorte que la quantité de main-d'œuvre augmente par rapport au nombre de personnes en âge de travailler ; le taux de participation de la main-d'œuvre s'accroît.

À mesure que le taux de salaire réel augmente, davantage de personnes désirent travailler, de sorte que la quantité de travail offerte augmente. Puisqu'une hausse du taux de salaire réel représente le facteur initial qui incite plus de personnes à travailler, il y a une relation positive entre le taux de salaire réel et la quantité de travail offerte.

2 À long terme, une hausse du niveau des prix, au taux de salaire nominal courant, aura pour effet de réduire le taux de salaire réel. Une réduction du taux de salaire réel signifie que le marché du travail se caractérise désormais par une demande excédentaire de travail ; à un taux de salaire réel plus bas, la quantité de travail demandée dépasse la quantité de travail offerte. Puisque les salaires sont flexibles, le taux de salaire nominal augmentera jusqu'à ce que le marché du travail atteigne de nouveau l'équilibre, ou jusqu'à ce que le salaire réel revienne à son niveau initial. À long terme, l'emploi demeure à son niveau précédent, de même que le PIB réel.

3 À court terme, une hausse du niveau des prix, au taux de salaire nominal constant, aura pour effet de réduire le taux de salaire réel. Étant donné que le taux de salaire nominal ne s'ajuste pas à court terme, le taux de salaire réel demeurera plus bas et, puisque l'emploi est déterminé par la demande de travail, le niveau d'emploi augmentera. Par conséquent, la quantité de PIB réel offerte augmentera au moyen de la fonction de production agrégée.

4 Cet énoncé est valide à long terme lorsque la courbe *OALT* est verticale. Dans ce cas, les fluctuations de la *DA* provoquent une variation du niveau des prix, mais l'emploi et la production ne changent pas. Cependant, cet énoncé n'est pas valide à court terme, car la courbe *OACT* a une pente positive. Par conséquent, les fluctuations de la *DA* provoquent des variations des salaires réels, de l'emploi et de la production.

5 La demande de travail est déterminée là où il y a égalité entre le taux de salaire réel et le produit marginal du travail. Le produit marginal du travail est influencé par l'accumulation de capital et les progrès techniques. À court terme, le salaire nominal est constant, de sorte que le salaire réel varie avec le niveau des prix. Par conséquent, à court terme, la demande de travail est influencée par le niveau des prix, l'accumulation de capital et les progrès techniques.

6 a) La solution est donnée au tableau 13.1. Le produit marginal du travail est l'augmentation du PIB réel qui résulte de l'addition d'une heure de travail.

TABLEAU **13.1** SOLUTION

T	Y	Pm$_T$
0	0	
		8
1	8	
		7
2	15	
		6
3	21	
		5
4	26	
		4
5	30	
		3
6	33	

b) On calcule le taux de salaire réel à l'aide de l'équation suivante : Taux de salaire réel = (Taux de salaire nominal × 100)/Indice implicite du PIB

Dans notre exemple, le taux de salaire nominal est de 6 $ par unité de travail et l'indice implicite du PIB est de 150. Par conséquent, le taux de salaire réel est de 4 $. Étant donné qu'une entreprise désirant maximiser ses profits engagera des travailleurs jusqu'à ce que le produit marginal du travail soit égal au taux de salaire *réel*, on constate que la quantité de travail demandée au taux de salaire réel de 4 $ est de 4,5 unités.

c) La courbe de demande de travail (DT_0) se trouve à la figure 13.2. La courbe de demande de travail est identique à la courbe de produit marginal du travail. (Voir le tableau 13.1 Solution.)

FIGURE **13.2**

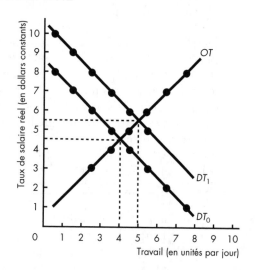

7 a) La figure 13.2 présente la courbe d'offre de travail OT et la courbe DT_1 du problème **6**.

b) Le taux de salaire réel d'équilibre est de 4,50 $, étant donné que les quantités de travail demandée et offerte sont égales à 4 unités par jour. Ces données sont contenues dans la figure et les tableaux.

c) Le niveau d'emploi d'équilibre est de 4 unités de travail.

d) D'après la fonction de production agrégée du tableau 13.1, 4 unités de travail permettent de produire 26 unités par jour.

8 Peu importe la valeur de l'indice implicite du PIB, à long terme, le taux de salaire *réel* d'équilibre se chiffre à 4,50 $, le niveau d'emploi, à 4 unités par jour et le niveau de production, à 26 unités

par jour. Lorsqu'on connaît le taux de salaire réel et l'indice implicite du PIB, on obtient le taux de salaire nominal de la manière suivante :
Taux de salaire nominal = (Taux de salaire réel × Indice implicite du PIB)/100

a) Lorsque l'indice implicite du PIB est de 100, un taux de salaire réel de 4,50 $ correspond à un taux de salaire nominal de 4,50 $.

b) Lorsque l'indice implicite du PIB est de 80, un taux de salaire réel de 4,50 $ correspond à un taux de salaire nominal de 3,60 $.

c) Lorsque l'indice implicite du PIB est de 120, un taux de salaire réel de 4,50 $ correspond à un taux de salaire nominal de 5,40 $.

d) La figure 13.3 présente la courbe d'offre agrégée à long terme (*OALT*) de cette économie. Les parties a, b et c indiquent que, à tous les niveaux des prix, la production est de 26 unités par jour.

FIGURE **13.3**

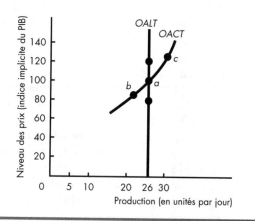

9 a) Si l'indice implicite du PIB est égal à 100, et puisque le taux de salaire réel est fixé à 4,50 $, le taux de salaire réel est de 4,50 $. Par conséquent, l'emploi sera établi à 4 unités, et la production, à 26 unités.

b) Si l'indice implicite du PIB est de 82, et puisque le taux de salaire nominal est fixé à 4,50 $, le taux de salaire réel sera de 5,50 $ (($4,5/82) × 100 = 5,5$). L'emploi est déterminé par la demande de travail, il s'élève à 3 unités par jour à un taux de salaire réel de 5,50 $. La production atteindra donc 21 unités par jour (selon les données du tableau 13.1).

c) Si l'indice implicite du PIB est de 128, et puisque le taux de salaire nominal est fixé à 4,50 $, le taux de salaire réel sera de 3,50 $. La demande de travail détermine l'emploi qui sera de 5 unités par jour. Par conséquent, la production quotidienne atteindra 30 unités (selon les données du tableau 13.1).

d) La figure 13.3 indique trois points de la courbe d'offre agrégée à court terme d'une économie dont les salaires sont rigides : au point *a*, la production se chiffre à 26, et l'indice implicite du PIB est de 100 ; au point *b*, la production est de 21, et l'indice implicite du PIB, de 82 ; au point *c*, la production est de 30 et l'indice implicite du PIB, de 128. On a relié ces trois points afin d'obtenir une partie de la courbe d'offre agrégée à court terme (*OACT*).

◑ 10 a) La réponse est donnée au tableau 13.3 Solution. Notez que le produit marginal de chaque unité de travail a augmenté avec l'évolution de la technologie.

TABLEAU **13.3** SOLUTION

T	Y	Pm_T
0	0	
		10
1	10	
		9
2	19	
		8
3	27	
		7
4	34	
		6
5	40	
		5
6	45	

b) La figure 13.2 présente le graphique. Il est à noter que la nouvelle courbe de demande de travail DT_1 se trouve à droite de la courbe DT_0.

c) Dans la figure 13.2 ou les tableaux 13.2 et 13.3, on voit que la quantité de travail demandée est égale à la quantité de travail offerte lorsque le taux de salaire réel est de 5,50 $. L'emploi se chiffre à 5 unités de travail par jour, ce qui correspond à une production de 40 unités par jour (voir le tableau 13.3 Solution).

d) La courbe *OALT* se déplace vers la droite de 26 à 40, et la courbe *OACT* se déplace de pair avec celle-ci.

L'emploi, les salaires et le chômage

L'emploi et les salaires

Le PIB réel et l'emploi sont positivement reliés : plus l'un est élevé, plus l'autre l'est également.

◆ Statistique Canada enquête auprès des ménages afin de déterminer leur situation professionnelle :

- La **population en âge de travailler** = toutes les personnes âgées de 15 ans ou plus.
- Elle se divise en deux groupes : ceux qui font partie de la **population active** (les personnes occupées et les chômeurs) et ceux qui n'en font pas partie.
- La population occupée = travailleurs à temps plein et travailleurs à temps partiel.
- Les chômeurs ne travaillent pas, ont activement cherché du travail pendant les quatre semaines précédant la date de l'enquête, attendent un rappel au travail de la part de leur employeur après une mise à pied temporaire ou ont pris des dispositions précises en vue d'occuper un nouvel emploi dans les quatre semaines qui suivent la date de l'enquête.
- Certains travailleurs à temps partiel le sont involontairement, car ils souhaitent se trouver un emploi à temps plein.

◆ Statistique Canada se sert des catégories de population que nous venons de voir pour obtenir quatre indicateurs de l'état du marché du travail :

- Le **taux de chômage** = nombre de chômeurs exprimé en pourcentage de la population active.
- Le **taux de travail à temps partiel involontaire** = pourcentage de la population active qui occupe un emploi à temps partiel mais qui recherche un travail à temps plein.

- Le **taux d'activité de la main-d'œuvre** = pourcentage de la population en âge de travailler qui fait partie de la population active.
- Le **taux d'emploi** = pourcentage de la population en âge de travailler qui occupe un emploi.

◆ Au Canada, depuis 1960,

- le taux de chômage a augmenté en période de récession.
- le taux de travail à temps partiel involontaire a connu une tendance à la hausse et a augmenté en période de récession.
- le taux d'activité de la main-d'œuvre a enregistré une forte tendance à la hausse, mais il a également diminué en période de récession à cause des **travailleurs découragés**, c'est-à-dire des personnes qui se retirent temporairement de la population active en période de récession.
- en général, le taux d'emploi a augmenté (de nombreux emplois ont été créés), mais il a également diminué en période de récession.
- le taux d'activité de la main-d'œuvre masculine a diminué et celui de la main-d'œuvre féminine a (fortement) augmenté.

◆ Pour déterminer la quantité de travail utilisée et contrôler le nombre de travailleurs à temps partiel par rapport au nombre de travailleurs à temps plein, nous devons examiner la **somme des heures travaillées**, c'est-à-dire le nombre total d'heures travaillées. Celle-ci connaît une tendance à la hausse, mais diminue en période de récession. La somme des heures travaillées a diminué jusqu'au début des années 1990 et a chuté plus rapidement que d'habitude en périodes de récession.

◆ Le **taux de salaire réel** = la quantité de biens et services que permet d'acheter une heure de travail = **taux de salaire nominal** (le nombre de dollars payés pour une heure de travail)/le niveau des prix.

◆ Les salaires dans les entreprises manufacturières ont connu une forte baisse au début des années 1980 puis une reprise lente, tandis que la rémunération globale des employés dans tous les secteurs a enregistré une tendance à la hausse, mais a accusé une brusque baisse durant les années 1993 et 1994 à cause d'un ralentissement de la croissance de la productivité.

Le chômage et le plein emploi

◆ Les gens se retrouvent en chômage lorsqu'ils :

- sont mis à pied : ce sont des **personnes licenciées** ;
- quittent volontairement leur emploi : ce sont des **personnes qui ont démissionné** ;
- intègrent pour la première fois la population active (**nouveaux venus**) ou la réintègrent (**personnes qui réintègrent la population active**).

◆ Les gens mettent fin à une période de chômage lorsqu'ils sont embauchés, rappelés au travail ou se retirent de la population active.

◆ Les personnes licenciées représentent la plus importante proportion des chômeurs, et leur nombre fluctue considérablement de pair avec le cycle économique.

◆ La durée du chômage fluctue beaucoup ; la moitié des chômeurs mettent plus de 14 semaines à se trouver un emploi.

◆ Le taux de chômage est plus élevé chez les jeunes travailleurs.

◆ Les types de chômage :

- Le **chômage frictionnel** (qui découle de la mobilité normale de la main-d'œuvre et du fait que les gens cherchent un emploi qui réponde le mieux possible à leurs attentes) est influencé par le baby-boom ainsi que par la générosité du programme de l'assurance-emploi.
- Le **chômage structurel** (pertes d'emploi dans les industries et dans les régions subissant un déclin à cause du progrès technologique) a été particulièrement important dans les années 1980.
- Le **chômage saisonnier** (diminution du nombre d'emplois en raison des contraintes saisonnières) augmente dans les provinces de l'Atlantique durant l'hiver.
- Le **chômage cyclique** (qui est provoqué par les ralentissements de la croissance de l'économie) fluctue de pair avec le cycle économique.

◆ Le **taux de chômage naturel** est le taux de chômage qui subsiste lorsqu'il n'y a pas de chômage cyclique – en d'autres termes, lorsque le chômage est entièrement frictionnel, structurel et saisonnier. Le taux de chômage réel fluctue autour du taux de chômage naturel comme le PIB réel fluctue autour du PIB potentiel.

◆ Il y a **plein emploi** lorsque le taux de chômage est égal à son taux naturel.

L'emploi et les taux de salaire

◆ La **courbe de demande de travail** (DT) – qui a une pente négative – montre la quantité d'heures de travail que les entreprises ont l'intention d'utiliser à différents taux de salaire réel.

◆ La **courbe d'offre de travail** (OT) – qui a une pente positive – présente la quantité de travail que les ménages sont prêts à offrir à divers taux de salaire réel.

◆ Il y a équilibre sur le marché du travail lorsque la quantité de travail demandée est égale à la quantité de travail offerte.

◆ Depuis 1960, la variation de DT a été supérieure à celle de OT, qui était positive à cause de la croissance de la productivité du travail et de la population en âge de travailler, ce qui a entraîné une augmentation des salaires réels et de l'emploi.

◆ De plus, la structure du marché du travail a connu d'importants changements – l'emploi et les salaires ont augmenté plus rapidement dans le secteur des services que dans le secteur manufacturier.

Les causes du chômage

Trois causes viennent expliquer le chômage : la recherche d'emploi, le rationnement des emplois, la rigidité des salaires.

◆ La **recherche d'emploi** est l'activité par laquelle les gens cherchent un emploi lorsqu'ils sont chômeurs.

- Le roulement constant sur le marché du travail signifie qu'il y a toujours des gens à la recherche d'un emploi, ce qui explique le chômage frictionnel, structurel et cyclique.
- Lorsque les changements structurels se succèdent rapidement ou que l'économie est en récession, la recherche d'emploi est élevée.
- Le nombre de personnes à la recherche d'un emploi augmente lorsque la population en âge de travailler croît, les prestations de l'assurance-emploi augmentent ou les progrès techniques ou la mondialisation des échanges s'accroissent.

◆ Le **rationnement des emplois** est la pratique qui consiste à verser un salaire qui créera une offre de travail excédentaire et du chômage frictionnel. Les trois raisons pour lesquelles on rationne les emplois sont les suivantes :

• Les entreprises versent des **salaires d'efficience**, soit des salaires plus élevés qui leur permettent de maximiser leurs profits en incitant les employés à travailler davantage, en réduisant le taux de roulement de la main-d'œuvre et en attirant une main-d'œuvre de qualité supérieure.

• Selon la **théorie des *insiders-outsiders***, les *insiders* (les travailleurs en place) empêchent les entreprises de réduire les salaires pour engager des *outsiders* (les chômeurs).

• Le salaire minimum maintient les salaires trop élevés pour certains travailleurs.

◆ Les salaires nominaux sont plus rigides que les prix, de sorte que le salaire réel effectif varie plus lentement que le taux de salaire réel d'équilibre. Ainsi, l'offre de travail est excédentaire quand la demande de travail diminue, ce qui provoque une hausse temporaire du chômage cyclique.

R A P P E L S

I Dans une économie dynamique, le chômage ne présente pas nécessairement que des désavantages. Il est important de comprendre les bienfaits économiques du chômage frictionnel, autant pour les individus que pour la société. Les jeunes travailleurs traversent souvent des périodes de chômage lorsqu'ils sont à la recherche d'un emploi qui correspond à leur formation et à leurs intérêts. Ces jeunes profitent du chômage frictionnel parce qu'il leur permet de trouver un emploi qui les satisfera davantage. La société tire un avantage du chômage frictionnel qui découle de la recherche d'un emploi, car celui-ci permet aux travailleurs de trouver un emploi afin d'être plus productifs. En conséquence, la production totale des biens et services de l'économie s'accroît. (Comparez cette situation à celle de la plupart des diplômés en République de Chine. On leur attribue un emploi lorsqu'ils obtiennent leur diplôme et ils ne peuvent pas véritablement choisir le type d'emploi ni la région qu'ils souhaitent.)

Les chômeurs structurels ne se trouveront pas un nouvel emploi sans suivre une nouvelle formation ou déménager. Par conséquent, les coûts pour la société et pour les travailleurs sont beaucoup plus élevés. Par exemple, les chômeurs structurels sont généralement en chômage pendant des périodes beaucoup plus longues. Ces travailleurs doivent porter le fardeau des coûts liés à la restructuration des industries dans notre économie, bien que la société tire profit de cette restructuration.

2 Lorsque les économistes utilisent le terme *plein emploi* ou son équivalent, *taux de chômage naturel*, cela ne signifie pas que tout le monde travaille. Ils veulent plutôt dire que le seul chômage existant est de nature frictionnelle, structurelle ou saisonnière ; il n'y a pas de chômage cyclique. (Vous comprendrez que le taux naturel soit plus élevé durant l'hiver !)

Il est possible que le taux de chômage effectif soit inférieur au taux de chômage naturel. Il est également possible que le niveau d'emploi dépasse le plein emploi. Le cas échéant, les individus ne consacrent pas assez de temps à la recherche d'un emploi et en choisissent un dans lequel ils sont moins productifs.

3 Comme nous l'avons vu dans le manuel, il existe quatre *types* de chômage, mais leur définition ne les *explique* pas. Trois explications de base du chômage aident à comprendre d'où chaque type de chômage provient.

Le chômage frictionnel est issu de la recherche d'emploi (il y a toujours des recherches d'emploi dans l'économie à cause des changements du taux de profit des entreprises et du fait que les gens cherchent un emploi qui corresponde à leurs attentes) ainsi que du rationnement des emplois qui entraîne des taux de salaire réel supérieurs aux taux de salaire d'équilibre, et donc, des files d'attente pour les emplois. Cette situation découle souvent du déclin d'une entreprise.

Le chômage structurel provient des recherches d'emploi excessives en période de changement structurel causé par la mondialisation des échanges ou des progrès techniques. Ce type de chômage est provoqué par le ralentissement d'une industrie particulière ou de l'économie d'une région.

Le chômage saisonnier est entraîné par la recherche d'emploi au cours de saisons précises lorsque certains types d'emploi n'existent pas.

Le chômage cyclique est provoqué par une augmentation de la recherche d'emploi en période de récession, lorsqu'une baisse de la demande de travail a entraîné une hausse trop élevée du salaire réel (à cause des salaires nominaux rigides) et une diminution du nombre d'emplois par rapport au nombre de personnes à la recherche d'un emploi. Il découle du ralentissement global de l'économie.

AUTOÉVALUATION

Vrai/Faux/Incertain
(Justifiez votre réponse.)

1 Lorsque le taux de rotation de la main-d'œuvre s'accroît, le taux de chômage augmente.

2 Le fait d'être en chômage pendant quelques mois après avoir obtenu son diplôme universitaire nuit au diplômé.

3 Une diminution du nombre d'emplois dans le secteur de l'automobile correspondant à une augmentation égale du nombre d'emplois dans le secteur bancaire ne modifiera pas le taux de chômage.

4 Pour que l'économie soit en situation de plein emploi, il ne doit pas y avoir de chômage.

5 Paul vient d'obtenir son diplôme d'études collégiales et il est à la recherche de son premier emploi; ce type de chômage est appelé chômage frictionnel.

6 Le rationnement des emplois maintient le salaire réel trop élevé et crée un chômage cyclique.

7 Le taux d'emploi est le pourcentage de la population en âge de travailler qui fait partie de la population active.

8 Il y a équilibre sur le marché du travail quand la demande de travail est égale à l'offre de travail et que le chômage est nul.

9 Si le taux d'emploi augmente, le chômage diminue.

10 Si le nombre de travailleurs découragés diminue, le taux d'emploi chutera.

Questions à choix multiple

1 Parmi les événements suivants, lequel ferait augmenter le taux de chômage cyclique?
a) Les salaires nominaux deviennent plus rigides.
b) Une hausse des prestations de l'assurance-emploi.
c) Une accélération du rythme des progrès techniques.
d) Une hausse de la suppression et de la création d'emplois.
e) Toutes ces réponses.

2 Le chômage peut être provoqué par le fait que
a) les salaires flexibles entraînent trop de fluctuations des salaires réels.
b) les salaires flexibles entraînent insuffisamment de fluctuations des salaires réels.
c) les salaires rigides entraînent trop de fluctuations des salaires réels.
d) la recherche d'emploi entraîne des progrès techniques.
e) les *outsiders* ne permettent pas aux entreprises d'engager des *insiders* si cela signifie que leurs salaires seront plus bas.

3 Parmi les éléments suivants, lequel *ne* permet *pas* d'expliquer le chômage?
a) La recherche d'emploi
b) Les salaires d'efficience
c) Les *insiders* et les *outsiders*
d) Les salaires rigides
e) La recherche d'emploi à temps partiel

4 Le chômage augmentera si le nombre de personnes
a) prenant leur retraite augmente.
b) qui se retirent de la population active augmente.
c) rappelées au travail augmente.
d) quittant leur emploi pour étudier augmente.
e) quittant l'école pour se trouver un emploi a augmenté.

5   Parmi les énoncés suivants, lequel représente un exemple de chômage structurel?
  a) Une agricultrice de la Saskatchewan qui a perdu sa ferme et qui est au chômage jusqu'à ce qu'elle reçoive une nouvelle formation
  b) Un travailleur de l'industrie de la pêche de Nouvelle-Écosse qui est à la recherche d'un meilleur emploi à proximité de son domicile
  c) Un métallurgiste qui a été mis à pied et qui s'attend à être rappelé au travail bientôt
  d) Une employée de bureau qui a été licenciée à cause d'un ralentissement global de l'activité économique
  e) Aucune de ces réponses.

6   Parmi les énoncés suivants, lequel représente un exemple de chômage cyclique?
  a) Une agricultrice de la Saskatchewan qui a perdu sa ferme et qui est au chômage jusqu'à ce qu'elle reçoive une nouvelle formation
  b) Un travailleur de l'industrie de la pêche de Nouvelle-Écosse qui est à la recherche d'un meilleur emploi à proximité de son domicile
  c) Un métallurgiste qui a été mis à pied et qui s'attend à être rappelé au travail bientôt
  d) Une employée de bureau qui a été licenciée à cause d'un ralentissement global de l'activité économique
  e) Aucune de ces réponses

7   Parmi les énoncés suivants, lequel représente un exemple de chômage frictionnel? Une métallurgiste
  a) perd son emploi par suite de progrès techniques.
  b) est mise à pied mais pense être rappelée au travail bientôt.
  c) quitte son emploi pour prendre sa retraite.
  d) décide de quitter le marché du travail pour retourner aux études.
  e) se décourage et met fin à sa recherche d'emploi.

8   Quand l'économie connaît-elle le plein emploi?
  a) Lorsque toute la population travaille.
  b) Lorsque toute la population active travaille.
  c) Lorsque le chômage ne comprend que des chômeurs frictionnels et des travailleurs découragés.
  d) Lorsque le taux de chômage est inférieur à 3%.
  e) Lorsque le seul chômage existant est frictionnel, structurel et saisonnier.

9   Si on incluait les travailleurs découragés dans la mesure du taux de chômage,
  a) le taux effectif ne changerait pas.
  b) le taux de chômage diminuerait.
  c) le taux de chômage naturel augmenterait.
  d) le plein emploi augmenterait.
  e) le taux de chômage augmenterait.

10   Le taux de chômage naturel est
  a) le taux auquel le chômage est égal à 0%.
  b) le même que le taux de chômage cyclique.
  c) le taux auquel le chômage cyclique est égal à 6%.
  d) le taux auquel le chômage cyclique est égal à 0%.
  e) Aucune de ces réponses.

11   La demande et l'offre de travail augmentent toutes les deux avec le temps, mais la demande de travail augmente à un taux plus rapide. Par conséquent, avec le temps, on s'attend à ce que
  a) le taux de salaire réel augmente et que le chômage diminue.
  b) le taux de salaire réel augmente et que le chômage augmente.
  c) le taux de salaire réel diminue et que le chômage augmente.
  d) le taux de salaire réel diminue et que le chômage diminue.
  e) la courbe d'offre agrégée à long terme se déplace vers la gauche.

12   Si le nombre de travailleurs découragés augmente, toutes autres choses étant égales, alors
  a) le taux de chômage augmentera.
  b) le taux d'emploi chutera.
  c) le taux d'activité de la main-d'œuvre augmentera.
  d) le taux d'activité de la main-d'œuvre diminuera.
  e) **a** et **c**

13   Dans un pays où la population en âge de travailler s'élève à 20 millions, où 13 millions de personnes travaillent, 1,5 million sont en chômage et 1 million sont occupées mais travaillent à temps partiel, parmi lesquelles la moitié souhaiteraient travailler à temps plein, la population active est de
  a) 20 millions.
  b) 15,5 millions.
  c) 14,5 millions.
  d) 13 millions.
  e) 11,5 millions.

14   Dans un pays où la population en âge de travailler s'élève à 20 millions, où 13 millions de personnes travaillent, 1,5 million sont en chômage et 1 million sont occupées mais travaillent à temps partiel, parmi lesquelles la moitié souhaiteraient travailler à temps plein, le taux d'activité de la main-d'œuvre est de
  a) 75,5%.
  b) 72,5%.
  c) 65%.
  d) 57,5%.
  e) Aucune de ces réponses.

15 Dans un pays où la population en âge de travailler s'élève à 20 millions, où 13 millions de personnes travaillent, 1,5 million sont en chômage et 1 million sont occupées mais travaillent à temps partiel, parmi lesquelles la moitié souhaiteraient travailler à temps plein, le taux de chômage est de
a) 10 %.
b) 10,3 %.
c) 11,5 %.
d) 15,4 %.
e) Aucune de ces réponses.

16 Parmi les énoncés suivants, lequel décrit la recherche d'emploi ?
a) « Les salaires que l'on verse aux employés de l'usine sont si élevés qu'il y a toujours suffisamment de postulants pour que l'employeur puisse choisir les employés qu'il veut pour combler les postes vacants. »
b) « Les professeurs qui ont des postes permanents refusent d'accepter des diminutions salariales pour aider à l'embauche de nouveaux professeurs. »
c) « Les salaires n'ont pas diminué au cours du ralentissement économique actuel, ce qui crée une augmentation du chômage. »
d) « Les gens mettent trop de temps à trouver de nouveaux emplois, car les prestations de l'assurance-emploi sont trop généreuses. »
e) Toutes ces réponses.

17 En période de récession, quelle est la source la plus importante de l'augmentation du chômage ?
a) Les personnes qui ont démissionné.
b) Les personnes licenciées.
c) Les nouveaux venus.
d) Les personnes qui réintègrent la population active.
e) Les travailleurs à temps partiel involontaires.

18 En période de récession, en général,
a) le chômage augmente.
b) les taux d'activité diminuent.
c) les taux d'emploi diminuent.
d) Toutes ces réponses.
e) Aucune de ces réponses.

19 Parmi les personnes suivantes, laquelle serait comptée parmi les chômeurs au Canada ?
a) Ginette ne travaille que cinq heures par semaine et cherche du travail à temps plein.
b) Sophie ne cherche plus de travail après une recherche infructueuse de deux mois.
c) Isabelle est étudiante et ne travaille pas.
d) Paul a été mis à pied il y a 20 semaines, mais il pense être rappelé au travail bientôt.

e) Richard a été mis à pied, mais il ne pense pas être rappelé au travail et n'est pas à la recherche d'un emploi.

20 Le chômage cyclique est provoqué par
a) les salaires d'efficience.
b) les *insiders*.
c) le salaire minimum.
d) les salaires nominaux rigides.
e) Toutes ces réponses.

21 Au cours des 20 dernières années sur le marché du travail,
a) les salaires réels ont diminué dans toutes les industries.
b) les salaires réels ont augmenté dans toutes les industries.
c) l'emploi a fortement diminué, faisant augmenter le chômage.
d) la croissance de la demande de travail a été négative.
e) Aucune de ces réponses.

22 La recherche d'emploi augmente si
a) la proportion de la population en âge de travailler augmente.
b) les prestations de l'assurance-emploi deviennent de plus en plus généreuses.
c) la mondialisation des échanges s'accroît.
d) Toutes ces réponses.
e) Aucune de ces réponses.

23 À long terme, si la demande de travail diminue, le taux de salaire réel _____ et l'emploi _____ .
a) demeure constant ; diminue.
b) demeure constant ; demeure constant
c) diminue ; demeure constant
d) diminue ; diminue
e) diminue ; augmente

24 À court terme, si la demande de travail diminue, le taux de salaire réel _____ et l'emploi _____ .
a) demeure constant ; diminue
b) demeure constant ; demeure constant
c) diminue ; demeure constant
d) diminue ; diminue
e) diminue ; augmente

25 Le salaire d'efficience représente les salaires
a) versés au-dessous du taux de salaire d'équilibre afin d'accroître l'efficacité de l'entreprise.
b) fixés pour produire le niveau d'emploi d'efficience.

c) versés au-dessus du taux de salaire d'équilibre afin d'accroître la productivité des travailleurs.

d) qui sont trop élevés à cause des salaires nominaux rigides.

e) qui sont trop élevés parce que les *insiders* empêchent les entreprises de les réduire.

Problèmes à court développement

1   Expliquez pourquoi une économie ne connaît pas un taux de chômage nul lorsqu'elle est en situation de plein emploi.

2   Considérez les données suivantes sur une économie : population en âge de travailler : 20 millions ; travailleurs à temps plein : 8 millions ; travailleurs à temps partiel : 2 millions (dont 1 million souhaiteraient travailler à temps plein) ; chômeurs : 1 million.
a) Quelle est la population active de cette économie ? Quel est le taux d'activité de la main-d'œuvre ?
b) Quel est le taux de chômage ?
c) Quel est le taux d'emploi à temps partiel involontaire ?
d) Quel est le taux d'emploi ?
e) Si 0,6 million des chômeurs sont des chômeurs frictionnels, structurels et saisonniers, quel est le taux de chômage naturel ?
f) Quel est le taux de chômage cyclique ?

◑ 3   Considérez les barèmes de demande et d'offre de travail d'une économie du tableau 14.1.

TABLEAU 14.1

Taux de salaire réel (en dollars constants l'heure)	Demande de travail (en millions de travailleurs)	Offre de travail (en millions de travailleurs)
3	32	8
4	28	12
5	24	16
6	20	20
7	16	24
8	12	28
9	8	32

a) Si le taux de chômage naturel est de 10 %, calculez la population active et le nombre de chômeurs au taux de chômage d'équilibre.

b) Supposez que la demande de travail chute de 4 millions de travailleurs à chaque taux de salaire. Si les salaires sont rigides, calculez le taux de chômage cyclique qui en découle ainsi que le taux de chômage qui résulte de ce changement.

4   Dans le chapitre 5, nous avons examiné les coûts du chômage. Sont-ils plus élevés pour le chômage frictionnel ou pour le chômage structurel ?

5   Expliquez la différence entre le chômage cyclique et le chômage structurel. Comment pourriez-vous distinguer une personne en chômage cyclique d'une personne en chômage structurel ?

◑ 6   Expliquez les conséquences des réformes récentes de l'assurance-emploi sur les quatre types de chômage. Ces réformes sont-elles favorables du point de vue du chômeur ?

7   Examinez chacun des changements suivants dans les activités de Jean Cartier sur le marché du travail et expliquez s'il est chômeur, travailleur ou s'il s'est retiré de la population active. S'il est chômeur, dites de quel type de chômage il s'agit.
a) Jean obtient son diplôme de l'école secondaire André-Laurendeau et se met à la recherche d'un emploi.
b) Jean ne réussit pas à trouver l'emploi à temps plein qu'il recherche et accepte un emploi à temps partiel qui consiste à nettoyer les canaux.
c) Jean ne peut poursuivre le nettoyage des canaux à cause de problèmes d'allergie, il donne donc sa démission.
d) Découragé par la pénurie d'emplois, Jean cesse de chercher et reste à la maison pour écouter son émission de télévision préférée, « Urgence Santé ».
e) Jean voit à la télévision une publicité pour un cours de gardien de sécurité et décide de s'y inscrire pour obtenir son diplôme.
f) Jean termine le premier de sa classe et se met à travailler comme garde du corps pour la princesse Déjà Vu.
g) Un créateur de l'école des gardiens de sécurité met au point un nouveau système de défense personnel au laser, et la princesse met à pied son garde du corps. Jean passe beaucoup de temps à chercher un emploi.
h) Jean est engagé pour nettoyer les lieux où il y a eu des tempêtes de sable mais, lorsque la saison des pluies arrive, il est mis à pied.

i) Jean voit une offre d'emploi concernant l'exploration des ruines de la ville perdue de Rhiannon et se fait embaucher comme gardien de sécurité, car les six tribus armées y sont particulièrement féroces.

8 « La théorie du rationnement des emplois nous dit que les entreprises et les *insiders* maintiennent les salaires réels trop élevés, de telle sorte qu'ils créent du chômage supplémentaire. Il faudrait abaisser les salaires réels pour créer plus d'emplois. » Commentez cet énoncé.

9 Considérez les données de 1995 apparaissant au tableau 14.2 sur l'ensemble du Canada et sur Terre-Neuve plus précisément.[1]

TABLEAU **14.2**

Économie	Taux d'activité de la main-d'œuvre	Taux de chômage	Taux d'emploi
Canada	64,8	9,5	58,6
Terre-Neuve	53,1	18,3	43,3

Terre-Neuve enregistre un taux de chômage deux fois plus élevé que celui du reste du Canada ainsi qu'un taux d'emploi et un taux d'activité de la main-d'œuvre radicalement plus bas. En examinant ces données, pouvez-vous en apprendre davantage sur les conséquences d'un taux de chômage si élevé sur le marché du travail à Terre-Neuve ? Pourquoi l'écart du taux d'emploi (15,3 points) est-il beaucoup plus grand que l'écart du taux de chômage (8,8 points) ?

10 Consultez le site Web de Statistique Canada (**http://www.statcan.ca/**), la publication *Perspectives sur le travail et le revenu* ou la revue *Enquête sur la population active* et trouvez le taux de chômage actuel, le taux d'emploi et le taux d'activité de la main-d'œuvre actuels dans votre province et dans l'ensemble du Canada. En quoi ces taux diffèrent-ils ? Pourriez-vous déterminer quelles conditions dans votre province seraient responsables de cette différence ?

---

[1] *Source*: Statistique Canada, Enquête sur la population active, numéros divers, ou le site Web de Statistique Canada (**http://www.statcan.ca/**).

RÉPONSES

Vrai/Faux/Incertain (Justifiez votre réponse.)

1 V Plus de personnes entreront dans la population active et la quitteront. Par conséquent, la recherche d'emploi sera plus élevée.

2 I Cela dépend si la période de chômage permet au diplômé d'obtenir un meilleur emploi.

3 F Les travailleurs reçoivent une nouvelle formation ou déménagent, donc le chômage structurel augmente.

4 F S'il y a plein emploi, il y a du chômage frictionnel, structurel et saisonnier.

5 V La recherche d'emploi correspond au chômage frictionnel.

6 F Il crée du chômage frictionnel puisqu'il est fonction du cycle économique.

7 F Pourcentage des personnes qui ont un emploi dans la population en âge de travailler.

8 F Même à l'équilibre, il y a du chômage naturel.

9 I Ce serait vrai si le taux d'activité diminuait ou n'augmentait pas de beaucoup, sinon ce serait faux.

10 F Cela ne ferait que modifier le taux d'activité de la main-d'œuvre.

Questions à choix multiple

1 a Les trois derniers font augmenter le chômage frictionnel ou structurel mais, si les salaires nominaux s'ajustent lentement, le chômage cyclique est plus élevé et dure plus longtemps.

2 c Les salaires flexibles entraînent un nombre de fluctuations correct. Les salaires rigides entraînent trop de fluctuations. La recherche d'emploi est provoquée *par* les progrès techniques, et **e** est inversée.

3 e Ces personnes travaillent tout en recherchant un emploi.

4 e Tous les autres font diminuer le chômage.

5 a Le chômage structurel touche également les gens qui n'ont pas les compétences appropriées. Les autres réponses représentent le chômage frictionnel ou cyclique.

6 d Le chômage cyclique est provoqué par les ralentissements globaux de l'économie.

7 b **a** est un exemple de personnes en chômage structurel, les autres ne sont pas officiellement en chômage.

8 e Définition.

9 e Des chômeurs supplémentaires seraient ajoutés au taux mesuré.

10 d Définition.

11 a Tracez un graphique. Parce que le nombre d'heures travaillées augmente, le chômage peut diminuer.

12 d Les travailleurs découragés étaient en chômage, mais ils ont mis fin à leur recherche d'emploi et quitté la population active, donc le taux de chômage a diminué, le taux d'activité de la main-d'œuvre a chuté et le taux d'emploi est demeuré inchangé.

13 c Personnes occupées + chômeurs.

14 b Population active/population en âge de travailler = 14,5/20 = 72,5 %.

15 b Chômeurs/population active = 1,5/14,5 = 10,3 %.

16 d **a** et **b** correspondent au rationnement d'emploi et **c** est un exemple de chômage cyclique.

17 b Voir le manuel.

18 d Voir le manuel.

19 d Ginette est occupée, Sophie doit être à la recherche d'un emploi, Isabelle ne fait plus partie de la population active, Richard ne s'attend pas à être rappelé au travail.

20 d Lorsqu'une récession fait diminuer la demande de travail, les salaires ne chutent pas. Par conséquent, le chômage augmente.

21 e Voir le manuel.

22 d Voir le manuel.

23 d Les salaires s'ajustent complètement. Tracez un graphique.

24 a Les salaires ne s'ajustent pas à court terme. Tracez un graphique.

25 c Définition.

Problèmes à court développement

1 Une économie connaît toujours du chômage, celui qui découle des personnes à la recherche d'un emploi, soit du chômage frictionnel, structurel et saisonnier. Nous définissons le plein emploi comme la situation où il n'y a que du chômage frictionnel, structurel et saisonnier. C'est le chômage cyclique qui est nul en situation de plein emploi.

2 a) La population active s'élève à 11 millions, soit la somme des personnes occupées et des personnes en chômage. Le taux d'activité de la main-d'œuvre = pourcentage des personnes en âge de travailler qui font partie de la population active = 11/20 ou 55 %.

b) Le taux de chômage est de 9,1 %, soit le nombre de chômeurs en fonction du pourcentage de la population active.

c) Il est de 9,1 %, soit le pourcentage de la population active qui travaille à temps partiel et qui recherche un emploi à temps plein.

d) Il est de 50 %, soit le pourcentage de la population en âge de travailler et qui a un emploi.

e) Le taux de chômage naturel est le chômage frictionnel plus le chômage structurel plus le chômage saisonnier. Dans ce cas, il s'agit du taux de chômage si le chômage ne s'élevait qu'à 0,6 million. Par conséquent, le taux de chômage naturel est de 5,45 %.

f) Le chômage cyclique est la différence entre le taux de chômage effectif et le taux de chômage naturel, soit 0,4 million.

3 a) L'équilibre se situe là où $DT = OT$, soit à 20 millions de personnes occupées. À l'équilibre, tout le chômage qui existe est naturel. Le taux de chômage = chômeurs/(chômeurs + personnes occupées) ou 0,10 = chômeurs/(chômeurs + 20) ou 0,10 × (chômeurs + 20) = chômeurs ou 0,1 × (chômeurs) + 2 = chômeurs ou 2 = 0,9 × (chômeurs) ou chômeurs = 2/0,9 = 2,22 millions. Population active = personnes occupées + chômeurs = 22,22 millions.

b) Si les salaires sont rigides, ils demeureront à leur valeur d'équilibre de 6 $. La demande s'élève maintenant à 4 millions de moins que cette valeur, donc il n'y a que 16 millions de travailleurs sur une population active de 22,22 millions, pour un taux de chômage de 28 % = (6,22/22,22) × 100. Le chômage supplémentaire provoqué par la chute de la demande de travail est de 4 millions, soit la quantité de chômage cyclique.

4 Les coûts du chômage englobent la perte de production des chômeurs ainsi que la détérioration des compétences ; en d'autres termes, le capital humain se dégrade. De plus, il y a les coûts sociaux qu'engendrent une hausse de la criminalité ainsi que la perte de la dignité humaine. Ces coûts seront plus élevés pour le chômage structurel, car il dure plus longtemps.

5 Le chômage cyclique est provoqué par un ralentissement de l'économie, lorsqu'il y a une chute de la demande de tous les produits. Le chômage structurel est causé par les changements structurels dans une industrie ou une région, et il y a une chute de la demande pour un type donné de main-d'œuvre dont les compétences ne sont plus recherchées.

Le chômage cyclique se terminera lorsque l'économie connaîtra une période de reprise. Le chômage structurel prendra fin lorsque les travailleurs obtiendront une nouvelle formation ou déménageront.

6 Les réformes récentes réduiront les prestations de l'assurance-emploi pour les chômeurs, ainsi que la période pendant laquelle les chômeurs ont droit à ces prestations et rendront l'obtention des prestations plus difficile si une personne donne sa démission ou est remerciée pour une «juste cause». Par conséquent, les gens accepteront un emploi plus rapidement lorsqu'on leur en offrira un, puisque la valeur d'une recherche future est maintenant plus faible à cause de la réduction des prestations. Ainsi, le chômage frictionnel diminuera, mais les personnes en chômage saisonnier, structurel ou cyclique ne bénéficieront pas de nouveaux emplois. Cependant, on suppose que les personnes soumises à ces quatre types de chômage seront plus susceptibles d'accepter un poste à salaire plus bas ou un poste différent à cause des prestations moins élevées, si elles réussissent à en trouver un, ce qui réduira ces types de chômage (effet le moins important sur le chômage cyclique). De plus, les personnes qui démissionnent ont plus de difficulté à obtenir des prestations, de sorte qu'elles ont moins tendance à quitter leur emploi. Le chômage frictionnel sera donc plus bas pour cette raison.

Ces réformes réduiront le chômage naturel, ce qui peut être bien. Cependant, les gens seront moins en mesure de consacrer du temps à la recherche d'un emploi qui corresponde à leurs compétences et accepteront plus souvent des emplois «inadéquats», ce qui n'est pas avantageux du point de vue de la croissance de la société. Sans disposer de données supplémentaires, il est difficile de déterminer si les niveaux précédents étaient trop généreux.

7 a) C'est un nouveau venu et il est en chômage frictionnel.
b) Il est maintenant employé bien qu'il soit également un travailleur à temps partiel involontaire.
c) Il a quitté son emploi et est en chômage frictionnel.
d) Il est un travailleur découragé, mais en principe il ne fait plus partie de la population active.
e) Il ne fait toujours pas partie de la population active.
f) Il est un travailleur.
g) Il est en chômage structurel.
h) Il est au départ un travailleur, mais est ensuite en chômage saisonnier.
i) Il est de nouveau un travailleur.

8 Oui, les entreprises et les *insiders* maintiennent les salaires réels à un taux trop élevé mais, dans chaque cas, la productivité augmente. En abaissant les salaires réels, on pourrait augmenter l'emploi, mais la productivité serait plus faible, et le PIB réel, plus bas. Cela n'est pas nécessairement souhaitable.

9 Le taux de chômage plus élevé a poussé de nombreux travailleurs à se retirer de la population active. Ils sont devenus des travailleurs découragés qui ne cherchent même pas à se trouver un emploi. L'écart plus grand du taux d'emploi reflète cette situation, car il englobe les anciens travailleurs et les travailleurs découragés.

10 La réponse à cette question dépendra de la période étudiée et de ce qui se produit dans votre province, mais les différences peuvent refléter un changement structurel dans les principales industries de la province (par exemple, l'automobile, le tourisme, les pêches, l'agriculture, le pétrole, la foresterie, etc.), des écarts dans les taux d'immigration (par exemple, en Colombie-Britannique), différents cycles économiques, etc.

L'investissement, le capital et l'intérêt

CONCEPTS CLÉS

Le capital et l'intérêt

◆ Les usines, les équipements, les bâtiments et les stocks constituent le **stock de capital** de l'économie.

- **Investissement brut** = achats de nouveaux stocks de capital.
- **Amortissement** = usure et obsolescence du capital existant.
- **Investissement net** = variation du stock de capital = investissement brut – amortissement.

◆ Au Canada, l'investissement net est positif d'année en année (le stock de capital s'accroît de manière relativement stable), mais fluctue fortement de pair avec le cycle économique. L'investissement brut fait de même.

◆ Au Canada, l'investissement exprimé en pourcentage du PIB est moins élevé que celui des pays en développement et a été plus faible que celui des pays industrialisés jusqu'à tout récemment.

◆ Le rendement du capital correspond au **taux d'intérêt réel** à long terme (= taux d'intérêt nominal – taux d'inflation).

◆ Partout dans le monde, les taux d'intérêt réels ont tendance à fluctuer dans la même direction.

◆ Les taux d'intérêt réels ont été faibles dans les années 1970, se sont élevés considérablement pour atteindre un sommet de 9 % en 1985, ont chuté vers la fin des années 1980 pour s'élever à environ 6 % et ont grimpé de nouveau à 9 % dans les années 1990.

L'investissement

Les décisions d'investissement sont influencées par le taux de rentabilité attendu et le taux d'intérêt réel. Par conséquent, les entreprises investiront si le taux de rentabilité attendu est supérieur au taux d'intérêt réel.

◆ Plus le taux de rentabilité attendu est élevé, plus l'investissement le sera aussi.

- Dans une phase d'expansion, le taux de rentabilité attendu augmente ; dans une phase de récession, il diminue car les ventes diminuent.
- Les progrès techniques finissent par entraîner une hausse des profits.

◆ Le coût d'opportunité des fonds de capital = le taux d'intérêt réel. Il englobe les coûts d'emprunt directs ou les revenus auxquels on renonce pour utiliser les bénéfices non répartis.

◆ La **demande d'investissement** est la relation entre le niveau d'investissement et le taux d'intérêt réel.

- La courbe de demande d'investissement (*DI*) a une pente négative.
- La hausse du taux de rentabilité attendu provoque un déplacement vers la droite de *DI*.
- Les fluctuations du taux de rentabilité attendu sont la principale cause de variation de *DI*.

◆ La courbe *DI* canadienne s'est déplacée vers la droite durant les années 1980, vers la gauche en 1990, à cause de la diminution du taux de rentabilité attendu, et de nouveau vers la droite par la suite.

L'épargne et les dépenses de consommation

L'investissement d'un pays se finance par l'épargne nationale (épargne du secteur privé + épargne du secteur public) et les emprunts à l'étranger.

◆ Les ménages répartissent leur revenu disponible (RD) entre l'épargne ($É$) et les dépenses de consommation (C):

- L'augmentation du taux d'intérêt réel provoque une hausse du coût d'opportunité de la consommation, ce qui fait diminuer C et augmenter $É$ (une diminution de l'emprunt).
- Plus le revenu disponible est élevé, plus C et $É$ le sont également.
- L'augmentation du pouvoir d'achat de l'actif net (valeur réelle des actifs – dettes) provoquée par une diminution du niveau des prix entraîne une hausse de C et une baisse de $É$ (une augmentation de l'emprunt).
- L'augmentation du revenu anticipé provoque une hausse de C et une baisse de $É$ (une augmentation de l'emprunt).

◆ Les facteurs essentiels sont le RD (à court terme, que nous avons vu au chapitre 8) et le taux d'intérêt réel (à long terme).

◆ La **demande de consommation** (DC) est la relation entre les dépenses de consommation et le taux d'intérêt réel. Elle a une pente négative.

◆ L'**offre d'épargne** ($OÉ$) est la relation entre l'épargne et le taux d'intérêt réel. Elle a une pente positive.

◆ Les variations des autres facteurs provoquent un *déplacement* des courbes DC et $OÉ$.

◆ L'augmentation du pouvoir d'achat de l'actif net ou du revenu anticipé provoque un déplacement vers la droite de DC et vers la gauche de $OÉ$.

◆ Lorsque le revenu disponible augmente, les deux courbes se déplacent vers la droite, et l'ampleur de chaque effet est mesurée par les propensions marginales.

- La **propension marginale à consommer** (PmC) = la fraction de la variation du revenu disponible qui est consommée = variation de C/variation de RD.
- La **propension marginale à épargner** ($PmÉ$) = la fraction de la variation du revenu disponible qui est épargnée = variation de $É$/variation de RD.
- La PmC est supérieure à la $PmÉ$.

◆ Au Canada,

- une importante augmentation du taux d'intérêt réel n'entraîne qu'une légère variation de DC et de $OÉ$;
- les deux courbes se sont fortement déplacées vers la droite à cause de l'augmentation du revenu disponible.

L'équilibre à long terme dans l'économie mondiale

Le taux d'intérêt réel est déterminé par le marché mondial des capitaux. Le capital est très mobile, contrairement à la main-d'œuvre, et réagit rapidement pour éliminer les différences entre les taux d'intérêt.

◆ Le taux d'intérêt réel est déterminé par l'équilibre sur le marché mondial du capital, où DI mondiale = $OÉ$ mondiale, et où les taux d'intérêt s'ajustent pour atteindre l'équilibre.

◆ La politique budgétaire mondiale a un effet sur le taux d'intérêt réel et l'investissement:

- Pour l'économie mondiale (fermée), $I = É + (T - G)$.
- Un surplus budgétaire gouvernemental net entraîne une hausse de $OÉ$, qui provoque une diminution du taux d'intérêt réel et donc une augmentation de I.
- L'effet est opposé pour un déficit gouvernemental, car il provoque une augmentation de r et a un effet d'éviction sur I.

◆ Au début des années 1970, la forte augmentation du prix du pétrole a provoqué un accroissement du revenu des pays exportateurs de pétrole, ce qui a fait augmenter l'épargne mondiale mais a très peu fait varier la demande d'investissement. Par conséquent, le taux d'intérêt réel a diminué.

◆ Entre la fin des années 1970 et le milieu des années 1980, la demande d'investissement a augmenté, mais l'épargne a connu une faible hausse alors que l'accroissement des déficits gouvernementaux a eu un effet d'éviction sur l'augmentation de l'épargne nationale. En conséquence, les taux d'intérêt réels se sont de nouveau accrus.

◆ À la fin des années 1980, le taux d'intérêt réel a diminué, ce qui a provoqué une augmentation plus rapide de l'épargne par rapport à la demande d'investissement ainsi qu'un ralentissement de la croissance de la productivité (faible croissance de la demande d'investissement). Par conséquent, la baisse du revenu anticipé a provoqué une hausse de la croissance de l'épargne.

Les exportations nettes, l'investissement et la politique budgétaire

Au Canada, l'investissement, la consommation et les achats publics n'ont pas d'effet sur le taux d'intérêt réel mondial, mais déterminent les exportations nettes ainsi que les prêts et les emprunts nets à l'étranger.

◆ Si les exportations sont supérieures aux importations, les étrangers doivent nous emprunter de l'argent pour payer la différence.

◆ Si les importations excèdent les exportations, nous devons emprunter à l'étranger.

◆ Pour le Canada, $I = É + (T - G) - (X - IM)$, par conséquent, les emprunts à l'étranger nous aident à financer notre investissement.

◆ Sur le marché du capital canadien, le taux d'intérêt réel mondial est donné et si, à ce taux, DI est supérieure à ($OÉ$ + épargne du secteur public), nous devons emprunter à l'étranger pour payer cette différence (les exportations nettes sont inférieures à 0).

◆ Si DI est inférieure à ($OÉ$ + épargne du secteur public), alors nous devons prêter à l'étranger, et les exportations nettes sont supérieures à 0.

◆ Le taux de change varie pour que les exportations nettes s'ajustent au niveau requis.

◆ Le **taux de change réel** = le coût d'opportunité des biens et services étrangers par rapport aux biens et services nationaux.

• Une hausse du taux de change réel provoque une augmentation du coût des biens et services canadiens pour les étrangers ainsi qu'une diminution du coût des biens fabriqués à l'étranger pour les Canadiens, ce qui fait diminuer les exportations nettes.

◆ Lorsque ($C + I + G$) augmentent par rapport au PIB potentiel, le taux de change réel s'accroît, les exportations nettes diminuent et l'emprunt international net augmente.

◆ Lorsque le déficit budgétaire gouvernemental augmente, l'épargne nationale diminue et l'écart entre $OÉ$ et DI est plus important. Par conséquent, les exportations nettes augmentent, les emprunts auprès des autres pays s'accroissent ou les prêts consentis à ces derniers diminuent.

◆ Lorsque les déficits gouvernementaux sont plus élevés, les investisseurs craignent que le gouvernement ne puisse rembourser ses dettes; ils peuvent alors exiger une prime sur le taux d'intérêt réel mondial.

RAPPELS

1 Dans ce chapitre, nous examinons la consommation et l'épargne différemment de la manière dont nous l'avons fait dans le chapitre 8. Dans le chapitre 8, nous avons mis l'accent sur les effets du revenu disponible sur la consommation et l'épargne et nous n'avons pas parlé du taux d'intérêt réel, du pouvoir d'achat de l'actif net ni du revenu anticipé. Nous les avons implicitement maintenus constants dans notre analyse. Par conséquent, les fonctions de consommation et d'épargne étaient déterminées alors que la consommation et l'épargne étaient uniquement des fonctions du revenu disponible.

Dans ce chapitre, les quatre variables peuvent influer sur la consommation et l'épargne. Cependant, c'est le taux d'intérêt réel qui joue le rôle essentiel. Donc, quand nous traçons les courbes de demande de consommation et d'offre d'épargne, le taux d'intérêt réel se trouve sur l'axe vertical, et les variations du revenu disponible (ainsi que du pouvoir d'achat de l'actif net et du revenu anticipé) provoquent des déplacements de ces facteurs. Nous discutons toujours ici de la même décision mais, lorsque nous traçons les graphiques, nous effectuons par rapport au chapitre 8 une expérience nouvelle et nous maintenons constantes des variables différentes.

2 Dans le chapitre 10, le taux d'intérêt était déterminé sur le marché monétaire. Dans le présent chapitre, il est déterminé sur le marché mondial du capital. Pourquoi cette différence? La politique monétaire s'applique-t-elle dans ce modèle?

Le modèle du chapitre 10 comportait indirectement un marché des obligations (ou du capital), car la demande de monnaie était déterminée conjointement avec la demande et l'offre d'obligations (de capital). Dans le modèle plus complexe que nous abordons maintenant, ces dernières sont intégrées, et les variations sur les marchés mondiaux du capital influent sur la demande de monnaie.

Le modèle du chapitre 10 déterminait le taux d'intérêt à court terme, lequel est fortement influencé, mais pas exclusivement, par la politique monétaire. Le modèle du présent chapitre détermine le taux d'intérêt à long terme, lequel est moins influencé par les taux d'intérêt nationaux et l'est davantage par les taux mondiaux. La relation exacte qui existe entre les taux à court et à long terme sera abordée dans un autre cours de macroéconomie.

AUTOÉVALUATION

Vrai/Faux/Incertain
(Justifiez votre réponse.)

1 Le stock de capital canadien fluctue très fortement d'année en année.

2 Une augmentation du revenu disponible fera augmenter la demande de consommation, diminuer l'offre d'épargne et accroître le taux d'intérêt réel.

3 La politique budgétaire mondiale n'a aucun effet sur le taux d'intérêt réel, qui est déterminé là où *DI = OÉ*.

4 Lorsque nos exportations sont supérieures à nos importations, les étrangers doivent nous emprunter de l'argent pour payer la différence.

5 Plus les déficits gouvernementaux mondiaux sont élevés, plus l'épargne du secteur privé l'est aussi.

6 Plus le revenu anticipé des ménages est important, plus leurs dépenses de consommation courantes le seront également.

7 Les entreprises souhaiteront investir dans un projet si le taux de rentabilité attendu est supérieur au taux d'intérêt réel.

8 Pour l'économie nationale, si *DI* n'est pas égale à la somme de *OÉ* et de l'épargne du secteur public, le taux d'intérêt réel s'ajustera pour créer l'équilibre.

9 Une hausse du taux de rentabilité attendu entraîne un déplacement vers la gauche de la courbe de demande d'investissement.

10 Lorsque le taux d'inflation anticipé augmente et que le taux d'intérêt nominal s'accroît, le taux d'intérêt réel a augmenté.

Questions à choix multiple

1 Les fluctuations de la demande d'investissement s'expliquent principalement par les fluctuations
a) du taux d'intérêt réel.
b) du taux de rentabilité attendu.
c) de l'amortissement.
d) de l'inflation anticipée.
e) des taux d'intérêt.

2 Parmi les énoncés suivants, lequel entraîne un déplacement de la demande de consommation vers la gauche?
a) Une augmentation du revenu disponible courant
b) Une augmentation du revenu anticipé
c) Une diminution du revenu disponible courant
d) Une hausse du taux d'intérêt réel
e) Une diminution du taux d'intérêt réel

3 La courbe de demande d'investissement montre la relation entre le niveau d'investissement et un autre élément. Précisez lequel.
a) Le revenu disponible
b) Le PIB réel
c) Le taux de rentabilité attendu
d) Le taux d'intérêt réel
e) Le taux d'inflation anticipé

4 Parmi les événements suivants, lequel inciterait un ménage à augmenter son épargne?
a) Une diminution du revenu disponible courant
b) Une augmentation du revenu anticipé
c) Une hausse des taxes nettes
d) Une diminution du revenu anticipé
e) Aucune de ces réponses.

5 L'investissement brut correspond
   a) aux additions au stock de capital.
   b) à l'investissement net moins l'amortissement.
   c) à la quantité d'usines, d'équipements et de stocks.
   d) aux actifs financiers que détiennent les entreprises.
   e) à l'investissement net plus l'amortissement.

6 Si une entreprise paie ses dépenses d'investissement au moyen de ses bénéfices non répartis,
   a) elle paie moins cher que si elle empruntait les fonds.
   b) elle paie tout de même pour les fonds à cause des nouvelles taxes qui en découlent.
   c) le coût d'opportunité est nul.
   d) elle paie tout de même un coût d'opportunité, puisque les fonds se trouvent maintenant entre les mains des actionnaires.
   e) elle doit tout de même payer un coût d'opportunité, puisque les actionnaires auraient pu prêter cet argent.

7 Un accroissement du revenu anticipé entraîne un déplacement de la courbe de demande de consommation _____ et de la courbe d'offre d'épargne _____.
   a) nul; nul
   b) vers la gauche; vers la gauche
   c) vers la droite; vers la droite
   d) vers la droite; vers la gauche
   e) vers la gauche; vers la droite

8 Une augmentation du revenu disponible provoque un déplacement de la courbe de demande de consommation _____ et de la courbe d'offre d'épargne _____.
   a) nul; nul
   b) vers la gauche; vers la gauche
   c) vers la droite; vers la droite
   d) vers la droite; vers la gauche
   e) vers la gauche; vers la droite

9 Au Canada, l'investissement exprimé en pourcentage du PIB a
   a) été stable d'année en année.
   b) été plus élevé que dans la plupart des pays en développement.
   c) diminué au cours des 20 dernières années.
   d) été plus faible que dans la plupart des pays industrialisés, mais vient tout juste d'augmenter.
   e) été plus élevé que dans la plupart des pays industrialisés, mais vient tout juste de diminuer.

10 Laquelle des citations de journaux suivantes décrit une situation dans laquelle le Canada se retrouverait avec une diminution de l'investissement?
   a) «Une augmentation du déficit budgétaire gouvernemental américain force les taux d'intérêts à la hausse.»
   b) «Les prêteurs mondiaux s'inquiètent du déficit budgétaire gouvernemental du Canada.»
   c) «Les pays en développement qui connaissent une forte croissance économique augmentent considérablement leurs dépenses consacrées à des projets d'investissement.»
   d) Toutes ces réponses.
   e) Aucune de ces réponses.

11 Considérez la figure 15.1. Si, à l'heure actuelle, le taux de profit anticipé est normal et que le taux d'intérêt réel s'élève à 6%, alors l'investissement planifié se chiffre à _____ milliards de dollars de 1992.
   a) 10
   b) 20
   c) 30
   d) 40
   e) 50

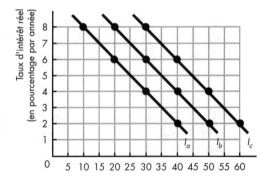

FIGURE **15.1** I_B AVEC UN TAUX DE PROFIT ANTICIPÉ NORMAL

12 Considérez la figure 15.1. À l'heure actuelle, le taux de profit anticipé est normal et le taux d'intérêt réel s'élève à 6%. Si le taux d'intérêt réel chute, toutes autres choses étant égales, le nouveau niveau d'investissement *possible* se chiffre à _____ milliards de dollars de 1992.
   a) 40
   b) 30
   c) 20
   d) 10
   e) Toutes ces réponses.

13 Considérez la figure 15.1. À l'heure actuelle, le taux de profit anticipé est normal et le taux d'intérêt réel s'élève à 6 %. Si le taux de profit anticipé diminue, toutes autres choses étant égales, alors le nouveau niveau d'investissement *possible* se chiffre à _____ milliards de dollars de 1986.
a) 50
b) 40
c) 30
d) 20
e) Toutes ces réponses.

14 Au Canada, durant le cycle économique,
a) l'investissement net fluctue fortement de pair avec le cycle.
b) l'investissement brut fluctue fortement de manière opposée au cycle.
c) le stock de capital fluctue fortement avec le cycle.
d) l'amortissement fluctue fortement de pair avec le cycle.
e) Toutes ces réponses.

15 La demande de consommation est principalement influencée par
a) le revenu disponible et le taux d'intérêt réel.
b) le taux de rentabilité attendu et le taux d'intérêt réel.
c) le pouvoir d'achat de l'actif net et le revenu anticipé.
d) le pouvoir d'achat de l'actif net et le revenu disponible.
e) le taux de change réel et le taux d'intérêt réel.

16 Considérez la figure 15.2. Si elle représente le marché mondial du capital, l'épargne et l'investissement d'équilibre seraient
a) plus élevés que 60 milliards de dollars constants si les exportations nettes sont positives.
b) moins élevés que 60 milliards de dollars constants si les exportations nettes sont positives.
c) moins élevés que 60 milliards de dollars constants si les exportations nettes sont négatives.
d) égales à 60 milliards de dollars constants.
e) indéterminables à moins que nous ne sachions s'il y a un surplus ou un déficit budgétaire gouvernemental mondial.

FIGURE **15.2**

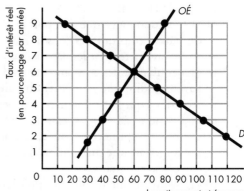

17 Considérez la figure 15.2. Si elle représente le marché du capital d'un pays (avec un budget gouvernemental équilibré) et si le taux d'intérêt mondial est égal à 9 %, alors ce pays a des exportations nettes de _____ milliards de dollars constants.
a) + 80
b) + 65
c) + 15
d) −65
e) −80

18 Les taux d'intérêt réels dans le monde
a) tendent à se déplacer dans le sens inverse du cycle économique mondial.
b) tendent à se déplacer dans la même direction.
c) ont fluctué faiblement autour de 6 % depuis 1970.
d) Toutes ces réponses..
e) Aucune de ces réponses.

19 Un surplus budgétaire gouvernemental plus élevé
a) entraîne une augmentation de l'épargne nationale.
b) entraîne une augmentation des exportations nettes.
c) entraîne une augmentation des prêts effectués à l'étranger.
d) n'entraîne aucune variation du taux d'intérêt réel national.
e) Toutes ces réponses.

20 Dans l'économie canadienne, le taux d'intérêt réel est déterminé par
a) l'investissement national.
b) l'épargne nationale.
c) le déficit/surplus budgétaire du secteur public.
d) Toutes ces réponses.
e) Aucune de ces réponses.

21 Parmi les citations de journaux suivantes, laquelle décrit le mieux un mouvement le long de la courbe *DC*?
a) «On s'attend à ce que d'importantes chutes du taux d'emprunt des consommateurs stimulent fortement les dépenses.»
b) «La confiance des consommateurs dans l'avenir a diminué pour atteindre un niveau record, ce qui fait diminuer les dépenses.»
c) «La Banque du Canada craint que le niveau des prix ne chute cette année, ce qui provoquerait une diminution des dépenses des consommateurs.»
d) «Le gouvernement subit des pressions pour réduire les impôts afin de tenter de stimuler l'économie.»
e) Toutes ces réponses.

22 Le taux de change réel est
a) le coût d'opportunité des biens étrangers par rapport aux biens produits au Canada.
b) le taux auquel le taux d'intérêt réel est calculé dans le monde.
c) le niveau du taux de change qui rendrait les exportations nettes nulles.
d) le taux de change qui rendrait le budget gouvernemental équilibré.
e) Aucune de ces réponses.

23 Si l'amortissement n'est pas compris dans la croissance du stock de capital, c'est
a) qu'il est déjà inclus dans l'investissement brut.
b) qu'il ne s'agit pas de dépenses consacrées aux biens d'équipement.
c) qu'il ne s'agit que d'une dépense pour remplacer les biens d'équipement usés.
d) qu'il ne s'agit que de dépenses consacrées aux nouveaux biens d'équipement.
e) qu'il est trop difficile à mesurer.

24 Dans l'économie mondiale, $I =$
a) $É + (T - G)$.
b) $É + (T - G) - (X - IM)$.
c) $É + (T - G) + (X - IM)$.
d) $É + (G - T)$.
e) $É + (G - T) - (X - IM)$.

25 Dans l'économie canadienne, $I =$
a) $É + (T - G)$.
b) $É + (T - G) - (X - IM)$.
c) $É + (T - G) + (X - IM)$.
d) $É + (G - T)$.
e) $É + (G - T) - (X - IM)$.

Problèmes à court développement

1 Dans le chapitre 8, nous avons étudié le paradoxe de l'épargne, soit la manière dont une augmentation de l'épargne entraîne une chute de la dépense agrégée et une diminution du niveau de PIB réel d'équilibre. Dans le présent chapitre, une augmentation de l'épargne entraîne une diminution du taux d'intérêt réel, une augmentation de l'investissement, une hausse du stock de capital et donc un accroissement du PIB potentiel. Pouvez-vous expliquer pourquoi nous obtenons ce résultat différent?

2 Le tableau 15.1 présente les taux de rentabilité attendus pour quatre projets d'investissement envisagés par une entreprise. Le projet *A* pourrait consister à construire une nouvelle usine, et le projet *B*, à acheter une nouvelle machine. Pour simplifier, supposez que chaque projet coûte 1 million de dollars. Quel sera l'investissement de cette entreprise si le taux d'intérêt est de
a) 13 %?
b) 10 %?
c) 7 %?
d) 3 %?

TABLEAU **15.1**   PROJETS D'INVESTISSEMENT

Projet	Taux de profit anticipé (en pourcentage)
A	4
B	12
C	8
D	6

3 Considérez le tableau 15.2, qui présente les possibilités de consommation pour le ménage Tremblay selon différentes combinaisons de revenu et de taux d'intérêt réel.

TABLEAU **15.2**   CONSOMMATION EN MILLIERS DE DOLLARS CONSTANTS

	Taux d'intérêt réel = 5 %	Taux d'intérêt réel = 6 %	Taux d'intérêt réel = 7 %
Revenu disponible = 5 000	6 000	5 000	4 000
Revenu disponible = 6 000	6 600	5 600	4 600
Revenu disponible = 7 000	7 200	6 200	5 200

a) Inscrivez les montants de l'épargne du ménage Tremblay dans le tableau 15.3.

TABLEAU **15.3** ÉPARGNE EN MILLIERS DE DOLLARS CONSTANTS

	Taux d'intérêt réel = 5 %	Taux d'intérêt réel = 6 %	Taux d'intérêt réel = 7 %
Revenu disponible = 5 000			
Revenu disponible = 6 000			
Revenu disponible = 7 000			

b) Si le taux d'intérêt réel est de 5 %, quelles sont la *PmC* et la *PmÉ* ?

c) À partir des informations données et calculées, tracez les courbes de demande de consommation et d'offre d'épargne du ménage.

4 On soutient souvent dans les journaux que la menace de l'indépendance du Québec nuit à l'économie canadienne, car les investisseurs étrangers craignent que les obligations canadiennes ne soient pas remboursées, ce qui entraînerait l'exigence d'une prime de risque sur les marchés mondiaux du capital. À l'aide d'un graphique sur le marché canadien du capital et en supposant que nous soyons des emprunteurs nets, expliquez quelles sont les conséquences de ce facteur sur les taux d'intérêt, la demande d'investissement, l'offre d'épargne et les perspectives économiques à long terme au Canada. L'argument des journaux est-il juste ?

5 Considérez le marché canadien du capital. Après que le premier ministre eut prononcé un discours exceptionnellement brillant, les gens ont jugé que **a)** le revenu anticipé était plus élevé qu'ils ne le croyaient, **b)** les profits anticipés étaient plus élevés qu'ils ne le pensaient et **c)** le risque d'indépendance du Québec était moins élevé qu'ils ne le croyaient. Montrez l'effet net de ces changements sur la demande de consommation, l'offre d'épargne, le taux d'intérêt réel et les exportations nettes au Canada. Supposez que, au départ, le Canada soit un emprunteur net auprès des autres pays.

6 **a)** Considérez les valeurs des dépenses de consommation, de l'investissement, des taxes et des dépenses gouvernementales pour l'économie (isolée) d'Opar, qui est présentée au tableau 15.4. Le PIB réel est constant à son niveau potentiel de 100 millions d'opales, les dépenses du secteur public sont constantes à un niveau de 12 millions d'opales et le déficit gouvernemental est constant à 2 millions d'opales. Toutes les dépenses sont données en millions d'opales.

TABLEAU **15.4**

Taux d'intérêt réel (en pourcentage par année)	Dépenses de consommation	Investissement	Épargne	Épargne + Épargne publique
3	75	22		
4	70	18		
5	65	14		
6	60	16		
7	55	6		
8	50	2		

Calculez l'épargne et remplissez les deux dernières colonnes du tableau 15.4. Quel est le taux d'intérêt réel à l'équilibre pour Opar ?

b) Considérez ensuite les valeurs des dépenses de consommation, de l'investissement, des taxes et des dépenses publiques pour l'économie (isolée) de Pellucidar, qui est présentée au tableau 15.5. Le PIB réel est constant à son niveau potentiel de 120 millions d'opales, les dépenses publiques sont constantes à leur niveau de 15 millions d'opales et le déficit du secteur public est constant à 4 millions d'opales. Toutes les dépenses sont données en millions d'opales.

TABLEAU **15.5**

Taux d'intérêt réel (en pourcentage par année)	Dépenses de consommation	Investissement	Épargne	Épargne + Épargne publique
3	100	32		
4	95	28		
5	90	24		
6	85	20		
7	80	16		
8	75	12		

Calculez l'épargne et remplissez les deux dernières colonnes du tableau 15.5. Quel est le taux d'intérêt réel à l'équilibre pour Pellucidar?

7 Un entrepreneur audacieux construit une machine qui permet de percer un tunnel dans la terre et de relier Opar à Pellucidar. Le commerce international s'amorce et le marché du capital s'ouvre.
   a) Remplissez le tableau 15.6 en inscrivant les dépenses mondiales totales et calculez le taux d'intérêt réel mondial à la nouvelle valeur d'équilibre. Toutes les dépenses sont données en millions d'opales.

TABLEAU **15.6**

Taux d'intérêt réel (en pourcentage par année)	Dépenses de consommation	Investissement	Épargne	Épargne + Épargne publique
3	175	54		
4				
5				
6				
7				
8				

   b) Pour Opar, après le commerce mondial, quel est le niveau de l'épargne, de l'investissement, des exportations nettes et des prêts ou des emprunts internationaux?
   c) Pour Pellucidar, après le commerce mondial, quel est le niveau de l'épargne, de l'investissement, des exportations nettes et des prêts ou des emprunts internationaux?

8 Au Canada, les innovations techniques font augmenter la productivité, tous les autres facteurs demeurant constants. À l'aide d'un graphique du marché du capital canadien, expliquez les effets de ce phénomène sur les taux d'intérêt réels, sur les niveaux d'épargne et d'investissement, sur la demande de consommation et sur les exportations nettes. Supposez que nous ne soyons au départ ni un emprunteur net ni un prêteur net.

9 Le pays X élit un nouveau premier ministre, qui décide immédiatement, alors que personne ne s'y attendait, de réduire toutes les taxes de moitié, tout en conservant les mêmes dépenses gouvernementales. Expliquez, à l'aide d'un graphique du marché du capital national, les effets de cette mesure sur le taux d'intérêt réel, l'épargne, l'investissement, les exportations nettes du pays ainsi que sur les emprunts et les prêts internationaux. Supposez que X ne soit, au départ, ni un emprunteur net ni un prêteur net.

10 Dans les chapitres 10 et 11, les taux d'intérêt étaient déterminés sur le marché monétaire, et la politique monétaire exerçait une forte influence. Dans le présent chapitre, les taux d'intérêt sont déterminés sur le marché mondial du capital. Pouvez-vous expliquer la raison pour laquelle nous obtenons ce résultat différent?

R É P O N S E S

Vrai/Faux/Incertain (Justifiez votre réponse.)

1 **F** L'investissement fluctue, mais il s'agit d'une composante tellement petite du stock de capital que ce dernier est relativement stable.
2 **F** Elle fera augmenter DC et $O\acute{E}$.
3 **F** Il est déterminé là où $DI = (O\acute{E} + $ épargne publique mondiale$)$.
4 **V** Voir le manuel.
5 **V** Les déficits gouvernementaux plus élevés provoquent une diminution de $O\acute{E} + $ épargne du secteur public, ce qui fait augmenter le taux d'intérêt réel ainsi que l'épargne.

6 V Les ménages réduisent leur épargne
(ou empruntent) pour dépenser maintenant
une partie du revenu anticipé.

7 V Le rendement du capital est alors supérieur
au coût.

8 F Dans l'économie nationale, le taux d'intérêt
réel est déterminé par le taux mondial, donc
DI ne doit pas égaler la somme de *É* + épargne
du secteur public puisque l'économie peut
emprunter auprès des autres pays.

9 F Une augmentation du taux de rentabilité
attendu provoque une hausse de *DI* afin qu'on
puisse tirer avantage des profits anticipés.

10 I Taux réel = taux nominal − inflation
anticipée, donc il dépend de l'ampleur
relative des augmentations.

Questions à choix multiple

1 b Voir le manuel.

2 c **d** et **e** sont des mouvements le long de la
fonction, **a** et **b** la déplacent vers la droite.

3 d Définition.

4 d **a**, **b** et **c** font diminuer l'épargne.

5 e Définition.

6 e Les fonds auraient pu être prêtés à d'autres
entreprises.

7 d Les ménages tenteront de dépenser
maintenant une partie de leur revenu
anticipé en réduisant leur épargne ou en
augmentant leurs emprunts.

8 c Puisque la *PmC* et la *PmÉ* sont toutes
deux positives.

9 d Voir le manuel.

10 d **a** entraîne un déplacement de l'épargne
mondiale vers la gauche, **c** fait déplacer la *DI*
mondiale vers la droite, **b** augmente la prime
sur le taux d'intérêt. Par conséquent, la hausse
du taux d'intérêt réel auquel le Canada doit
faire face provoque une diminution de la
demande d'investissement.

11 c Là où 6% croise I_b.

12 a Doit se situer au-dessous de 6% sur I_b.

13 d Là où 6% croise I_a.

14 a Voir le manuel.

15 a Voir le manuel.

16 e À l'intersection de *OÉ* + épargne du secteur
public et *DI*.

◐17 b Avec un budget équilibré, seules *OÉ* et *DI*
comptent. À 9%, *OÉ* est supérieure à *DI*
de 65 milliards, donc les épargnes excédentaires
sont prêtées aux autres pays, qui les utilisent
pour acheter les produits de ce pays. Ainsi,
les exportations nettes sont positives et
équivalentes au montant de la différence entre
DI et *OÉ*.

18 b À cause de la mobilité du capital.

◐19 e Le surplus est ajouté à l'épargne nationale,
donc *OÉ* + l'épargne du secteur public
se déplacent vers la droite à un taux d'intérêt
réel mondial fixe, ce qui nous permet
de prêter davantage aux autres pays et donc
de faire augmenter les exportations nettes.

20 e Il est déterminé par le taux mondial + la prime
de risque sur le taux d'intérêt.

21 a Toutes les autres citations concernent
des déplacements de la courbe.

22 a Définition.

23 c Il n'y a aucun nouveau stock de capital.

24 a À partir du flux circulaire, les exportations
nettes données sont égales à 0 pour l'économie
mondiale.

25 b À partir du flux circulaire, les exportations
nettes données tendent vers 0.

Problèmes à court développement

1 Dans le chapitre 8, le modèle de dépense agrégée
à court terme donne un résultat différent pour
deux raisons. Premièrement, il suppose que
l'investissement demeure inchangé. Cependant,
dans le présent chapitre, l'augmentation de
l'épargne entraîne une diminution du taux
d'intérêt réel, faisant augmenter les dépenses
d'investissement, qui viennent annuler la chute
de la dépense agrégée à cause de la consommation
plus faible. Deuxièmement, le modèle du chapitre
traite en fait de la quantité de PIB réel demandée,
tandis que le modèle du présent chapitre traite
du PIB potentiel.

2 L'entreprise mettra à exécution chaque projet
pour lequel le taux de rendement excède le taux
d'intérêt réel.
   a) Si le taux d'intérêt réel est de 13%,
   l'investissement de l'entreprise sera nul
   puisque aucun des projets n'a un taux
   de rendement supérieur à 13%.
   b) Si le taux d'intérêt réel est de 10%,
   l'investissement de l'entreprise sera de 1 million
   de dollars puisque le projet *B* est rentable.
   c) Si le taux d'intérêt réel est de 7%,
   l'investissement de l'entreprise sera de 2 millions
   de dollars puisque les projets *B* et *C* sont
   rentables à ce taux d'intérêt plus bas.
   d) Si le taux d'intérêt réel est de 3%,
   l'investissement de l'entreprise sera de 4 millions
   de dollars, car le taux d'intérêt est maintenant
   suffisamment bas pour que les quatre projets
   d'investissement soient rentables.

3 a) Le tableau 15.3 Solution montre les valeurs justes, calculées en tenant compte du fait que Épargne + Consommation = Revenu disponible.

TABLEAU **15.3** SOLUTION
ÉPARGNE EN MILLIERS
DE DOLLARS CONSTANTS

	Taux d'intérêt réel = 5 %	Taux d'intérêt réel = 6 %	Taux d'intérêt réel = 7 %
Revenu disponible = 5 000	−1 000	0	+1 000
Revenu disponible = 6 000	−600	+400	+1 400
Revenu disponible = 7 000	−200	+800	+1 800

b) PmC = variation de C/variation de RD
= +600/+1 000 = 0,6.
$PmÉ$ = variation de $É$/variation de RD
= +400/+1 000 = 0,4.

c) La figure 15.3 présente les graphiques. Les courbes DC_0 et $OÉ_0$ représentent un revenu disponible de 5 000, les courbes DC_1 et $OÉ_1$ représentent un revenu disponible de 6 000 et les courbes DC_2 et $OÉ_2$ représentent un revenu disponible de 7 000.

FIGURE **15.3**

(a)

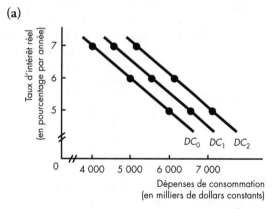

(b)

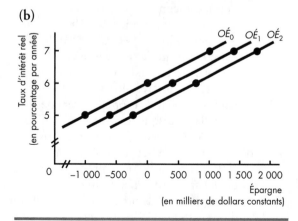

4 La figure 15.4 présente le marché canadien, dans lequel le taux d'intérêt réel mondial est supérieur au niveau d'équilibre national en r_0, ce qui crée un besoin pour l'emprunt net = exportations nettes négatives. La présence d'une prime de risque sur le taux d'intérêt signifie que le Canada fait face à un taux d'intérêt plus élevé, de sorte que r_p est supérieur à r_0. Cette situation fait diminuer la demande d'investissement, ce qui provoque une augmentation de l'offre d'épargne (le mouvement le long des courbes), une diminution de l'écart de l'emprunt net et rapproche les exportations nettes négatives de zéro. Puisque la demande de consommation = le revenu disponible − l'offre d'épargne, la demande de consommation est plus faible à cause de ce facteur. L'investissement plus bas créé par les taux d'intérêt plus élevés entraînera une diminution du stock de capital, un ralentissement de la croissance et une chute du PIB réel au fil du temps. Les journaux ont raison, une telle prime de risque existe effectivement.

FIGURE **15.4**

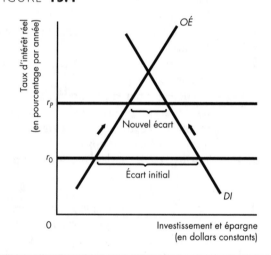

5 La figure 15.5 montre les effets des changements. Le revenu anticipé plus élevé fait augmenter la demande de consommation et diminuer l'offre d'épargne en $OÉ_1$; le taux de rentabilité attendu plus élevé fait augmenter la demande d'investissement en DI_1 et le risque d'indépendance du Québec plus faible fait diminuer la prime sur le taux d'intérêt exigée pour emprunter sur le marché mondial, ce qui fait descendre le taux d'intérêt de r_0 à r_1. La chute du taux d'intérêt crée un mouvement le long des nouvelles courbes, lequel renforce les déplacements, ce qui entraîne une augmentation de l'écart (ainsi qu'une hausse de l'emprunt international et une baisse des exportations nettes − elles deviennent plus négatives) et une diminution de l'épargne ainsi que de l'investissement.

FIGURE **15.5**

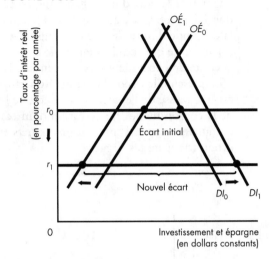

6 a) Le tableau 15.4 Solution est rempli. On a calculé l'épargne en tenant compte du fait que $\acute{E} = RD - C - T$, où le revenu est constant à 100 millions d'opales, et les taxes s'élèvent à 10 millions d'opales, étant donné le déficit de 2 millions d'opales et les dépenses gouvernementales de 12 millions d'opales. L'épargne gouvernementale = −2 millions d'opales. Toutes les dépenses sont données en millions d'opales.

TABLEAU **15.4**   SOLUTION

Taux d'intérêt réel (en pourcentage par année)	Dépenses de consommation	Investissement	Épargne	Épargne + Épargne publique
3	75	22	15	13
4	70	18	20	18
5	65	14	25	23
6	60	10	30	28
7	55	6	35	33
8	50	2	40	38

L'équilibre est atteint lorsque l'investissement égale l'épargne + l'épargne publique à un taux d'intérêt de 4 %.

b) On a rempli le tableau 15.5 Solution selon la même méthode qu'en **a**. L'équilibre est atteint à un taux d'intérêt de 6 %. Toutes les dépenses sont données en millions d'opales.

TABLEAU **15.5** SOLUTION

Taux d'intérêt réel (en pourcentage par année)	Dépenses de consommation	Investissement	Épargne	Épargne + Épargne publique
3	100	32	9	5
4	95	28	14	10
5	90	24	19	15
6	85	20	24	20
7	80	16	29	25
8	75	12	34	30

7 a) On a calculé les deuxième et troisième colonnes du tableau 15.6 Solution en additionnant les dépenses de consommation de chaque pays à chaque taux d'intérêt réel, etc. Pour le reste du tableau, on a appliqué la même méthode que celle du problème **6**, mais en utilisant le PIB potentiel mondial de 220 millions. Toutes les dépenses sont données en millions d'opales.

TABLEAU **15.6** SOLUTION

Taux d'intérêt réel (en pourcentage par année)	Dépenses de consommation	Investissement	Épargne	Épargne + Épargne publique
3	175	54	24	18
4	165	46	34	28
5	155	38	44	38
6	145	30	54	48
7	135	22	64	58
8	125	14	74	68

Le taux d'intérêt réel mondial correspond au montant où l'investissement est égal à la somme de l'épargne et de l'épargne publique, soit à 5 %.

b) À ce taux d'intérêt à Opar, l'épargne est de 25 millions d'opales, l'investissement est de 14 millions d'opales, l'épargne + l'épargne publique est de 23 millions d'opales, ce qui laisse un surplus de 9 millions d'opales qui sont prêtées sur le marché mondial et qui correspondent à des exportations nettes de 9 millions d'opales.

c) À ce taux d'intérêt à Pellucidar, l'épargne est de 19 millions d'opales, l'investissement est de 24 millions d'opales, l'épargne + l'épargne publique est de 15 millions d'opales, ce qui laisse un déficit de 9 millions d'opales qui sont empruntées sur le marché mondial et qui correspondent à des exportations nettes de −9 millions d'opales.

8   La hausse de la productivité fera augmenter le taux de rentabilité attendu, ce qui accroîtra la demande d'investissement en DI_1 à la figure 15.6. Au taux d'intérêt mondial fixe, un écart entre l'épargne nationale et l'investissement survient et est financé par l'emprunt international, ce qui entraîne des exportations nettes négatives. Il n'y a pas de variation du taux d'intérêt réel, de l'épargne ni de la consommation, puisque aucune des variables qui les touchent ne change.

FIGURE **15.6**

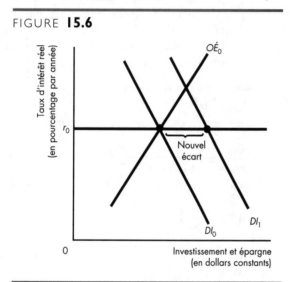

9   La réduction des taxes aura deux effets. Premièrement, elle fera diminuer l'épargne du secteur public, ce qui déplace la courbe $OÉ$ en $OÉ_1$. Deuxièmement, la hausse du déficit fera sans doute croire aux investisseurs que le remboursement des emprunts est moins probable, ce qui provoquera une augmentation de la prime de risque sur le taux d'intérêt et fera augmenter le taux d'intérêt réel auquel ce pays doit faire face. Cette augmentation fera diminuer la demande d'investissement et augmenter l'épargne, ce qui annulera en partie ou en totalité la chute de l'épargne gouvernementale. La figure 15.7 présente le cas où l'effet net du changement est une baisse de l'épargne (et donc une hausse de la consommation), la création d'un écart entraînant des prêts internationaux nets et des exportations nettes négatives.

FIGURE **15.7**

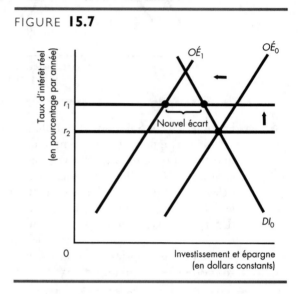

10 Il y a deux raisons. Premièrement, aux chapitres 10 et 11, le marché monétaire déterminait l'équilibre sur le marché monétaire *et* le marché des obligations (capital) – il est possible de définir une relation entre les marchés, où les deux effets s'appliquent. Deuxièmement, le marché décrit dans les chapitres 10 et 11 était un marché d'obligations à court terme, tandis que le présent chapitre met l'accent sur les résultats à long terme. La politique monétaire peut avoir un effet immédiat sur les taux d'intérêt à court terme, tandis que, à long terme, les facteurs mondiaux que nous avons examinés ici sont dominants.

La croissance économique

Les tendances de la croissance à long terme

La croissance du PIB potentiel repose sur la croissance démographique et la croissance du PIB potentiel par habitant (soit une hausse du niveau de vie).

◆ Au Canada, le taux de croissance a connu son zénith au début du siècle, a diminué entre les deux Guerres mondiales et a augmenté jusqu'en 1973 pour ensuite ralentir.

◆ À l'échelle mondiale, depuis 1960, le Canada a rattrapé les États-Unis, mais le Japon et d'autres pays d'Asie se sont aussi rapprochés des deux pays.

Les facteurs de la croissance économique

◆ La croissance économique requiert certaines conditions; la principale est un système *incitatif* approprié.

◆ Trois institutions sont essentielles:

• les marchés – les prix du marché transmettent des signaux qui créent des incitatifs et permettent aux gens de se spécialiser et d'échanger, d'épargner et d'investir.
• les droits de propriété – s'ils sont clairement établis et respectés, ils permettent aux gens de s'assurer que leurs revenus et leurs épargnes ne seront pas confisqués.
• l'échange monétaire – il facilite les transactions.

◆ Le système incitatif permet aux gens de se spécialiser et de faire des échanges, donc de disposer d'une plus grande quantité de biens et services pour la même quantité de travail, ce qui fait croître le PIB réel par habitant.

◆ Cette source de croissance économique porte ses fruits. Pour que la croissance économique se maintienne, nous avons besoin

• de l'épargne et de l'investissement dans de nouveaux biens d'équipement: ils font augmenter à la fois la quantité de capital par travailleur et la productivité humaine;
• de la croissance du capital humain: elle fait augmenter la productivité (apprentissage et exécution répétitive des tâches);
• de la découverte de nouvelles techniques.

◆ Les progrès technologiques rapides accélèrent la croissance.

La comptabilité de la croissance

La **comptabilité de la croissance** calcule quelle part de la croissance du PIB réel est attribuable à la croissance du travail et à l'accumulation du capital et quelle part découle du progrès technologique.

◆ La **productivité** (le PIB réel par heure de travail) détermine le revenu que permet de gagner une heure de travail.

◆ La croissance de la productivité provient de l'accumulation du capital par heure de travail et des progrès technologiques (lesquels englobent le capital humain).

◆ La **fonction de productivité** (*FP*) est la relation qui montre comment le PIB réel par heure de travail change au fur et à mesure que la quantité de capital par heure de travail est modifiée, le progrès technologique restant constant.

• Une augmentation de la quantité de capital par heure de travail entraîne une augmentation du PIB réel par heure de travail (un mouvement le long de la *FP*).

- Le progrès technologique fait augmenter le PIB par heure de travail (un déplacement vers le haut de la *FP*).
- Si tous les autres facteurs de production restent constants, la production augmente à un rythme décroissant au fur et à mesure que s'accroît la quantité d'un facteur de production ; il s'agit de la **loi des rendements décroissants**.

◆ Selon la *règle du tiers*, en moyenne, une augmentation de 1 % du capital par heure de travail (sans progrès technologique) entraîne une hausse de un tiers de 1 % du PIB par heure de travail.

◆ On peut utiliser cette règle pour déterminer la contribution de l'augmentation du capital à l'accroissement de la productivité ainsi que les raisons qui expliquent les changements dans la croissance de la productivité :

- De 1965 à 1973, l'évolution rapide de la technologie fait augmenter la productivité.
- De 1973 à 1988, la croissance de la productivité a été plus faible à cause du ralentissement des effets des progrès technologiques.
- De 1988 à 1995, la croissance de la productivité a été plus faible à cause des effets négligeables des progrès technologiques.

◆ Trois facteurs sont responsables de la diminution de la contribution du progrès technologique après 1973 :

- Les chocs des prix de l'énergie – la diminution de l'utilité des biens d'équipement énergivores et la mise au point de techniques moins énergivores qui n'ont pas fait augmenter la productivité du travail.
- La protection de l'environnement – de nouvelles lois et de nouveaux règlements exigeant de nouveaux biens d'équipement qui n'ont pas contribué à l'accroissement du PIB réel (mais ont amélioré la qualité de vie).
- Les variations dans la composition de la production – un grand nombre d'industries traditionnelles ont licencié une quantité considérable de main-d'œuvre alors que les secteurs de haute technologie ont créé des emplois. Les mesures agrégées de la production peuvent se révéler trompeuses dans cette situation.

La théorie de la croissance

Les facteurs de la croissance économique sont difficiles à cerner à cause de l'interaction de la croissance démographique, des progrès technologiques, de l'épargne et de l'investissement.

◆ Il existe trois principales théories de la croissance économique.

◆ La **théorie classique de la croissance** a été élaborée vers la fin du XVIIIᵉ siècle, période de forte croissance démographique, et elle repose sur l'idée que le niveau de revenu par habitant détermine la croissance démographique.

- Les progrès technologiques font augmenter la demande de travail et le taux de salaire réel, ce qui accroît la quantité de travail offerte.
- Puisque le salaire réel dépasse le **salaire réel de subsistance** (salaire minimal nécessaire à la survie), la population commence à augmenter, ce qui entraîne une augmentation de l'offre de travail, et le salaire réel revient au niveau de subsistance. Par conséquent, le revenu des travailleurs n'a pas augmenté.
- En réalité, la croissance démographique finit par diminuer.
- Selon la théorie moderne de la croissance démographique, lorsque le taux de salaire réel augmente, le coût d'opportunité du temps des femmes et des enfants augmente, ce qui fait diminuer le taux de natalité.

◆ La **théorie néoclassique de la croissance** soutient que le taux de croissance démographique détermine la croissance économique, et non le contraire.

- La variable fondamentale est le rythme de croissance du stock de capital, lequel est déterminé par la demande et l'offre de capital.
- La demande de capital est déterminée par les décisions d'investissement, et l'offre de capital, par les décisions d'épargne.
- Les progrès technologiques continus et *exogènes* font augmenter la productivité du capital, ce qui provoque une augmentation de la demande de capital et donc du capital par habitant et du taux d'intérêt réel.
- L'accroissement du taux d'intérêt réel – lorsque le taux d'intérêt réel est supérieur au **taux de préférence temporelle** (taux d'intérêt réel que visent les épargnants) – fait augmenter l'épargne qui, à son tour, fait monter l'offre de capital. Par conséquent (une augmentation de capital par habitant provoque une augmentation du PIB réel par habitant), le taux d'intérêt réel diminue jusqu'à ce qu'il soit égal au taux de préférence temporelle, et la croissance s'arrête.
- La théorie néoclassique de la croissance prédit que les taux de croissance et les niveaux de revenu par habitant du monde entier finiront par converger vers une même valeur, mais cela ne semble pas se produire.

◆ La **théorie moderne de la croissance** tente de surmonter cette impasse en expliquant les progrès technologiques en tant que variable *endogène*, soit les choix que font les gens dans leur quête de profits accrus.

- Les découvertes se produisent parce que les gens cherchent à en tirer des profits (temporaires), mais, tôt ou tard, elles finissent par être copiées, et les profits se répartissent dans l'économie *sans* entraîner de rendements décroissants.
- Par conséquent, le savoir est un type particulier de capital qui n'est pas soumis à la loi des rendements décroissants. La demande de capital de savoir est plane.
- Les inventions font augmenter le taux de rendement du capital de savoir jusqu'à ce qu'il soit supérieur au taux de préférence temporelle. Alors, le capital par habitant augmente et la croissance du PIB réel s'accélère.
- Lorsque le taux de rendement est supérieur au taux de préférence temporelle, l'épargne ainsi que le capital par habitant augmentent et la croissance du PIB réel s'accélère, mais il n'y a pas de *ralentissement automatique*, car il n'y a pas de rendements décroissants.

L'accélération de la croissance

Pour accélérer la croissance économique, nous devons augmenter le taux de croissance du capital par heure de travail ou accélérer le progrès technologique.

◆ Les pays d'Asie ayant connu le miracle économique ont réussi à croître rapidement grâce à un taux très élevé d'épargne, à un taux élevé d'investissement dans le capital humain et à l'apprentissage par la pratique dans les industries de pointe.

◆ Les principales suggestions des théories de la croissance économique sont :

- stimuler l'épargne par l'instauration d'incitatifs fiscaux ;
- subventionner la recherche et le développement au moyen de brevets ou de fonds publics ;
- diriger les fonds publics consacrés à la recherche vers les industries de pointe ;
- favoriser le commerce international afin de tirer profit de l'avantage comparatif dynamique, soit être le pionnier dans un nouveau domaine et être capable de produire à un coût d'opportunité plus bas que tous les autres.

la productivité du premier ordinateur. La productivité du capital supplémentaire finira par diminuer (la courbe de la demande de capital a une pente négative), et la croissance économique ralentira automatiquement.

La théorie moderne de la croissance économique considère la technologie et le capital différemment et estime qu'il n'y a pas de rendement décroissant ni de ralentissement de la croissance économique. Cette théorie examine le «capital de savoir», la notion selon laquelle la technologie est constituée en partie de capital mais surtout d'idées. Celles-ci peuvent comprendre de nouvelles techniques de gestion ou de nouveaux processus de production, comme une chaîne de montage qui peut être reproduite d'une entreprise à l'autre sans entraîner de rendements décroissants. Par exemple, considérez l'arrivée d'un logiciel nouveau et meilleur (comme le premier progiciel de traitement de texte). À mesure que davantage d'exemplaires du logiciel sont utilisés dans les entreprises du pays, on ne rencontre pas de rendements décroissants, du moins pas avant que le pays entier ait accès à cette nouvelle connaissance. Et même à ce moment, de nouveaux logiciels seront constamment mis au point et implantés sans provoquer de rendements décroissants (la courbe de demande de capital de savoir est plane) ni faire automatiquement ralentir la croissance économique.

AUTOÉVALUATION

Vrai/Faux/Incertain
(Justifiez votre réponse.)

1 Le ralentissement récent de la productivité canadienne est plutôt inhabituel dans l'histoire du Canada.

2 Lorsqu'un pays utilise des techniques de production plus avancées, sa fonction de productivité se déplace vers le haut.

3 Les progrès technologiques rapides stimulent la croissance sans qu'il soit nécessaire d'acquérir du nouveau capital.

4 La théorie de la croissance économique soutient que la croissance finira par ralentir, car le rendement du capital commence à diminuer quand la quantité de capital augmente.

5 Les taux de croissance économique élevés sont généralement accompagnés par des taux d'épargne élevés.

6 La théorie classique de la croissance soutient que la croissance économique finit par entraîner un ralentissement du taux de croissance démographique.

7 La spécialisation est la source essentielle de la croissance actuelle.

8 Certains pays rattrapent maintenant le PIB réel par habitant du Canada.

9 La théorie néoclassique de la croissance soutient que les progrès technologiques doivent être continus pour que l'on puisse atteindre une croissance économique continue.

10 Le ralentissement du taux de croissance de la productivité après 1973 est attribuable à un ralentissement du taux de croissance du capital par heure de travail, le taux de progrès technologiques étant maintenu constant.

Questions à choix multiple

1 Parmi les éléments suivants, lequel *ne* constitue *pas* une source de croissance économique?
a) La hausse des prix sur le marché boursier
b) Des travailleurs plus instruits
c) La croissance du stock de biens d'équipement
d) Un système incitatif approprié
e) Les progrès technologiques

2 Supposez que la productivité ait augmenté de 24 % l'an dernier, tandis que le capital par heure de travail a augmenté de 12 %. L'augmentation du capital était responsable de
a) toute l'augmentation de la productivité.
b) 5/6 de l'augmentation de la productivité.
c) 1/2 de l'augmentation de la productivité.
d) 1/3 de l'augmentation de la productivité.
e) 1/6 de l'augmentation de la productivité.

3 Supposez que la productivité ait augmenté de 24 % l'an dernier, tandis que le capital par heure de travail a augmenté de 12 %. L'augmentation du progrès technologique était responsable de
a) toute l'augmentation de la productivité.
b) 5/6 de l'augmentation de la productivité.
c) 1/2 de l'augmentation de la productivité.
d) 1/3 de l'augmentation de la productivité.
e) 1/6 de l'augmentation de la productivité.

4 Selon la théorie néoclassique de la croissance économique, si le taux d'intérêt réel est supérieur au taux de préférence temporelle,
a) le taux d'intérêt réel finira par chuter.
b) le capital par heure de travail augmentera.
c) le PIB réel par heure de travail augmentera.
d) Toutes ces réponses.
e) **b** et **c** seulement.

5 Selon la théorie moderne de la croissance économique, si le taux d'intérêt réel est supérieur au taux de préférence temporelle,
a) le taux d'intérêt réel finira par chuter.
b) le capital par heure de travail augmentera.
c) le PIB réel par heure de travail augmentera.
d) Toutes ces réponses.
e) **b** et **c** seulement.

6 Quelle théorie de la croissance économique conclut que la croissance finit toujours par ralentir à moins qu'il n'y ait de nouveaux progrès technologiques ?
a) La théorie classique
b) La théorie néoclassique
c) La théorie moderne
d) Toutes les théories.
e) Aucune des théories.

7 Quelle théorie de la croissance économique conclut que les progrès technologiques font augmenter la demande de capital ?
a) La théorie classique
b) La théorie néoclassique
c) La théorie moderne
d) Toutes les théories.
e) Aucune des théories.

8 La croissance économique du Canada a ralenti depuis 1973 surtout à cause
a) de l'augmentation des pressions exercées par la population.
b) d'une épargne plus faible.
c) des rendements décroissants.
d) du ralentissement des progrès technologiques.
e) de l'accélération trop rapide des progrès technologiques.

9 Les marchés constituent une condition essentielle à la croissance économique, car
a) ils subissent des rendements décroissants.
b) ils permettent aux pays de tirer profit de l'avantage comparatif dynamique.
c) les prix du marché transmettent des signaux qui créent des incitatifs.
d) les gens sont assurés que leurs revenus et leurs épargnes ne seront pas confisqués.
e) Toutes ces réponses.

10 Les pays d'Asie ayant connu le miracle économique ont atteint des taux de croissance économique plus élevés grâce à
a) un taux très élevé d'épargne.
b) un taux élevé d'investissement dans le capital humain.
c) l'apprentissage par la pratique dans les industries de pointe.
d) Toutes ces réponses.
e) Aucune de ces réponses.

11 S'il y avait eu des progrès technologiques importants l'an dernier et que le stock de capital par heure de travail s'était accru de 9 %, alors
a) le taux d'intérêt réel aurait nécessairement chuté.
b) la croissance économique aurait été nettement inférieure à 3 %.
c) la croissance économique aurait été nettement supérieure à 3 %.
d) la croissance économique aurait été d'environ 3 %.
e) **a** et **c**.

12 Parmi les actions suivantes, laquelle constitue une suggestion pour accroître les taux de croissance économique au Canada ?
a) Stimuler l'épargne en taxant la consommation
b) Réduire la durée de vie des brevets afin d'augmenter la possibilité de reproduction
c) Investir moins de fonds publics de recherche dans les universités
d) Protéger les industries naissantes afin de tirer profit de l'avantage comparatif dynamique
e) Aucune de ces réponses.

13 Si on compare sa croissance à celle des autres pays du monde, le Canada
   a) se situe derrière la plupart des autres pays.
   b) rattrape presque certains pays et en surpasse d'autres.
   c) perd du terrain en regard des États-Unis, mais s'améliore par rapport à d'autres pays.
   d) se porte aussi bien sinon mieux que la plupart des autres pays, mis à part certains pays d'Asie.
   e) Aucune de ces réponses.

14 Les progrès technologiques ont ralenti après 1973, notamment
   a) parce que le nouveau stock de capital était énergivore.
   b) à cause du manque de variation dans la composition de la production.
   c) à cause de la règle du tiers.
   d) à cause de la loi des rendements décroissants.
   e) à cause de l'adoption de nouvelles lois et de nouveaux règlements de protection de l'environnement.

15 Un progrès technologique entraîne
   a) uniquement un mouvement le long de la fonction de productivité et une augmentation du PIB réel par habitant.
   b) uniquement un mouvement le long de la fonction de productivité et une diminution du PIB réel par habitant.
   c) une diminution du taux d'intérêt réel et une augmentation du PIB réel par habitant.
   d) un déplacement vers le haut de la fonction de productivité et un mouvement le long de la fonction de productivité.
   e) une augmentation du capital par heure de travail et uniquement un mouvement le long de la fonction de productivité.

16 Un système incitatif efficace
   a) stimule la spécialisation et l'échange et fait augmenter le PIB par habitant.
   b) peut à lui seul garantir une croissance continue.
   c) résout le problème des rendements décroissants.
   d) n'a rien à voir avec le gouvernement.
   e) peut rendre le taux d'intérêt réel supérieur au taux de préférence temporelle pendant une période prolongée.

17 Les incitatifs sont importants dans la théorie moderne de la croissance économique, car ils
   a) supposent qu'il n'y a pas de rendement décroissant.
   b) entraînent des taux plus élevés d'épargne.
   c) supposent que la croissance économique *n'*entraîne *pas* la croissance démographique.
   d) créent un avantage comparatif dynamique.
   e) entraînent la recherche de nouvelles techniques ou de nouveaux produits en vue de maximiser les profits.

18 Selon la théorie classique de la croissance économique, la croissance économique finit par s'arrêter après un progrès technologique à cause
   a) des rendements décroissants.
   b) du capital de savoir qui est facilement imitable.
   c) du taux d'intérêt réel qui retourne à la valeur du taux de préférence temporelle.
   d) du taux de salaire réel devenant trop élevé.
   e) du taux de croissance démographique découlant de l'augmentation des salaires réels.

19 Le capital de savoir diffère du capital régulier, car
   a) on peut le reproduire sans entraîner de rendements décroissants.
   b) sa courbe de demande est plane.
   c) il n'entraîne pas de ralentissement automatique de la croissance.
   d) Toutes ces réponses.
   e) Aucune de ces réponses.

20 La loi des rendements décroissants
   a) ne s'applique qu'au capital de savoir.
   b) soutient que, si le capital augmente de 1 %, le PIB réel diminue d'environ 1/3 % seulement.
   c) soutient que, si le capital augmente de 1 %, le PIB réel augmente d'environ 1/3 % seulement.
   d) ne s'applique qu'au capital.
   e) ne s'applique pas au capital de savoir.

21 Les sources essentielles de la croissance économique comprennent
   a) l'épargne et l'investissement dans du nouveau capital.
   b) l'investissement dans le capital humain.
   c) les découvertes de nouvelles techniques.
   d) les découvertes de nouveaux processus de gestion.
   e) Toutes ces réponses.

22 Parmi les énoncés suivants concernant les tendances de la croissance à long terme au Canada, lequel est *faux*?
   a) La croissance économique tend à être stable, sauf pour le cycle économique.
   b) La croissance économique présente des périodes de croissance rapide et des périodes de croissance lente.
   c) La croissance économique a été lente depuis 1973.

d) La croissance économique a généralement été plus rapide au Japon qu'au Canada.

e) L'écart entre les pays d'Afrique et le Canada s'est accru depuis les dernières années.

23 Le taux de préférence temporelle est
a) le taux d'intérêt réel que visent les épargnants.
b) la différence entre le taux d'intérêt nominal et l'inflation anticipée.
c) la productivité marginale du capital.
d) le salaire minimal nécessaire à la survie.
e) le taux d'épargne qui mène à la croissance continue.

24 Selon la théorie moderne de la croissance, la courbe de demande de capital est plane, car
a) la productivité du capital diminue lorsque de plus en plus de capital est utilisé par heure de travail.
b) les progrès technologiques se produisent fréquemment à cause des activités de recherche de profit.
c) on peut reproduire les découvertes sans diminuer leur productivité marginale.
d) le taux de préférence temporelle est constant.
e) la croissance démographique provoquée par des salaires élevés fait diminuer le taux de salaire réel.

25 La différence essentielle entre la théorie néoclassique de la croissance économique et la théorie moderne de la croissance économique est que
a) le capital n'est pas soumis aux rendements décroissants selon la théorie moderne de la croissance.
b) le capital est soumis aux rendements décroissants selon la théorie moderne de la croissance.
c) les progrès technologiques entraînent des augmentations du taux de croissance démographique qui ramènent les revenus des travailleurs à leur niveau de subsistance, selon la théorie néoclassique.
d) les progrès technologiques sont exogènes selon la théorie moderne de la croissance économique.
e) la règle du tiers ne s'applique qu'à la théorie néoclassique de la croissance économique.

Problèmes à court développement

1 Expliquez brièvement pourquoi un système incitatif approprié constitue une condition nécessaire à la croissance.

2 Expliquez pourquoi cette source de croissance finit par disparaître.

3 Expliquez ce qui se produit selon la théorie classique de la croissance quand les progrès technologiques font augmenter le taux de salaire réel.

4 Certains économistes avancent que les pays d'Asie ayant connu le miracle économique ont atteint des taux de croissance très rapides en partie à cause de leur aptitude à reproduire de nouvelles technologies. Expliquez comment et pourquoi la reproduction constitue une bonne source de croissance économique.

5 Paul Krugman soutient que la croissance des pays d'Asie ayant connu le miracle économique est principalement entraînée par la mobilisation du capital et des ressources de main-d'œuvre qui étaient auparavant sous-utilisées et que, par conséquent, les inquiétudes de l'Amérique du Nord à l'égard du fait que ces pays risquent de rattraper et de surpasser le Canada et les États-Unis sont sans fondement. En admettant qu'il soit vrai, expliquez pourquoi cet argument suppose que ces inquiétudes ne sont pas justifiées.

6 À partir de la notion de fonction de productivité, expliquez pourquoi une hausse du stock de capital par travailleur peut favoriser la croissance économique.

7 Soit le tableau 16.1 sur l'économie d'un pays où la règle du tiers prévaut et où l'offre de travail et la population ne varient pas au cours des trois années étudiées. Effectuez les calculs nécessaires pour montrer les contributions des variations du capital par travailleur (en tant que fraction de la variation totale) et des progrès technologiques à la productivité et remplissez le reste du tableau.

TABLEAU **16.1**

Année	1998	1999	2000
Capital par heure de travail	125	150	200
Productivité	35	40	44,4
Contribution du capital	—		
Contribution des progrès technologiques	—		

8 Sur un graphique, tracez les fonctions de productivité du problème 7 pour ces trois années, en présentant les points de production pour chacune d'entre elles.

9   Considérez la fonction de productivité suivante :

TABLEAU **16.2**

Capital par heure de travail	PIB réel par heure de travail
100	60
120	64
156	70

Au départ, l'économie produit 60 unités de PIB réel par heure de travail au cours de l'an 1.

a) Cette fonction de productivité est-elle conforme à la règle du tiers ?

b) Représentez graphiquement cette fonction ainsi que le point de production actuel. Supposez qu'un progrès technologique fasse croître le PIB réel par heure de travail de 20 %, le capital par heure de travail étant maintenu constant. Présentez les conséquences de ce changement sur votre graphique.

c) Durant l'an 2, le PIB réel par heure de travail est de 84 unités. Présentez ce point sur votre graphique. Quelle proportion de l'augmentation du PIB réel (le cas échéant) a été provoquée par le progrès technologique et quelle proportion (le cas échéant) a été entraînée par l'augmentation du capital par heure de travail ?

◉ 10   Certains commentateurs soutiennent que le Japon a enregistré des taux de croissance économique plus élevés que des pays comme le Canada ou les États-Unis parce que les Japonais se soucient davantage de la consommation future que de la consommation actuelle, ce qui se traduit par un taux de préférence temporelle plus bas. Dans le contexte de la théorie de la croissance, expliquez si cet argument semble juste ou non.

R É P O N S E S

Vrai/Faux/Incertain (Justifiez votre réponse.)

1   F   La croissance a également ralenti entre les deux Guerres mondiales.

2   V   Les progrès technologiques entraînent une augmentation de la productivité.

3   F   Les progrès technologiques rapides sont compris dans le nouveau capital humain et physique.

4   I   Cela dépend de la théorie. Cet énoncé est vrai s'il s'agit de la théorie néoclassique et faux s'il s'agit de la théorie moderne.

5   V   Voir le passage sur les miracles économiques.

6   F   La croissance économique entraîne une augmentation du taux de salaire réel et donc une hausse de la croissance démographique.

7   F   Il s'agit de la source initiale de croissance, mais la croissance ralentit si la spécialisation est importante.

8   V   Certains pays (d'Asie) le font, et d'autres (d'Afrique, d'Amérique centrale et du Sud) ne le font pas.

◉ 9   V   Un progrès technologique provoque une augmentation de la demande de capital, qui fait croître le capital par habitant, ce qui entraîne la croissance économique. Le taux d'intérêt réel est supérieur au taux de préférence temporelle, ce qui fait augmenter l'offre de capital et stimule l'économie, mais le taux d'intérêt réel diminue à cause des rendements décroissants. La croissance finit par s'arrêter à moins qu'il n'y ait d'autres progrès technologiques.

10   F   À cause du ralentissement des progrès technologiques. Voir le manuel.

Questions à choix multiple

1   a   Elle n'a aucune conséquence sur la productivité, les autres la font augmenter.

◉ 2   e   Selon la règle du tiers, une hausse de 12 % du capital provoque une augmentation de 4 % du PIB réel par heure de travail ou une augmentation de 1/6 de la productivité.

◉ 3   b   D'après **2**, 5/6 sont consacrés aux progrès technologiques.

4   d   Si le taux d'intérêt réel est supérieur au taux de préférence temporelle, l'épargne entraîne un déplacement de la courbe d'offre de capital vers la droite, fait augmenter le capital par heure de travail (ainsi que le PIB réel par heure de travail), ce qui fait diminuer le taux d'intérêt réel puisque la courbe de demande de capital a une pente négative (tracez le graphique).

◉ 5   e   Si le taux d'intérêt réel est supérieur au taux de préférence temporelle, une augmentation de l'épargne entraîne un déplacement de la courbe d'offre de capital vers la droite, fait augmenter le capital par heure de travail (ainsi que le PIB réel par heure de travail), ce qui n'entraîne aucune variation du taux d'intérêt réel puisque la courbe de demande de capital est plane (tracez le graphique).

☉ 6 b À cause des rendements décroissants du capital (la courbe de demande de capital a une pente négative).

7 d Elles concluent toutes que les progrès technologiques font croître la productivité du capital.

8 d Voir le manuel.

9 c Les incitatifs à se spécialiser, à échanger, à épargner et à investir.

10 d Voir le manuel.

11 c Selon la règle du tiers, la croissance du capital entraîne un PIB réel par heure de travail d'environ 3 %, mais les progrès technologiques doivent faire augmenter celui-ci davantage.

12 a **b** ferait diminuer le rendement ainsi que le nombre d'inventions, **c** ferait diminuer la recherche et le nombre d'inventions et avec **d** il faudrait encourager les échanges commerciaux.

13 d Voir le manuel.

14 e Voir le manuel.

15 d Un progrès technologique entraîne un déplacement vers le haut de la *FP* et fait augmenter la productivité du capital qui, à son tour, fait croître la demande de capital. Il y a un mouvement le long de *FP*.

16 a Il finit par ne plus contribuer à la croissance et ne résout pas le problème des rendements décroissants. L'intervention du gouvernement est nécessaire pour répartir les droits de propriété. Il n'a pas d'effet sur le taux d'intérêt réel.

17 e Les progrès technologiques sont endogènes et continus.

18 e Les salaires réels diminuent.

19 d **a** découle de sa nature, ce qui fait intervenir **b** qui, à son tour, fait intervenir **c**. Voir le manuel.

20 e S'applique au capital régulier et au travail, mais pas au capital de savoir.

21 e Voir le manuel.

22 a Les taux de croissance ont fluctué.

23 a Définition.

24 c Par conséquent, lorsque le stock de capital augmente, le taux d'intérêt réel ne diminue pas.

25 a À cause de la nature différente du capital de savoir.

Problèmes à court développement

1 Le système incitatif englobe les prix du marché, qui transmettent des signaux permettant aux gens de se spécialiser et d'échanger, d'épargner et d'investir (ce qui fait augmenter la productivité), les droits de propriété, qui permettent aux gens de s'assurer que leurs revenus et leurs épargnes ne seront pas confisqués et qui les encouragent à travailler et à épargner, et finalement l'échange monétaire, qui facilite les transactions et stimule le commerce.

2 Cette source crée la croissance en améliorant la spécialisation. Le niveau de spécialisation finit par devenir si élevé que les gains d'une spécialisation plus poussée sont négligeables.

3 Les progrès technologiques font intervenir des augmentations de la demande de travail et du taux de salaire réel. À mesure que monte le taux de salaire réel, le taux de croissance démographique augmente, ce qui entraîne un accroissement de l'offre de travail et un retour du taux de salaire réel au taux de salaire de subsistance, donc les travailleurs ne sont pas plus avantagés qu'au départ.

4 Le capital de savoir peut être reproduit sans provoquer de rendements décroissants, de sorte que le taux d'intérêt réel augmente après la reproduction, ce qui fait croître l'épargne et l'offre de capital. Le capital par heure de travail peut donc augmenter sans restriction, ce qui signifie que la croissance peut se poursuivre sans limite.

5 Si la croissance est provoquée par l'augmentation des quantités de capital et de travail, alors ces pays finiront par faire face à des rendements décroissants de chacun de ces facteurs de production. Cela signifie que la croissance de la productivité et celle de l'économie ralentiront.

6 La fonction de productivité illustre comment la production par habitant s'accroît de pair avec le stock de capital par habitant, étant donné le degré d'avancement de la technologie. Si le stock de capital par habitant s'accroît, alors la productivité des travailleurs augmente plus rapidement, ce qui signifie que la production par habitant augmente plus rapidement ; autrement dit, la croissance économique s'accélère. Cette accélération se traduit par des mouvements plus rapides le long de la fonction de productivité.

☉ 7 Le tableau 16.1 Solution présente le résultat des calculs.

TABLEAU **16.1** SOLUTION

Année	1998	1999	2000
Capital par heure de travail	125	150	200
Productivité	35	40	44,4
Contribution du capital	–	46,6 %	100 %
Contribution des progrès technologiques	–	53,4 %	0

La variation de pourcentage du capital de 1998 à 1999 était de 20 % ((25/125) × 100), ce qui signifie une variation de pourcentage résultant de la productivité de 6,67 %. La variation totale de la productivité était de 14,3 % ((5/35) × 100), laissant une proportion de 7,63 % attribuable aux progrès technologiques. La contribution du capital était de ((6,67/14,3) × 100 = 46,6 % et celle de la technologie était de 53,4 %.

La variation de pourcentage du capital de 1999 à 2000 était de 33 % ((50/150) × 100), ce qui signifie une variation de pourcentage de la productivité de 11 %. La variation totale de la productivité était de 11 % ((4,4/40) × 100), ne laissant ainsi aucune contribution attribuable aux progrès technologiques. La contribution du capital était de 100 %.

8 La figure 16.1 présente les fonctions. Notez que, d'après le tableau 16.1, les trois points annuels doivent se trouver là où ils sont présentés. Étant donné les résultats relatifs aux progrès technologiques en 1999 et en 2000, le déplacement de 1999 et l'absence de déplacement en 2000 doivent être indiqués comme ils le sont.

FIGURE **16.1**

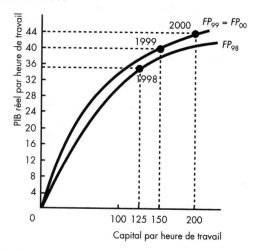

9 a) Entre 100 et 120, la variation de pourcentage du capital par heure est de (20/100) × 100 = 20 %, tandis que la variation de pourcentage du PIB réel par heure est de (4/60) × 100 = 6,67 %. Un tiers de 20 % correspond à 6,67 %. Entre 120 et 156, la variation de pourcentage du capital par heure est de (36/120) × 100 = 30 %, tandis que la variation de pourcentage du PIB réel par heure est de (6/64) × 100 = 9,4 %. Un tiers de 30 % équivaut à 10 %, soit un peu plus que 9,4 %. La règle du tiers s'applique à peu près.

b) La figure 16.2 montre la fonction de productivité initiale, FP_0. Les trois points du tableau sont représentés graphiquement sur celle-ci et le point de production actuel est nommé *An 1*. Une augmentation de la productivité de 20 % provoquerait un déplacement vers le haut de la fonction de productivité en FP_1. Cette augmentation est présentée dans le tableau 16.3 et représentée graphiquement par FP_1. Le nouveau point de production est nommé *An 2*.

TABLEAU **16.3**

Capital par heure de travail	PIB réel par heure de travail
100	72
120	76,8
156	84

FIGURE **16.2**

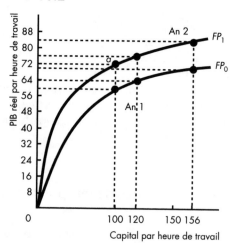

c) Le point est nommé *An 2* sur le graphique. Nous pouvons constater que l'augmentation du PIB réel par heure de travail, de 60 à 84 unités, est divisée en deux composantes. Les progrès technologiques apparaissent comme le mouvement du point *An 1* au point *a*, variation totale de 12 unités, soit 50 % (= (12/24) × 100) de la variation totale. Le capital par heure doit passer de 100 à 156 unités pour qu'on obtienne une production de 84 unités. Cette augmentation est représentée par le mouvement du point *a* au point *An 2*. Il s'agit d'une variation totale de 12 unités, soit 50 % (= (12/24) × 100) de la variation totale.

10 Plus le taux de préférence temporelle est bas, plus une personne ou un pays est prêt à renoncer à la consommation actuelle et à épargner en prévision de l'avenir. Cela signifie que, si le Japon enregistre un taux de préférence temporelle plus faible, dans toute situation donnée, son taux d'épargne sera plus élevé. Par conséquent, l'augmentation de l'offre de capital au Japon est plus élevée dans quelque situation que ce soit. Donc, en général, le Japon aura un stock de capital par habitant plus élevé que le Canada et celui-ci augmentera généralement d'année en année à un taux plus élevé, ce qui signifie que le taux de croissance du PIB réel par habitant est plus élevé au Japon qu'au Canada. Cet argument semble donc être juste.

PROBLÈME

Vous avez été engagé comme conseiller
économique du premier ministre grâce aux
notes exceptionnelles que vous avez obtenues
en macroéconomie. Le cabinet envisage
d'adopter une nouvelle politique qui consisterait
à réduire de manière spectaculaire et imprévue
le déficit budgétaire gouvernemental pour
le ramener à zéro d'ici à quelques années. Le
premier ministre souhaite que vous déterminiez
les effets de cette proposition sur l'économie.
Le ministre des Finances, un ancien chanteur
punk, Rongeons Los, propose une réduction
massive du déficit, en soutenant que cette
mesure stimulerait l'investissement et
la croissance économique, réduirait le taux
d'intérêt réel et accélérerait la croissance
économique. La ministre des Services sociaux,
une ancienne chef syndicale du nom de
Irma La Douce, soutient pour sa part qu'une
politique imprévue entraînerait une récession
forte et soutenue, faisant diminuer le PIB réel
et augmenter le chômage, ce qui nuirait à
l'économie. Le premier ministre veut savoir
ce qui suit:

a) La politique proposée créera-t-elle une
récession? Qu'adviendra-t-il du PIB réel,
du niveau des prix, du chômage et de l'emploi
à court terme? La ministre La Douce a-t-elle
raison?

b) Quels seront les effets de la politique proposée
sur l'économie à long terme? Plus précisément,
quelles seront ses conséquences sur le taux
d'intérêt réel, la demande de consommation,
l'offre d'épargne, l'investissement, les
exportations nettes et le PIB potentiel à long
terme? Le ministre Los a-t-il raison?

c) Quels arguments sont justes? Quelles sont
vos recommandations?

Veuillez noter que le premier ministre
possède quelques notions d'économie, mais
déteste les graphiques (il a obtenu de mauvais
résultats lors d'un examen à l'université);
il souhaite donc que vous lui présentiez une
réponse verbale.

EXAMEN DE MI-ÉTAPE

Prévoyez 32 minutes pour cet examen (16 questions,
2 minutes par question). Pour chacune des questions,
choisissez la *meilleure* réponse.

1 Une augmentation du taux d'intérêt provoque
un déplacement de la courbe de demande
de consommation _____ et de la courbe
d'offre d'épargne _____.
a) nul; nul
b) vers la gauche; vers la gauche
c) vers la droite; vers la droite
d) vers la droite; vers la gauche
e) vers la gauche; vers la droite

2 Parmi les événements suivants, lequel ferait
diminuer le taux d'intérêt réel mondial?
a) Une hausse du revenu anticipé
b) Une baisse du taux de rentabilité attendu
c) Des progrès technologiques
d) Une hausse du taux de rentabilité attendu
e) Une baisse du revenu disponible mondial

3 Le 9 octobre 1996, le ministre des Finances
canadien révélait que les efforts investis en vue
de réduire le déficit budgétaire gouvernemental
donnaient des résultats plus rapides que prévu.

Par conséquent, le même jour, les taux d'intérêt réels sur les obligations canadiennes à long terme ont considérablement chuté. Cette baisse apparaîtrait sur le graphique du marché du capital canadien comme

a) un déplacement vers la droite de la courbe *OÉ*.

b) un déplacement vers la gauche de la courbe *OÉ*.

c) une chute du taux d'intérêt mondial.

d) une chute de la prime de risque sur le taux d'intérêt payé par les Canadiens en plus du taux d'intérêt mondial.

e) un déplacement vers la droite de la courbe *DI*.

4 Si le niveau des prix augmente, alors, à court terme, le PIB réel offert

a) demeurera inchangé et, à long terme, il diminuera.

b) augmentera et, à long terme, il augmentera aussi.

c) augmentera et, à long terme, il demeurera inchangé.

d) diminuera et, à long terme, il augmentera.

e) diminuera et, à long terme, il diminuera aussi.

5 Étant donné que l'utilisation de tous les autres facteurs de production est maintenue constante, on pourrait décrire un produit marginal du travail décroissant par le fait que la somme des heures travaillées dans l'économie

a) s'accroît et que la production totale augmente.

b) s'accroît et que la production totale augmente à un rythme décroissant.

c) s'accroît et que la production totale diminue.

d) diminue et que la production totale augmente.

e) s'accroît et que la production totale augmente à un rythme croissant.

6 Parmi les énoncés suivants, lequel représente un exemple de chômage saisonnier?

a) Une agricultrice de la Saskatchewan qui a perdu sa ferme et qui est en chômage jusqu'à ce qu'elle reçoive une nouvelle formation

b) Un travailleur de l'industrie de la pêche de Nouvelle-Écosse qui est mis à pied durant l'hiver

c) Un métallurgiste qui a été mis à pied et qui s'attend à être rappelé au travail bientôt

d) Une employée de bureau qui a été licenciée à cause d'un ralentissement global de l'activité économique

e) Aucune de ces réponses.

7 Dans un pays où la population en âge de travailler s'élève à 20 millions, où 13 millions de personnes travaillent, 1,5 million sont en chômage et 1 million des personnes occupées travaillent à temps partiel, parmi lesquelles la moitié souhaiteraient travailler à temps plein, le taux d'emploi est de

a) 72,5 %.

b) 65 %.

c) 75,5 %.

d) 57,5 %.

e) Aucune de ces réponses.

8 Dans un pays où la population en âge de travailler s'élève à 20 millions, où 13 millions de personnes travaillent, 1,5 million sont en chômage et 1 million des personnes occupées travaillent à temps partiel, parmi lesquelles la moitié souhaiteraient travailler à temps plein, le pourcentage des travailleurs à temps partiel involontaires est de

a) 3,4 %.

b) 3,8 %.

c) 2,5 %.

d) 5 %.

e) Aucune de ces réponses.

9 Parmi les citations suivantes, laquelle décrit le rationnement des emplois?

a) «Les salaires que l'on verse aux employés de l'usine sont si élevés qu'il y a toujours suffisamment de postulants pour que l'employeur puisse sélectionner les employés de son choix pour combler les postes vacants.»

b) «Les professeurs qui ont des postes permanents refusent d'accepter des diminutions salariales pour aider à l'embauche de nouveaux professeurs.»

c) «Les salaires n'ont pas diminué au cours du ralentissement économique actuel, ce qui crée une augmentation du chômage.»

d) «Les gens mettent trop de temps à trouver de nouveaux emplois, car les prestations de l'assurance-emploi sont trop généreuses.»

e) Toutes ces réponses.

10 Considérez la figure R4.1. À l'heure actuelle, le taux de rentabilité attendu est normal et le taux d'intérêt réel est de 6 %. Si le taux d'intérêt réel et le taux de rentabilité attendu chutent, toutes autres choses étant égales, le nouveau niveau d'investissement *possible* se chiffre à _____ milliards de dollars de 1992.
a) 40
b) 30
c) 20
d) 40 ou 30
e) 20 ou 10

FIGURE **R4.1** I_B AVEC UN TAUX DE RENTABILITÉ ATTENDU NORMAL

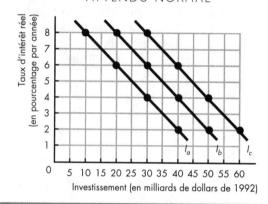

11 Parmi les citations suivantes, laquelle décrit un mouvement le long de la courbe de demande de travail ?
a) « Récemment, le taux de salaire plus élevé a entraîné une augmentation du temps que les ménages consacrent aux loisirs. »
b) « Récemment, le niveau des prix plus bas a incité les gens à augmenter le nombre d'heures qu'ils consacrent au travail. »
c) « Récemment, le taux de salaire réel plus élevé a incité les gens à augmenter le nombre d'heures qu'ils consacrent au travail. »
d) « Récemment, le niveau d'investissement élevé dans les biens d'équipement a incité les entreprises à engager un plus grand nombre de travailleurs. »
e) Aucune de ces réponses.

12 Parmi les citations suivantes, laquelle décrit un déplacement vers la droite de la courbe d'offre agrégée à long terme ?
a) « Récemment, le niveau des prix plus élevé a provoqué une diminution de la production au pays. »

b) « Récemment, le niveau des prix plus élevé a provoqué une augmentation de la production au pays. »
c) « Récemment, le niveau des prix plus élevé a provoqué une compensation à l'augmentation des salaires, sans toutefois modifier la quantité de main-d'œuvre engagée ni la production. »
d) « Récemment, le niveau des prix plus bas a provoqué une diminution de la production au pays. »
e) Aucune de ces réponses.

13 Quelle théorie de la croissance économique conclut que, à long terme, les gens ne profitent pas de la croissance ?
a) La théorie classique
b) La théorie néoclassique
c) La théorie moderne
d) Toutes les théories
e) Aucune des théories

14 La différence essentielle entre la théorie néoclassique de la croissance économique et la théorie classique de la croissance économique est que
a) le capital n'est pas soumis aux rendements décroissants, selon la théorie classique de la croissance.
b) le capital est soumis aux rendements décroissants, selon la théorie classique de la croissance.
c) les progrès technologiques entraînent des augmentations du taux de croissance démographique qui ramènent les revenus des travailleurs à leur niveau de subsistance, selon la théorie classique.
d) les progrès technologiques sont exogènes, selon la théorie classique de la croissance économique.
e) la règle du tiers ne s'applique qu'à la théorie néoclassique de la croissance économique.

15 Supposez que la productivité ait augmenté de 15 % l'an dernier, tandis que le capital par heure de travail augmentait de 9 %. L'augmentation du capital était responsable de
a) toute l'augmentation de la productivité.
b) 4/5 de l'augmentation de la productivité.
c) 1/3 de l'augmentation de la productivité.
d) 3/5 de l'augmentation de la productivité.
e) 1/5 de l'augmentation de la productivité.

16 Supposez que la productivité ait augmenté de 15 % l'an dernier, tandis que le capital par heure de travail augmentait de 9 %. Les progrès technologiques étaient responsables de
a) toute l'augmentation de la productivité.
b) 4/5 de l'augmentation de la productivité.
c) 1/3 de l'augmentation de la productivité.
d) 3/5 de l'augmentation de la productivité.
e) 1/5 de l'augmentation de la productivité.

R É P O N S E S

Problème

a) Une chute considérable du déficit exigera soit une importante réduction des dépenses du secteur public, soit une importante augmentation des taxes et impôts, ce qui fera diminuer le revenu disponible et les dépenses de consommation. Dans l'un ou l'autre cas, à court terme, la demande agrégée diminuera de manière imprévue. Cette baisse de la demande agrégée provoquera une diminution du niveau des prix et, puisque les salaires ne tiendront pas compte de cette variation imprévue, les salaires réels s'avéreront trop élevés. L'emploi chutera à cause du taux de salaire réel trop élevé, ce qui provoquera une chute de la production ainsi que du PIB réel à court terme. Des salaires rigides signifieront que cette situation est en place depuis un certain temps ; nous devrons donc faire face à un taux de chômage cyclique pendant une période prolongée. Par conséquent, la ministre La Douce a raison.

b) Nous savons qu'un déficit gouvernemental plus bas équivaut à une augmentation de l'épargne, de sorte que l'épargne nationale totale augmente. (Puisqu'il s'agit du long terme, nous pouvons supposer que le PIB réel est de retour à son ancien niveau potentiel, de sorte que la variation du revenu disponible ne provoque aucun déplacement de la demande de consommation ni de l'offre d'épargne.) Finalement, le déficit plus bas réduira les craintes des prêteurs étrangers que nous ne puissions pas rembourser nos emprunts. La prime de risque sur les taux d'intérêt devrait donc diminuer, ce qui réduira le taux d'intérêt que nous versons pour emprunter des fonds à l'étranger.

Cette politique aura pour conséquence de réduire le taux d'intérêt réel, ce qui fera augmenter la demande d'investissement et diminuer l'épargne du secteur privé (et donc augmenter la demande de consommation du secteur privé). L'effet net d'une hausse de l'épargne du secteur public et de la baisse de l'épargne du secteur privé sur l'épargne nationale n'est pas clair. L'augmentation de la demande d'investissement tendra à élargir l'écart entre la demande d'investissement et l'épargne nationale, ce qui provoquera une hausse de la demande d'emprunt à l'étranger (et donc une diminution des exportations nettes). Cependant, à long terme, l'augmentation de la demande d'investissement provoquera un taux de croissance plus élevé du stock de capital, ce qui fera augmenter le niveau de PIB potentiel. Le ministre Los a donc également raison !

c) Les deux ministres ont raison. À court terme, la politique créera une récession et fera augmenter le chômage. À long terme, la politique fera diminuer les taux d'intérêt réels et stimulera la croissance. Votre recommandation personnelle devrait être basée sur une évaluation des coûts relatifs de la récession en regard de la croissance, notion que nous reverrons au chapitre 19.

Examen de mi-étape

1 a Un mouvement le long de chaque courbe.

2 b **a** et **e** provoquent un déplacement de la courbe $O\acute{E}$ vers la gauche, **c** et **d** déplacent DI vers la droite, ce qui fait augmenter le taux d'intérêt réel, tandis que **b** déplace la courbe DI vers la gauche.

3 d Les primes sur les taux d'intérêt sont fonction des inquiétudes de remboursement ; elles seront donc réduites. Aucune variation de la courbe $O\acute{E}$, car il ne s'agit que de nouvelles informations sur un événement qui a déjà eu lieu.

4 c La courbe $OACT$ a une pente positive. La courbe $OALT$ est verticale au niveau de PIB potentiel.

5 b Définition.

6 b L'emploi n'est pas offert en hiver.

7 b Emploi/population en âge de travailler = 13/20 = 65 %.

8 a Travailleurs à temps partiel involontaires/ population active = 0,5/14,5 = 3,4 %.

9 a Cela décrit les salaires d'efficience, une forme de rationnement des emplois.

10 d La nouvelle courbe d'investissement est I_a, où le taux d'intérêt est inférieur à 6 %. Ce taux doit se situer au même niveau que l'investissement ou au-dessus de celui-ci, soit à 20 milliards de dollars sur I_a.

11 e **a**, **b** et **c** sont des effets de *OT*, **d** provoque un déplacement de la courbe.

12 e **a** est illogique, **b**, **c** et **d** sont des mouvements le long des courbes.

13 a À long terme, les progrès technologiques font augmenter la demande de travail qui, à son tour, provoque une hausse des salaires réels et fait augmenter la population, donc les salaires réels diminuent.

14 c Selon la théorie néoclassique, la croissance démographique n'est pas provoquée par la croissance économique. Selon les deux théories, le capital est soumis aux rendements décroissants, les progrès technologiques sont exogènes et la règle du tiers s'applique.

⊘15 e Selon la règle du tiers, la hausse de 9 % du capital provoque une augmentation de 3 % du PIB réel par heure de travail, soit 1/5 de la hausse de la productivité.

⊘16 b À partir de la question précédente, 12 % ou les 4/5 sont attribuables aux progrès technologiques.

Chapitre 17

Le cycle économique

Les impulsions et les mécanismes du cycle économique

Les diverses théories du cycle économique mettent en lumière diverses *impulsions* et divers mécanismes cycliques mais toutes s'accordent sur le rôle central de l'investissement.

◆ En phase d'expansion, l'investissement et le stock de capital s'accroissent à un rythme rapide, ce qui entraîne une augmentation de la quantité de capital par heure de travail. La loi des rendements décroissants entre alors en action. Elle entraîne une baisse du taux de profit qui, à son tour, affaiblit l'incitation à investir, de sorte que la récession s'amorce.

◆ En phase de récession, l'investissement est faible et l'accumulation du stock de capital est très lente et peut même diminuer. Cela entraîne une diminution de la quantité de capital par heure de travail. Le produit marginal du capital augmente, le taux de profit s'accroît, le rythme de l'investissement s'accélère et la récession cède le pas à une reprise économique.

Les théories de la demande agrégée du cycle économique

On a proposé trois types de théories de la demande agrégée pour expliquer le cycle économique.

◆ Selon la **théorie keynésienne du cycle économique**, les anticipations volatiles sont la principale source des fluctuations économiques.

◆ Les impulsions keynésiennes sont la variation des ventes et des profits anticipés qui modifie la demande de nouveaux biens d'équipement et le niveau d'investissement.

◆ Les anticipations sont volatiles, car les événements essentiels sont inconnus, impossibles à prévoir et ont d'importants effets lorsqu'ils se produisent.

• Le changement initial de l'investissement a un effet multiplicateur qui provoque d'importants déplacements de la courbe *DA*.

• À cause des salaires nominaux rigides à la baisse, la courbe *OACT* est presque horizontale à gauche du PIB potentiel. Lorsque la *DA* diminue, l'économie stagne à l'équilibre de chômage et aucune force naturelle ne vient restaurer l'équilibre de plein emploi jusqu'à ce que les anticipations augmentent.

• Au-dessus de l'équilibre de plein emploi, les salaires sont très flexibles et la courbe *OACT* est verticale. Le niveau des prix s'ajuste rapidement et ramène l'économie à l'équilibre de plein emploi.

◆ Selon la **théorie monétariste du cycle économique**, les variations du stock monétaire sont la principale source de fluctuations économiques.

◆ L'impulsion monétariste est le taux de croissance de la masse monétaire dicté par la Banque du Canada.

◆ Le mécanisme du cycle monétariste est le suivant.

• Le ralentissement de la croissance monétaire provoque une augmentation des taux d'intérêt qui fait monter le taux de change qui, à son tour, fait diminuer la demande d'investissement et les exportations. Ces modifications ont un effet multiplicateur qui provoque un déplacement de la courbe *DA* vers la gauche.

• La courbe *OACT* affiche une pente positive. Par conséquent, quand la *DA* diminue, le PIB réel et le niveau des prix chutent.

- Le salaire nominal n'est que temporairement rigide jusqu'à ce que l'équilibre de plein emploi se rétablisse. Alors, le salaire nominal commence à baisser et l'*OACT* s'ajuste vers la droite. Le niveau des prix diminue et le PIB réel augmente jusqu'à ce que l'équilibre de plein emploi se rétablisse.

◆ Les *théories du cycle économique fondées sur les anticipations rationnelles* soutiennent que c'est l'**anticipation rationnelle** (prévision fondée sur toute l'information pertinente existante) du niveau des prix qui détermine le salaire nominal.

- Selon la **nouvelle théorie classique du cycle économique**, les variations non anticipées de la demande agrégée sont la principale source de fluctuations économiques.
- Selon la **nouvelle théorie keynésienne du cycle économique**, les sources des fluctuations économiques sont les fluctuations anticipées *et* non anticipées de la demande agrégée.

◆ Selon la nouvelle théorie classique,

- une baisse non anticipée de la *DA* provoque une diminution du niveau des prix qui entraîne une augmentation du salaire réel (puisque le salaire nominal est constant) et donc du chômage.
- les salaires nominaux s'ajustent rapidement à cause du chômage, ce qui provoque un déplacement vers la droite de l'*OACT*, de sorte que l'économie retourne à son niveau de plein emploi.
- la variation anticipée de la *DA* est entièrement intégrée aux salaires nominaux flexibles, donc l'*OACT* s'ajuste automatiquement. Par conséquent, l'emploi et le PIB réel ne varient pas. Seul le niveau des prix change.
- puisque l'économie s'ajuste d'elle-même rapidement vers le plein emploi, il n'est pas nécessaire que le gouvernement prenne des mesures particulières.

◆ Selon la nouvelle théorie keynésienne,

- les effets initiaux d'une diminution de la *DA* sont les mêmes, mais on suppose que les salaires nominaux sont rigides à cause de la nature à long terme de la plupart des contrats salariaux. Par conséquent, les salaires nominaux, et donc la courbe *OACT*, s'ajustent lentement au choc.
- si la variation de la *DA* est anticipée, les salaires courants sont fixés selon les anticipations passées basées sur les contrats à long terme. Les salaires nominaux ne peuvent donc pas s'ajuster au changement anticipé. Cela influe sur le PIB réel et l'emploi.

- l'économie s'ajuste lentement vers l'équilibre de plein emploi, et le gouvernement doit prendre les mesures appropriées.

La théorie du cycle d'origine réelle

Selon la **théorie du cycle d'origine réelle (COR)**, les fluctuations aléatoires de la productivité sont la principale source de fluctuations économiques.

◆ L'impulsion principale est le taux de croissance de la productivité qui découle du progrès technologique.

◆ La principale hypothèse de cette théorie est l'*effet de substitution intertemporelle* – quand le salaire réel courant ou le taux d'intérêt réel courant est temporairement élevé, les gens augmentent considérablement leur offre de travail, et vice versa.

◆ Le taux de salaire nominal s'ajuste librement et donc le chômage se situe toujours à son taux naturel ; seule compte l'*OALT*.

◆ Selon la théorie du COR, une récession s'amorce lorsqu'il y a une vague de progrès techniques qui entraîne l'obsolescence du capital ainsi qu'une baisse temporaire de la productivité.

- Cette baisse fait fléchir la demande de travail et de capital qui, à son tour, provoque une diminution du taux d'intérêt réel. L'offre de travail chute – mais d'un montant inférieur à la diminution de la demande de travail –, ce qui donne lieu à une faible diminution du taux de salaire réel et à une importante diminution de l'emploi.
- La baisse de la demande d'investissement provoque une diminution de la *DA* ainsi que de l'emploi. Par conséquent, l'offre agrégée chute ainsi que le PIB réel. La variation du niveau des prix peut être à la baisse ou à la hausse.

◆ La variation de la *DA* influe seulement sur le niveau des prix, et non sur les variables réelles.

◆ Les critiques de la théories du COR soutiennent que

- les salaires nominaux sont rigides,
- l'effet de substitution intertemporelle est trop faible pour qu'il puisse expliquer une importante variation de l'emploi et
- les impulsions qui viennent du progrès technologique sont *provoquées par* les variations de la *DA*.

◆ Les tenants de la théorie du COR soutiennent

- qu'elle est compatible avec une grande quantité de faits (elle explique la croissance *et* les cycles) et avec la théorie microéconomique.

- que le progrès technologique fait varier la *DA*, et non l'inverse.
- que le cycle est efficace et que toute politique visant à l'atténuer est malavisée.

La récession de 1990-1991

◆ Les principales causes :

- la politique de stabilisation des prix de la Banque du Canada a fait ralentir la croissance de l'offre de monnaie, ce qui a fait augmenter les taux d'intérêt réels.
- la récession aux États-Unis a fait diminuer les exportations.
- l'Accord de libre-échange entre le Canada et les États-Unis a alimenté l'incertitude, ce qui a fait diminuer l'investissement.

◆ Les deux premières causes ont provoqué un déplacement vers la gauche de la *DA*, tandis que la troisième a entraîné un déplacement vers la gauche des courbes *DA* et *OACT*, ce qui a fait augmenter le niveau des prix et diminuer le PIB réel.

◆ Sur le marché du travail, les salaires réels se sont accrus, l'emploi a diminué et le chômage a augmenté.

◆ Ces données laissent supposer que les salaires nominaux se sont élevés exagérément à cause du ralentissement imprévu de l'inflation.

La crise de 1929

Pendant la Grande Dépression, le PIB réel a diminué de 30 % et le chômage a augmenté, passant de 2,9 % à 20 %.

◆ La principale cause de la Grande Dépression a été la montée du climat d'incertitude et de pessimisme, qui a provoqué une baisse de l'investissement et des dépenses de consommation, ce qui a contribué à l'effondrement des cours de la Bourse. À son tour, le krach boursier a accentué le climat d'incertitude et de pessimisme.

◆ Ces chocs imprévus ont provoqué une baisse de la *DA* plus importante que le déplacement de l'*OACT*. Par conséquent, le PIB réel et le niveau des prix ont diminué.

◆ La dépression s'est prolongée à cause des déplacements imprévus vers la gauche de la *DA* :

- L'effondrement du système financier aux États-Unis a provoqué une réduction massive de l'offre de monnaie, qui a fait augmenter les taux d'intérêt et diminuer davantage l'investissement.

- La guerre tarifaire internationale venait provoquer l'effondrement du commerce international.

◆ Certains soutiennent que la cause de la crise est l'aggravation du pessimisme et de l'incertitude qui a provoqué d'importantes diminutions des dépenses. D'autres croient que la baisse de la masse monétaire est la grande cause de la crise.

◆ Une telle dépression est nettement moins probable de nos jours, grâce au rôle de la Banque du Canada en tant que prêteur de dernier recours, à l'assurance sur les dépôts bancaires, à la place qu'occupe le secteur public dans l'économie et au fait que les familles ont plusieurs revenus.

RAPPELS

1 Ce chapitre vous permettra de mettre en application les notions que vous avez réussi à maîtriser, après beaucoup d'efforts, dans les chapitres précédents. Nous n'y présentons aucune nouvelle structure d'analyse. En revanche, nous y démontrons la force du modèle de l'offre et de la demande agrégées dans l'analyse de certains épisodes macroéconomiques d'intérêt, dont la Grande Dépression des années 30. Voici donc une occasion d'utiliser un instrument d'analyse efficace.

2 Lors de l'observation d'événements macroéconomiques, vous devrez mettre l'accent sur plusieurs facteurs clés. Demandez-vous d'abord si les changements de la demande agrégée ou de l'offre agrégée sont prévus ou imprévus. Puis, lorsque vous suivez l'évolution de ces changements, assurez-vous que vous comprenez ce qu'il advient du marché du travail qui sous-tend le marché des biens et services. C'est ce marché qui vous permettra de comprendre comment réagissent les variables clés suivantes : l'emploi et le chômage.

3 Tout au long de ce chapitre, nous appliquons pour expliquer les événements du monde réel des théories qui demeurent toujours un sujet de controverse entre les économistes. Vous devez toutefois vous rappeler que cette controverse ne concerne ni le niveau des prix ni le PIB réel, mais plutôt les changements économiques qui ont pu produire les niveaux observés de ces variables, de même que les répercussions que peuvent avoir les mesures gouvernementales sur l'économie.

Pour vous aider à vous rappeler ces théories, et à les comprendre, examinez le tableau 17.1. Il souligne les similitudes et les différences entre les diverses théories et montre à quel point la théorie du cycle d'origine réelle est radicalement différente des autres.

Ces théories se distinguent en fonction de deux facteurs essentiels : la source du cycle (la *DA* et l'*OA*) et la sensibilité du marché du travail (les salaires rigides et les salaires flexibles). Assurez-vous que vous êtes capable de les reconnaître et que vous les comprenez bien.

Il est très important de garder à l'esprit qu'il s'agit de théories – *non* de faits – et que les explications qu'elles fournissent peuvent être erronées. Seules de nombreuses études empiriques pourront déterminer la justesse de ces théories.

A U T O É V A L U A T I O N

Vrai/Faux/Incertain
(Justifiez votre réponse.)

1 Il est moins probable à l'heure actuelle que l'économie connaisse une récession de l'ampleur de celle de la fin des années 30, parce que le secteur public est maintenant beaucoup plus important.

2 La plupart des fluctuations du PIB réel sont la meilleure réaction possible de l'économie au rythme irrégulier du progrès technologique.

3 Les ménages et les entreprises ont, de façon générale, correctement anticipé la réduction du taux de croissance de la masse monétaire par la Banque du Canada en 1988 et en 1989.

4 On aurait pu éviter le chômage enregistré lors de la récession de 1990 en adoptant une politique monétaire ou budgétaire expansionniste.

5 Pour que la théorie du cycle d'origine réelle puisse expliquer comment réagit le marché du travail (les salaires réels et l'emploi), on doit supposer que le taux de chômage naturel augmente pendant une récession.

6 Le krach du marché boursier de 1929 est la cause de la Grande Dépression.

7 Les chutes imprévues de la demande agrégée provoquent des récessions uniquement selon la nouvelle théorie keynésienne et non selon la nouvelle théorie classique.

8 Au début d'une récession, les taux d'intérêt ont tendance à chuter mais, plus tard, ils augmentent.

9 Une chute de la demande agrégée provoquera une récession.

TABLEAU **17.1**

Structure du marché du travail		Théorie	Principale source du cycle
Les salaires sont rigides.	Le chômage est au-dessus de son taux naturel pendant de longues périodes.	Keynésienne et nouvelle keynésienne	Chocs subis par la *DA*
Les salaires sont flexibles.	Le chômage est au-dessus de son taux naturel pendant de courtes périodes.	Nouvelle classique et monétariste	
	Le chômage est toujours à son taux naturel.	Cycle d'origine réelle	Chocs subis par l'*OA*

10 Les monétaristes et les tenants de la théorie du cycle d'origine réelle ont tendance à croire que les salaires sont flexibles et qu'ils s'ajustent rapidement.

Questions à choix multiple

1 Au cours de la Grande Dépression, causée par
a) des perturbations de l'offre agrégée, le taux d'inflation a augmenté.
b) des perturbations de l'offre agrégée, le taux d'inflation a diminué.
d) des perturbations de la demande agrégée, le taux d'inflation a augmenté.
d) des perturbations de la demande agrégée, le taux d'inflation a diminué.
e) des perturbations de la demande agrégée, le taux d'inflation est devenu négatif.

2 La récession de 1990 a été causée par
a) des perturbations de l'offre agrégée, accompagnées par un déplacement vers la droite de la demande agrégée.
b) des perturbations de l'offre agrégée, accompagnées par un déplacement vers la gauche de la demande agrégée.
c) des perturbations de la demande agrégée seulement.
d) des perturbations de la demande agrégée, accompagnées par un déplacement vers la droite de l'offre agrégée.
e) des perturbations de l'offre agrégée seulement.

3 Durant la Grande Dépression, on s'attendait à ce que la demande agrégée
a) chute, mais elle n'a pas diminué aussi rapidement que prévu.
b) chute, mais elle a diminué plus rapidement que prévu.
d) augmente, mais elle a chuté.
c) augmente, ce qu'elle a fait en raison d'une augmentation de l'offre de monnaie.
e) augmente, mais elle s'est accrue moins que prévu.

4 Selon quelle théorie la hausse de la demande agrégée provoque-t-elle l'augmentation du PIB la moins élevée?
a) La théorie keynésienne
b) La théorie monétariste
c) La nouvelle théorie keynésienne
d) La nouvelle théorie classique
e) La théorie du cycle d'origine réelle

5 Si la Banque du Canada fait diminuer l'offre de monnaie de manière imprévue durant une récession,
a) rien ne se produira puisque la récession s'est déjà amorcée.
b) la récession aura tendance à s'aggraver puisque les taux d'intérêt plus élevés freineront l'investissement.
c) la récession aura tendance à s'aggraver puisque la valeur du dollar canadien chutera.
d) la récession se résorbera, car le taux d'intérêt plus élevé stimulera l'épargne.
e) les taux d'intérêt chuteront puisque la variation de l'offre de monnaie était imprévue.

6 Avec quelle théorie du cycle économique la politique adoptée par le gouvernement sera-t-elle probablement la *plus* efficace?
a) La théorie keynésienne
b) La théorie monétariste
c) La nouvelle théorie keynésienne
d) La nouvelle théorie classique
e) La théorie du cycle d'origine réelle

7 La Grande Dépression a été prolongée par
a) une aggravation du climat d'incertitude suivie de l'effondrement du marché boursier.
b) une série de faillites du système bancaire des États-Unis qui ont entraîné une importante diminution de la masse monétaire.
c) une restructuration de l'économie.
d) l'augmentation des dépenses du secteur public et la réduction des taxes.
e) a et b.

8 Selon Friedman et Schwartz, la Grande Dépression a été causée par
a) le krach du marché boursier de 1929.
b) une chute de l'offre de monnaie réelle qui a provoqué une hausse des taux d'intérêt et une baisse de l'investissement.
c) une hausse de l'offre de monnaie qui a provoqué une augmentation de l'inflation.
d) la montée du climat d'incertitude chez les entreprises et les consommateurs.
e) la chute des importations.

9 Examinez la figure 17.1. Quel(s) graphique(s) représente(nt) une reprise économique à la suite d'une récession, sans intervention gouvernementale?
a) (a)
b) (b)
c) (c)
d) (d)
e) (b) et (d)

FIGURE **17.1**

(a)

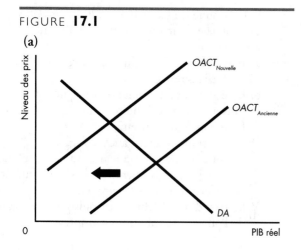

(b)

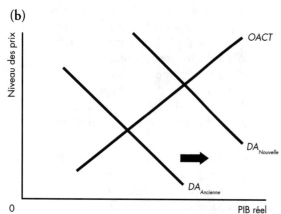

(c)

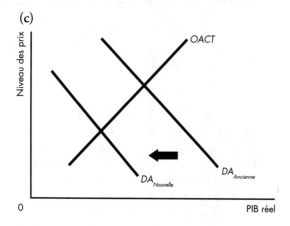

(d)

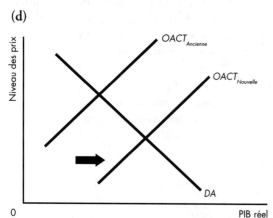

10 Examinez la figure 17.1. Quel(s) graphique(s) représente(nt) une économie qui reçoit l'aide du gouvernement pour sortir d'une récession?
a) (a)
b) (b)
c) (c)
d) (b) et (a)
e) Aucune de ces réponses.

11 Examinez la figure 17.1. Quel(s) graphique(s) représente(nt) une économie qui entre en période de récession à cause de la diminution des anticipations des consommateurs et des investisseurs?
a) (a)
b) (b)
c) (c)
d) (b) et (d)
e) Aucune de ces réponses.

12 Examinez la figure 17.1. Quel(s) graphique(s) représente(nt) une économie qui entre en période de récession à cause du choc négatif que subit la productivité?
a) (a)
b) (b)
c) (c)
d) (b) et (d)
e) Aucune de ces réponses.

13 Si l'effet de substitution intertemporelle est faible, alors la théorie du COR aurait de la difficulté à expliquer
a) une importante chute de l'emploi durant une récession.
b) comment s'amorce une récession.
c) la raison pour laquelle la demande agrégée chute durant une récession.
d) l'ajustement automatique vers l'équilibre de plein emploi.
e) les origines d'un progrès technologique.

14 Parmi les citations de journaux suivantes, laquelle décrit avec le plus de *justesse* le point de vue *keynésien* sur une récession?
a) « L'informatisation rapide rend des travailleurs inutiles et fait augmenter le taux de chômage. »
b) « La politique imprévue de resserrement budgétaire provoque une diminution des dépenses et crée du chômage. »
c) « La politique anti-inflationniste promise par la Banque du Canada entraîne la diminution prévue des dépenses. »

d) «Les réductions promises des dépenses du secteur public ont contribué a diminuer les dépenses de consommation et ont créé du chômage.»

e) «Les entreprises s'inquiètent de leurs ventes futures et ont réduit leurs achats de biens d'équipement.»

15 Parmi les citations de journaux suivantes, laquelle décrit avec le plus de *justesse* le point de vue de la *nouvelle théorie classique* sur une récession?

a) «L'informatisation rapide rend des travailleurs inutiles et fait augmenter le taux de chômage.»

b) «La politique imprévue de resserrement budgétaire provoque une diminution des dépenses et crée du chômage.»

c) «La politique anti-inflationniste promise par la Banque du Canada entraîne la diminution prévue des dépenses.»

d) «Les réductions promises des dépenses du secteur public ont contribué a diminuer les dépenses de consommation et ont créé du chômage.»

e) «Les entreprises s'inquiètent de leurs ventes futures et ont réduit leurs achats de biens d'équipement.»

16 Selon l'effet de substitution intertemporelle,

a) au cours d'une récession, l'investissement est faible et le stock de capital augmente lentement, ce qui provoque une hausse du produit marginal du capital.

b) les salaires nominaux sont fonction de l'anticipation rationnelle du niveau des prix.

c) une baisse de la productivité entraîne une diminution de la demande de capital et une réduction du taux d'intérêt réel.

d) lorsque les salaires réels courants et les taux d'intérêt réels sont élevés, les gens réduisent considérablement leur offre de travail.

e) lorsque les salaires réels courants et les taux d'intérêt réels sont élevés, les gens augmentent considérablement leur offre de travail.

17 Les récessions tendent à s'amorcer quand

a) les dépenses de consommation diminuent.

b) l'investissement diminue.

c) l'investissement augmente.

d) les achats du secteur public diminuent.

e) les exportations nettes diminuent.

18 Quelle a été la principale cause de la Grande Dépression?

a) Une augmentation radicale des prix des matières premières en 1929

b) Une chute de l'offre de monnaie en 1929

c) Une chute des investissements et des dépenses de consommation en raison du climat d'incertitude régnant à l'époque

d) L'effondrement du marché boursier de 1929

e) **b** et **c**

19 Quelle est l'impulsion principale de la théorie keynésienne du cycle économique?

a) Des variations des ventes et des profits anticipés

b) Des variations de l'offre de monnaie

c) Des variations imprévues de la demande agrégée

d) Des variations anticipées de la demande agrégée

e) Des variations du rythme des progrès technologiques

20 Selon les monétaristes et les tenants de la théorie du cycle d'origine réelle, l'augmentation du taux de chômage durant une récession serait attribuable à une hausse

a) de l'écart entre le taux de chômage et le taux naturel de chômage résultant d'un taux de salaire réel trop élevé pour assurer l'égalité entre la quantité de travail demandée et la quantité offerte.

b) de l'écart entre le taux de chômage et le taux naturel de chômage résultant d'une augmentation de la rotation de la main-d'œuvre.

c) du taux naturel de chômage résultant d'un taux de salaire réel trop élevé pour assurer l'égalité entre la quantité de travail demandée et la quantité offerte.

d) du taux naturel de chômage résultant d'une augmentation de la rotation de la main-d'œuvre.

e) du taux de participation de la main-d'œuvre sur le marché du travail.

21 En général, durant une récession, l'investissement

a) est faible au départ, mais finit par augmenter lorsque la récession se résorbe.

b) est élevé au départ, mais finit par diminuer lorsque la récession se résorbe.

c) suit la même direction que la période d'expansion.

d) est constant.

e) fluctue, mais ne suit pas un modèle précis.

22 Durant la récession de 1990, le taux de salaire réel

a) a chuté et l'emploi a diminué.

b) a chuté et l'emploi a augmenté.

c) est demeuré constant et l'emploi a chuté.

d) a augmenté de même que l'emploi.

e) a augmenté et l'emploi a chuté.

23 Durant la Grande Dépression, le taux de salaire nominal
  a) a augmenté et le taux de salaire réel est demeuré à peu près le même.
  b) a augmenté de même que le taux de salaire réel.
  c) a chuté et le taux de salaire réel est demeuré à peu près le même.
  d) a chuté et le taux de salaire réel s'est accru.
  e) a chuté de même que le taux de salaire réel.

24 Parmi les citations de journaux suivantes, laquelle décrit avec le plus de *justesse* le point de vue de la théorie du *cycle d'origine réelle* sur une récession?
  a) «L'informatisation rapide rend des travailleurs inutiles et fait augmenter le taux de chômage.»
  b) «La politique imprévue de resserrement budgétaire provoque une diminution des dépenses et crée du chômage.»
  c) «La politique anti-inflationniste promise par la Banque du Canada entraîne la diminution prévue des dépenses.»
  d) «Les réductions promises des dépenses du secteur public ont contribué a diminuer les dépenses de consommation et ont créé du chômage.»
  e) «Les entreprises s'inquiètent de leurs ventes futures et ont réduit leurs achats de biens d'équipement.»

25 Les familles à revenus multiples réduisent le risque que l'économie traverse une autre Grande Dépression
  a) parce que la probabilité que tous les membres d'une même famille perdent simultanément leur emploi est réduite.
  b) parce qu'elles investissent davantage dans l'économie.
  c) parce qu'elles paient plus d'impôts et de taxes.
  d) parce qu'elles entraînent une augmentation des fluctuations de la consommation.
  e) Aucune de ces réponses.

Problèmes à court développement

1 Quelle a été la principale cause de la récession de 1990? Quelle a été la principale cause de la Grande Dépression?

2 Sur quel phénomène les économistes ne parviennent-ils pas à s'entendre quant au fonctionnement du marché du travail durant une récession? Pourquoi cette controverse revêt-elle de l'importance en ce qui a trait à l'élaboration d'une politique économique antirécessionniste?

3 Dressez la liste des quatre principaux facteurs qui réduisent le risque d'une grave récession.

4 Au Canada, comment les paiements de transfert du gouvernement aident-ils à réduire la gravité d'une récession causée par une diminution imprévue de la demande agrégée?

5 Supposez que vous avez été sélectionné comme conseiller économique du premier ministre parce que vous avez obtenu des notes exceptionnelles en macroéconomie. On vous demande d'évaluer la nouvelle théorie keynésienne du cycle économique ainsi que la théorie du cycle d'origine réelle et d'expliquer quelle serait, selon ces théories, la politique gouvernementale la plus efficace en situation de récession.
  a) Selon chacune de ces théories, quelle est la cause probable d'une récession et pourquoi?
  b) Selon chacune de ces théories, quelle est la meilleure solution à une récession? Pourquoi ces deux théories ne partagent-elles pas le même point de vue? Autrement dit, quelles différences essentielles sur le plan de leur approche économique les mènent-elles à différentes conclusions politiques?
  c) Le premier ministre souhaite savoir quelle théorie est la plus juste et pourquoi.

6 a) Si une personne adopte un point de vue politique conservateur et qu'elle tend à ne pas faire confiance au gouvernement, quelle théorie du cycle économique croyez-vous qu'elle soutiendra?
  b) Si une personne adopte un point de vue politique de gauche et qu'elle tend à faire confiance au gouvernement, quelle théorie du cycle économique croyez-vous qu'elle soutiendra?

7 Le tableau 17.2 contient les données relatives à une économie fictive pour les années 1 et 2.

TABLEAU **17.2**

	Année 1	Année 2
PIB réel (en milliards de dollars)	500	450
Niveau des prix (indice implicite du PIB)	100	105

  a) Si la théorie du cycle d'origine réelle est vraie, qu'est-il advenu de la demande agrégée et de l'offre agrégée dans cette économie?
  b) Si la nouvelle théorie keynésienne du cycle économique est vraie, qu'est-il advenu de la demande agrégée et de l'offre agrégée dans cette économie?

8 Considérez le marché du travail de l'économie du problème 7.
   a) Si la théorie du cycle d'origine réelle est vraie, qu'est-il advenu du marché du travail? Le taux de chômage est-il naturel ou non?
   b) Si la nouvelle théorie keynésienne du cycle économique est vraie, qu'est-il advenu du marché du travail? Le taux de chômage est-il naturel ou non?

9 Considérez de nouveau l'économie du problème 7.
   a) Supposez plutôt que vous sachiez que le niveau des prix prévu est de 100 pour l'année 1 et de 110 pour l'année 2. Ces données vous permettraient-elles de déterminer quelle théorie est juste?
   b) Supposez plutôt que vous sachiez que le niveau des prix prévu est de 100 pour l'année 1 et de 105 pour l'année 2. Ces données vous permettraient-elles de déterminer quelle théorie est juste?

10 Certains économistes soutiennent que la théorie du cycle d'origine réelle est fausse car elle est incapable d'expliquer les événements de la Grande Dépression, surtout ceux qui se sont déroulés sur le marché du travail. Évaluez brièvement la valeur de cet argument.

RÉPONSES

Vrai/Faux/Incertain (Justifiez votre réponse.)

1 V Le secteur public plus important comporte des stabilisateurs automatiques plus grands.

2 I Selon que la théorie du COR est juste ou non.

3 F La réduction du taux de croissance de la masse monétaire ayant été imprévue, la faiblesse de l'inflation l'a été aussi, ce qui a provoqué une récession.

4 I Selon que la théorie des salaires rigides ou la théorie des salaires flexibles est juste.

5 V Tout le chômage est naturel selon la théorie du COR.

6 F Il s'agit d'un symptôme découlant de l'incertitude quant à l'avenir, qui a été la cause initiale.

7 F Selon les deux théories, la chute imprévue fait que les salaires sont trop élevés, ce qui entraîne le chômage et la récession.

8 F L'inverse a lieu.

9 I Faux si la théorie du COR est juste et vrai si les autres théories sont justes.

10 V Ils soutiennent la théorie des salaires flexibles.

Questions à choix multiple

1 e La baisse de la confiance des consommateurs et des investisseurs a provoqué un tel déplacement vers la gauche de *DA* que le niveau des prix a diminué.

2 b La baisse de la confiance des consommateurs et des investisseurs a provoqué un déplacement vers la gauche de *DA*, et la hausse des salaires ainsi que la restructuration ont provoqué un déplacement vers la gauche de la courbe *OACT*.

3 b Voir le manuel.

4 e La courbe *OACT* est verticale.

5 b La diminution de l'offre de monnaie réelle a fait augmenter les taux d'intérêt et a fait diminuer la demande d'investissement, ce qui a fait chuter la demande agrégée.

6 a La courbe *OACT* est plane, ce qui provoque les fluctuations les plus importantes du revenu pour une variation donnée de *DA*.

7 e Voir le manuel.

8 b Ils soutiennent que les forces monétaires sont les plus importantes.

9 d La récession a été provoquée par le chômage, ce qui a fait diminuer les salaires et a provoqué un déplacement vers la droite de la courbe *OACT*.

10 b La politique expansionniste provoque un déplacement vers la droite de *DA*.

11 c La baisse des anticipations a provoqué une diminution de la consommation et de l'investissement qui, à son tour, a entraîné un déplacement vers la gauche de *DA*.

12 e Selon la théorie du COR, le choc négatif que subit la productivité a fait déplacer l'*OALT*. La courbe *OACT* n'est pas pertinente dans la théorie du COR.

13 a L'effet de substitution intertemporelle provoque une variation du taux de salaire réel ou du taux d'intérêt réel qui, à son tour, entraîne une importante variation de l'offre de travail.

14 e L'impulsion principale de la théorie keynésienne est la variation des ventes et des profits prévus.

15 b L'impulsion principale de la nouvelle théorie classique est une variation imprévue de la *DA*.

16 e Définition.

17 b Voir le manuel.

18 c Voir le manuel.

19 a Voir le manuel.

20 d Tout le chômage est à son taux naturel et le taux de salaire réel est toujours juste.

21 a Voir le manuel.

22 e Voir le manuel.

23 c Voir le manuel.

24 **a** L'impulsion principale est la variation du rythme des progrès technologiques.

25 **a** Cela provoque une diminution plus faible de la confiance des consommateurs lorsqu'un membre de la famille devient chômeur.

Problèmes à court développement

I Une réduction imprévue du taux de croissance de la demande agrégée est à l'origine de la récession de 1990. Cette réduction a été provoquée par la Banque du Canada – qui tentait de réduire le taux de croissance de l'offre de monnaie –, par la récession aux États-Unis – qui a entraîné une baisse des exportations – et par le climat d'incertitude – qui a fait diminuer l'investissement. Par conséquent, la courbe de demande agrégée ne s'est pas déplacée vers la gauche autant qu'il avait été prévu. En fait, elle s'est déplacée vers le bas.

Une chute imprévue de la demande agrégée est à l'origine de la Grande Dépression. Le climat de pessimisme et d'incertitude a fait baisser l'investissement et les dépenses de consommation (surtout les dépenses en biens durables). Pendant plusieurs années (1930 à 1932), la demande agrégée a chuté plus que prévu, ce qui a fait diminuer le PIB réel et le taux d'inflation.

2 Les économistes ne s'entendent pas sur la vitesse à laquelle le taux de salaire réel s'ajuste afin que la quantité de travail offerte soit égale à la quantité demandée. Certains économistes (les keynésiens et les nouveaux keynésiens) croient que les salaires sont rigides et ne s'ajustent que lentement. Par conséquent, lorsque survient une récession, le salaire réel ne chute pas suffisamment pour assurer l'égalité entre la quantité de travail demandée et la quantité de travail offerte à court terme, de sorte qu'il y a une offre excédentaire de travail (du chômage). D'autres économistes (les monétaristes, les tenants de la nouvelle théorie classique et les tenants de la théorie du cycle d'origine réelle) croient que les salaires sont flexibles. Selon les monétaristes et les tenants de la nouvelle théorie classique, toute récession est temporaire par nature car les salaires s'ajustent à la baisse rapidement et la courbe $OACT$ se déplace vers le bas, ce qui ramène l'économie vers l'équilibre de plein emploi. Selon les tenants de la théorie du COR, le salaire réel s'ajuste automatiquement lorsque survient une récession. Toute augmentation du taux de chômage est donc interprétée comme une augmentation du taux de chômage naturel.

Ces questions sont d'une grande importance pour l'élaboration d'une politique antirécessionniste appropriée. Si les keynésiens et les nouveaux keynésiens ont raison, il pourrait être utile de songer à adopter une politique monétaire ou budgétaire expansionniste pour contrer la récession. Par contre, si les autres disent vrai et que la courbe d'offre agrégée à court terme s'ajuste rapidement, ou que seule la courbe $OALT$ est pertinente, une politique monétaire ou budgétaire expansionniste ferait simplement augmenter le taux d'inflation et n'aurait aucun effet sur le PIB réel ni sur le taux de chômage.

3 Les quatre principaux facteurs qui réduisent le risque d'une grave récession sont les suivants : 1) les dépôts bancaires sont assurés ; 2) la Banque du Canada est un prêteur de dernier recours ; 3) les impôts et les dépenses publiques jouent un rôle stabilisateur et 4) les familles à revenus multiples courent moins de risques sur le plan économique.

4 Lorsque survient une récession, le chômage augmente et le revenu disponible chute. La diminution du revenu disponible entraîne une réduction des dépenses de consommation, laquelle a des effets négatifs multiples sur le PIB réel. Les paiements de transfert réduisent cependant l'ampleur de ces effets secondaires en freinant la chute du revenu disponible. Alors que diminue le revenu et qu'augmente le chômage, les paiements de transfert du gouvernement – sous forme de prestations d'assurance-emploi ou d'aide sociale – sont plus élevés. Par conséquent, la chute du revenu disponible est réduite et la baisse de la consommation est moindre.

5 **a)** Selon la nouvelle théorie keynésienne du cycle économique, la cause la plus probable d'une récession est le choc négatif que subit la demande agrégée, lequel est sans doute provoqué par les variations imprévues et même prévues d'une ou de plusieurs variables sous-jacentes. Les tenants de la théorie du COR soutiennent que l'impulsion principale est une variation du rythme des progrès technologiques qui perturbe l'$OALT$.

b) De plus, les tenants de la nouvelle théorie keynésienne croient que les salaires nominaux sont rigides, de sorte que le marché monétaire et l'$OACT$ s'ajustent lentement – l'économie est en récession pendant un certain temps à moins que le gouvernement n'augmente la DA. Les tenants de la théorie du COR soutiennent que le marché du travail s'est déjà automatiquement ajusté et que la production se situe au niveau du PIB potentiel. La politique gouvernementale influera sur la *DA,* mais n'aura aucune conséquence sur les variables réelles. Par conséquent, il est inutile de mettre une politique en application. La principale différence réside dans l'impulsion qui lance la récession. Dans un cas, il s'agit d'une variable de la *DA,* qui peut être contrée par la hausse de la *DA.* Dans l'autre cas, il s'agit d'une variable de l'*OALT,* de sorte que l'augmentation de la *DA* n'a aucun effet bénéfique.

c) Il s'agit d'un choix personnel, mais vous devez le faire en fonction de l'argument qui, selon vous, semble être le plus juste.

6 a) Selon la théorie monétariste, la nouvelle théorie classique et la théorie du COR, l'intervention du gouvernement en vue de modifier le cycle économique est vaine. Un conservateur aura tendance à soutenir une de ces théories.

b) La théorie keynésienne et la nouvelle théorie keynésienne soutiennent que l'intervention du gouvernement peut modifier le cycle économique. Un gauchisant soutiendra sans doute une de ces théories.

7 a) Puisque le PIB réel a chuté, la courbe *OALT* doit s'être déplacée vers la gauche, étant donné que, dans le monde du cycle d'origine réelle, la seule courbe *OA* qui soit est une courbe *OALT* verticale. Pour que le niveau des prix augmente, la courbe *DA* doit avoir augmenté ou diminué d'un montant très faible et s'être combinée au déplacement de la courbe *OALT.*

b) Pour que le niveau des prix augmente et que le PIB réel diminue, la courbe *OACT* doit s'être déplacée vers la gauche d'une distance plus grande que le déplacement vers la droite de la courbe *DA* (le cas échéant), ce qui indique que les gens ont anticipé une hausse de la *DA* – ce qui a provoqué une augmentation des salaires et un déplacement vers la gauche de la courbe *OACT* –, mais que cette augmentation a été inférieure à celle qui avait été prévue.

8 a) Selon la théorie du COR, une récession s'amorce par une chute temporaire de la productivité, qui provoque une baisse du produit marginal du capital, une diminution de la demande de capital (et donc une chute du taux d'intérêt réel), une chute de la demande d'investissement et un déplacement vers la gauche de la courbe *DA.* De plus, il y a une baisse de la demande de travail à cause de la diminution de la productivité et un déplacement vers la gauche de l'offre de travail provoqué par la réduction du taux d'intérêt réel. Ces deux déplacements provoquent une baisse de l'emploi et un déplacement vers la gauche de la courbe *OALT.* Le chômage est donc à son taux naturel.

b) Selon la nouvelle théorie keynésienne, les salaires nominaux sont fixés sur le marché du travail à partir d'anticipations erronées, de sorte que les salaires réels sont trop élevés. En effet, la hausse des salaires nominaux est plus élevée que celle du niveau des prix. L'offre de travail est supérieure à la demande de travail, ce qui crée du chômage. Le chômage supplémentaire est cyclique et non naturel.

9 a) Puisque le niveau des prix effectif était inférieur au niveau des prix prévu, la baisse du PIB réel a été provoquée par une hausse de la demande agrégée inférieure à celle qui avait été prévue. Par conséquent, le PIB réel effectif doit être inférieur au PIB potentiel – la nouvelle théorie keynésienne a sans doute raison.

b) Puisque le niveau des prix effectif est égal au niveau des prix prévu, le PIB réel effectif doit être égal au PIB potentiel – la théorie du COR est sans doute juste.

10 Durant la Grande Dépression, le taux de salaire réel est demeuré relativement constant, mais le niveau de chômage a augmenté, passant d'environ 3 % à 20 %. Si la théorie du COR est juste, il s'agit là d'un taux de chômage naturel. Il faudrait donc que la productivité ait subi un important choc négatif ou qu'il y ait un important effet de substitution intertemporelle en réaction à une forte chute du taux d'intérêt réel. En fait, le taux d'intérêt réel a augmenté durant la Grande Dépression à cause de l'importante diminution de l'offre de monnaie. Il semble fort peu probable que la théorie du COR puisse expliquer le comportement du marché du travail durant la Grande Dépression.

Chapitre 18

L'inflation

CONCEPTS CLÉS

L'inflation et le niveau des prix

L'**inflation** est un processus dans lequel le niveau des prix (P) monte et la monnaie perd de sa valeur.

◆ L'inflation n'est pas un événement ponctuel, mais un processus continu.

◆ Le taux d'inflation = variation en pourcentage annuel du niveau des prix :

$$P = \frac{P_1 - P_0}{P_0} \times 100.$$

L'inflation par la demande

L'**inflation par la demande** est une inflation causée par une augmentation initiale de la demande agrégée.

◆ Les principales sources sont une hausse de l'offre de monnaie, une augmentation des dépenses publiques et une augmentation des exportations. Tous ces facteurs provoquent un déplacement vers la droite de la *DA* et, à court terme, si le PIB potentiel et le salaire nominal restent constants, le niveau des prix monte (inflation), le revenu augmente et le chômage descend sous son taux naturel.

◆ Comme le chômage est au-dessous de son taux naturel, il y a pénurie de main-d'œuvre. En pareille situation, les salaires commencent à augmenter et la courbe *OACT* commence à se déplacer vers la gauche. Les prix augmentent encore et le PIB réel revient à son niveau initial.

◆ Si la courbe *DA* se déplace de nouveau vers la droite et que les salaires augmentent encore, ils engendrent une *spirale d'augmentation des prix et des salaires*.

◆ À la fin des années 1960 et au début des années 1970, le Canada a connu une inflation par la demande découlant de l'augmentation des exportations vers les États-Unis, de la hausse des dépenses publiques canadiennes et de la croissance de l'offre de monnaie.

L'inflation par les coûts

L'**inflation par les coûts** est causée par une diminution de l'offre agrégée, elle-même provoquée par une hausse des coûts.

◆ Les principales sources sont une hausse des salaires nominaux et une augmentation du prix des matières premières qui font diminuer la production des entreprises, ce qui entraîne un déplacement vers la gauche d'*OACT*. Par conséquent, le niveau des prix monte et le PIB réel descend (il y a **stagflation**).

◆ Si le gouvernement ou la Banque du Canada réagit en provoquant un déplacement de *DA* vers la droite, le niveau des prix monte encore, les propriétaires des facteurs de production augmentent de nouveau les prix et une montée inexorable des coûts et des prix s'ensuit.

◆ Si le gouvernement ou la Banque du Canada ne réagit pas, l'économie reste au-dessous de son niveau de plein emploi.

◆ Le Canada a connu une inflation par les coûts au milieu des années 1970 à cause de la hausse du prix du pétrole.

Les effets de l'inflation

Les entreprises et les ménages prennent des décisions économiques basées sur les prévisions d'inflation.

◆ Lorsque l'inflation est incorrectement prévue sur le marché du travail, il y a rupture coûteuse de l'équilibre de plein emploi et redistribution du revenu.

- Si l'inflation est supérieure au taux anticipé, les salaires ne sont pas assez élevés, les travailleurs perdent des revenus, mais l'entreprise a de la difficulté à conserver ses employés. Par conséquent, les autres coûts augmentent.
- Si l'inflation est inférieure au taux anticipé, les salaires sont trop élevés, les employeurs perdent des revenus, les employés gagnent des revenus, mais l'entreprise met à pied des travailleurs. Par conséquent, le chômage augmente.

◆ Lorsque l'inflation est incorrectement prévue sur le marché des capitaux, il y a trop ou trop peu de prêts et d'emprunts et une redistribution des revenus.

- Si l'inflation est supérieure au taux anticipé, les intérêts sont fixés à un taux trop faible et les emprunteurs réalisent alors des gains aux dépens des prêteurs, mais les deux groupes souhaiteraient avoir pris des décisions différentes.
- Si l'inflation est inférieure au taux anticipé, les intérêts sont fixés à un taux trop élevé et les prêteurs y gagnent aux dépens des emprunteurs, mais les deux groupes souhaiteraient avoir pris des décisions différentes.

◆ Les gens prévoient l'inflation de différentes manières, notamment en engageant des économistes, qui formulent la meilleure prévision possible à partir de toute l'information pertinente. Il s'agit d'une **anticipation rationnelle**.

◆ Si les gens anticipent avec raison une hausse de la *DA*, ils ajusteront le salaire nominal pour compenser l'inflation anticipée. Ainsi, l'*OACT* se déplace vers la gauche à mesure que monte la *DA*. Par conséquent, seul le niveau des prix varie ; le PIB réel et l'emploi ne varient pas. Alors, l'inflation effective est égale à l'inflation anticipée.

◆ Lorsque la *DA* augmente plus que prévu, les salaires nominaux montent uniquement pour refléter le montant prévu, et la courbe *OACT* se déplace vers la gauche d'un montant moins élevé que prévu. Le nouvel équilibre de court terme se trouve au-dessus de l'équilibre de plein emploi à la droite du niveau du PIB potentiel. Les salaires nominaux finissent par augmenter et la courbe *OACT* se déplace vers la gauche.

◆ Lorsque la *DA* augmente moins que prévu, les salaires nominaux s'accroissent pour refléter la variation prévue, et la courbe *OACT* se déplace vers la gauche d'un montant plus élevé que prévu. Le nouvel équilibre de court terme se trouve au-dessous de l'équilibre de plein emploi à la gauche du niveau du PIB potentiel. Les salaires nominaux finissent par diminuer et la courbe *OACT* se déplace vers la droite.

◆ Une inflation anticipée est coûteuse – à mesure que le taux d'inflation anticipé augmente, les coûts augmentent aussi.

- Les coûts liés à la fréquence des transactions – à mesure que l'inflation augmente, la monnaie perd de sa valeur et les gens dépensent plus d'argent. Par conséquent, la circulation de la monnaie s'accélère et les coûts des transactions augmentent.
- Les autres frais de transactions – les gens utilisent des solutions de rechange moins efficaces à la place de la monnaie (le commerce international ou le troc).
- La diminution du PIB potentiel – provoquée par une augmentation des coûts des transactions.
- La diminution du taux de croissance à long terme à cause de l'inflation – provient de l'interaction entre l'inflation et le système d'imposition, ce qui provoque une diminution du rendement de l'épargne, de l'incertitude quant au taux d'inflation – qui entraîne une diminution de l'investissement – et, enfin, le détournement de ressources productives vers la recherche de moyens de prévoir l'inflation et d'éviter ainsi les coûts qui y sont reliés.

L'inflation et le chômage : la courbe de Phillips

La **courbe de Phillips** illustre la relation entre le taux d'inflation et le taux de chômage.

◆ La **courbe de Phillips à court terme** (*CPCT*) présente la relation entre l'inflation et le chômage pour un taux d'inflation anticipé donné et un taux de chômage naturel donné. Elle a une pente négative.

◆ À court terme, si l'inflation dépasse le taux prévu, la courbe *DA* se déplace davantage que prévu vers la droite et il y a un mouvement le long de *OACT*. Le PIB réel est supérieur au PIB potentiel, le chômage descend au-dessous de son taux naturel et il y a un mouvement vers le haut et vers la gauche le long de la *CPCT*.

◆ La **courbe de Phillips à long terme** (*CPLT*) présente la relation entre l'inflation et le chômage lorsque le taux d'inflation effectif est égal au taux d'inflation anticipé. Elle est verticale lorsque le taux de chômage est égal au taux de chômage naturel.

◆ Si le taux d'inflation effectif est tel que prévu, la courbe *DA* se déplace vers la droite comme prévu et le PIB réel est égal au PIB potentiel. Le chômage est égal au taux de chômage naturel.

◆ Si le taux d'inflation anticipé diminue, la *CPCT* se déplace vers le bas, et vice versa.

◆ Si le taux de chômage naturel augmente, la *CPLT* et la *CPCT* se déplacent toutes les deux vers la droite.

Les taux d'intérêt et l'inflation

Une bonne part des variations du taux nominal d'intérêt découle des variations de l'inflation anticipée.

◆ Le taux d'intérêt nominal est égal à la somme du taux d'intérêt réel et du taux d'inflation anticipé.

◆ Les forces qui influent sur la demande et l'offre déterminent le taux d'intérêt réel d'équilibre. Le taux d'intérêt nominal est égal à la somme du taux d'intérêt réel d'équilibre et du taux d'inflation anticipé. Mais le taux d'intérêt réel ne dépend pas du taux d'inflation anticipé.

◆ Une hausse du taux d'inflation anticipé provoque une augmentation équivalente du taux d'intérêt nominal, le taux d'intérêt réel demeurant constant.

◆ Le Canada et d'autres pays présentent une relation positive entre le taux d'intérêt nominal et le taux d'inflation. En moyenne, le taux d'intérêt réel au Canada se situe autour de 3,5 %.

R A P P E L S

1 Le présent chapitre est à la fois complexe et très important, car il nous permet d'achever l'élaboration du modèle macroéconomique moderne. C'est ce modèle de base que les économistes utilisent généralement pour analyser l'économie. Il s'agit d'un outil très efficace pour effectuer ce type d'analyse.

2 Ce chapitre présente une notion importante, celle de l'anticipation rationnelle, la meilleure prévision possible formulée à partir de l'information pertinente. La figure 18.7 du manuel applique cette notion à la prévision du niveau des prix. Nous savons que le niveau des prix *effectif* se trouve, à court terme, à l'intersection des courbes *DA* et *OACT* et, à long terme, à l'intersection des courbes *DA* et *OALT*. Ainsi, à la figure 18.7, lorsqu'on anticipe une augmentation de la *DA* en DA_1, la meilleure *prévision* du nouveau niveau des prix (la prévision la plus probable) se situe à l'intersection de DA_1 et *OALT*, produisant une demande salariale qui, à son tour, donnera $OACT_1$.

Remarquez que l'anticipation rationnelle du niveau des prix est déterminée au point d'intersection de la courbe de demande agrégée *prévue*, de la courbe d'offre agrégée *à court terme prévue* et de la courbe d'offre agrégée à *long terme prévue*. L'équilibre effectif, qui détermine le niveau des prix *effectif*, s'établit au point d'intersection de la courbe de demande agrégée *effective* et de la courbe d'offre agrégée *à courte terme effective*.

3 L'hypothèse des anticipations rationnelles suppose que les effets d'un événement macroéconomique (une politique budgétaire ou monétaire) dépendent des anticipations. L'effet de la croissance de la masse monétaire sur le niveau des prix et le PIB réel sera différent selon les anticipations du niveau des prix. La position de la courbe d'offre agrégée à court terme dépend du niveau des prix prévu qui, à son tour, dépend de la politique prévue, de sorte que l'équilibre macroéconomique dépend du niveau des prix prévu. Selon que le niveau de politique effectif est anticipé ou non, différents résultats se produiront.

Par exemple, la croissance de la masse monétaire peut entraîner soit une augmentation, soit une diminution du PIB réel, ou encore ne pas avoir d'effet sur ce dernier, uniquement en fonction de la politique qui a été prévue. Le PIB réel augmentera si la hausse de la demande agrégée n'est pas anticipée (ou si elle est supérieure à celle qui a été anticipée) ; le PIB réel ne variera pas si la hausse de la demande agrégée est correctement anticipée ; et le PIB réel chutera si la hausse de la demande agrégée est inférieure à celle qui a été anticipée.

4 On peut également étudier l'inflation et le chômage en utilisant la courbe de Phillips. Considérez une hausse imprévue du taux d'inflation dans cette situation (déclenchée par une hausse imprévue de la demande agrégée). À court terme, il y a un mouvement le long de la courbe de Phillips, ce qui entraîne une chute du chômage à un niveau inférieur à son taux naturel (de la même manière, il y a un mouvement le long de la courbe d'offre agrégée à court terme, déclenché par une chute du salaire réel, qui provoque une hausse de l'emploi ainsi que du PIB réel au-dessus du taux naturel). À long terme, les anticipations de l'inflation s'ajustent à la hausse (les salaires réels augmentent), ce qui provoque un déplacement vers le haut de la courbe de Phillips à court terme et un retour du chômage à son taux naturel, à un point situé sur la courbe de Phillips à long terme (l'emploi chute et le PIB réel diminue à mesure que la courbe d'offre agrégée à court terme se déplace vers la gauche).

5 Le fait qu'une chute du taux de croissance de l'offre de monnaie provoque parfois une *hausse* du taux d'intérêt et parfois une *baisse* du taux d'intérêt crée souvent de la confusion chez les étudiants (les politiciens et les commentateurs!). Pour comprendre la différence, vous devez vous concentrer sur le cadre temporel – le court ou le long terme. La figure 18.1 illustre les variations du taux d'intérêt nominal dans le temps lorsque le taux de croissance de l'offre de monnaie diminue. Au départ, le taux d'intérêt est r_0, et il y a une chute non anticipée du taux de croissance de l'offre de monnaie au temps T* qui, à son tour, entraîne à un niveau plus bas que prévu l'offre de monnaie réelle. Comme nous l'avons vu au chapitre 12, cette situation provoquera à court terme une hausse du taux d'intérêt (au niveau r_1) qui, à son tour, fait baisser la demande d'investissement ainsi que la demande agrégée. Si cette baisse est imprévue, elle entraîne une diminution de l'inflation ainsi que du PIB réel. À long terme, lorsque les agents économiques se rendent compte que l'inflation plus basse se maintiendra, ils diminuent leur prévision de l'inflation ce qui, à son tour, fait baisser le taux d'intérêt nominal à un niveau tel que r_2.

FIGURE **18.1**

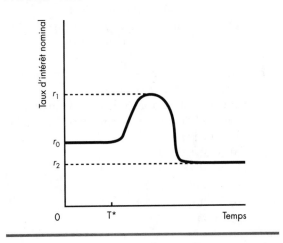

A U T O É V A L U A T I O N

Vrai/Faux/Incertain
(Justifiez votre réponse.)

1 Lorsque l'inflation n'est pas anticipée, les gens ne modifient pas leur comportement, ce qui signifie que l'inflation n'a aucun effet négatif sur l'économie.

2 La courbe de Phillips montre que, si le taux d'inflation augmente, le chômage diminuera.

3 La stagflation se produit quand le PIB réel baisse et que le niveau des prix augmente.

4 L'inflation causée par une politique monétaire expansionniste est un exemple d'inflation par les coûts.

5 Supposons que l'on ne prévoit aucune inflation et que le taux d'intérêt nominal est de 5%. Si le taux d'inflation anticipé passe à 6%, le taux d'intérêt nominal augmentera, s'établissant à un peu plus de 11%.

6 Lorsque les gens prévoient que la demande agrégée augmentera et que cette augmentation n'a pas lieu, le niveau des prix augmente et le PIB réel diminue.

7 Si le niveau des prix est de 120 au début de 1994 et de 130 au début de 1995, le taux d'inflation se chiffre à 8,3%.

8 Lorsqu'une hausse de la demande agrégée est correctement prévue, il n'y a pas d'inflation.

9 Si le taux d'inflation augmente, les employeurs sont avantagés aux dépens des travailleurs.

10 La courbe de Phillips à long terme illustre la relation négative qui existe entre l'inflation et le chômage.

Questions à choix multiple

1 Parmi les citations suivantes, laquelle illustre les coûts liés à une inflation anticipée ?
  a) « La banque perd de l'argent sur les prêts qu'elle octroie, étant donné le taux d'intérêt actuel. »
  b) « Les augmentations salariales étaient faibles l'an passé, et j'ai de la difficulté à conserver mes employés. »
  c) « Je dois faire parvenir des factures à mes clients deux fois par mois maintenant, à cause de l'inflation plus élevée. »
  d) « Le faible taux d'inflation signifie que mes coûts d'emprunt sont trop élevés. »
  e) Aucune de ces réponses.

2 La courbe de Phillips à court terme illustre la relation entre
  a) le niveau des prix et le PIB réel à court terme.
  b) le niveau des prix et le chômage à court terme.
  c) le chômage et le PIB réel à court terme.
  d) l'inflation et le chômage quand les anticipations de l'inflation peuvent varier.
  e) l'inflation et le chômage quand les anticipations de l'inflation ne varient pas.

3 L'inflation par la demande se produit quand
  a) la demande agrégée augmente
  b) l'offre agrégée diminue.
  c) les prix des facteurs de production augmentent.
  d) les gens anticipent correctement l'inflation.
  e) le chômage est au-dessus de son taux naturel.

4 Si le taux d'inflation est inférieur au taux d'inflation anticipé,
  a) les prêteurs en profiteront aux dépens des emprunteurs, et les travailleurs seront avantagés aux dépens des employeurs.
  b) les emprunteurs en profiteront aux dépens des prêteurs, et les travailleurs seront avantagés aux dépens des employeurs.
  c) les prêteurs en profiteront aux dépens des emprunteurs, et les employeurs seront avantagés aux dépens des travailleurs.
  d) les emprunteurs en profiteront aux dépens des prêteurs, et les employeurs seront avantagés aux dépens des travailleurs.
  e) les prêteurs en profiteront aux dépens des emprunteurs, mais on ne sait pas qui, des travailleurs ou des employeurs, profitera de cette situation.

5 Supposons une économie dans laquelle le niveau des prix est supérieur au niveau prévu et où le chômage se situe au-dessus de son taux naturel. Parmi les énoncés suivants, lequel explique cette situation, toutes autres choses étant égales ?
  a) Le PIB réel potentiel a augmenté d'un montant supérieur au montant prévu.
  b) Le PIB réel potentiel a augmenté d'un montant inférieur au montant prévu.
  c) La demande agrégée a diminué d'un montant supérieur au montant prévu.
  d) La demande agrégée a augmenté d'un montant inférieur au montant prévu.
  e) La demande agrégée a augmenté d'un montant supérieur au montant prévu.

6 Supposons une économie dans laquelle le niveau des prix est inférieur au niveau prévu et où le chômage se situe au-dessous de son taux naturel. Parmi les énoncés suivants, lequel explique cette situation, toutes autres choses étant égales ?
  a) Le PIB réel potentiel a augmenté d'un montant supérieur au montant prévu.
  b) Le PIB réel potentiel a augmenté d'un montant inférieur au montant prévu.
  c) La demande agrégée a diminué d'un montant supérieur au montant prévu.
  d) La demande agrégée a augmenté d'un montant inférieur au montant prévu.
  e) La demande agrégée a augmenté d'un montant supérieur au montant prévu.

7 Au départ, supposons que le taux d'intérêt nominal est de 8 % et que le taux d'inflation anticipé est de 5 %. Si le taux d'inflation anticipé passe à 8 %, quel sera le nouveau taux d'intérêt nominal ?
  a) 3 %
  b) 8 %
  c) 11 %
  d) 13 %
  e) 16 %

8 Quel effet aura une hausse correctement anticipée du taux de croissance de la masse monétaire ?
  a) Elle fera chuter le taux d'intérêt nominal et le taux d'intérêt réel.
  b) Elle fera chuter le taux d'intérêt nominal, mais le taux d'intérêt réel restera constant.
  c) Elle fera augmenter le taux d'intérêt nominal et le taux d'intérêt réel.
  d) Elle fera augmenter le taux d'intérêt nominal, mais le taux d'intérêt réel restera constant.
  e) Elle fera augmenter le taux d'intérêt nominal et chuter le taux d'intérêt réel.

9 Si le niveau des prix effectif est supérieur
au niveau des prix prévu, alors le PIB réel
a) doit être supérieur à son niveau à long terme.
b) doit être inférieur à son niveau à long terme.
c) doit être égal à son niveau à long terme.
d) peut être égal, supérieur ou inférieur à son
niveau à long terme, selon la position de
la courbe de demande agrégée.
e) peut être égal ou supérieur à son niveau à long
terme, selon la position de la courbe de demande
agrégée.

10 Supposons que la demande agrégée augmente
moins que ce qui avait été prévu, toutes autres
choses étant égales. Il se produira alors
a) une hausse imprévue du taux d'inflation,
et le PIB réel chutera au-dessous de son niveau
à long terme.
b) une hausse imprévue du taux d'inflation,
et le PIB réel passera au-dessus de son niveau
à long terme.
c) une baisse imprévue du taux d'inflation,
et le PIB réel chutera au-dessous de son niveau
à long terme.
d) une baisse imprévue du taux d'inflation,
et le PIB réel passera au-dessus de son niveau
à long terme.
e) une baisse imprévue du taux d'inflation,
et le PIB réel se maintiendra à son niveau
à long terme.

11 La figure 18.2 illustre une économie qui se trouve
initialement en situation d'équilibre au point *a*.
L'une des situations suivantes entraîne un
déplacement de la courbe d'offre agrégée à
court terme d'$OACT_0$ à $OACT_1$. Laquelle?
a) Une hausse du prix du pétrole
b) Une hausse du niveau des prix
c) Une hausse du produit marginal du travail
d) Une hausse de la demande de monnaie
e) Une baisse des salaires

FIGURE **18.2**

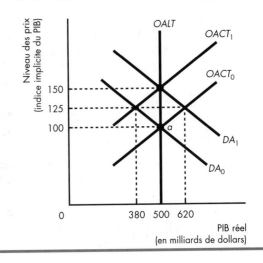

12 Si la courbe *DA* de la figure 18.2 se déplace
de DA_0 à DA_1, conformément aux prévisions,
quels seront au nouvel équilibre le PIB réel
et le niveau des prix?
a) PIB = 380 milliards de dollars; niveau
des prix = 125
b) PIB = 500 milliards de dollars; niveau
des prix = 150
c) PIB = 500 milliards de dollars; niveau
des prix = 100
d) PIB = 620 milliards de dollars; niveau
des prix = 125
e) PIB = 500 milliards de dollars; niveau
des prix = 125

13 Si, au lieu de se déplacer de DA_0 à DA_1 tel que
prévu, la courbe *DA* de la figure 18.2 demeure
en DA_0, quels seront au nouvel équilibre le PIB
réel et le niveau des prix?
a) PIB = 380 milliards de dollars; niveau
des prix = 100
b) PIB = 500 milliards de dollars; niveau
des prix = 150
c) PIB = 500 milliards de dollars; niveau
des prix = 100
d) PIB = 620 milliards de dollars; niveau
des prix = 125
e) PIB = 380 milliards de dollars; niveau
des prix = 125

14 Si, au lieu de demeurer en DA_0 tel que prévu, la
courbe *DA* de la figure 18.2 se déplace de DA_0 à
DA_1, quels seront au nouvel équilibre le PIB réel
et le niveau des prix?
a) PIB = 380 milliards de dollars; niveau
des prix = 125
b) PIB = 500 milliards de dollars; niveau
des prix = 150

c) PIB = 500 milliards de dollars; niveau des prix = 100

d) PIB = 620 milliards de dollars; niveau des prix = 125

e) PIB = 500 milliards de dollars; niveau des prix = 125

15 La figure 18.3 présente les courbes de Phillips d'une économie donnée. Quel est le taux naturel de chômage?
a) 9%
b) 6%
c) 4%
d) Il dépend du taux d'inflation effectif.
e) Il est impossible à déterminer si on ne dispose pas de plus d'information.

FIGURE **18.3**

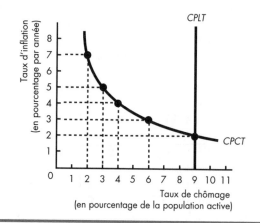

16 La figure 18.3 présente les courbes de Phillips d'une économie donnée. Quel est le taux d'inflation anticipé?
a) 9%
b) 4%
c) 2%
d) Il dépend du taux d'inflation effectif.
e) Il est impossible à déterminer si on ne dispose pas de plus d'information.

17 La figure 18.3 présente les courbes de Phillips d'une économie donnée. Si le taux d'inflation courant est de 4%, quel est le taux de chômage courant?
a) 9%
b) 6%
c) 4%
d) 3%
e) Il est impossible à déterminer si on ne dispose pas de plus d'information.

18 Une hausse du niveau des prix provoquée par une augmentation du prix du pétrole
a) provoquera une stagflation à court terme.
b) déclenchera une spirale d'augmentation des prix et des salaires.
c) pourrait déclencher une spirale d'augmentation des prix et des salaires.
d) a et b.
e) a et c.

19 Une hausse prévue du taux d'inflation
a) n'est pas néfaste parce qu'on peut modifier les contrats pour en tenir compte.
b) est profitable pour les travailleurs et les employeurs.
c) est néfaste parce qu'elle augmente la valeur de la monnaie.
d) est néfaste parce qu'elle encourage les gens à augmenter la fréquence de leurs transactions.
e) est néfaste parce qu'elle entraîne une redistribution des avoirs des prêteurs au profit des emprunteurs.

20 Parmi les énoncés suivants, lequel est *faux* en ce qui concerne une anticipation rationnelle?
a) Elle a recours à toute l'information existante.
b) Elle est souvent erronée.
c) Elle est toujours juste.
d) Elle est la meilleure prévision possible.
e) Parfois, les agents économiques payent des spécialistes pour leurs prévisions.

21 Parmi les éléments suivants, lequel entraînerait un déplacement vers le haut, année après année, de la courbe de demande agrégée?
a) Une réduction unique des impôts et des taxes
b) Une augmentation unique des dépenses publiques en biens et services
c) L'inflation
d) Des demandes salariales excessives
e) Un taux de croissance positif de la quantité de monnaie

22 Le niveau des prix est actuellement de 180 et le taux d'inflation des douze derniers mois se chiffrait à 20%. Quel était le niveau des prix il y a un an?
a) 100
b) 144
c) 150
d) 160
e) 216

23 On anticipe une baisse du niveau des prix provoquée par une chute prévue de la demande agrégée. Si la demande agrégée reste constante, alors le niveau des prix effectif
a) demeurera le même ainsi que le PIB réel.

b) diminuera et le PIB réel aussi.

c) augmentera et le PIB réel aussi.

d) augmentera et le PIB réel diminuera.

e) diminuera et le PIB réel augmentera.

24 Si le taux d'inflation est inférieur au taux prévu, les emprunteurs

a) et les prêteurs subiront des pertes.

b) et les prêteurs feront des gains.

c) feront des gains, alors que les prêteurs subiront des pertes.

d) subiront des pertes, alors que les prêteurs feront des gains.

e) subiront des pertes, alors que les prêteurs ne seront pas touchés.

25 Si le taux d'inflation est inférieur au taux prévu, on peut affirmer que

a) les anticipations ne sont pas rationnelles.

b) le niveau du PIB réel sera inférieur au PIB réel potentiel.

c) le taux d'intérêt réel sera inférieur au taux prévu.

d) le taux de salaire réel sera inférieur au taux prévu.

e) le taux de salaire nominal sera supérieur au taux prévu.

Problèmes à court développement

1 Qu'advient-il du niveau des prix et du PIB réel lorsque le gouvernement accroît ses dépenses en biens et services et que cette hausse n'a pas été anticipée (on ne prévoit pas de changement du niveau des prix)?

2 Expliquez comment les événements du problème **1** pourraient entraîner une spirale d'augmentation des prix et des salaires.

3 Quel lien y a-t-il entre le taux d'inflation anticipé et les taux d'intérêt?

4 Expliquez soigneusement la différence qui existe entre la courbe de Phillips à court terme et la courbe de Phillips à long terme.

5 Parfois, les politiciens et les commentateurs font des affirmations comme la suivante : « Le chômage a des conséquences plus graves sur le plan économique et social que l'inflation. Une légère augmentation de l'inflation afin de réduire le chômage est donc avantageuse. » Évaluez brièvement cet énoncé.

6 Pourquoi l'inflation s'amorce-t-elle? Pourquoi est-elle persistante?

7 Le tableau 18.1 contient les barèmes initiaux de demande agrégée et d'offre agrégée à court terme d'une économie dont le niveau des prix prévu est de 80 et le PIB réel potentiel est de 500.

a) Quelles sont les valeurs du PIB réel effectif et du niveau des prix effectif?

TABLEAU **18.1** LA DEMANDE ET L'OFFRE AGRÉGÉES

Niveau des prix	PIB réel demandé	PIB réel offert
60	600	400
80	500	500
100	400	600
120	300	700
140	200	700

b) En l'an 1, une économie atteint l'équilibre macroéconomique décrit en **a**. En l'an 2, on *prévoit* que le barème de demande agrégée correspondra au tableau 18.2. (Supposez qu'on n'anticipe pas de déplacement de la courbe d'offre agrégée à long terme et qu'elle ne se déplace pas.) Quel est le déplacement *vertical* prévu de la courbe de demande agrégée si le PIB réel se chiffre à 500 milliards de dollars?

TABLEAU **18.2** LA DEMANDE ET L'OFFRE AGRÉGÉES

Niveau des prix	PIB réel demandé	PIB réel offert
60	800	
80	700	
100	600	
120	500	
140	400	

c) Quelle est l'anticipation rationnelle (à long terme) du niveau des prix pour l'an 2?

d) Le déplacement prévu de la courbe de demande agrégée entraînera un déplacement de la courbe d'offre agrégée à court terme (*OACT*). Quelle sera la position de la nouvelle courbe *OACT*? Pour chaque niveau des prix possible, inscrivez les nouvelles valeurs du PIB réel offert dans la dernière colonne du tableau 18.2.

8 a) Supposons que, dans la réalité, la demande agrégée ne change pas et qu'elle corresponde aux valeurs indiquées dans le tableau 18.1. Quelles seront les valeurs du PIB réel et du niveau des prix pour l'an 2?

b) Calculez les taux d'inflation prévu et effectif et comparez-les.

9 Alors que le taux d'inflation anticipé est nul, Jeanne désire prêter de l'argent à un taux d'intérêt minimal de 5 % et Marguerite désire emprunter de l'argent à un taux d'intérêt maximal de 5 %. Dans ce cas, elles s'entendront sur un taux d'intérêt de 5 %.

   a) Si Jeanne et Marguerite prévoient un taux d'inflation de 4 % pendant la période que couvre le prêt, sur quel taux d'intérêt se mettront-elles d'accord ?

   b) Si elles prévoient un taux de *déflation* de 2 % pendant la période du prêt, sur quel taux d'intérêt se mettront-elles d'accord ?

   c) Supposons que Jeanne prévoit un taux d'inflation de 4 %, et Marguerite, un taux d'inflation de 6 %. Parviendront-elles à s'entendre, et sur quel taux d'intérêt ?

   d) Supposons que Jeanne et Marguerite prévoient toutes les deux un taux d'inflation de 4 %, qu'elles conviennent du taux d'intérêt que vous avez trouvé en **a** et qu'un prêt de 100 $ a été octroyé durant l'an 1. Plutôt que de s'élever à 4 %, le taux effectif d'inflation est de 9 %. Qui perd et qui gagne et de combien ?

10 Colditz enregistre un taux d'inflation anticipé de 8 %. Le tableau 18.3 présente un résumé de l'histoire récente de l'inflation et du chômage dans ce pays. Au départ, le chômage et l'inflation s'élèvent tous les deux à 8 %.

TABLEAU **18.3**

Inflation (en % par année)	Chômage (en %)
12	4
10	6
8	8
6	10
4	12

   a) Quel est le taux de chômage naturel à Colditz ?

   b) Dessinez les courbes de Phillips à court et à long termes pour Colditz.

   c) Si l'inflation augmente de manière imprévue, pour passer à 12 %, expliquez ce qu'il advient du chômage.

   d) Revenez à la situation initiale. Si le taux d'inflation anticipé monte à 10 % et que le taux d'inflation effectif passe à 10 %, expliquez ce qu'il advient de l'inflation et du chômage, toutes autres choses étant égales, et illustrez-les sur votre graphique.

R É P O N S E S

Vrai/Faux/Incertain (Justifiez votre réponse.)

1 F Les paiements pour les contrats à long terme deviennent imprévisibles, ce qui désavantage une partie ou l'autre.

2 I La réponse est vraie si cette hausse est à court terme et fausse si elle est à long terme.

3 V Définition.

4 F L'inflation par les coûts est provoquée par l'augmentation des prix des facteurs.

5 V Puisque les prêteurs exigent une compensation pour l'inflation.

⏱ **6** V Si la hausse prévue de la demande agrégée provoque une augmentation des demandes salariales, la courbe *OACT* se déplace vers la gauche, mais la courbe *DA* ne varie pas. Il y a alors stagflation.

7 V Le taux d'inflation = $((P_1 - P_0)/P_0) \times 100$ = $((130 - 120)/120) \times 100 = 8,3$.

8 F La courbe *DA* se déplace vers la droite, la courbe *OACT* se déplace vers la gauche à cause des demandes salariales plus élevées et le niveau des prix augmente.

⏱ **9** I La réponse est vraie si l'inflation n'est pas anticipée et fausse si elle est anticipée.

⏱ **10** F Elle est verticale au taux de chômage naturel.

Questions à choix multiple

1 c Il s'agit d'un exemple des coûts de transactions plus élevés. Les autres sont des coûts de l'inflation non anticipée.

2 e Définition.

3 a Définition.

4 a Puisque les taux d'intérêt et les salaires réels sont trop élevés étant donné le taux d'inflation courant.

⏱ **5** e Dessinez un graphique.

⏱ **6** c Dessinez un graphique.

7 c Au départ, le taux réel = 8 − 5 = 3 %. Le nouveau taux nominal = taux réel + inflation anticipée = 3 + 8 = 11 %.

8 d La hausse du taux de croissance de l'offre de monnaie provoque une augmentation de l'inflation qui fait augmenter le taux nominal du même montant (puisqu'il est anticipé). Par conséquent, le taux d'intérêt réel ne varie pas.

⏱ **9** a Puisque le niveau des prix effectif est égal au taux anticipé quand *OACT* croise *OALT* et que l'équilibre est atteint lorsque *DA* = *OACT*. Dessinez un graphique.

10 a Puisque le niveau des prix effectif est égal au taux anticipé quand *OACT* croise *OALT* et que l'équilibre est atteint lorsque *DA* = *OACT*. Dessinez un graphique.

11 a La hausse du prix d'un facteur de production essentiel fait augmenter les coûts de production, ce qui provoque un déplacement vers la gauche d'*OACT*.

12 b Le niveau des prix prévu se trouve à l'intersection de *DAP* = *DA₁* et l'*OACT* effective est fixée à ce point. Le nouvel équilibre se trouve donc au point d'intersection de *DA* et d'*OACT*.

13 e Le niveau des prix prévu se trouve à l'intersection de *DAP* = *DA₀* et l'*OACT* effective est fixée à ce point. Le nouvel équilibre se trouve donc au point d'intersection de *DA* et d'*OACT*.

14 d Le niveau des prix prévu se trouve à l'intersection de *DAP* = *DA₀* et l'*OACT* effective est fixée à ce point. Le nouvel équilibre se trouve donc au point d'intersection de *DA* et d'*OACT*.

15 a La *CPLT* se trouve au taux naturel.

16 c Le taux d'inflation anticipé se trouve au point d'intersection de *CPCT* et de *CPLT*.

17 c Se trouve en lisant *CPCT*.

18 e La hausse du prix du pétrole a provoqué un déplacement vers la gauche d'*OACT*, ce qui a donné lieu à une inflation par les coûts (stagflation), qui *peut* déclencher une spirale d'augmentation des prix et des salaires *si* le gouvernement augmente la demande agrégée.

19 d L'inflation plus élevée fait diminuer la valeur de la monnaie et les gens réduisent leur détention de monnaie, ce qui fait augmenter le nombre de transactions.

20 c Elle est juste en *moyenne*.

21 e **a** et **b** ont des effets uniques, **c** est provoquée par la variation de *DA* et **d** est un effet sur le plan de l'offre.

22 c Inversez la formule : taux d'inflation $((P_1 - P_0)/P_0) \times 100$.

23 e Une baisse prévue du niveau des prix provoque un déplacement vers la droite d'*OACT*. Le nouvel équilibre se situe à la droite d'*OALT* le long de la courbe *DA* initiale.

24 d Puisque le taux d'intérêt s'avère trop élevé étant donné le taux d'inflation courant.

25 b L'équilibre se situe à la gauche de l'endroit où *OACT* = *OALT*. Les anticipations rationnelles peuvent être erronées, le taux de salaire réel et le taux d'intérêt réel seront plus élevés que prévu et les salaires nominaux seront tels que prévu.

Problèmes à court développement

1 Une hausse des dépenses publiques en biens et services fera déplacer la courbe de demande agrégée vers la droite. Si l'on prévoit que le niveau des prix ne changera pas, la courbe d'offre agrégée à court terme ne se déplacera pas. Ainsi, la hausse de la demande agrégée entraînera une hausse du niveau des prix et du PIB réel.

2 Le niveau des prix plus élevé entraîne des demandes salariales plus élevées, ce qui fait augmenter les coûts de production et entraîne un déplacement de la courbe *OACT* vers la gauche ainsi qu'une autre augmentation du niveau des prix et une diminution du PIB réel. Une spirale d'augmentation des prix et des salaires pourrait survenir *si* le gouvernement augmente de nouveau ses dépenses ou s'il continue d'accuser un déficit (financé par l'impression de monnaie). La *DA* continuera alors de se déplacer vers la droite, ce qui provoquera des déplacements vers la gauche de l'*OACT* et une spirale d'augmentation des prix et des salaires.

3 Lorsque l'on prévoit une augmentation du taux d'inflation, le taux d'intérêt nominal s'élève également pour contrebalancer la baisse plus rapide du pouvoir d'achat de la monnaie. L'essentiel ici est que les emprunteurs et les prêteurs s'intéressent à la quantité de biens et services qu'une unité de monnaie leur permet d'acheter. Les prêteurs demanderont un taux d'intérêt élevé afin de compenser la baisse du pouvoir d'achat de la monnaie ; les emprunteurs accepteront ce taux plus élevé parce qu'ils savent que les dollars qu'ils versent permettront d'acheter moins de biens et services.

4 On trace la courbe de Phillips à court terme en supposant que le taux d'inflation anticipé est constant, et qu'elle a une pente négative. Par conséquent, si le taux d'inflation augmente (et donc que les salaires réels diminuent), le chômage descendra au-dessous de son taux naturel. On trace la courbe de Phillips à long terme en supposant que le taux d'inflation anticipé s'ajuste complètement pour refléter les variations du taux d'inflation effectif. Cette courbe est donc verticale au taux de chômage naturel. S'il y a une augmentation du taux d'inflation effectif, le taux d'inflation anticipé augmente d'un montant équivalent (de sorte que le taux de salaire réel reste constant) et le taux de chômage demeure constant à son taux naturel.

5 Cet énoncé constitue en partie un jugement de valeur fondé sur les coûts sociaux d'une inflation plus élevée et sur les gains sociaux d'un taux d'inflation plus bas. Dans ce cas, il faut évaluer les coûts de l'inflation par rapport aux coûts du chômage. Cependant, cet énoncé pose aussi un problème. À court terme, il existe un arbitrage entre les coûts de l'inflation et ceux du chômage, représentés par la courbe de Phillips à court terme (dont la pente est négative). À long terme, il n'y a pas d'arbitrage. Par conséquent, un taux d'inflation plus élevé provoquera un taux de chômage inférieur à court terme, mais les anticipations de l'inflation finiront par augmenter, ce qui est représenté par un déplacement vers le haut de la courbe de Phillips à court terme, et le chômage reviendra à son taux naturel. Par conséquent, à long terme, l'augmentation de l'inflation n'aura aucune conséquence sur le taux de chômage, mais fera croître les coûts que devra subir la société à cause d'un taux d'inflation plus élevé.

6 L'inflation constitue une hausse du niveau des prix et s'amorce par un déplacement vers la droite de la courbe *DA* provoqué par une augmentation de l'offre de monnaie, des dépenses publiques ou des exportations (inflation par la demande), ou par un déplacement vers la gauche de la courbe *OA* à cause d'une augmentation des salaires ou du prix des matières premières (inflation par les coûts). Cependant, la hausse du niveau des prix dans l'un ou l'autre des cas ne peut persister que si une spirale d'augmentation des prix et des salaires découle du choc initial. Une telle spirale s'amorce quand les augmentations de la demande agrégée et les déplacements vers la gauche de la courbe *OA* se chassent les uns les autres le long de la courbe d'offre agrégée à long terme.

7 a) Le PIB réel effectif et le niveau des prix effectif sont déterminés au point d'intersection de la courbe de demande agrégée et de la courbe d'offre agrégée à court terme. Le PIB réel est de 500 milliards de dollars et le niveau des prix de 80, parce qu'à ce niveau la quantité de PIB réel demandée est égale à la quantité de PIB réel offerte (500 milliards de dollars).

b) Le niveau des prix correspondant à un PIB réel demandé de 500 milliards de dollars pour la courbe de demande agrégée initiale (tableau 18.1) est de 80. Le niveau des prix correspondant à un PIB réel demandé de 500 milliards de dollars pour la nouvelle courbe de demande agrégée prévue (tableau 18.2) est de 120. Par conséquent, on prévoit que la courbe de demande agrégée se déplacera vers le haut de 40.

c) L'anticipation rationnelle du niveau des prix se trouve au point d'intersection de la courbe de demande agrégée prévue (voir le tableau 18.2) et de la courbe d'offre agrégée à long terme prévue. L'offre agrégée à long terme est de 500 milliards de dollars, et on ne prévoit pas qu'elle variera. Puisque le niveau des prix correspondant à un PIB réel demandé de 500 milliards de dollars est de 120, l'anticipation rationnelle du niveau des prix est de 120.

d) Les quantités de PIB réel offertes selon la nouvelle courbe *OACT* sont indiquées dans le tableau 18.2 Solution. Le niveau des prix prévu au départ est de 80. Dans la partie **b**, on a établi que le nouveau niveau des prix prévu est de 120, ce qui signifie que la courbe *OACT* se déplace vers le haut de 40. Ainsi, à chaque quantité de PIB réel offerte, le niveau des prix correspondant à la nouvelle courbe *OACT* se trouve au-dessus de la courbe initiale, et ce de 40 unités (voir le tableau 18.1).

Par exemple, une quantité de PIB réel offerte de 500 milliards de dollars correspond à un niveau des prix de 120 plutôt que de 80. De la même manière, une quantité de PIB réel offerte de 400 milliards de dollars correspond maintenant à un niveau des prix de 100 plutôt que de 60. (*Remarque* : Dans ce tableau, les nombres entre parenthèses sont extrapolés plutôt que calculés à partir des données du tableau 18.1.)

TABLEAU **18.2** SOLUTION
LA DEMANDE ET
L'OFFRE AGRÉGÉES

Niveau des prix	PIB réel demandé	PIB réel offert
60	800	(200)
80	700	(300)
100	600	400
120	500	500
140	400	600

8 a) En l'an 2, le nouvel équilibre macroéconomique est atteint au point d'intersection de la courbe effective *DA* et de la courbe *OACT* pertinente. Puisqu'on a prévu que la courbe *DA* allait se déplacer, la courbe *OACT* correspond à un niveau des prix prévu de 120 (les données relatives à la courbe *OACT* sont fournies dans le tableau 18.2 Solution). Toutefois, la courbe *DA* ne se déplace pas, de sorte qu'elle correspond aux données du tableau 18.1. Le point d'intersection de ces courbes donne un PIB réel de 400 milliards de dollars et un niveau des prix de 100. Lorsque le niveau des prix est de 100, la quantité de PIB réel demandée est égale à la quantité de PIB réel offerte, soit à 400 milliards de dollars.

b) Le taux d'inflation anticipé est de 50 % = ((120 − 80)/80) × 100, montant plus élevé que le taux d'inflation effectif de 25 % = ((100 − 80)/80) × 100.

9 a) Puisque Marguerite et Jeanne prévoient un taux d'inflation de 4 %, elles supposent que la valeur de la monnaie chutera de 4 %, de sorte qu'elles s'entendront sur un taux d'intérêt de 9 % pour contrer la perte de valeur de la monnaie. Ainsi, en tenant compte de l'inflation, un taux d'intérêt de 5 % sera payé.

b) Si Marguerite et Jeanne prévoient un taux de déflation de 2 %, elles supposent que la valeur de la monnaie augmentera de 2 %. Elles s'entendront donc sur un taux d'intérêt de 3 %.

c) Si Jeanne prévoit un taux d'inflation de 4 %, elle acceptera de prêter son argent seulement à un taux d'intérêt minimal de 9 %. Si Marguerite prévoit un taux d'inflation de 6 %, elle voudra emprunter à un taux d'intérêt maximal de 11 %. Ainsi, Marguerite et Jeanne pourraient s'entendre sur un taux d'intérêt situé entre 9 et 11 %.

d) À partir de **a**, on sait qu'elles s'entendront sur un taux d'intérêt de 9 %, ce qui signifie que Marguerite versera 109 $. Jeanne prévoit un gain réel de 5 $ (elle peut acheter des biens pour une valeur de 5 % de plus), en tenant compte du taux d'inflation de 4 %. Cependant, l'inflation effective de 9 % fait augmenter le prix des biens de 9 %, de sorte que, un an plus tard, ses 109 $ ne lui permettent d'acheter que la même quantité de biens que les 100 $ au départ. Elle a donc perdu 5 $ et Marguerite a fait un gain de 5 $ grâce au taux d'intérêt réel nul.

10 a) Le taux de chômage naturel est le taux de chômage enregistré quand le taux d'inflation effectif est égal au taux d'inflation anticipé. Dans ce cas, le taux de chômage naturel est de 8 %.

b) Reportez-vous à la figure 18.4. La courbe de Phillips à long terme est verticale au taux de chômage naturel. La courbe actuelle à court terme est $CPCT_0$ (ne tenez pas compte de l'autre courbe à court terme pour le moment).

FIGURE **18.4**

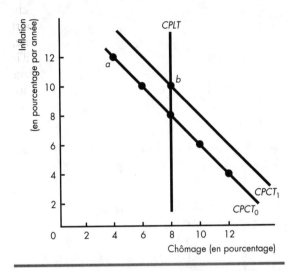

c) Dans ce cas, la courbe de Phillips à court terme pertinente est $CPCT_0$ et la courbe du taux d'inflation prévu est de 8 %. À partir de la courbe (ou du tableau 18.3), on peut voir que, avec un taux d'inflation de 12 %, le chômage s'élève à 4 % au point a.

d) Une hausse du taux d'inflation prévu provoquera un déplacement de la courbe de Phillips à court terme vers une nouvelle courbe. Le point d'intersection de la nouvelle courbe et de la courbe de Phillips à long terme se situe au nouveau taux d'inflation prévu de 10 %. (La forme de la courbe n'est pas claire si l'on ne possède pas plus de données. On suppose donc que la nouvelle courbe est parallèle à l'ancienne.) Si le taux d'inflation effectif est de 10 %, alors le taux de chômage est de 8 %, à son taux naturel, au point b.

Chapitre 19

Les défis de la politique macroéconomique

Les objectifs de la politique macroéconomique

La politique macroéconomique vise cinq grands objectifs :

◆ L'*atteinte d'un taux élevé de croissance soutenue du PIB potentiel* peut améliorer considérablement le PIB réel par habitant.

◆ L'*atténuation des fluctuations évitables du cycle économique* peut contribuer à réduire les pertes de production et les goulots d'étranglement.

◆ Le *maintien du chômage aussi près que possible du taux de chômage naturel* réduit les pertes de production découlant d'un taux de chômage élevé et les coûts des goulots d'étranglement liés à un faible taux de chômage, mais il est difficile d'estimer le taux de chômage naturel.

◆ Le *maintien d'un faible taux d'inflation* permet d'éviter les coûts des transactions et les coûts d'une inflation imprévisible.

◆ La *réduction du déficit du compte courant* à son niveau efficient permet de diminuer les coûts d'emprunt inutiles.

◆ Les objectifs de l'accélération de la croissance du PIB réel, de l'atténuation des fluctuations du cycle économique et du maintien du chômage au taux naturel sont complémentaires. L'accélération de la croissance du PIB réel est une des cibles de la politique macroéconomique et le maintien d'un faible taux d'inflation en est un autre.

◆ L'objectif de l'accélération de la croissance du PIB réel est en conflit avec celui du maintien d'un faible taux d'inflation.

La politique macroéconomique : ses outils et sa performance

Le gouvernement fédéral utilise la **politique budgétaire** (la variation des taux d'imposition et des dépenses publiques) et la Banque du Canada a recours à la **politique monétaire** (la variation de l'offre de monnaie et des taux d'intérêt) pour atteindre les objectifs de la politique macroéconomique.

◆ La politique budgétaire canadienne était expansionniste à l'époque de Pierre Elliott Trudeau, et elle est devenue restrictive dans les années de Brian Mulroney. Elle a suivi un cycle similaire au cycle économique.

◆ La politique monétaire était expansionniste vers la fin des années 1970, et elle est devenue anti-inflationniste au début des années 1980, puis de nouveau en 1989.

La politique de croissance à long terme

Les facteurs qui déterminent la croissance à long terme sont l'accumulation du capital physique et humain et le progrès technologique. La politique gouvernementale peut influer quelque peu sur ces facteurs.

◆ Épargne nationale = épargne privée + épargne publique.

• Depuis 1970, l'épargne privée a augmenté, mais la hausse de la désépargne publique a entraîné une fluctuation de l'épargne publique autour de 17 %.

• La baisse des déficits publics a provoqué une diminution de la désépargne publique qui a fait grimper l'épargne nationale.

• La baisse d'impôts spécifiques ainsi que du taux d'inflation a provoqué une hausse de l'épargne privée.

◆ Le rendement social du capital humain dépasse son rendement privé. Par conséquent, le gouvernement souhaite accroître l'investissement dans le capital humain et subventionne l'instruction.

◆ L'investissement dans de nouvelles techniques entraîne une forte croissance, car il ne connaît pas le problème des rendements décroissants et ses avantages se propagent à tous les secteurs de l'économie. Ainsi, les gouvernements subventionnent les activités de recherche-développement et offrent des incitatifs fiscaux.

La politique en matière de cycle économique et de chômage

◆ Trois politiques de rechange peuvent stabiliser le cycle économique et prévenir le chômage cyclique :

- La **politique fondée sur une règle fixe** est indépendante de la situation économique. Elle peut consister, par exemple, à toujours équilibrer le budget.
- La **politique basée sur une règle de rétroaction** est une politique fondée sur une règle qui dicte la politique à adopter en fonction de l'état de l'économie. Il peut s'agir, par exemple, de réduire les taux d'imposition en période de récession.
- La **politique discrétionnaire** est une réaction parfois inédite à une situation économique particulière – elle tient compte des leçons tirées des erreurs du passé.

◆ Les règles fixe et de rétroaction réagissent différemment aux perturbations de la demande agrégée.

◆ Si la *DA* baisse, l'économie entre en récession.

- Les **économistes monétaristes** prônent une règle fixe qui consiste à ne rien faire – la récession finit par se résorber lorsque la *DA* augmente de nouveau (choc temporaire) ou lorsque la courbe *OACT* se déplace vers la droite alors que les salaires diminuent (choc permanent).
- Les **économistes keynésiens** prônent une politique budgétaire ou monétaire expansionniste fondée sur une règle de rétroaction pour tenter de contrer les fluctuations de la *DA* et, ainsi, ramener rapidement l'économie à son niveau de plein emploi.
- L'économie demeure en période de récession plus longtemps lorsqu'on a recours à une règle fixe.

◆ En théorie, les règles de rétroaction semblent supérieures aux règles fixes, mais bon nombre d'économistes soutiennent que, en pratique, elles ne le sont pas car :

- elles exigent une meilleure connaissance du PIB potentiel que celle dont nous disposons actuellement.
- les délais de l'effet de la politique dépassent la marge de prévisibilité, ce qui fait qu'il est difficile de prendre des décisions précises.
- elles introduisent une marge d'imprévisibilité dans la prise des décisions liées aux contrats à long terme, puisqu'il faut déduire la politique fondée sur une règle de rétroaction.

◆ Le quatrième argument invoqué contre les politiques fondées sur les règles de rétroaction soutient qu'elles sont inefficaces face aux perturbations de l'offre agrégée, comme les ralentissements de la productivité mis en évidence par la théorie du COR.

- Les règles de rétroaction font augmenter la *DA*, ce qui provoque des augmentations supplémentaires du niveau des prix alors que la production demeure inchangée.
- La règle fixe ne change rien – elle ne provoque aucune augmentation supplémentaire du niveau des prix et la production demeure inchangée.

◆ Les gouvernements peuvent également tenter de réduire le taux de chômage naturel en réduisant le montant des prestations d'assurance-emploi et le salaire minimum ou en réduisant les différences régionales sur le plan du chômage.

La politique en matière d'inflation

◆ L'inflation par les coûts est provoquée par une hausse des prix des facteurs qui entraîne un déplacement de la courbe *OACT* vers la gauche.

- La politique fondée sur une règle de rétroaction fait augmenter la *DA*, ce qui fait davantage augmenter le niveau des prix, de sorte que l'économie revient au niveau de plein emploi. Cette situation *stimule* l'inflation en produisant des hausses supplémentaires des prix des facteurs.

- La règle fixe ne fait rien – elle ne provoque pas d'augmentation supplémentaire du niveau des prix, de sorte que les prix des facteurs ainsi que l'*OACT* finissent par revenir à leurs niveaux initiaux.

◆ En théorie, on peut juguler l'inflation en réduisant le taux de croissance de la demande agrégée de manière crédible et prévisible ; en diminuant par exemple les anticipations et les demandes salariales sans créer de récession.

◆ En pratique, la politique anti-inflationniste crée une récession.

◆ Les agents économiques ne croient pas toujours que la politique anti-inflationniste annoncée sera appliquée, car par le passé on a abandonné des politiques annoncées. Par conséquent, ils ne modifient pas leurs anticipations à la baisse, ce qui provoque une récession lorsque la *DA* est moins élevée que prévu.

◆ La Banque du Canada fait face à un **problème d'incohérence temporelle** – les plans anti-inflationnistes se révèlent inadéquats lorsqu'on les analyse après leur mise en application et ils sont abandonnés.

La politique en matière de compte courant

La réduction des fluctuations du cycle permet de faire diminuer les fluctuations du compte courant, mais celles-ci pourraient tout de même être trop importantes au niveau de PIB potentiel.

◆ La baisse de la *DA* réduirait le déficit, mais créerait des conflits.

◆ Une diminution des taux d'intérêt provoquerait une dévaluation du dollar, mais ferait également augmenter la masse monétaire et le niveau des prix qui, à leur tour, annuleraient l'effet de la dépréciation.

◆ On croit souvent que la hausse des tarifs ou l'imposition de quotas à l'importation fait augmenter les exportations nettes mais, en réalité, ces mesures font diminuer les importations et, les étrangers ne pouvant acheter autant de nos biens et services, elles font également diminuer nos exportations.

◆ Le solde du compte courant = (épargne privée – investissement) + (impôts et taxes – dépenses publiques). Par conséquent, la réduction du déficit public aurait tendance à restaurer le solde du compte courant.

R A P P E L S

1 Dans le présent chapitre, nous n'allons introduire que quelques nouvelles notions. Nous utiliserons le modèle que nous avons élaboré dans les chapitres précédents pour analyser les effets des diverses politiques. Il s'agit de la récompense pour tous les efforts que vous avez investis afin de maîtriser ce modèle.

Toutefois, dans le présent chapitre, nous posons la question macroéconomique la plus importante : le gouvernement ou la Banque du Canada peut-il mettre en œuvre une politique budgétaire ou monétaire efficace pour réduire les problèmes de fluctuations du cycle économique ?

2 L'utilisation des modèles d'offre et de demande agrégées afin de prendre des décisions d'ordre politique dans le monde réel comporte de nombreuses complications. Dans les chapitres précédents, nous avons simplifié ces modèles, ce qui nous a permis d'aborder le plus de notions possible. Nous allons maintenant étudier les problèmes que doivent surmonter les responsables de l'élaboration et de la mise en œuvre d'une politique. Parmi les problèmes les plus importants, mentionnons l'incapacité dans laquelle ces responsables se trouvent lorsqu'il s'agit de prédire l'*ampleur* des effets de certaines variables sur l'offre et la demande agrégées, de même que le *moment où* ces effets se feront sentir.

a) Notre modèle macroéconomique constitue un excellent guide pour étudier les effets *qualitatifs* des fluctuations des variables qui influent sur l'offre et la demande agrégées. Par exemple, on sait qu'une augmentation de la masse monétaire fera déplacer la courbe de demande agrégée vers la droite. Lorsqu'il s'agit d'adopter une politique économique, l'information qualitative n'est toutefois pas suffisante. Il faut également des renseignements *quantitatifs*. En effet, il faut savoir *de combien* la masse monétaire doit croître pour faire augmenter la demande agrégée.

Même si l'on a une idée du sens de l'effet produit, il est beaucoup plus difficile de connaître l'ampleur de cet effet, de sorte que notre connaissance s'en trouve limitée. Il est donc presque impossible d'utiliser une politique de stabilisation en vue d'ajuster l'économie avec précision.

b) En plus de connaître le sens et l'ampleur de l'effet produit, nous devons découvrir à quel *moment* les effets d'une politique se font sentir. Par exemple, une politique mise en œuvre aujourd'hui exerce ses effets sur la demande agrégée avec un délai. Dans la plupart des cas, le délai est important. Les responsables de la politique de stabilisation économique doivent donc être en mesure de le prévoir, afin de s'assurer qu'une politique mise en œuvre aujourd'hui aura des effets désirables lorsqu'ils se feront sentir dans le futur.

Malheureusement, il est très difficile de prévoir ces délais : en plus d'être souvent très longs, leur durée varie. Ainsi, les responsables de la politique de stabilisation économique peuvent décider aujourd'hui de mettre en œuvre une politique qui, lorsqu'elle exercera ses effets dans le futur, fera déplacer la courbe de demande agrégée dans la « mauvaise » direction parce que la situation aura changé. Dans ce cas, la politique mise en œuvre sera déstabilisante ; ses effets seront donc plus néfastes que si l'on n'avait pris aucune mesure.

La comparaison suivante peut être utile. Supposez que vous décidiez de vous rendre en voiture chez un ami qui habite à une certaine distance de chez vous. Votre objectif est de déplacer la voiture d'un point à un autre, c'est-à-dire de votre maison à la maison de votre ami. Pour simplifier l'exemple, supposons que le seul instrument dont vous disposiez pour atteindre votre objectif soit le volant de votre automobile. Lorsque vous désirez amorcer un virage à droite, vous tournez le volant vers la droite. Lorsque vous désirez amorcer un virage à gauche, vous tournez le volant vers la gauche. Remarquez que la direction que vous donnez au volant de votre automobile est importante, tout comme l'ampleur du virage l'est pour changer de direction sans provoquer d'accident. La plupart des gens peuvent conduire une voiture assez facilement, parce qu'il n'y a pas de délai entre le moment où ils tournent le volant et celui où la voiture se déplace. Maintenant, imaginez jusqu'à quel point cette tâche serait difficile à accomplir s'il existait un délai d'une minute entre les deux. Dans ce cas, vous devriez faire la meilleure prévision possible de la position de la voiture une minute plus tard. La tâche serait encore plus complexe si la durée du délai variait et s'il était impossible à prévoir. Finalement, vous choisiriez sans doute de rester à la maison (politique qui obéit à une règle fixe).

En réalité, une voiture ne fonctionne pas avec de tels délais. Toutefois, un paquebot se déplace sur l'eau avec un certain délai. C'est pourquoi il est si difficile de piloter un navire.

3 Dans le présent chapitre, nous vous présentons deux points de vue opposés quant à l'utilité d'une politique anticyclique. Ces points de vue sont issus en partie d'hypothèses différentes à propos d'un facteur essentiel : la vitesse à laquelle le secteur privé réagit aux chocs macroéconomiques par rapport à la vitesse à laquelle le secteur public y réagit.

Les défenseurs des politiques fondées sur des règles fixes (les tenants de la théorie du cycle d'origine réelle, les monétaristes et les tenants de la nouvelle théorie classique) estiment, en général, que le secteur privé réagit rapidement – les gens formulent des anticipations rationnelles, traitent les nouveaux renseignements rapidement à cause des incitatifs économiques et concluent des contrats de salaires flexibles qui permettent aux salaires de réagir rapidement aux fluctuations du niveau des prix. Ils croient également que le secteur public réagit lentement à cause des délais liés à la reconnaissance des problèmes et à l'adoption d'une politique puis à sa mise en œuvre. Les défenseurs des politiques basées sur les règles fixes en concluent donc logiquement que, au mieux, les règles de rétroaction sont vouées à l'impuissance et que, au pire, elles peuvent nuire à l'économie.

Les défenseurs des politiques fondées sur les règles de rétroaction (les keynésiens et les tenants de la nouvelle théorie keynésienne) considèrent que le secteur privé réagit lentement – les gens signent des contrats de travail à long terme afin d'empêcher les salaires de réagir rapidement aux variations du niveau des prix. Ils estiment également que le secteur public est en mesure de réagir plus rapidement que le secteur privé. Ils en concluent donc que les politiques fondées sur les règles de rétroaction sont plus avantageuses pour l'économie, car elles accélèrent le processus de reprise à la suite d'une récession.

Toutefois, aucune preuve empirique nette ne vient soutenir un point de vue plutôt qu'un autre.

4 De nombreux étudiants (et mêmes des responsables de l'élaboration des politiques) tombent dans le piège qui consiste à croire que les règles de rétroaction sont plus efficaces que les règles fixes. En théorie, il semble en effet que les règles de rétroaction permettent de faire la même chose que les règles fixes, et davantage. Il faut éviter de tomber dans ce piège. Dans la réalité, la mise en œuvre de règles de rétroaction pose de nombreux problèmes : ces règles supposent une très bonne connaissance du fonctionnement de l'économie (par exemple, du niveau de plein emploi) ; elles entraînent des événements imprévisibles ; elles peuvent engendrer des fluctuations *plus importantes* de la demande agrégée en raison des délais que nous venons de mentionner ; et elles ne sont pas efficaces contre les chocs qui frappent l'offre agrégée. Pour ces raisons, on ne peut affirmer que les règles de rétroaction sont plus efficaces que les règles fixes.

A U T O É V A L U A T I O N

Vrai/Faux/Incertain
(Justifiez votre réponse.)

1 L'offre agrégée subit plus souvent des chocs que la demande agrégée.

2 Les règles de rétroaction ne contribuent pas à augmenter les fluctuations économiques.

3 Il est possible de réduire le déficit du compte courant sans modifier les objectifs de la politique macroéconomique, en faisant croître la masse monétaire.

4 L'un des objectifs de la politique économique vise à amener le chômage au-dessous de son taux naturel.

5 Au Canada, le gouvernement fédéral met en œuvre la politique budgétaire.

6 L'utilisation d'une règle de rétroaction au lieu d'une règle fixe augmente le risque d'inflation par les coûts.

7 L'augmentation de l'épargne privée et du déficit public provoquera une accélération du taux de croissance économique.

8 L'expérience récente au Canada tend à démontrer qu'une politique monétaire anti-inflationniste n'est pas efficace.

9 L'inflation par les coûts ne persiste que si la Banque centrale la soutient en augmentant la masse monétaire.

10 Une règle de rétroaction est plus efficace qu'une règle fixe.

Questions à choix multiple

1 Parmi les énoncés suivants, lequel est *vrai* ? La politique monétaire influe sur l'économie
a) immédiatement et la politique budgétaire aussi.
b) immédiatement et la politique budgétaire n'influe aucunement sur elle.
c) immédiatement et la politique budgétaire influe sur l'économie avec un certain délai.
d) avec un certain délai et la politique budgétaire influe sur l'économie immédiatement.
e) avec un certain délai et la politique budgétaire aussi.

2 Une économie est à l'équilibre de plein emploi, lorsqu'une sécheresse se produit. Il s'agit d'un choc subi par _____ agrégée et une règle _____ fera augmenter l'inflation sans influer sur le PIB réel.
a) la demande ; fixe
b) l'offre ; fixe
c) la demande ; discrétionnaire
d) la demande ; de rétroaction
e) l'offre ; de rétroaction

3 Une économie est à l'équilibre de plein emploi, lorsque la confiance des consommateurs diminue. Il s'agit d'un choc subi par _____ agrégée et une règle _____ fera augmenter le PIB réel, de sorte qu'il reviendra à son niveau initial.
a) la demande ; fixe
b) la demande ; de rétroaction
c) l'offre ; monétaire
d) la demande ; budgétaire
e) l'offre ; fixe

4 L'un des énoncés suivants est un exemple de règle fixe. Lequel ?
a) Porter des bottes s'il neige
b) Laisser ses bottes à la maison s'il ne neige pas
c) Porter des bottes tous les jours
d) Enlever ses bottes en entrant dans la maison si elles sont mouillées
e) Écouter les prévisions météorologiques, et décider ensuite de porter ou non des bottes

5 L'incohérence temporelle est
a) le maintien d'un taux de croissance stable du PIB nominal.
b) le respect d'une politique qui a été prévue dans le passé.
c) le problème qui découle de l'application d'une règle de rétroaction à cause des délais que comporte la mise en application des politiques.
d) la mise en œuvre de la même politique peu importe la situation économique.
e) la situation dans laquelle un plan qui semblait acceptable est considéré comme inefficace quand le temps est venu de le mettre en application.

6 Parmi les affirmations suivantes, laquelle constitue un argument *à l'appui* d'une règle de rétroaction?
a) Une règle de rétroaction requiert une meilleure connaissance du taux naturel que celle que nous avons.
b) Les règles de rétroaction augmentent l'imprévisibilité.
c) Les chocs qui frappent l'offre agrégée causent la plupart des fluctuations économiques.
d) Les chocs qui frappent la demande agrégée engendrent la plus grande partie des fluctuations économiques.
e) Les règles de rétroaction engendrent des fluctuations plus importantes de la demande agrégée.

7 Au Canada, durant les années 1980, la politique budgétaire était
a) marquée par des déficits qui ne cessaient de croître.
b) marquée par des déficits qui ne cessaient de diminuer.
c) expansionniste.
d) plutôt restrictive.
e) a et c.

8 Au Canada, durant les années 1980, la politique monétaire était marquée par
a) une croissance continue de M2+.
b) une baisse continue de M2+.
c) une inflation croissante.
d) une inflation nulle.
e) un cycle dans le taux de croissance de M2+ qui avait tendance à contrer la politique budgétaire.

9 L'inflation par les coûts est plus facile à juguler au moyen
a) d'une règle fixe.
b) d'une règle de rétroaction.
c) d'une politique discrétionnaire.
d) d'un cycle économique politique.
e) d'une approche socialiste.

10 La maîtrise de l'inflation s'avère une tâche difficile car
a) la Banque du Canada est trop indépendante.
b) la courbe de Phillips montre que le chômage augmente toujours quand l'inflation diminue.
c) le taux naturel d'inflation est égal à 6%.
d) les politiques anti-inflationnistes imprévues fonctionnent bien.
e) il y a une incohérence temporelle.

11 En pratique, la réduction de l'inflation
a) a fonctionné en 1982 sans provoquer de chômage.
b) a fonctionné en 1990 sans provoquer de chômage.
c) n'a jamais fonctionné.
d) a bien fonctionné grâce à l'incohérence temporelle.
e) Aucune de ces réponses.

12 La lutte contre l'inflation au moyen d'une politique restrictive est
a) généralement appuyée par les politiciens lors des campagnes électorales.
b) généralement impopulaire auprès des politiciens lors des campagnes électorales.
c) une manière peu coûteuse de réduire l'inflation.
d) toujours facilement acceptée par les travailleurs.
e) un exemple de règle fixe.

13 Toute tentative pour réduire le déficit du compte courant en diminuant les taux d'intérêt est vaine puisque
a) la réduction des taux d'intérêt fait augmenter les dépenses et le déficit du compte courant.
b) la réduction des taux d'intérêt fait augmenter l'offre de monnaie et le niveau des prix, ce qui provoque une chute compensatrice des exportations nettes.
c) la variation des taux d'intérêt n'a pas d'effet sur le déficit du compte courant.
d) la réduction des taux d'intérêt fait augmenter l'épargne publique et donc le déficit du compte courant.
e) la réduction des taux d'intérêt fait augmenter le déficit public et donc le déficit du compte courant.

14 La meilleure façon de réduire le déficit du compte courant consiste à
a) diminuer la demande agrégée.
b) augmenter l'investissement privé.
c) augmenter le déficit public.
d) diminuer le déficit public.
e) augmenter les tarifs douaniers et à imposer des quotas.

15 Les politiques monétaires fondées sur des règles fixes visent à
   a) contrôler les pressions inflationnistes à long terme.
   b) juguler les augmentations temporaires de la demande agrégée.
   c) juguler les diminutions temporaires du PIB réel.
   d) annuler les chocs subis par l'offre.
   e) maintenir le taux de croissance du PIB réel à un niveau élevé.

16 Les économistes qui préfèrent les règles fixes aux règles de rétroaction soutiennent que les délais d'action d'une politique sont
   a) plus courts que la marge de prévisibilité et que le PIB potentiel est raisonnablement bien connu.
   b) plus courts que la marge de prévisibilité et que le PIB potentiel est inconnu.
   c) plus longs que la marge de prévisibilité et que le PIB potentiel est raisonnablement bien connu.
   d) plus longs que la marge de prévisibilité et que le PIB potentiel est inconnu.
   e) les mêmes que la marge de prévisibilité et que le PIB réel de plein emploi est constant.

17 Si la Banque du Canada annonce son intention de réduire le taux de croissance de la masse monétaire, mais qu'elle manque de crédibilité, la courbe de Phillips à court terme
   a) se déplacera vers la gauche.
   b) se déplacera vers la droite.
   c) ne se déplacera pas.
   d) deviendra verticale.
   e) deviendra plus plane.

18 Si la Banque du Canada annonce son intention de réduire le taux de croissance de la masse monétaire et qu'elle a beaucoup de crédibilité, la courbe de Phillips à court terme
   a) se déplacera vers la gauche.
   b) se déplacera vers la droite.
   c) ne se déplacera pas.
   d) deviendra verticale.
   e) a et d

19 Parmi les énoncés suivants, lequel exprime un des deux principaux objectifs de la politique macroéconomique?
   a) Un taux de chômage constant à 6 %
   b) Une croissance régulière du PIB réel
   c) Une croissance régulière du PIB nominal
   d) Un taux de change flexible
   e) Une inflation à son taux naturel

20 Si le taux d'imposition marginal _____, le rendement de l'épargne _____.
   a) augmente; demeure inchangé
   b) diminue; diminue
   c) diminue; augmente
   d) diminue; demeure inchangé
   e) augmente; augmente

21 Parmi les énoncés suivants, lequel n'exprime pas un facteur déterminant de la croissance à long terme qui peut être influencé par une politique gouvernementale?
   a) L'épargne nationale
   b) L'investissement dans le capital humain
   c) L'investissement dans les biens de consommation durables
   d) L'investissement dans les nouvelles techniques
   e) Les déficits gouvernementaux

22 De 1970 à 1995, l'épargne nationale s'élevait en moyenne à
   a) 10 %.
   b) 15 %.
   c) 17 %.
   d) 25 %.
   e) 30 %.

23 Selon la théorie du cycle d'origine réelle,
   a) une chute du PIB réel représente une baisse du PIB réel à long terme.
   b) les salaires sont flexibles mais l'équilibre sur le marché du travail ne signifie pas nécessairement qu'il y a plein emploi.
   c) les fluctuations de la demande agrégée modifient le PIB réel à long terme.
   d) les fluctuations de la demande agrégée ne peuvent pas influer sur le niveau des prix.
   e) les règles de rétroaction sont les meilleures.

24 Une politique monétaire fondée sur une règle fixe
   a) requiert une bonne connaissance de la manière dont les variations de la masse monétaire influent sur l'économie.
   b) est impossible à appliquer pour la Banque du Canada.
   c) engendre des fluctuations plus importantes de la demande agrégée.
   d) engendre un PIB réel constant.
   e) diminue les risques d'une inflation par les coûts.

25 Les déficits publics tendent à ralentir la croissance économique, car ils
   a) font diminuer la demande agrégée.
   b) font augmenter l'investissement privé et diminuer l'épargne privée.
   c) constituent une politique qui engendre un problème d'incohérence temporelle.

d) font diminuer les dépenses consacrées
à la recherche-développement.

e) ont un effet d'éviction sur l'épargne nationale
en utilisant une part de l'épargne privée.

Problèmes à court développement

1 La Banque de Bohême tente de ramener l'inflation
au pays à moins de 8 %, mais sa politique
provoque une augmentation des taux d'intérêt
réels et des taux de salaire réels.

a) Que révèlent les taux d'intérêt réels et les
taux de salaire réels élevés sur les anticipations
et sur cette politique ?

b) Certains observateurs du milieu des affaires
s'opposent à cette politique, soutenant que
les taux d'intérêt réels élevés font diminuer
l'investissement ainsi que le taux de croissance
futur. Évaluez la validité de cet argument.

2 Le premier ministre de Bohême a déclaré :
« Nous sommes en train de réduire les dépenses
publiques afin de contenir le déficit et de créer
plus d'emplois. » En quoi cet énoncé peut-il
être vrai ? La réduction des dépenses publiques
ne provoquera-t-elle pas une diminution
de la demande agrégée et ne créera-t-elle pas
du chômage ?

3 Faites la distinction entre une règle fixe et une
règle de rétroaction.

4 Le but d'une politique économique est
de stabiliser l'économie. Comment une règle
de rétroaction peut-elle engendrer une plus
grande variabilité de la demande agrégée ?

5 Si la Banque du Canada annonce qu'elle a
l'intention de réduire le taux d'inflation en
ralentissant le taux de croissance de la masse
monétaire, le taux d'inflation prévu chutera
aussi. Il serait donc impossible de réduire
le taux d'inflation effectif sans provoquer
de récession. Pourtant, il semble que ce ne
soit pas le cas. Expliquez pourquoi.

6 Supposons que la Banque du Canada sache
exactement de combien et à quel moment la
courbe de demande agrégée se déplacera, qu'il
y ait ou non une politique monétaire.

Comparez les effets qu'aura, sur le PIB
réel et le niveau des prix, une chute temporaire
et imprévue de la demande agrégée, qui revient
graduellement à son niveau initial sur plusieurs
périodes, en présence d'une règle fixe et d'une
règle de rétroaction. Supposez que l'économie se
trouve, au départ, au niveau du PIB réel d'équilibre
à long terme et que ce PIB soit constant.
Représentez graphiquement chacune des règles
suivantes :

a) Supposez que la Banque du Canada obéisse à
une règle fixe, selon laquelle la masse monétaire
est maintenue à un niveau constant.

b) Supposez que la Banque du Canada obéisse
à une règle de rétroaction, selon laquelle la
masse monétaire augmente lorsque la demande
agrégée chute et diminue lorsque la demande
agrégée augmente.

7 Une économie connaît une hausse temporaire
et imprévue de la demande agrégée. Sa Banque
centrale suit une politique fondée sur une règle
de rétroaction semblable à celle du problème **6b**
mais, par contre, elle ne sait pas *exactement* de
combien ni à quel moment la demande agrégée
se déplacera.

En l'an 1, l'économie se situe au niveau
du PIB réel d'équilibre à long terme. Vers la fin
de l'année, un climat d'optimisme provoque
une hausse (temporaire) de la demande agrégée.

En conséquence, en l'an 2, le PIB réel
augmente et le chômage chute sous son taux
naturel. Selon la règle de rétroaction, la Banque
du Canada réduit la masse monétaire afin
de prévenir une surchauffe de l'économie.
Toutefois, l'effet de cette règle sur la demande
agrégée se produit après un délai d'un an.

En l'an 3, la situation n'incite plus à
l'optimisme, de sorte que la demande agrégée
revient à son niveau initial. De plus, la politique
monétaire mise en œuvre en l'an 2 exerce
finalement ses effets sur la demande agrégée
en l'an 3.

Analysez l'évolution du PIB réel et du niveau
des prix à l'aide de trois graphiques, un pour chaque
année. Supposez que toutes les variations de la
demande agrégée sont imprévues et que le PIB réel
à long terme demeure constant. La règle de rétroaction a-t-elle réussi à stabiliser la demande agrégée ?

8 Supposons que la théorie du cycle d'origine
réelle soit juste. Une sécheresse dans les Prairies
cause une diminution du PIB réel à long terme.
Représentez graphiquement ses effets sur le
PIB réel et le niveau des prix dans le cas où la
Banque du Canada obéit à une règle fixe selon
laquelle la masse monétaire est maintenue
constante. Puis, sur le même graphique, illustrez
l'effet de la sécheresse sur le PIB réel et le niveau
des prix dans le cas où la Banque du Canada
obéit à une règle de rétroaction selon laquelle
la masse monétaire augmente lorsque le PIB réel
chute et diminue lorsque le PIB réel augmente.

⚡ **9** Supposons que la Banque centrale décide de mettre en œuvre une politique anti-inflationniste. La figure 19.1 illustre la situation économique initiale (point *a*) et la situation économique prévue pour la période suivante (point *b*). La Banque décide de mettre en œuvre une politique de réduction graduelle de l'inflation. Lors de l'an 1, elle réduit la croissance de la demande agrégée à 5 % (soit la moitié du taux prévu). Lors de l'an 2, elle réduit à nouveau la croissance de la demande agrégée à 2,5 %. Si la politique n'est pas initialement prévue, montrez graphiquement ses effets.

FIGURE **19.1**

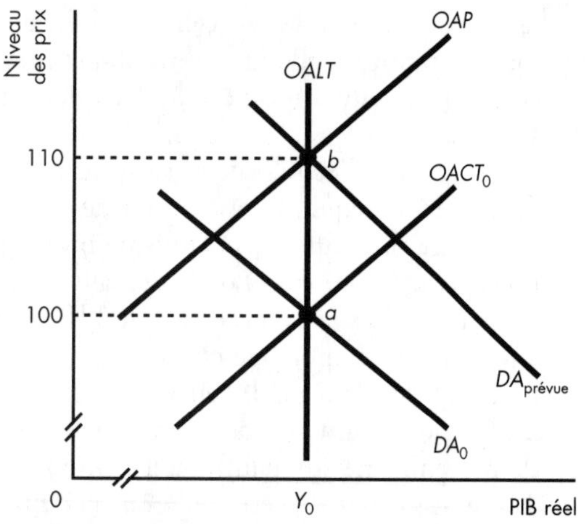

10 Vous êtes le conseiller économique du gouverneur de la Banque du Canada. Tout récemment, l'économie s'est enfoncée dans une récession – le taux de chômage a augmenté, passant de 7 à 11 %, le niveau des prix a monté de 125 à 135, et le PIB réel a chuté de 200 milliards de dollars de 1992 à 180 milliards de dollars de 1992. Deux autres conseillers tentent de persuader le gouverneur de la validité de leurs arguments. Mme Labelle soutient que cette situation résulte d'une perturbation de l'*OALT*, qui a causé une chute du PIB réel de plein emploi et une augmentation du taux de chômage naturel. Par conséquent, elle insiste sur le fait que la meilleure politique à adopter consiste à ne rien faire. Par ailleurs, M. Tremblay estime que cette récession est provoquée par un niveau de demande agrégée plus faible que prévu et que la politique la plus efficace serait une politique monétaire expansionniste.

a) Le gouverneur, Jean Rave, vous demande de tracer le graphique de *DA-OA* pour chacun de ces arguments et de vérifier leur validité. Il vous demande seulement d'indiquer où se situent le nouvel équilibre ainsi que l'équilibre initial. Théoriquement, les deux arguments sont-ils valables ?

b) Mme Labelle soutient de plus que, même si la récession actuelle résulte d'un choc encaissé par la *DA*, la mise en œuvre d'une politique fondée sur une règle de rétroaction ne fera que l'accentuer. Elle explique que les délais liés à la mise en œuvre de la politique monétaire feront en sorte que la stimulation de la demande agrégée se produira trop tard et ne fera que nuire à l'économie. Expliquez son argument et illustrez-le sur le graphique que vous avez dessiné pour l'explication de la récession fournie par M. Tremblay.

c) Le gouverneur Rave souhaite obtenir votre opinion. Doit-il appliquer une politique monétaire expansionniste ? Pourquoi ?

R É P O N S E S

Vrai/Faux/Incertain (Justifiez votre réponse.)

1 I Aucune preuve économique ne vient appuyer l'un ou l'autre de ces énoncés.

2 F S'il y a des délais, les effets d'une politique fondée sur une règle de rétroaction pourraient se faire sentir trop tard, ce qui risque d'empirer le cycle.

⚡ **3** F La hausse de la masse monétaire provoquera une baisse des taux d'intérêt, ce qui fera diminuer le taux de change, augmenter les exportations nettes et réduire le déficit du compte courant. Cependant, la variation des taux d'intérêt et du taux de change entraînera une hausse de la demande agrégée qui aura des conséquences sur le niveau des prix, etc.

4 F L'un des objectifs consiste à maintenir le chômage à son taux naturel.

5 V Il choisit de faire varier les dépenses, les impôts et les taxes ainsi que le déficit. Par conséquent, il s'agit d'une politique budgétaire.

6 V Les règles de rétroaction contribuent aux augmentations salariales.

7 I Cela dépend de l'ampleur relative des augmentations, car la croissance est influencée par l'épargne nationale = épargne privée + épargne publique.

8 F L'inflation a été réduite en 1982-1985 et en 1990-1992 au coût d'une hausse du chômage.

9 V Si elle n'est pas soutenue par une hausse du chômage, elle provoque une diminution des prix des facteurs, ce qui entraîne un déplacement de la courbe *OACT* vers la droite, de sorte que les prix reviennent à leur niveau initial.

10 I Cela dépend de la théorie que vous préférez.

Questions à choix multiple

1 e À cause du délai d'action de la politique et d'une courte marge de prévisibilité.

2 e La sécheresse provoque un déplacement vers la gauche d'*OALT*. La hausse de la *DA* (règle de rétroaction) n'aura aucun effet sur le PIB réel.

3 b La baisse de la confiance des consommateurs provoque une diminution de la consommation, qui entraîne un déplacement vers la gauche de la *DA*. La règle de rétroaction fera augmenter la *DA* et contrera le choc.

4 c Le choix est le même quelles que soient les circonstances.

5 e Définition.

6 d Les autres constituent des arguments à l'*encontre* des règles de rétroaction.

7 d Voir le manuel.

8 e Voir le manuel.

9 a En maintenant la *DA* constante, on ne soutient pas l'inflation et on réduit les risques d'une inflation par les coûts dans le futur.

10 e L'incohérence temporelle signifie que les politiques anti-inflationnistes ne sont pas toujours mises en œuvre. Il est difficile de faire une promesse crédible de réduction de l'inflation. Les anticipations ne diminuent pas facilement. La politique anti-inflationniste provoque du chômage.

11 e En 1982 et en 1990, le chômage a été provoqué par l'incohérence temporelle, mais l'inflation a diminué.

12 b Car elle entraîne généralement du chômage, et les électeurs estiment qu'il est plus important de lutter contre le chômage que de lutter contre l'inflation.

13 b Voir le manuel.

14 d Puisque la balance du compte courant = (épargne privée − investissement) + (impôts et taxes − dépenses publiques).

15 a Elles ne tiennent pas compte des pressions à long terme.

16 d Par conséquent, les effets de la politique se font sentir trop tard et sont souvent inadéquats.

17 c Les anticipations ne varieront pas.

18 a Au fur et à mesure que les anticipations d'inflation diminuent.

19 b Voir le manuel.

20 c Le taux d'imposition marginal plus faible provoque une augmentation des revenus après impôt engendrée par l'épargne.

21 c Voir le manuel.

22 c Voir le manuel.

23 a Puisque les courbes d'offre agrégée sont toutes verticales au niveau du PIB réel à long terme.

24 e Puisqu'elle ne soutiendrait pas l'inflation par les coûts, ce qui réduirait la probabilité d'une inflation par les coûts dans le futur.

25 e Puisque l'épargne nationale = l'épargne privée + l'épargne publique.

Problèmes à court développement

1 a) Le fait que les taux d'intérêt réels et les taux de salaire réel ont augmenté indique qu'il s'agit d'une politique imprévue. Si elle avait été prévue et efficace, les taux seraient constants.

b) Les taux d'intérêt réels plus élevés feront effectivement diminuer l'investissement, ce qui signifie que le stock de capital sera moins élevé et que le taux de croissance du PIB potentiel à long terme diminuera. Cependant, l'inflation plus faible fera également augmenter le taux de croissance, comme nous l'avons vu au chapitre 18. L'effet net sera sans doute un taux de croissance plus lent à court terme et plus rapide à long terme, lorsque les taux d'intérêt réels diminueront.

2 Effectivement, à court terme, la réduction des dépenses publiques provoquera une diminution de la demande agrégée et créera du chômage. Cependant, à long terme, le déficit public plus faible fera augmenter l'épargne nationale ainsi que le taux de croissance économique et devrait créer plus d'emplois.

3 Une règle fixe signifie qu'une mesure doit être prise indépendamment de l'état de l'économie, tandis qu'une règle de rétroaction signifie que la mesure doit être ajustée à la situation économique.

4 Les effets d'une politique de stabilisation – par exemple une opération sur le marché libre – sur la demande agrégée se font sentir après un certain délai. Par conséquent, une politique mise en œuvre aujourd'hui ne produira l'effet désiré que plus tard. Les décideurs doivent donc prévoir la situation économique une année ou deux à l'avance afin de s'assurer que leur politique, mise en œuvre aujourd'hui, aura les effets désirés. Il ne s'agit pas d'une tâche facile puisque les délais sont longs (un ou deux ans) et imprévisibles. En conséquence, les responsables de la politique de stabilisation courent le risque que la politique mise en œuvre aujourd'hui exerce, dans le futur, des effets contraires à ceux qui étaient recherchés au départ. En d'autres termes, une politique peut déstabiliser la demande agrégée plutôt que la stabiliser.

5 Un problème se pose ici : l'inflation prévue peut ne pas chuter à la suite de l'annonce faite par la Banque du Canada. Celle-ci peut avoir des problèmes de crédibilité parce que les anticipations dépendent plus des mesures qu'elle a prises dans le passé que de celles qu'elle prévoit appliquer. Si les gens ne font pas confiance à la Banque du Canada, ils n'ajusteront pas leurs anticipations. Par conséquent, lorsque la Banque du Canada mettra en œuvre sa politique, une récession se produira malgré tout. De plus, si les salaires sont rigides, l'ajustement du marché du travail pourrait se faire plus lentement.

6 a) Le graphique (a) de la figure 19.2 illustre l'évolution du PIB réel et du niveau des prix en présence d'une règle fixe. Au départ, l'économie se trouve au point a sur la courbe de demande agrégée DA_0 : le niveau des prix correspond à P_0 et le PIB réel se situe à son niveau à long terme, soit Y_0. La chute temporaire de la demande agrégée fait déplacer la courbe de demande agrégée vers le bas en DA_1.

Puisque la masse monétaire est maintenue constante, selon la règle fixe, le nouvel équilibre se situe au point b : le niveau des prix a chuté en P_1, et le PIB réel a descendu en Y_1. L'économie connaît une récession. À mesure que la courbe de demande agrégée revient à sa position initiale en DA_0, le niveau des prix augmente graduellement jusqu'à P_0, et le PIB réel revient progressivement vers son niveau, soit Y_0.

FIGURE **19.2**

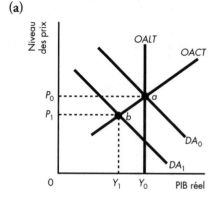

(a)

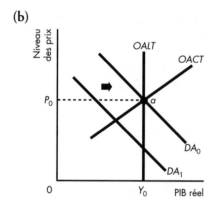

(b)

b) Le graphique (b) de la figure 19.2 illustre l'évolution du PIB réel et du niveau des prix en présence d'une règle de rétroaction. Encore une fois, l'économie se trouve au départ sur la courbe de demande agrégée DA_0, au point a. La chute temporaire de la demande agrégée provoque un déplacement temporaire de la courbe de demande agrégée en DA_1. Étant donné qu'elle obéit à une règle de rétroaction, la Banque du Canada augmentera la masse monétaire suffisamment pour que la courbe DA_1 revienne en DA_0. Ainsi, elle contre la chute de la demande agrégée et l'équilibre demeure au point a : le niveau des prix se maintient à P_0 et le PIB réel à son niveau, soit Y_0.

Lorsque les facteurs qui ont provoqué la chute temporaire de la demande agrégée se seront dissipés, la courbe de demande agrégée commencera à se déplacer vers le haut. La Banque du Canada réduira suffisamment la masse monétaire pour contrebalancer ces déplacements. En conséquence, la courbe de demande agrégée demeurera en DA_0 et l'équilibre se maintiendra au point a. En pareilles circonstances, la règle de rétroaction est supérieure à la règle fixe – la récession dure moins longtemps.

7 Les graphiques (a), (b) et (c) de la figure 19.3 illustrent la situation économique pour les années 1, 2 et 3. L'équilibre initial pour l'an 1 (point *a*) est illustré dans le graphique (a). La production de l'économie se situe au PIB réel à long terme, Y_1, et le niveau des prix est P_1.

En l'an 2, un climat d'optimisme fait déplacer la courbe de demande agrégée en DA_2 dans le graphique (b). En outre, la Banque du Canada réduit la masse monétaire, mais cette mesure n'a pas d'effet immédiat sur la demande agrégée. Par conséquent, l'équilibre pour l'an 2 est atteint à l'intersection des courbes DA_2 et *OACT*, soit au point *b* du graphique (b). Le PIB réel est passé en Y_2, soit au-dessus de son niveau à long terme, et le niveau des prix a augmenté, passant à P_2.

En l'an 3, deux facteurs ont une incidence sur la demande agrégée. Premièrement, la situation n'incite plus à l'optimisme, ce qui a pour effet de ramener la courbe de demande agrégée en DA_1. De plus, la réduction de la masse monétaire par la Banque du Canada, en l'an 2, produit finalement ses effets sur la demande agrégée en l'an 3. En conséquence, la courbe de demande agrégée se déplace vers le bas en DA_3, et le nouvel équilibre se trouve au point *c* du graphique (c). Le niveau des prix a descendu en P_3, et le PIB réel se situe maintenant en Y_3, soit au-dessous de la capacité optimale de production. La règle de rétroaction de la Banque du Canada en l'an 2 a entraîné une récession en l'an 3, même s'il semblait s'agir de la politique appropriée au moment où elle a été mise en œuvre. Remarquez que, si la Banque du Canada avait obéi à une règle fixe, elle n'aurait pas modifié la masse monétaire en l'an 2 et, en l'an 3, l'équilibre se serait maintenu au point *a* et le PIB réel aurait été à son niveau à long terme. La règle de rétroaction a déstabilisé la demande agrégée parce que la Banque du Canada n'a pas une connaissance complète de l'économie et qu'il y a des délais ; la politique a augmenté la *variabilité* de la demande agrégée.

8 La figure 19.4 illustre les effets de la diminution sur le PIB réel et le niveau des prix. Puisque nous *supposons* que la théorie du cycle d'origine réelle est juste, la seule courbe d'offre agrégée qui existe est la courbe du PIB potentiel. Au départ, l'économie est en équilibre à l'intersection des courbes DA_0 et $OALT_0$, au point *a*. Le PIB réel correspond à Y_0 et le niveau des prix à P_0. Ensuite, le PIB réel à long terme diminue et la courbe d'offre agrégée se déplace vers la gauche d'$OALT_0$ à $OALT_1$.

Si la Banque du Canada obéit à une règle fixe, elle maintiendra la masse monétaire constante, et la courbe de demande agrégée restera en DA_0. Par conséquent, le nouvel équilibre sera atteint au point *b* : le PIB réel descendra en Y_1 (le nouveau niveau d'équilibre à long terme), et le niveau des prix augmentera, passant à P_1. Par contre, si la Banque du Canada obéit à une règle de rétroaction, la chute du PIB réel l'incitera à accroître la masse monétaire, ce qui fera déplacer la courbe de demande agrégée vers la droite, de DA_0 à DA_1. Remarquez que la politique monétaire n'aura aucun effet sur le PIB réel à long terme, donc aucune incidence sur la courbe d'offre agrégée (à long terme). Ainsi, en présence d'une règle de rétroaction, le nouvel équilibre se trouve au point *c* : le PIB réel demeure en Y_1, mais le niveau des prix a augmenté, passant à P_2. Une règle de rétroaction entraîne une augmentation plus importante du niveau des prix (un taux d'inflation plus fort) qu'une règle fixe, mais n'a aucune incidence sur le PIB réel.

FIGURE **19.3**

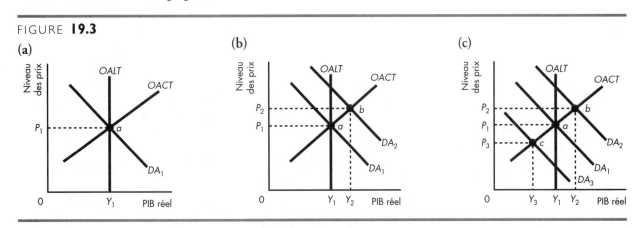

FIGURE **19.4**

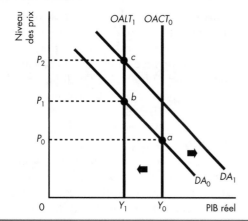

FIGURE **19.1** SOLUTION

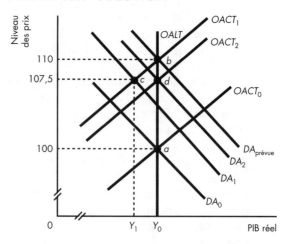

9 La figure 19.1 Solution illustre la politique anti-inflationniste adoptée par la Banque centrale. Cette politique a pour effet de réduire la croissance de la demande agrégée d'une distance verticale correspondant à 5 %, en DA_1. Toutefois, la courbe $OACT$ effective dépend du taux d'inflation prévu de 10 %, de sorte que la courbe $OACT_1$ représente la courbe pertinente. En l'an 1, l'équilibre se trouve au point c: le PIB réel a chuté et le niveau des prix a augmenté d'environ 7,5 %, soit moins que le taux prévu.

En l'an 2, la Banque centrale permet à la demande agrégée d'augmenter de 2,5 %, soit un déplacement vertical jusqu'à 107,625 (105 × 1,025). La courbe de demande agrégée (DA_2) croise alors la courbe d'offre agrégée à long terme ($OALT$) au point d. L'effet réel de cette politique sur l'économie dépend de la façon dont les gens ajusteront leurs anticipations. Si la politique est crédible et que les salaires s'ajustent suffisamment, il se produira une baisse de l'offre agrégée à court terme jusqu'en $OACT_2$, et l'équilibre se situera au point d. L'inflation sera faible et le PIB réel reviendra à son taux naturel.

10 **a)** La figure 19.5(a) présente l'argument de Mᵐᵉ Labelle et la figure 19.5(b) celui de M. Tremblay. L'équilibre se situe au point a, et le nouvel équilibre au point b. Comme le montrent les graphiques, théoriquement, les deux arguments sont possibles.

FIGURE **19.5**

(a)

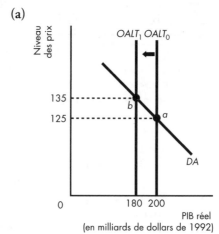

(b)

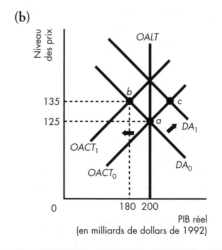

b) Elle soutient que la stimulation de la demande agrégée (déplacement de DA_0 vers DA_1) se produit après que les salaires se sont ajustés à la baisse (déplacement d'$OACT_1$ vers $OACT_0$). Par conséquent, le nouvel équilibre se situe au point c. La surchauffe de l'économie est due à la politique monétaire expansionniste.

c) Votre réponse doit être fondée sur un argument d'ordre économique. Vous soutiendrez une règle de rétroaction si vous croyez (a) qu'il s'agit d'une perturbation de la DA et (b) que la Banque centrale peut produire rapidement et avec succès la stimulation appropriée. Vous soutiendrez une règle fixe si vous croyez (a) qu'il s'agit d'une perturbation de l'OA ou (b) que, même s'il s'agit d'une perturbation de la DA, la politique mise en application par la Banque du Canada est mauvaise ou produit des résultats trop lentement.

PROBLÈME

Vous avez été engagé comme conseiller économique du premier ministre de Nouvelle-Calédonie. L'économie de la Nouvelle-Calédonie connaît une récession, laquelle est représentée par les données du tableau R5.1.

TABLEAU **R5.1**

	An I	An 2
Niveau des prix		
(indice implicite du PIb)	125	130
PIB réel		
(en milliards de dollars constants)	200	190
Salaires réels		
(en milliards de dollars constants)	15,00	15,45
Emploi (en milliards d'heures)	100	90
Chômage (en pourcentage)	8	11

Un groupe de conseillers (des tenants de la nouvelle théorie keynésienne) a expliqué au premier ministre que la récession avait été provoquée par une chute imprévue de la demande agrégée (entraînée par une chute imprévue des exportations) combinée aux salaires rigides (on prévoyait que l'inflation allait demeurer constante à 7 %).

a) Expliquez brièvement au premier ministre ce qui, selon ces conseillers, se produit sur le marché des biens et services (tracez un graphique de *DA-OA* dans le cadre de votre réponse) et sur le marché du travail (décrivez simplement la situation, ne tracez pas de graphique).

Un autre groupe de conseillers (des tenants de la théorie du cycle d'origine réelle) soutient que les événements mentionnés plus haut résultent entièrement d'un choc subi par l'offre agrégée, lequel a été entraîné par les progrès technologiques.

b) Expliquez brièvement au premier ministre ce qui, selon ces conseillers, se produit sur le marché des biens et services (tracez un graphique de *DA-OA* dans le cadre de votre réponse) et sur le marché du travail (décrivez simplement la situation, ne tracez pas de graphique).

c) Après que vous lui avez expliqué qu'aucun des deux points de vue ne prévaut, le premier ministre souhaite savoir ce qui se produira
   i) s'il estime que l'argument des tenants de la nouvelle théorie keynésienne est juste et qu'il adopte la politique appropriée, *mais* que l'argument des tenants de la théorie du cycle d'origine réelle s'avère fondé ;
   ii) s'il estime que l'argument des tenants de la théorie du cycle d'origine réelle est juste et qu'il adopte la politique appropriée, *mais* que l'argument des tenants de la nouvelle théorie keynésienne est vrai.

d) Le premier ministre a décidé de choisir une politique expansionniste, mais il n'arrive pas à décider s'il est préférable d'augmenter les dépenses publiques ou de réduire les taxes et les impôts. Il souhaite savoir quelle politique serait la plus efficace s'il se soucie de la croissance économique ainsi que du cycle économique.

EXAMEN DE MI-ÉTAPE

Vous devriez prévoir 24 minutes pour cet examen (12 questions, 2 minutes par question). Pour chacune des questions, choisissez la *meilleure* réponse.

I Une hausse du taux de chômage naturel est représentée par
a) un déplacement vers la droite de la courbe de Phillips à long terme.
b) un déplacement vers la gauche de la courbe de Phillips à long terme.
c) un déplacement vers la droite de la courbe de Phillips à court terme.
d) un déplacement vers la gauche des courbes de Phillips à long et à court termes.
e) un déplacement vers la droite des courbes de Phillips à long et à court termes.

2 Supposons que l'OPEP baisse le prix du pétrole d'une manière imprévue. Il s'agit d'un choc négatif sur l'offre agrégée. Qu'adviendra-t-il du niveau des prix et du PIB réel?
a) Le niveau des prix et le PIB réel augmenteront.
b) Le niveau des prix augmentera, alors que le PIB réel diminuera.
c) Le niveau des prix chutera, alors que le PIB réel augmentera.
d) Le niveau des prix et le PIB réel diminueront.
e) Le niveau des prix augmentera, alors que le PIB réel restera constant.

3 La figure R5.1 illustre une économie qui se trouve initialement en situation d'équilibre macroéconomique au point *a*. Si l'on prévoit une hausse de la masse monétaire de 50 %, quelle est l'anticipation rationnelle du niveau des prix?
a) 100
b) 120
c) 130
d) 150
e) Elle est impossible à déterminer si on ne possède pas plus d'information sur les négociations salariales.

FIGURE **R5.1**

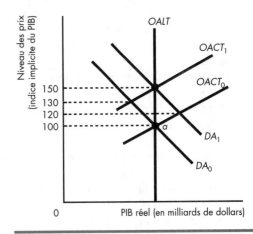

4 Une hausse du taux d'inflation prévu provoque une augmentation du taux d'intérêt nominal, car
a) les emprunteurs exigent une compensation puisque l'inflation dévalue la monnaie.
b) les prêteurs exigent une compensation puisque l'inflation dévalue la monnaie.
c) l'inflation entraîne une hausse des coûts des transactions.
d) le taux d'intérêt réel augmente d'un montant équivalent à la hausse prévue du taux d'inflation.
e) Aucune de ces réponses.

5 Les tenants de la théorie des salaires rigides ont attribué la hausse du chômage durant la récession de 1990 à une
a) augmentation du taux de chômage naturel.
b) diminution abrupte des salaires réels.
c) augmentation du taux de participation de la main-d'œuvre.
d) augmentation des salaires réels.
e) augmentation du taux de chômage structurel.

6 Comment la politique monétaire a-t-elle influé sur les taux d'intérêt durant la Grande Dépression?
a) Les taux d'intérêt réels ont augmenté à la suite d'une diminution de l'offre de monnaie.
b) Les taux d'intérêt réels ont baissé à la suite d'une diminution de l'offre de monnaie.
c) Les taux d'intérêt réels ont augmenté à la suite d'une augmentation de l'offre de monnaie.
d) Les taux d'intérêt réels ont diminué à la suite d'une augmentation de l'offre de monnaie.
e) Les taux d'intérêt réels ont augmenté à la suite d'une inflation positive.

7 Selon la nouvelle théorie keynésienne, quelle est l'impulsion principale du cycle économique?
a) Des variations des ventes et des profits prévus
b) Des variations de l'offre de monnaie
c) Des variations imprévues de la demande agrégée
d) Des variations prévues de la demande agrégée
e) Des variations du rythme des progrès technologiques

8 Selon la théorie du cycle d'origine réelle, quelle est l'impulsion principale du cycle économique?
a) Des variations des ventes et des profits prévus
b) Des variations de l'offre de monnaie
c) Des variations imprévues de la demande agrégée
d) Des variations prévues de la demande agrégée
e) Des variations du rythme des progrès technologiques

9 Selon la théorie du cycle d'origine réelle, si la Banque du Canada accroît la masse monétaire lorsque le PIB réel chute, alors le PIB réel
a) augmentera temporairement.
b) augmentera d'une manière permanente.
c) et le niveau des prix ne seront pas touchés.
d) ne sera pas touché, mais le niveau des prix augmentera.
e) diminuera en raison de lacunes dans la production.

10 Parmi les énoncés suivants, lequel permet d'expliquer pourquoi les règles de rétroaction peuvent accentuer les fluctuations de la demande agrégée.
a) Les décideurs utilisent les mauvaises règles.
b) Les décideurs doivent prendre aujourd'hui des mesures dont les effets ne se feront sentir que plus tard.
c) Les décideurs ne veulent pas vraiment stabiliser l'économie.
d) Les décideurs tentent de rendre leur politique imprévisible.
e) Les décideurs ont une connaissance suffisante de l'économie.

11 Si l'un de vos professeurs devait annuler l'examen de fin d'année de manière imprévue le matin où vous deviez le passer, cette situation constituerait un exemple de
a) jour de chance.
b) politique comportant une incohérence temporelle.
c) politique fondée sur une règle de rétroaction.
d) politique discrétionnaire.
e) politique comportant une cohérence temporelle.

12 Pour que l'épargne publique _____, le déficit public doit _____.
a) diminue, diminuer
b) diminue; être nul
c) augmente; être nul
d) augmente; diminuer
e) augmente; augmenter

RÉPONSES

Problème

a) La figure R5.2 présente le graphique du marché des biens et services selon la nouvelle théorie keynésienne. Remarquez la chute de la demande agrégée combinée au déplacement vers la gauche de l'offre agrégée (à cause de la hausse des salaires).

Sur le marché du travail, les salaires réels augmentent, l'emploi diminue et le chômage s'accroît, ce qui signifie que le salaire réel est trop élevé (les salaires nominaux ont été basés sur l'inflation prévue de 7 % mais, puisque la baisse de la *DA* était imprévue, l'inflation effective n'est que de 4 %, ce qui provoque une hausse des salaires réels) et que le chômage se situe au-dessus de son taux naturel.

FIGURE **R5.2**

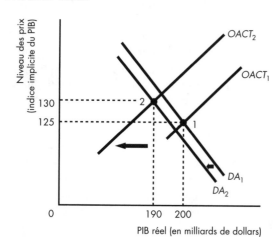

PIB réel (en milliards de dollars)

b) La figure R5.3 présente le graphique du marché des biens et services selon la théorie du cycle d'origine réelle. Remarquez que l'on suppose la demande agrégée constante et qu'un déplacement vers la gauche de l'offre agrégée provoque toutes les variations. Ce déplacement est causé par une baisse de la productivité qui découle du progrès technologique et qui entraîne une diminution de la demande de travail et de capital (qui fait diminuer le taux d'intérêt réel). L'offre de travail diminue également à cause du taux d'intérêt réel moins élevé, ce qui provoque une chute importante du nombre de travailleurs embauchés et donc un déplacement vers la gauche de la courbe *OALT*.

FIGURE **R5.3**

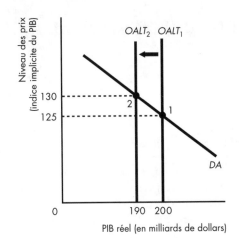

c) i) Selon la nouvelle théorie keynésienne, la politique appropriée consisterait à stimuler la demande agrégée en adoptant une politique expansionniste afin de provoquer une augmentation du niveau des prix, une diminution des salaires réels ainsi qu'une hausse de l'emploi et du PIB réel. Cependant, si la théorie du cycle d'origine réelle est juste, la stimulation de la demande agrégée ne fera que provoquer une hausse de l'inflation, ainsi que des coûts qui y sont liés, et ne fera pas varier le PIB réel.

ii) Selon la théorie du cycle d'origine réelle, la politique appropriée consiste à ne rien faire. Toutefois, si la théorie keynésienne est juste, la récession durera plus longtemps.

d) Les deux politiques provoqueront une augmentation du déficit, ce qui réduira l'épargne nationale (= épargne privée + épargne publique) et entraînera un ralentissement du taux de croissance économique. Cependant, la réduction des taxes sur les épargnes pourrait faire augmenter l'épargne privée et contrer ainsi cet effet.

Examen de mi-étape

1 e La *CPLT* est verticale au taux naturel plus élevé et la *CPCT* se déplace de pair avec celle-ci puisqu'elle croise *CPLT* au taux naturel.

2 c Cela provoque une chute des coûts de production et un déplacement vers la droite d'*OACT*.

3 d Une hausse de 50 % de la masse monétaire provoquera une augmentation verticale de la *DA* de 50 %. Par conséquent, le nouvel équilibre prévu se situe à l'intersection de DA_1 et *OALT*.

4 b Les emprunteurs paient de l'argent et sont donc heureux si la monnaie se déprécie. Les coûts de transaction plus élevés n'influent pas sur les taux d'intérêt, et le taux d'intérêt réel est déterminé indépendamment de l'inflation.

5 d Une baisse imprévue du taux d'inflation provoque une hausse imprévue des salaires réels. Par conséquent, il y a chômage à cause des salaires rigides.

6 a Les faillites bancaires provoquent une baisse de l'offre de monnaie réelle qui, à son tour, fait augmenter les taux d'intérêt nominaux, ce qui, combiné à une inflation négative, entraîne une hausse des taux d'intérêt réels.

7 c Les variations prévues ne sont pas importantes. Voir le manuel.

8 e Voir le manuel.

9 d Puisque *OALT* est verticale.

10 b Par conséquent, les fluctuations de *DA* sont exagérées.

11 b Le fait de modifier un plan (l'examen) après l'avoir annoncé.

12 d Puisque l'épargne publique = impôts et taxes − dépenses = − déficit public.

Chapitre 20

Le commerce international

CONCEPTS CLÉS

La structure du commerce international

◆ Les **importations** sont les biens et services achetés aux pays étrangers, et les **exportations**, les biens et services vendus à l'étranger.

- La **balance commerciale** = la valeur des exportations – la valeur des importations.
- Si la balance commerciale est > 0 → **exportateur net.**
- Si la balance commerciale est < 0 → **importateur net.**

◆ Les véhicules automobiles constituent les principales importations et exportations du Canada.

◆ Le commerce comprend les échanges de services comme le tourisme → les vacances des Américains à Banff sont un produit d'exportation canadien.

◆ Les États-Unis sont notre principal partenaire commercial.

Le coût d'opportunité et l'avantage comparatif

Les pays peuvent produire n'importe où sur la courbe des possibilités de production ou à l'intérieur de cette courbe (*CPP*).

◆ La pente de la *CPP* = Δ de la variable mesurée en ordonnée/ Δ de la variable mesurée en abscisse = coût d'opportunité de la production d'une unité supplémentaire de la variable mesurée en abscisse.

◆ Un pays possède un **avantage comparatif** dans la production d'un bien s'il peut produire ce bien à un coût d'opportunité inférieur à celui d'un autre pays.

Les gains à l'échange

Un pays réalise des gains en achetant à d'autres pays des biens pour lesquels ces derniers ont un coût d'opportunité moindre et en vendant aux autres pays des biens pour lesquels il a le coût d'opportunité le plus bas.

◆ Le prix après échanges se situe entre les coûts d'opportunité initiaux avant échanges des deux pays → l'acheteur réalise des gains parce que le prix des biens est inférieur à leur coût d'opportunité; le vendeur réalise des gains parce que le prix des biens est supérieur à leur coût d'opportunité.

◆ Les pays paient leurs importations grâce à leurs exportations → la valeur des exportations = la valeur des importations (en l'absence d'emprunts et de prêts internationaux).

◆ Les *deux* pays réalisent des gains en se spécialisant dans la production de biens pour lesquels ils détiennent un avantage comparatif et en se livrant au commerce d'autres biens → peuvent donc *consommer à l'extérieur* de la *CPP*.

- Étant donné que les prix après échanges sont différents des coûts d'opportunité avant échanges, les volumes de production s'équilibrent → les pays produisent davantage de biens destinés à l'exportation, moins de biens importés.

◆ Le pays possède un **avantage absolu** pour tous les biens si son niveau de productivité est plus élevé → peut parvenir à un certain volume de production de tous les biens en employant moins de travailleurs.

◆ Même avec un avantage absolu, si les coûts d'opportunité diffèrent d'un pays à l'autre → tout le monde possède un avantage pour un quelconque produit et peut retirer des gains du commerce.

Les gains du commerce dans le monde réel

◆ L'avantage comparatif explique la majorité des échanges commerciaux → quoique la plupart de ceux-ci concernent des biens de même nature, en raison :

- de la diversité des préférences → la demande de nombreux produits (semblables) ;
- des économies d'échelle → le moyen de production le moins coûteux pour de nombreux produits est la spécialisation et le commerce international.

◆ Nous profitons tous, à l'instar du pays exportateur, de l'augmentation de nos importations, mais celle-ci peut entraîner des *coûts d'ajustement* → emplois/salaires perdus pour ceux qui travaillent dans les industries concurrentielles de l'importation → intervention gouvernementale.

Les pratiques commerciales restrictives

Les gouvernements limitent le commerce pour protéger les industries nationales → **protectionnisme**.

◆ Deux types de mesures restrictives – les tarifs douaniers et les barrières commerciales non tarifaires.

◆ Le Canada a toujours imposé des tarifs mais, depuis les années 1930, ceux-ci ont ↓ en raison de l'**Accord général sur les tarifs douaniers et le commerce**, un accord international visant à limiter les pratiques restrictives des gouvernements.

- L'Accord de libre-échange nord-américain avec les États-Unis et le Mexique a entraîné ↓ des barrières tarifaires.

◆ Les **tarifs douaniers** sont des taxes imposées sur les importations → ↑ prix des biens importés → ↓ importations → ↑ production nationale → pertes nettes pour le pays importateur du fait que le coût d'opportunité de la production nationale > prix à l'importation initial.

◆ Les tarifs douaniers → réduction du volume des importations → exportateurs des pays étrangers vendent moins de biens → ↓ revenu → ↓ importations des pays étrangers = exportations du pays d'origine → aucun changement dans la balance commerciale (en l'absence d'emprunts et de prêts internationaux).

◆ Lorsque les tarifs ont considérablement ↑ dans les années 1930 → le commerce international a presque été anéanti.

◆ Les **barrières commerciales non tarifaires** limitent les importations.

- Les **quotas** spécifient la quantité maximale d'un bien qu'on peut importer, des licences d'importation tenant compte des quotas étant distribuées par le pays d'origine.
- Les **restrictions volontaires d'exportation** (RVE) fixent la quantité maximale qu'on peut exporter, les distributeurs étrangers détenant des permis d'exportation.

◆ Les quotas/RVE → ↓ offre d'importations → ↑ prix national → ↑ production nationale.

- Augmentation des prix à l'importation → les quotas sont rentables pour les détenteurs.
- Les quotas et les tarifs ont des effets semblables sur le prix et la quantité, ce qui les différencie, c'est le bénéficiaire du profit = prix de vente – prix des importations.

L'argumentation antiprotectionniste

Les restrictions commerciales sont utilisées même si elles limitent les gains à l'échange pour trois raisons quelque peu fondées :

◆ La protection des industries stratégiques permet d'assurer la sécurité nationale ; toutefois, il est difficile de déterminer quelles sont les industries stratégiques.

◆ En protégeant les **industries naissantes,** on favorise leur développement et on encourage l'apprentissage par la pratique. Ces arguments sont peu crédibles.

◆ Les compagnies étrangères peuvent avoir recours au **dumping** en vendant leur production à un prix plus bas que le coût de production afin de se placer en situation de monopole mondial.

- Toutefois il est difficile de détecter le dumping, car il est difficile de déterminer les coûts.
- Les **droits de douane compensateurs** sont des tarifs douaniers imposés par un gouvernement pour concurrencer les producteurs étrangers subventionnés.

◆ Un pays peut limiter le commerce pour les raisons suivantes, moins bien fondées :

- pour sauvegarder les emplois dans les industries en concurrence avec les importations → mais le libre-échange suscite également la création d'emplois ;
- pour concurrencer la main-d'œuvre étrangère bon marché → mais, ce qui compte, ce sont les salaires et la productivité (avantage comparatif) ;

- pour produire la diversité et la stabilité → mais les grandes économies le permettent tout aussi bien ;
- pour pénaliser les entreprises qui ont des normes environnementales laxistes → mais le libre-échange et la croissance économique permettent mieux d'augmenter la qualité de l'environnement ;
- pour empêcher les pays riches d'exploiter les pays en développement → mais cet argument ne tient pas compte de l'avantage comparatif.

◆ La restriction du commerce vise principalement la protection des groupes/industries qui souffrent de manière disproportionnée du libre-échange.

- Le commerce entraîne des avantages nets positifs, mais certaines industries concurrençant les importations en ressortent perdantes.
- Les perdants sont en partie dédommagés par le biais de l'assurance-emploi.

Les effets de l'Accord de libre-échange nord-américain

◆ En dépit de mesures protectionnistes, le Canada a conclu un accord commercial avec les États-Unis et le Mexique qui a trait :

- à la réduction progressive des tarifs communs, et ce jusqu'à leur élimination ;
- à la réduction des barrières commerciales non tarifaires ;
- à une plus grande libéralisation des échanges dans les domaines de l'énergie et des services ;
- aux futures négociations sur les subventions ;
- à l'établissement d'un mécanisme de règlement des différends.

◆ À l'heure actuelle, les effets de cet accord ne sont pas connus, mais ils comprennent :

- une importante ↑ du volume total des échanges ;
- d'importants changements dans certains secteurs → des coûts d'ajustements élevés.

RAPPELS

1 Ce chapitre nous permet d'appliquer les concepts fondamentaux de coût d'opportunité et d'avantage comparatif vus au chapitre 3 à la question du commerce international. Les principes de base sont immuables, qu'il s'agisse du commerce entre individus d'un même pays ou de différents pays.

De nombreuses personnes engagées dans des débats sur le commerce semblent désorientées par le concept d'avantage comparatif, en partie parce qu'elles considèrent implicitement l'avantage absolu comme la seule raison du commerce. Un pays possède un *avantage absolu* sur un autre pays s'il peut produire tous les biens en utilisant moins de facteurs de production que l'autre pays. Toutefois, ce pays peut tirer des avantages du commerce. Prenons l'exemple de la Californie et de la Saskatchewan. La Californie a un meilleur climat et, grâce à l'irrigation généralisée, elle possède un avantage absolu pour la production de tous les produits agricoles. En fait, la Californie produit fréquemment plus d'une récolte par an ! On pourrait donc croire que la Californie n'a pas besoin de faire du commerce avec la Saskatchewan. Toutefois, la Saskatchewan a un *avantage comparatif* pour la production de blé. La Californie se spécialisera donc en fruits qu'elle échangera contre du blé. La Californie pourrait facilement cultiver son propre blé, mais le coût d'opportunité – les récoltes de fruits auxquelles elle devrait renoncer – serait trop élevé. En se spécialisant et en faisant des échanges, la Californie et la Saskatchewan y gagnent toutes les deux.

2 Dans ce chapitre, il est crucial de comprendre que deux partenaires commerciaux peuvent retirer, l'un comme l'autre, des avantages de leurs échanges. Cela est dû au fait que le prix après échanges se situe entre les deux coûts d'opportunité avant échanges des deux pays. C'est ce que nous montre la figure 20.6 du manuel où le prix d'équilibre d'une automobile correspond à 3 tonnes de céréales, prix qui se situe entre les coûts d'opportunité avant échanges qui sont de 1 tonne et de 9 tonnes.

Il arrive souvent que les étudiants ne sachent pas très bien où placer le prix lorsqu'ils résolvent des problèmes avec ces types d'exemples. Comment a-t-on obtenu la valeur de 3 ? Il s'agit, en fait, d'une valeur arbitraire, une valeur prise au hasard. En considérant logiquement les échanges dont il est question, on doit situer cette valeur entre les deux valeurs avant échanges qui sont 1 et 9. Toutefois, en retraçant la courbe de demande d'importations et la courbe d'offre d'exportations avec des pentes différentes, on aurait pu obtenir une valeur de 6 tonnes. Un résultat qui aurait été tout aussi logique et valable.

Dans le monde réel, l'importance de la demande de produits précis des consommateurs de chaque pays déterminera les pentes de la courbe de demande d'importations et la courbe d'offre d'exportations ainsi que la position du prix d'équilibre. Dans vos exemples, vous pourrez choisir où placer le prix d'équilibre (à condition qu'il se trouve entre les deux coûts d'opportunité avant échanges) ou vous devrez suivre les indications précises qui vous seront fournies.

3 Nous avons appris une chose importante sur les conséquences économiques des restrictions commerciales : un tarif et un quota ont les mêmes effets. Une restriction volontaire d'exportation (RVE) est également un quota, mais il s'agit d'un quota imposé par le pays exportateur plutôt que par le pays importateur.

Toutes les restrictions commerciales font monter le prix intérieur des biens importés et baisser le volume et la valeur des importations. Elles réduisent également la valeur des exportations d'un montant égal à la réduction de la valeur des importations. L'augmentation du prix résultant de chaque restriction produit un écart entre le prix sur le marché national du bien importé et le prix d'offre du bien du pays étranger.

Pour distinguer les autres restrictions commerciales possibles, il faut considérer le bénéficiaire de l'excédent. Dans le cas d'un tarif, c'est le gouvernement qui perçoit les recettes douanières. Dans le cas d'un quota imposé au pays exportateur, l'excédent revient aux importateurs nationaux ayant une licence d'importation par le biais de profits accrus. Dans le cas d'une RVE, l'excédent revient aux exportateurs étrangers ayant reçu une licence d'exportation de leur gouvernement.

4 Le principal élément de ce chapitre a trait au fait que les gains découlant du commerce peuvent être considérables. Dans ce cas, pourquoi les pays ont-ils autant tendance à imposer des restrictions au commerce ? C'est parce que, contrairement au libre-échange, qui entraîne des avantages généraux pour l'ensemble de l'économie, il y a à la fois des gagnants et des perdants. Les gagnants réalisent au total plus de gains que les perdants, mais ces derniers ont tendance à se concentrer dans quelques industries seulement.

En raison de cette concentration, certains s'opposeront au libre-échange en invoquant l'argument de l'intérêt personnel. Bien qu'une minorité seulement en tirera des avantages et que la majorité sera touchée, il n'est pas surprenant que l'on ait recours aux restrictions commerciales. Le coût d'une restriction commerciale sera, pour *chaque* élément de la majorité, assez faible alors que l'avantage qu'en tirera *chaque* élément de la minorité sera

considérable. De ce fait, la minorité sera très motivée à faire établir une restriction, alors que la majorité sera peu motivée à consacrer du temps et de l'énergie à s'y opposer.

5 Pour comprendre d'où viennent les pressions favorables aux restrictions au commerce, résumons un peu pour comprendre qui profite de ces restrictions et qui y perd.

Pour les trois types de restrictions (tarifs douaniers, quotas et RVE), ce sont les *consommateurs* qui y perdent, parce que le prix du bien importé augmente. Les *producteurs nationaux* du bien importé et leurs facteurs de production y gagnent dans les trois cas, parce que le prix du bien importé augmente. Les *producteurs étrangers* et leurs facteurs de production y perdent dans les trois cas, parce que leurs ventes à l'exportation diminuent considérablement. En présence de quotas et de RVE, les *détenteurs de licences d'importation* réalisent des profits en achetant des biens à bas prix et en les vendant à prix élevés (étrangers ou intérieurs). Le *gouvernement* perçoit des recettes douanières grâce aux tarifs douaniers, et éventuellement gagne des votes, dans le cadre d'autres projets.

Si l'on considère cette liste, il n'est pas surprenant que les principaux défenseurs des restrictions au commerce soient les producteurs intérieurs et leurs facteurs de production.

AUTOÉVALUATION

Vrai/Faux/Incertain (Justifiez votre réponse.)

1 Les gouvernements élus ne sont pas pressés de réduire les restrictions au commerce parce qu'il y aurait bien moins de perdants que de gagnants.

2 Le Japon pratique le dumping de l'acier s'il le vend au Japon à un prix inférieur au prix auquel il le vend au Canada.

3 Lorsqu'un pays possède un avantage absolu, il ne tire pas de gains à l'échange.

4 Les pays peuvent s'échanger des biens de même nature en raison des économies d'échelle et de la diversité des préférences.

5 En imposant des tarifs douaniers, un pays augmente les gains qu'il retire du commerce.

6 Le commerce en fonction de l'avantage comparatif permet à tous les partenaires commerciaux de consommer à l'extérieur de leur *CPP*.

7 Si un pays *A* doit renoncer à 3 unités de *Y* pour produire 1 unité de *X* et si le pays *B* doit renoncer à 4 unités de *Y* pour produire 1 unité de *X*, on dit que le pays *A* détient un avantage comparatif pour la production de *X*.

8 Un tarif douanier imposé sur un bien fera monter le prix de ce bien et réduire la quantité échangée.

9 Un quota fera baisser considérablement le prix du bien importé.

10 Lorsqu'un citoyen canadien séjourne dans un hôtel en France, le Canada exporte un service.

Questions à choix multiple

1 Reportez-vous au tableau 20.1. Dans un régime de libre-échange, le prix international des trous de beigne serait de _____ $ par centaine de trous de beigne, et _____ millions de trous seraient échangés.
a) 0,75 ; 6
b) 1 ; 3
c) 1,25 ; 4
d) 1,25 ; 5
e) 1,50 ; 4

TABLEAU **20.1**   COMMERCE INTERNATIONAL DES TROUS DE BEIGNE

Prix international (en dollars par centaine de trous)	Offre d'exportation de trous de Glaçage (en millions)	Demande d'importation de trous d'Excavations (en millions)
0,50	1	10
0,75	2	8
1,00	3	6
1,25	4	4
1,50	5	2
1,75	6	0

2 Reportez-vous au tableau 20.1. Les producteurs de trous de beigne d'Excavations réussissent à convaincre leur gouvernement qu'il faut protéger l'industrie nationale contre les importations peu coûteuses de Glaçage. (Ils soutiennent que les trous constituent un groupe alimentaire de base.) En réponse, le gouvernement d'Excavations fixe un quota aux importations de 3 millions de trous de beigne. Il en résulte un prix de _____ $ la centaine de trous de beigne, et la production nationale de trous de beigne _____ .
a) 0,75 ; baissera
b) 0,75 ; augmentera
c) 1,25 ; sera la même
d) 1,38 ; augmentera
e) 1,38 ; sera la même

3 Reportez-vous au tableau 20.1. En partant de l'équilibre de libre-échange, les exportateurs de trous de beigne de Glaçage convainquent leur gouvernement que la fabrication de trous de beigne est menacée par les cruels caprices du marché international et qu'elle doit donc être subventionnée. Le gouvernement de Glaçage répond en accordant une subvention de 0,25 $ par centaine de trous de beigne. Il en résultera un *prix international* d'environ _____ $ la centaine de trous et la quantité échangée sera de _____ millions de trous de beigne.
a) 1 ; 4
b) 1 ; 5
c) 1,12 ; 4
d) 1,12 ; 4,5
e) 1,50 ; 5

4 Reportez-vous au tableau 20.1. Le gouvernement de Glaçage a subventionné la production de trous de beigne à raison de 0,25 $ la centaine de trous. Les producteurs nationaux d'Excavations ont déposé une plainte auprès du gouvernement prétextant que la subvention injuste a porté préjudice à la production nationale. Le gouvernement d'Excavations répond en imposant un droit compensateur de 0,25 $ sur chaque centaine de trous de beigne de Glaçage. Le prix *national* d'Excavations après les effets nets de la subvention et le droit compensateur sera de _____ $ par centaine de trous, et Excavations importera _____ millions de trous.
a) 1 ; 4
b) 1 ; 5
c) 1,12 ; 4
d) 1,12 ; 5
e) 1,25 ; 4

5 Reportez-vous à la figure 20.1. Le coût d'opportunité de 1 bière à Partyland est _____ , et le coût d'opportunité de 1 bière à Cowabunga est _____ .
a) variable, selon le point sur la *CPP* où nous le mesurons ; variable, selon le point sur la *CPP* où nous le mesurons
b) de 100 pizzas ; de 25 pizzas
c) de 3 pizzas ; de 1 pizza
d) de 1 pizza ; de 1 pizza
e) de 1 pizza ; de 1/3 de pizza

FIGURE **20.1** PARTYLAND ET COWABUNGA – *CPP* POUR LA BIÈRE ET LA PIZZA

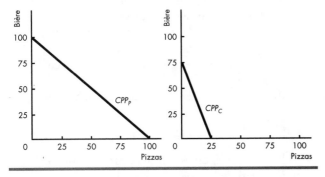

6 Reportez-vous à la figure 20.1. Le coût d'opportunité de 1 pizza à Partyland est _____ , et le coût d'opportunité de 1 pizza à Cowabunga est _____ .
a) variable, selon le point sur la *CPP* où nous le mesurons ; variable, selon le point sur la *CPP* où nous le mesurons
b) de 100 bières ; de 25 bières
c) de 3 bières ; de 1 bière
d) de 1 bière ; de 1 bière
e) de 1 bière ; de 3 bières

7 Reportez-vous à la figure 20.1. Avec l'ouverture du commerce entre Partyland et Cowabunga,
a) il y aura un grand nombre de joyeux lurons.
b) Partyland fournira les pizzas et la bière, car elle possède un avantage comparatif pour les deux produits.
c) Cowabunga fournira les pizzas et la bière, car elle possède un avantage comparatif pour les deux produits.
d) Partyland fournira la pizza, et Cowabunga fournira la bière.
e) Partyland fournira la bière, et Cowabunga fournira la pizza.

8 Reportez-vous à la figure 20.1. Avec l'ouverture du commerce entre Partyland et Cowabunga, le prix d'échange de la bière sera
a) de 1 bière contre 1 pizza.
b) de 1 bière contre 1/3 de pizza
c) de 1 bière contre 3 pizzas.
d) situé entre 1 bière contre 1 pizza et 1 bière contre 3 pizzas.
e) situé entre 1 bière contre 1 pizza et 1 bière contre 1/3 de pizza.

9 Si le Canada impose un quota d'importation de un million de paires de chaussures par an, une augmentation de la demande nationale de chaussures
a) n'entraînera pas de variation du prix national des chaussures, mais suscitera une augmentation de la quantité de chaussures importée.
b) n'entraînera pas de variation du prix national des chaussures ni de la quantité de chaussures importée.
c) entraînera une augmentation du prix national des chaussures et de la quantité de chaussures importée.
d) entraînera une augmentation du prix national des chaussures mais ne suscitera aucun changement dans la quantité de chaussures importée.
e) entraînera une augmentation du prix des chaussures et une variation indéterminée de la quantité de chaussures importée, selon que l'augmentation de la demande est supérieure ou non à un million de paires.

10 Lorsqu'un accord sur une *restriction volontaire des exportations* est conclu, l'écart entre le prix à l'importation national et le prix à l'exportation revient
a) aux consommateurs du pays importateur.
b) à la personne qui a le droit d'importer le bien.
c) au gouvernement du pays importateur.
d) aux exportateurs étrangers.
e) aux producteurs nationaux du bien.

11 La mise en œuvre de l'Accord de libre-échange entre le Canada et les États-Unis a révélé que
a) l'accord a porté un grave préjudice au Canada.
b) l'accord a considérablement aidé le Canada.
c) le libre-échange n'est pas efficace.
d) tous ceux auxquels le libre-échange porte préjudice seront indemnisés.
e) le volume de commerce international a connu une forte hausse dont profitent tous les consommateurs, mais au coût d'un pourcentage élevé de pertes d'emplois à la fin des années 1980 et au début des années 1990.

12 Si nous importons plus que nous n'exportons,
a) nous ne pourrons pas acheter autant de produits étrangers que nous le désirons.
b) nous consentirons des prêts aux étrangers pour leur permettre d'acheter nos produits.
c) nous devrons financer la différence en empruntant aux étrangers.
d) nos structures commerciales, y compris la direction des exportations et des importations, ne seront différentes que si les exportations sont égales aux importations.
e) c et d.

13 Si le pays *A* possède un avantage absolu dans la production de tous les produits,
a) il n'y aura aucun échange, car le pays *A* aura un avantage comparatif sur tout.
b) il n'y aura aucun échange, car aucun pays n'aura d'avantage comparatif sur un quelconque produit.
c) il y aura probablement des échanges et tous les pays en bénéficieront.
d) il y aura probablement des échanges, mais le pays *A* n'en profitera pas.
e) il y aura probablement des échanges, mais le pays *A* sera le seul à en bénéficier.

14 Lequel des arguments suivants n'est pas un argument du protectionnisme ?
a) Protéger les industries stratégiques
b) Sauvegarder les emplois dans les industries concurrençant les importations
c) Obtenir un avantage comparatif
d) Permettre aux industries naissantes de se développer
e) Éviter que les pays riches n'exploitent les pays pauvres

15 Le commerce international fondé sur l'avantage comparatif permet à chaque pays de consommer
a) une plus grande quantité des produits qu'il exporte, mais une moins grande quantité des produits qu'il importe sans commerce.
b) une plus grande quantité des produits qu'il importe, mais une moins grande quantité des produits qu'il exporte sans commerce.
c) une plus grande quantité des produits qu'il exporte et importe sans commerce.
d) une moins grande quantité des produits qu'il exporte et importe sans commerce.
e) soit a ou b, selon le prix des produits.

16 Un tarif douanier imposé au bien *X* qu'importe le pays *A* entraînera
a) le déplacement vers le haut de la courbe de demande de *X* du pays *A*.
b) le déplacement vers le bas de la courbe de demande de *X* du pays *A*.
c) le déplacement vers le haut de la courbe d'offre de *X* du pays *A*.
d) le déplacement vers le bas de la courbe d'offre de *X* du pays *A*.
e) le déplacement vers le haut de la courbe de demande et de la courbe d'offre de *X* du pays *A*.

17 Lorsqu'un *quota* est imposé, l'écart entre le prix intérieur et le prix à l'exportation revient
a) aux consommateurs du pays importateur.
b) aux producteurs nationaux du bien.
c) au gouvernement du pays importateur.
d) aux exportateurs étrangers.
e) à la personne qui détient le droit d'importer le bien.

18 Lequel des exemples suivants représente un service d'exportation canadien ?
a) Un Canadien s'offre un repas au restaurant alors qu'il voyage en Suisse.
b) Un Suisse s'offre un repas au restaurant alors qu'il voyage au Canada.
c) Un Canadien achète un réveil fabriqué en Suisse.
d) Un Suisse achète un ordinateur fabriqué au Canada.
e) a et b.

19 Lequel des énoncés suivants sur le commerce international est *vrai* ?
a) Les tarifs douaniers augmenteront les emplois dans nos industries d'exportation.
b) Les quotas sont plus efficaces que les tarifs parce qu'ils ne font pas monter les prix.
c) Les tarifs douaniers sont nécessaires pour nous permettre de concurrencer la main-d'œuvre étrangère bon marché.
d) Personne ne retire d'avantages du libre-échange entre un pays pauvre et un pays riche.
e) Les RVE font autant monter les prix que des tarifs douaniers équivalents.

20 Dans le pays *A*, pour produire 1 unité de *X*, il faut 1 unité de capital et 1 unité de main-d'œuvre et, pour produire 1 unité de *Y*, il faut 2 unités de travail et 2 unités de capital. Quel est le coût d'opportunité du bien *X*?
a) Le prix de 1 unité de capital plus le prix de 1 unité de travail
b) 1 unité de capital et 1 unité de travail
c) 2 unités de capital et 2 unités de travail
d) 1/2 unité de *Y*
e) 2 unités de *Y*

21 Lorsqu'un *tarif douanier* est imposé, l'écart entre le prix national et le prix à l'exportation revient
a) aux consommateurs du pays importateur.
b) à la personne qui a le droit d'importer le bien.
c) aux producteurs nationaux du bien.
d) aux exportateurs étrangers.
e) au gouvernement du pays importateur.

22 Le pays *A* et le pays *B* sont actuellement en situation de libre-échange. Le pays *A* importe le bien *X* du pays *B* et exporte le bien *Y* vers le pays *B*. S'il impose un *quota* à *X*, le pays *A* verra son industrie productrice de *X*
a) se développer, et son industrie productrice de *Y* se réduire.
b) se développer, et son industrie productrice de *Y* également.
c) se réduire, et son industrie productrice de *Y* également.
d) se réduire, et son industrie productrice de *Y* se développer.
e) se développer, et son industrie productrice de *Y* demeurer inchangée.

23 L'imposition par le pays *A* d'un tarif douanier sur les biens importés du pays *B* fera monter le prix que paient les consommateurs pour les biens importés et
a) réduira le volume des importations et des exportations.
b) réduira le volume des importations et augmentera le volume des exportations.
c) réduira le volume des importations et n'aura pas d'effets sur le volume des exportations.
d) n'aura aucun effet sur le volume des importations ni sur celui des exportations.
e) fera monter le volume des importations mais diminuer le volume des exportations.

24 Lequel des éléments suivants est *le principal* responsable d'une réduction importante des restrictions commerciales depuis la Deuxième Guerre mondiale?
a) La Loi Smoot-Hawley
b) L'Accord sur la restriction volontaire des exportations entre les États-Unis et le Japon
c) L'Organisation des Nations Unies
d) L'Accord général sur les tarifs douaniers et le commerce
e) L'Accord de libre-échange entre le Canada et les États-Unis

25 Le pays *A* importe des biens *X* du pays *B* et exporte des biens *Y* vers le pays *B*. Le pays *A* préférera une mesure de restriction volontaire des exportations plutôt qu'un quota sur *X*
a) afin de ne pas nuire aux importations du pays *B*.
b) pour éviter que le pays *B* ne se lance dans des représailles et ne limite les exportations du pays *A*.
c) pour maintenir à un niveau peu élevé le prix national de *X*.
d) pour augmenter la recette du gouvernement.
e) pour aider les producteurs nationaux.

Problèmes à court développement

1 Pourquoi les *deux* partenaires d'un échange commercial peuvent-ils l'un et l'autre en tirer profit?

2 Comment un tarif douanier imposé sur un bien importé particulier influe-t-il sur le prix national du bien, le prix à l'exportation, la quantité importée, et la quantité du bien produit intérieurement?

3 Comment un tarif douanier sur les importations influe-t-il sur les exportations du pays?

4 Les chefs syndicaux prétendent souvent que les tarifs douaniers sont nécessaires pour protéger les emplois nationaux. À la lumière de ce que vous avez répondu en **2** et **3**, évaluez la validité de cet argument.

5 Imaginez un monde simple qui comprend deux pays, Atlantis et Beltran, chacun d'eux produisant des aliments et des vêtements. Le tableau 20.2 nous présente la *CPP* de chaque pays.
a) En supposant que le coût d'opportunité soit constant dans chaque pays, terminez le tableau.
b) Quel est le coût d'opportunité des aliments à Atlantis? des vêtements?
c) Quel est le coût d'opportunité des aliments à Beltran? des vêtements?
d) Tracez la *CPP* sur des graphiques séparés.

TABLEAU **20.2** ATLANTIS ET BELTRAN –
CPP POUR LES ALIMENTS
ET LES VÊTEMENTS

Atlantis		Beltran	
Aliments (en unités)	Vêtements (en unités)	Aliments (en unités)	Vêtements (en unités)
0	500	0	800
200	400	100	600
400		200	
600		300	
800		400	
1 000		–	–

FIGURE **20.2**

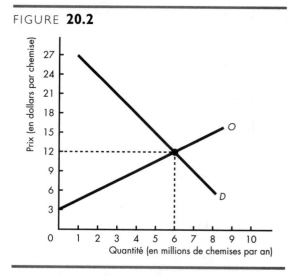

6 Supposez qu'Atlantis et Beltran sont des partenaires commerciaux.
   a) Dans la fabrication de quel produit chaque pays se spécialisera-t-il ?
   b) Si 1 unité d'aliments s'échange contre 1 unité de vêtements, comment évoluera la production de chaque bien dans chaque pays ?
   c) Sachant que 1 unité d'aliments s'échange contre 1 unité de vêtements, tracez les courbes de possibilités de consommation pour chaque pays sur le graphique correspondant du problème **5**.
   d) Si, avant les échanges, Atlantis consommait 600 unités d'aliments, il pouvait consommer un maximum de 200 unités de vêtements. Après les échanges, combien d'unités de vêtements peut-il consommer, pour la même quantité d'aliments ?

7 Poursuivez l'analyse lorsque Atlantis et Beltran se livrent à des échanges au taux de 1 unité d'aliments contre 1 unité de vêtements.
   a) Si Atlantis consomme 600 unités d'aliments et 400 unités de vêtements, quelles quantités d'aliments et de vêtements seront consommées par Beltran ?
   b) Compte tenu des quantités consommées et produites indiquées au problème **6b**, combien d'unités d'aliments et de vêtements Atlantis et Beltran importeront-ils et exporteront-ils ?

8 La figure 20.2 indique la courbe de demande d'importation de chemises du pays *A*, appelée *D*, et la courbe d'offre d'exportation de chemises du pays *B*, appelée *O*.
   a) Quel est le prix d'une chemise dans un régime de libre-échange ?
   b) Combien de chemises le pays *A* importera-t-il ?

9 Supposons que les fabricants de chemises du pays *A* dont il est question au problème **8** s'inquiètent de la concurrence étrangère et que, en conséquence, le gouvernement du pays *A* impose un tarif douanier de 9 $ par chemise.
   a) Comment variera le prix d'une chemise dans le pays *A* ?
   b) Quel prix l'exportateur recevra-t-il réellement ?
   c) Combien de chemises le pays *A* importera-t-il ?
   d) À combien s'élèveront les recettes douanières ? À qui reviendront-elles ?

10 Supposez que, au lieu d'imposer un tarif douanier, le pays *A* impose un quota de 4 millions de chemises par an.
   a) Quel sera le prix d'une chemise dans le pays *A* ?
   b) Quel prix l'exportateur recevra-t-il réellement ?
   c) Combien de chemises le pays *A* importera-t-il ?
   d) Quelle est la différence entre le montant total payé par les consommateurs et le montant total reçu par les exportateurs – le «profit excédentaire» ? À qui reviendra-t-il ?

R É P O N S E S

Vrai/Faux/Incertain (Justifiez votre réponse.)

1 F Ils seront lents parce que les pertes des perdants sont individuellement bien plus grandes que les gains des gagnants.

2 F Le dumping serait de vendre au Canada à un prix plus bas qu'au Japon.

3 I S'il existe un avantage comparatif → il y a des gains à l'échange.

4 V Les différences dans les préférences → demande de nombreux produits.

Économies d'échelle → méthode
de production moins coûteuse, mais
requiert la spécialisation et le commerce.

5 **F** Les restrictions commerciales réduisent
les gains à l'échange → coût d'achat des
exportations < profit courant → perte des
gains à l'échange.

6 **V** Les pays se spécialiseront et feront des
échanges pour consommer à l'extérieur
de la *CPP*.

7 **V** *A* a un coût d'opportunité inférieur (3*Y* < 4*Y*)
= perte de *Y* par unité de gain de *X*.

8 **V** Les tarifs douaniers → déplacement vers
le haut de la courbe d'offre des exportations
→ ↑ prix et ↓ quantité échangée.

9 **F** Quota ↓ offre → ↑ prix.

10 **F** Le Canada importe (utilise) un service.

Questions à choix multiple

1 **c** L'équilibre se situe au point où l'offre
d'exportations = la demande d'importations.

2 **d** L'équilibre se situe au point où le quota =
la demande d'importations →↑ prix. Le prix
intérieur plus élevé → ↑ production intérieure.

3 **d** La subvention ↑ l'offre d'exportation de
Glaçage de 1 million d'unités pour chaque
prix → nouvel équilibre au point où la nouvelle
offre = ancienne demande.

4 **e** En plus du changement indiqué au n° **3**, les
tarifs douaniers → ↓ offre des exportations
de 1 million, ce qui contrebalance exactement
le montant de la subvention.

5 **e** Le coût d'opportunité de 1 bière
supplémentaire = pizza perdue. Pour
Partyland, de passer de 0 bière à 25 bières
coûte 25 pizzas → une contre une. Faites
les mêmes calculs pour Cowabunga.

6 **e** Même type de calcul que pour le n° **5**.

7 **d** Chacun se spécialise dans le domaine où il
a un avantage comparatif (coût d'opportunité
le plus bas).

8 **e** Le prix d'échange se situe entre les coûts
d'opportunité de chaque pays au point
d'équilibre avant échanges.

9 **d** Quota → quantité d'importations fixe
maximum. Par conséquent, si la demande
↑ →↑ prix.

10 **d** Parce qu'ils ont le droit d'exporter.

11 **e** Voir le manuel.

12 **c** Nécessaire afin d'attirer le commerce étranger.
En général, les profils de commerce restent
inchangés lorsque nous disposons d'un plus
grand montant de dollars.

13 **c** L'avantage absolu pour tous les biens
→ avantage comparatif pour quelques
biens seulement.

14 **c** Voir le manuel.

15 **c** La courbe des possibilités de consommation
se trouve à l'extérieur de la *CPP*.

16 **c** Les tarifs douaniers → ↑ prix national = prix
à l'exportation + tarif douanier → déplacement
de la courbe d'offre vers le haut.

17 **e** Avec l'imposition de quotas, le gouvernement
national accorde le droit d'importer.

18 **b** **a** et **c** → importation, **d**→ exportation d'un bien.

19 **e** Les tarifs ↓ exportations et les emplois dans
les industries exportatrices, les quotas limitent
l'offre → ↑ prix, la main-d'œuvre étrangère
bon marché ne nous porte pas nécessairement
préjudice, les pays pauvres comme les pays
riches peuvent avoir un avantage comparatif
et obtenir des avantages des échanges. La
RVE limite l'offre et fait monter les prix tout
comme les tarifs douaniers.

20 **d** Les facteurs de production requis pour
fabriquer un *X* pourraient fabriquer 1/2 *Y*.

21 **e** Ils perçoivent les recettes provenant des tarifs
douaniers = prix à l'importation – prix à
l'exportation.

22 **a** Quotas → ↓ importations → ↑ prix
national de *X*→ ↑ production nationale.
↓ importations = ↓ exportations de *B*
→ ↓ son revenu → ↓ ses importations
→ ↓ exportations de *A* → ↓ production
de *Y* dans *A*.

23 **a** Tarif douanier → ↑ prix national des
importations → ↓ importations → ↑
production nationale. ↓ importations = ↑
exportations de *B* → ↓ son revenu → ↓ ses
importations → ↓ exportations de *A* → ↓
production des exportations dans *A*.

24 **d** Voir le manuel.

25 **b** Avec une RVE → le pays exportateur obtient
le revenu excédentaire → moins susceptible
de lancer des représailles, étant donné que les
préjudices sont moins grands.

Problèmes à court développement

1 Deux partenaires commerciaux potentiels qui
souhaitent faire du commerce ensemble doivent
avoir des avantages comparatifs différents ;
autrement dit, des coûts d'opportunité différents.
Ensuite, ils feront des échanges, et l'un et l'autre
réaliseront des gains. S'ils ne font pas d'échanges,
chacun fera face à ses propres coûts d'opportunité.
Un prix d'échange doit se situer quelque part
entre les coûts d'opportunité des deux partenaires.
Autrement dit, celui qui a le coût d'opportunité
du bien en question le plus bas aura un avantage
parce qu'il recevra un prix supérieur à son coût
d'opportunité. De même, celui qui a le coût

d'opportunité le plus élevé aura un avantage parce qu'il paiera un prix inférieur à son coût d'opportunité.

2 Un tarif douanier imposé sur un bien importé *augmentera le prix* que paient les *consommateurs nationaux* pour ce bien à mesure que la courbe d'offre des exportations se déplace vers le haut. Le prix des exportations est déterminé par la courbe d'offre des exportations initiale. À mesure que le prix national du bien s'élève, la quantité du bien demandée diminue, et donc le point pertinent sur la courbe d'offre des exportations initiale est situé à l'endroit correspondant à une quantité inférieure et à un *prix des exportations moins élevé*. Cette quantité moins grande signifie que la quantité importée diminue. La hausse du prix national entraînera également une *augmentation de la quantité du bien offerte intérieurement*.

3 Lorsque le pays *A* impose un tarif douanier sur ses importations du bien *X,* non seulement le volume des importations diminuera, mais le volume des exportations de *Y* au pays *B* diminuera du même montant. De ce fait, la balance commerciale reste en équilibre. Comme l'indique la réponse au problème **2**, le prix à l'exportation du bien *X* reçu par le pays *B* et la quantité exportée diminuent lorsqu'un tarif douanier est imposé. Cette baisse du prix et de la quantité exportée signifie que le revenu du pays *B* a diminué. Cela implique que la quantité de *Y* (exportation du pays *A*) demandée par le pays *B* diminuera et que les exportations du pays *A* diminueront également.

4 Cet argument est partiellement vrai. Comme le montre le problème **2**, le tarif douanier fera augmenter la production nationale du bien protégé, ce qui entraînera une augmentation des emplois dans cette industrie. Toutefois, comme le montre le problème **3**, le même tarif réduira le revenu étranger ainsi que les achats étrangers de nos biens, ce qui entraînera la réduction de notre volume d'exportations et de notre production de produits exportés, et aussi des emplois dans l'industrie des exportations. L'effet net sur les emplois n'est pas clair, mais il n'est certainement pas important.

5 **a)** Le tableau 20.2 Solution nous présente le tableau 20.2 dûment rempli. On a obtenu les valeurs du tableau en utilisant le coût d'opportunité de chaque bien de chaque pays. Voir **b** et **c** ci-dessous.

TABLEAU 20.2 SOLUTION ATLANTIS ET BELTRAN – *CPP* POUR LES ALIMENTS ET LES VÊTEMENTS

Atlantis		Beltran	
Aliments (en unités)	**Vêtements (en unités)**	**Aliments (en unités)**	**Vêtements (en unités)**
0	500	0	800
200	400	100	600
400	300	200	400
600	200	300	200
800	100	400	0
1 000	0	–	–

b) Pour augmenter la production (consommation) d'aliments de 200 unités, on doit diminuer la production de vêtements (consommation) de 100 unités en Atlantis. De ce fait, le coût d'opportunité de 1 unité d'aliments est de 1/2 unité de vêtements. Ce coût d'opportunité est constant, comme le sont ici tous les autres, pour faciliter les choses. De même, le coût d'opportunité des vêtements à Atlantis correspond à 2 unités d'aliments.

c) À Beltran, une augmentation de 100 unités de la production (consommation) d'aliments requiert une réduction de la production (consommation) de vêtements de 200 unités. De ce fait, le coût d'opportunité des aliments est de 2 unités de vêtements. De même, le coût d'opportunité des vêtements à Beltran est de 1/2 unité d'aliments.

d) La figure 20.3 illustre les courbes des possibilités de production pour Atlantis et Beltran, respectivement nommées *CPP*$_A$ et *CPP*$_B$. (Les solutions aux problèmes **6** et **7** commentent les autres courbes et points représentés.)

FIGURE **20.3**

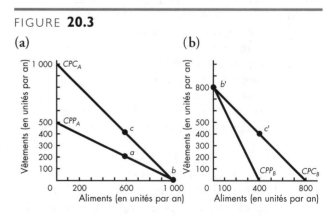

6 **a)** Nous voyons à la solution des problèmes **5b** et **c** qu'Atlantis a un coût d'opportunité

moins élevé (1/2 unité de vêtements) dans la production d'aliments. Par conséquent, Atlantis se spécialisera dans la production d'aliments. Beltran, qui a le coût d'opportunité pour les vêtements le moins élevé (1/2 unité d'aliments) se spécialisera dans la production de vêtements.

b) Chaque pays souhaitera produire toutes les unités du bien dans lequel il se spécialise aussi longtemps que le montant qu'il reçoit en échange est supérieur à leur coût d'opportunité. Pour Atlantis, le coût d'opportunité de 1 unité d'aliments est de 1/2 unité de vêtements, mais Atlantis peut obtenir 1 unité de vêtements en échange. Du fait que le coût d'opportunité est constant, Atlantis se spécialisera entièrement dans la production de tous les aliments possibles : 1 000 unités par an, point *b* à la figure 20.3(a). De même, à Beltran, le coût d'opportunité de 1 unité de vêtements est de 1/2 unité d'aliments, mais 1 unité de vêtements s'échangera contre 1 unité d'aliments. Le coût d'opportunité étant constant, Beltran se spécialisera entièrement dans la production de vêtements et produira 800 unités par an, le point *b'* de la figure 20.3(b).

c) Les courbes des possibilités de consommation d'Atlantis et Beltran, nommées respectivement CPC_A et CPC_B, sont illustrées à la figure 20.3. Ces courbes sont des lignes droites qui indiquent toutes les combinaisons d'aliments et de vêtements qui peuvent être consommées grâce aux échanges. La position et la pente de la courbe des possibilités de consommation pour une économie dépendent des conditions d'échanges entre les biens (un contre un dans cet exemple) et le point de production de l'économie.

On obtient, par exemple, la courbe des possibilités de consommation pour Atlantis (CPC_A) en partant du point *b* sur la CPP_A, le point de production, et en examinant les possibilités d'échanges. Par exemple, si Atlantis échangeait 400 unités des aliments qu'elle produit contre 400 unités de vêtements, elle pourrait consommer 600 unités d'aliments (1 000 unités produites moins 400 unités échangées) et 400 unités de vêtements, ce qui est représenté par le point *c*.

d) Si Atlantis consomme 600 unités d'aliments, sa consommation de vêtements passera, grâce au commerce, à 400 unités, soit 200 unités de plus que sans commerce. Le montant maximum de vêtements qu'il est possible de consommer sans commerce nous est donné par la courbe des possibilités de production. Si la consommation d'aliments est de 600 unités, cela est indiqué par le point *a* sur la CPP_A. La consommation maximale de vêtements pour tout niveau de consommation de vêtements avec commerce nous est donnée par la courbe des possibilités de consommation. Si la consommation d'aliments est de 600 unités, cela est indiqué par le point *c* sur la CPC_A.

7 a) Puisque Atlantis produit 1 000 unités d'aliments par an (point *b* sur la CPP_A), pour consommer 600 unités d'aliments et 400 unités de vêtements (point *c* sur la CPC_A), Atlantis doit échanger 400 unités d'aliments contre 400 unités de vêtements. Autrement dit, Beltran a échangé 400 unités de vêtements contre 400 unités d'aliments. Puisque Beltran produit 800 unités de vêtements, cela signifie que Beltran doit consommer 400 unités d'aliments et 400 unités de vêtements (point *c'* sur la CPC_B).

b) Atlantis exporte 400 unités d'aliments par an et importe 400 unités de vêtements. Beltran exporte 400 unités de vêtements par an et importe 400 unités d'aliments.

8 a) Le prix d'une chemise dans un régime de libre-échange se situera à l'intersection de la courbe de demande d'importation de chemises du pays *A* et de la courbe d'offre d'exportation de chemises du pays *B*. Cela se produit au prix de 12 $ la chemise.

b) Le pays *A* importera 6 millions de chemises par an.

9 a) Le tarif douanier de 9 $ par chemise a pour effet de déplacer la courbe d'offre d'exportation (*O*) vers le haut d'un montant équivalent à 9 $, ce qu'illustre un déplacement de *O* à *O'* à la figure 20.2 Solution. Le prix est maintenant déterminé par l'intersection de la courbe *D*, qui n'est pas touchée par le tarif, et la courbe *O'*. Le nouveau prix d'une chemise est 18 $.

FIGURE **20.2** SOLUTION

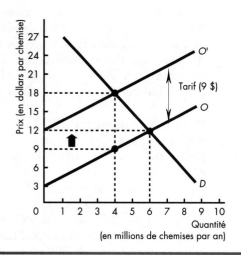

FIGURE **20.4**

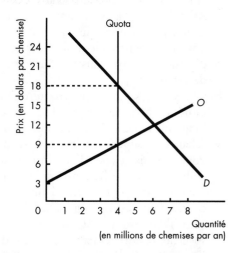

b) Sur ces 18 $, la part du tarif est de 9 $;
l'exportateur ne recevra donc que les 9 $
restants.

c) Le pays *A* n'importera maintenant que
4 millions de chemises par an.

d) Les recettes douanières s'élèvent à 9 $
(le tarif par chemise) × 4 millions (le nombre
de chemises importées), soit 36 millions de
dollars. C'est le gouvernement du pays *A* qui
reçoit cette somme.

10 **a)** Le quota limite la quantité pouvant être
importée à 4 millions de chemises par an,
indépendamment du prix, et il est représenté
par une ligne verticale à la figure 20.4 (qui
correspond à la figure 20.2). Le marché des
chemises fixera donc le prix de la chemise à 18 $.

b) Ce prix de 18 $ est reçu par ceux qui
ont le droit d'importer des chemises dans
les limites du quota. L'exportateur reçoit
le montant de 9 $; il nous est donné par
la hauteur de la courbe *O* à la quantité
de 4 millions de chemises par an.

c) Le pays *A* importera 4 millions de chemises
par an, la limite du quota.

d) Le « profit excédentaire » est de 9 $ par
chemise (les 18 $ reçus par l'importateur)
moins les 9 $ reçus par l'exportateur)
× 4 millions de chemises, soit 36 millions de
dollars. Ce montant revient aux importateurs
qui ont reçu du gouvernement du pays *A*
le droit d'importer dans les limites du quota.
Il s'agit essentiellement d'un droit de réaliser
des « profits excédentaires ».

La balance des paiements et le dollar

CONCEPTS CLÉS

Le financement du commerce international

Les **comptes de la balance des paiements** mesurent les transactions internationales du Canada.

◆ Le **compte courant** = exportations nettes + paiements d'intérêt nets + transferts nets.

◆ Le **compte capital** = investissements des étrangers au Canada – investissements des Canadiens à l'étranger.

◆ Le **compte compensatoire** = variation nettes des **réserves officielles de devises étrangères** du Canada (avoir du gouvernement en devises étrangères). Si les réserves officielles de devises étrangères augmentent, le règlement officiel est négatif.

◆ Le solde du compte courant + le solde du compte capital + le solde du compte compensatoire = 0. Pour combler le déficit du compte courant, soit nous empruntons à l'étranger, soit nous devons diminuer nos réserves officielles de devises étrangères.

◆ Au début des années 1980, le Canada a enregistré un important déficit du compte courant (et un surplus du compte capital), mais les deux s'étaient résorbés en 1996.

◆ Un pays qui, dans l'année en cours, emprunte davantage qu'il ne prête à l'étranger est un **emprunteur net**.

   • Un **prêteur net** prête plus qu'il n'emprunte à l'étranger.
   • Un **pays débiteur** est un pays qui, au fil des ans, a emprunté davantage à l'étranger qu'il n'a prêté lui-même.

   • Un **pays créditeur** est un pays qui, au fil des ans, a investi davantage à l'étranger que les autres pays chez lui.
   • Un pays ne doit pas s'inquiéter d'être un emprunteur net s'il emprunte pour faire des investissements qui feront augmenter ses revenus, ce qui lui permettra de rembourser ses dettes.

◆ Le solde du compte courant (*SCC*) est principalement déterminé par les exportations nettes (*XN*).

◆ Le flux circulaire (chapitre 6) montrait que les injections = les fuites :

   • $I + G + X = É + T + IM$ ou
   • Exportations nettes = **surplus du secteur privé** (*É – I*) + **surplus du secteur public** (*T – G*).
   • Les surplus ou les déficits des secteurs domestique et international sont reliés. Par conséquent, *XN* et *SCC* ne peuvent varier que si le surplus du secteur public ou le surplus du secteur privé varie.
   • Au Canada, jusqu'en 1981, le déficit du compte courant (soit l'emprunt à l'étranger) servait à financer l'investissement. Entre 1981 et 1988, il servait à financer la consommation. Depuis ce temps, il sert à financer l'investissement.

Le taux de change

Les étrangers et les Canadiens échangent des dollars contre des devises étrangères sur le **marché des changes**.

◆ Le **taux de change** = le taux auquel la devise d'un pays s'échange contre celle d'un autre, soit le nombre de cents américains par dollar canadien.

◆ La **dépréciation** est la baisse de la valeur du dollar par rapport à une autre devise et l'**appréciation** en est la hausse.

◆ Depuis 1975, le dollar canadien a fortement fluctué par rapport au dollar américain à cause des fluctuations de la demande et de l'offre de dollars canadiens.

◆ La quantité de dollars canadiens demandée sur le marché des changes = la quantité que les négociants ont l'intention d'acheter à un prix donné. Il s'agit d'une *demande dérivée* basée sur la demande d'exportations canadiennes et d'éléments d'actifs canadiens.

◆ La baisse du taux de change correspond à une hausse de la quantité de dollars canadiens demandée (mouvement vers le bas et vers la droite le long de la courbe de demande), puisque

  • les exportations deviennent moins coûteuses pour les étrangers, ce qui fait augmenter la demande d'exportations et la demande de dollars.
  • la hausse du taux de rentabilité prévu de l'achat de dollars canadiens et leur possession jusqu'à ce qu'ils s'apprécient provoquent une augmentation de la demande.

◆ La courbe de demande se déplace vers la *droite* si

  • la hausse du **différentiel d'intérêt canadien** (la différence entre le taux d'intérêt canadien et le taux d'intérêt étranger) provoque une augmentation de la demande d'éléments d'actifs canadiens ;
  • la hausse du taux de change prévu entraîne une augmentation du taux de rentabilité escompté de l'achat de dollars canadiens et de leur possession jusqu'à ce qu'ils s'apprécient, ce qui fait augmenter la demande.

◆ La quantité de dollars canadiens offerte sur le marché des changes = la quantité que les négociants ont l'intention de vendre à un prix donné afin de pouvoir acheter d'autres devises pour se procurer des importations et des éléments d'actifs financiers étrangers.

◆ L'augmentation du taux de change provoque une hausse de la quantité offerte de dollars canadiens (un mouvement vers le haut et vers la droite le long de la courbe d'offre) puisque

  • les importations deviennent moins coûteuses pour les Canadiens, ce qui entraîne un accroissement de la demande d'importations ainsi que de la demande de devises étrangères qui, à son tour, fait augmenter l'offre de dollars canadiens.

• La hausse du taux de rendement prévu de l'achat de devises étrangères et leur possession jusqu'à ce qu'elles s'apprécient entraînent une augmentation de la demande de devises étrangères = augmentation de l'offre de dollars canadiens.

◆ La courbe d'offre se déplace vers la *gauche* si

  • la hausse du différentiel d'intérêt canadien (la différence entre le taux d'intérêt canadien et le taux d'intérêt étranger) provoque une diminution de la demande d'éléments d'actifs étrangers et donc une baisse de la demande de devises étrangères = une diminution de l'offre de dollars canadiens ;
  • la hausse du taux de change prévu entraîne une diminution du taux de rentabilité escompté de la vente de dollars canadiens, de l'achat de devises étrangères et de leur possession jusqu'à ce que le dollar canadien s'apprécie, ce qui fait diminuer l'offre de dollars canadiens.

◆ L'équilibre du marché est déterminé par la demande et l'offre, et le taux de change s'ajuste au besoin.

◆ Le taux de change est souvent instable, car l'offre et la demande se déplacent généralement de pair, ce qui provoque d'importantes fluctuations de la valeur du taux de change.

  • Entre 1986 et 1991, la valeur du dollar canadien s'est fortement appréciée, surtout parce que les gens prévoyaient cette hausse, ce qui a provoqué une augmentation de la demande de dollars canadiens et une diminution de l'offre de dollars canadiens.
  • De 1991 à 1995, l'effet inverse s'est produit.

◆ Les anticipations de la variation du taux de change sont provoquées par les forces de la **parité des pouvoirs d'achat** (deux monnaies ont la même valeur ou le même pouvoir d'achat) et la **parité des taux d'intérêt** (deux devises donnent le même taux d'intérêt, lequel est ajusté en fonction de la dépréciation prévue).

◆ Si la parité des pouvoirs d'achat ne s'applique pas et que la valeur du dollar canadien est plus élevée que celle du dollar US pour l'achat de tous les biens et services, la plupart des gens s'attendent à ce que la valeur du dollar se déprécie. Par conséquent, la demande de dollars canadiens diminue, son offre augmente et il ne se déprécie pas.

◆ La parité des taux d'intérêt s'applique presque toujours (ajustée en fonction des risques), mais si les rendements sont plus élevés au Canada, la demande de dollars canadiens diminue automatiquement, ce qui fait rapidement baisser le taux de change.

◆ La Banque du Canada peut influer sur le taux de change de deux manières :

- Elle peut utiliser la politique monétaire pour faire varier les taux d'intérêt, ce qui provoque une fluctuation du taux de change.
- Elle peut acheter ou vendre des dollars canadiens directement. En achetant des dollars, elle fait augmenter la demande, ce qui provoque une hausse du taux de change.

◆ De telles interventions font varier les réserves internationales de devises officielles.

- Pour acheter des dollars canadiens, il faut vendre des devises étrangères, ce qui fait diminuer les réserves officielles.
- Les interventions de la Banque sont donc limitées.

RAPPELS

1 Il existe une différence importante entre un échange effectué à l'intérieur d'un pays et un échange entre deux pays – il s'agit de la devise. Lorsque les habitants d'un pays effectuent un échange, ils utilisent la même monnaie, de sorte que l'échange est direct. Par contre, le commerce international est plus complexe parce que des individus de pays différents se servent de devises différentes. Si un Japonais vend un bien, il voudra être payé en yens mais, si un Canadien achète ce bien, il ne dispose probablement que de dollars canadiens pour le payer. Ce problème complique le commerce entre les individus de différents pays. Dans le présent chapitre, nous abordons ce problème en étudiant la balance des paiements d'un pays de même que le lien qui existe entre la balance des paiements et le taux de change.

2 Il est important de comprendre que les taux de change sont des prix déterminés par l'offre et la demande. Il s'agit des prix des changes déterminés sur le marché des devises. Par exemple, la demande de dollars canadiens sur le marché des changes correspond à la demande d'éléments d'actif en dollars, incluant la monnaie canadienne. Le désir des étrangers d'acheter des biens et services produits au Canada (ce qui nécessite des dollars) et des éléments d'actif financiers ou réels canadiens engendre cette demande.

L'offre de dollars canadiens constitue un type particulier d'offre, car l'offre de vente d'un dollar canadien correspond à l'offre d'achat d'une devise étrangère. Par conséquent, elle dépend du désir des canadiens d'acheter des biens et services produits à l'étranger (ce qui nécessite des devises

étrangères) et d'acheter des éléments d'actif étrangers. Si vous tenez compte du fait que l'offre de dollars canadiens est égale à la demande de devises étrangères, vous pourrez plus facilement comprendre bon nombre des déplacements de l'offre de dollars canadiens.

3 Le taux de change est souvent instable, car l'offre et la demande se déplacent régulièrement de pair, puisqu'elles sont toutes les deux influencées par les mêmes variations des anticipations. Ces variations des anticipations sont dirigées par deux forces : la parité des pouvoirs d'achat et la parité des taux d'intérêt. Chacune de ces forces est une version de la loi du prix unique, laquelle stipule que, chaque fois qu'il y a un écart de prix entre deux biens identiques sur deux marchés, les forces économiques naturelles (à moins qu'elles ne soient limitées) élimineront cet écart et rétabliront un prix unique. Supposons que le prix d'un bien donné sur le marché 1 augmente par rapport au prix d'un bien identique sur le marché 2. Les individus préféreront acheter le bien qui est vendu sur le marché qui offre le prix le plus bas et non pas sur celui qui offre le prix le plus élevé. Les effets combinés de la hausse de la demande sur le marché 2 et de la chute de la demande sur le marché 1 parviendront à égaliser les prix. Le même principe s'applique aux marchés internationaux : les forces naturelles du marché font qu'il est possible de se procurer un bien donné à un seul et même prix.

Supposons que la parité des pouvoirs d'achat ne s'applique pas. Par exemple, supposons que le prix du bien *A* est de 6 $ au Canada et de 600 ¥ au Japon et que le taux de change soit de 120 ¥ pour un dollar. À ce taux de change, le prix en dollars du bien *A* au Japon est de 5 $ (600 yens /120 yens par dollar). Les gens prévoient une baisse de la demande de *A* au Canada (= une chute de la demande de dollars canadiens) et une hausse de la demande de *A* au Japon (= une hausse de l'offre de dollars), ce qui provoquera une dépréciation du taux de change de 100 yens par dollar (niveau de la parité des pouvoirs d'achat). Leurs anticipations provoqueront une baisse de la demande de dollars canadiens et une hausse de l'offre de dollars canadiens, de telle sorte que le taux de change se dépréciera avant même que la demande de *A* ne s'ajuste !

Remarquez que la loi du prix unique s'applique au prix d'éléments d'actif comme les obligations. On sait que le prix des obligations a une relation inverse avec les taux d'intérêt ; la parité des taux d'intérêt représente donc une version de la loi du prix unique. Par exemple, considérez une situation où, compte tenu de la dépréciation prévue du dollar canadien, le taux d'intérêt est plus élevé au Canada qu'aux États-Unis (ce qui signifie que le prix des obligations est moins élevé au Canada). Les acheteurs demanderont des obligations canadiennes, ce qui fera augmenter leur prix et diminuer les taux d'intérêt canadiens. De plus, ils vendront des obligations américaines, ce qui fera baisser leur prix et augmenter les taux d'intérêt américains. Ce processus se poursuivra jusqu'à ce que le différentiel d'intérêt entre les deux pays diminue à un niveau où il ne fera que refléter la dépréciation prévue du dollar canadien – la parité des taux d'intérêt s'applique.

4 Dans le chapitre 11, nous avons vu comment la politique monétaire influait sur l'économie au moyen des variations du taux d'intérêt et du taux de change. Dans le présent chapitre, nous complétons les détails du second canal. Une variation de l'offre de monnaie provoque une variation du taux d'intérêt, laquelle fait varier la demande et l'offre de dollars canadiens et donc le taux de change, les exportations nettes et la demande agrégée. Par conséquent, l'inflation, le PIB réel et le chômage varient.

La Banque du Canada s'inquiète aussi souvent d'un autre effet international. Les biens importés jouent un rôle important dans le processus de production, de sorte que la dépréciation du dollar canadien fera augmenter les coûts de production (le prix en dollars canadiens des importations = le prix étranger/le taux de change). À son tour, cette augmentation peut provoquer une inflation par les coûts. La Banque du Canada s'efforce souvent de contrer les fluctuations temporaires du taux de change ou d'atténuer les variations permanentes du taux de change pour réduire les fluctuations du niveau des prix.

AUTOÉVALUATION

Vrai/Faux/Incertain
(Justifiez votre réponse.)

1 Une hausse des taux d'intérêt canadiens provoquera une augmentation de la demande de dollars canadiens.

2 La demande et l'offre de dollars canadiens tendent à se déplacer indépendamment l'une de l'autre.

3 Dans les pays où l'on prévoit que la devise s'appréciera, les taux d'intérêt seront plus élevés que dans les pays où l'on prévoit que la devise se dépréciera.

4 Si le prix du dollar en yens est de 100 ¥ pour 1 $ et que le prix d'un bien donné est de 10 $ au Canada, le prix de ce bien au Japon sera de 1 000 ¥, selon la théorie de la parité des pouvoirs d'achat.

5 Il ne peut exister de surplus ni de déficit de la balance des paiements car, par définition, la *balance* des paiements doit toujours être *équilibrée*.

6 Plus le déficit du secteur public est élevé, plus le déficit du compte courant l'est également.

7 Si le taux de change entre le dollar canadien et le yen passe de 130 ¥ pour 1 $ à 140 ¥ pour 1 $, le dollar canadien s'est apprécié.

8 Si l'on prévoit que le dollar s'appréciera, la demande d'éléments d'actif en dollars augmentera.

9 Si un pays est un emprunteur net, il doit être un pays débiteur.

10 Si un pays enregistre un déficit budgétaire du secteur public élevé et que le déficit du secteur privé est léger, le déficit de la balance commerciale sera lourd.

Questions à choix multiple

1 Si la Banque du Canada souhaite augmenter le taux de change, elle doit
a) réduire les taux d'intérêt.
b) accroître la masse monétaire.
c) acheter des devises étrangères.
d) vendre des dollars canadiens.
e) acheter des dollars canadiens.

2 Parmi les citations suivantes, laquelle décrit le mieux l'effet de la parité des pouvoirs d'achat?
a) « Récemment, les taux d'intérêt canadiens élevés ont provoqué une hausse de la demande de dollars canadiens. »
b) « Sur le marché, on a l'impression que le dollar canadien est surévalué et qu'il se dépréciera sans doute. »
c) « Le prix des bananes est le même au Canada et aux États-Unis, car il s'ajuste au taux de change. »
d) « La dépréciation prévue du dollar canadien fait actuellement diminuer la demande de dollars canadiens. »
e) Aucune de ces réponses.

3 Si vous croyez que le taux de change se dépréciera au cours du prochain mois, vous pourriez faire de l'argent en
a) achetant des dollars canadiens.
b) achetant des dollars américains.
c) vendant des dollars canadiens.
d) vendant des dollars américains.
e) b et c.

4 Considérez le tableau 21.1. De 1994 à 1995, le dollar canadien s'est _____ par rapport au mark et s'est _____ par rapport au yen.
a) apprécié; déprécié
b) apprécié; apprécié
c) déprécié; déprécié
d) déprécié; apprécié
e) Aucune de ces réponses.

TABLEAU **21.1**

Devise	Taux de change de 1994	Taux de change de 1995
Mark allemand	2 marks/dollar	3 marks/dollar
Yen japonais	120 yens/dollar	90 yens/dollar

5 Considérez le tableau 21.1. De 1994 à 1995, le yen
a) doit s'être déprécié par rapport au mark.
b) doit s'être apprécié par rapport au mark.

c) peut ou non s'être apprécié par rapport au mark.
d) s'est apprécié par rapport au mark si le mark avait une cote plus élevée sur l'indice de la Bourse canadienne.
e) s'est apprécié par rapport au mark si le mark avait une cote moins élevée sur l'indice de la Bourse canadienne.

6 Parmi les énoncés suivants, lequel est *vrai*? Un déficit du compte courant élevé et persistant signifie que le Canada est un
a) emprunteur net.
b) prêteur net.
c) pays débiteur.
d) pays créditeur.
e) Aucune de ces réponses.

7 Les exportations nettes sont égales à
a) $C + I + G$.
b) $(É + I) = (T + G)$.
c) $(G - T) + (I - É)$.
d) $(É - I) + (G - T)$.
e) Aucune de ces réponses.

8 La Banque du Canada ne peut pas fixer le taux de change au niveau qu'elle souhaite parce
a) que de telles interventions enfreignent les lois internationales.
b) que le marché des changes n'est pas régi par des lois.
c) que le Canada deviendrait un pays débiteur.
d) qu'elle devrait constamment faire varier les réserves internationales.
e) que la parité des taux d'intérêt le lui interdit.

9 Parmi les comptes suivants, lequel *ne fait pas* partie des comptes de la balance des paiements?
a) Le compte courant
b) Le compte capital
c) Le compte compensatoire
d) Le compte des intérêts nets
e) Le compte public

10 Supposons que le solde de chacun des comptes de la balance des paiements au Canada soit initialement en équilibre (il n'y a ni surplus ni déficit). Que se produira-t-il si les entreprises canadiennes accroissent leurs importations en provenance du Japon et qu'elles financent cette hausse en empruntant au Japon?
a) Il y aura un surplus du compte courant et du compte capital.
b) Il y aura un surplus du compte courant et un déficit du compte capital.
c) Il y aura un déficit du compte courant et un surplus du compte capital.

d) Il y aura un déficit du compte courant et du compte capital.

e) Il y aura un déficit du compte courant et le compte capital sera équilibré.

11 Le taux de change subit la baisse la plus importante
a) quand l'offre et la demande de dollars augmentent.
b) quand l'offre de dollars augmente et que la demande diminue.
c) quand l'offre de dollars diminue et que la demande augmente.
d) quand l'offre et la demande de dollars diminuent.
e) quand la Banque du Canada intervient.

12 Le Mengia a été constitué au début de l'an 1. Selon les données du tableau 21.2, on peut affirmer qu'en l'an 4 ce pays
a) est un prêteur net et un pays créditeur.
b) est un prêteur net et un pays débiteur.
c) est un emprunteur net et un pays créditeur.
d) est un emprunteur net et un pays débiteur.
e) n'est ni un prêteur net ni un pays créditeur ou débiteur.

TABLEAU **21.2**

Année	Emprunts au reste du monde (en milliards de dollars)	Prêts au reste du monde (en milliards de dollars)
1	60	20
2	60	40
3	60	60
4	60	80

13 Supposons que le compte compensatoire de Mengia soit toujours équilibré. D'après les données du tableau 21.2, au cours de quelle(s) années(s) Mengia a-t-il enregistré un surplus de son compte courant?
a) L'an 1
b) L'an 2
c) Les années 1, 2 et 3
d) Les années 1 et 2
e) L'an 4

14 Supposons que le compte compensatoire de Mengia soit déficitaire chaque année. D'après les données du tableau 21.2, au cours de quelle(s) années(s) Mengia a-t-il enregistré un surplus de son compte courant?
a) L'an 1
b) L'an 2
c) Les années 2 et 3
d) Les années 1 et 2
e) Les années 3 et 4

15 Parmi les situations suivantes, laquelle fera déplacer la courbe d'offre de dollars vers la droite?
a) Les Canadiens augmentent leur demande de biens étrangers.
b) Les étrangers réduisent leur demande de biens canadiens.
c) On prévoit que le dollar s'appréciera l'an prochain.
d) Les taux d'intérêt américains augmentent.
e) Aucune de ces réponses

16 Supposons que le taux de change entre le dollar et le yen passe de 140 ¥ à 130 ¥ pour 1 $. Quelle affirmation est vraie?
a) Le yen s'est déprécié par rapport au dollar et le dollar s'est apprécié par rapport au yen.
b) Le yen s'est déprécié par rapport au dollar et le dollar s'est déprécié par rapport au yen.
c) Le yen s'est apprécié par rapport au dollar et le dollar s'est apprécié par rapport au yen.
d) Le yen s'est apprécié par rapport au dollar et le dollar s'est déprécié par rapport au yen.
e) Le yen ne s'est ni apprécié ni déprécié, mais le dollar s'est déprécié par rapport au yen.

17 Parmi les situations suivantes, laquelle fera déplacer la courbe de demande de dollars vers la droite?
a) Les Canadiens augmentent leur demande de biens étrangers.
b) Les étrangers réduisent leur demande de biens canadiens.
c) On prévoit que le dollar s'appréciera.
d) On prévoit que le dollar se dépréciera.
e) Les taux d'intérêt américains augmentent.

18 Si les taux d'intérêt au Canada sont plus élevés que les taux d'intérêt au Japon, la parité des taux d'intérêt suppose
a) que le taux d'inflation est plus élevé au Japon.
b) que les éléments d'actif financiers japonais constituent un mauvais investissement.
c) qu'on prévoit que le yen se dépréciera par rapport au dollar.
d) qu'on prévoit que le yen s'appréciera par rapport au dollar.
e) que les éléments d'actif financiers canadiens constituent un mauvais investissement.

19 Le taux de change est instable parce que
a) l'intervention du gouvernement empire toujours la situation.
b) la courbe de demande est très plane.
c) la courbe de demande est très abrupte.
d) les déplacements des courbes de demande et d'offre sont indépendants les uns des autres.
e) les déplacements des courbes de demande et d'offre ne sont pas indépendants les uns des autres.

20 Supposons que, dans un pays donné, les dépenses en biens et services du gouvernement s'élèvent à 400 milliards de dollars, les taxes et impôts (nets des paiements de transfert) se chiffrent à 300 milliards de dollars, l'épargne est de 300 milliards de dollars et l'investissement s'établit à 250 milliards de dollars. Les exportations nettes se solderont-elles par un surplus ou par un déficit, et à combien ce dernier se chiffrera-t-il?
a) Un surplus de 150 milliards de dollars
b) Un surplus de 50 milliards de dollars
c) Un déficit de 150 milliards de dollars
d) Un déficit de 50 milliards de dollars
e) Un déficit de 250 milliards de dollars

21 Supposons que, dans un pays donné, les dépenses en biens et services du gouvernement s'élèvent à 400 milliards de dollars, les taxes et impôts (nets des paiements de transfert) se chiffrent à 300 milliards de dollars, l'épargne est de 300 milliards de dollars et l'investissement s'établit à 250 milliards de dollars. Ce pays enregistre un
a) surplus budgétaire du secteur public et du secteur privé.
b) surplus budgétaire du secteur public et un déficit du secteur privé.
c) déficit budgétaire du secteur public et un surplus du secteur privé.
d) déficit budgétaire du secteur public et du secteur privé.
e) surplus budgétaire du secteur public et le budget est équilibré pour le secteur privé.

22 La différence entre un pays créditeur ou un pays débiteur et un emprunteur net ou un prêteur net dépend de la distinction entre
a) le niveau d'épargne de l'économie et le taux d'épargne.
b) le niveau d'épargne de l'économie et le taux d'emprunt.
c) le stock d'investissement et le flux de paiements d'intérêt sur ces investissements.
d) les exportations et les importations.
e) Aucune de ces réponses; il n'y a pas de distinction à faire.

23 Si le compte courant et le compte de capital enregistrent un déficit, alors la variation des réserves officielles
a) est négative.
b) est positive.
c) est sans doute proche de zéro, mais pourrait être soit négative soit positive.
d) est nulle.
e) demeure inchangée.

24 Supposons que le taux de change entre le dollar canadien et la livre sterling soit de 0,5 £ pour 1 $. Si une radio coûte 38 £, quel sera le prix de la radio en dollars?
a) 19 $
b) 26 $
c) 38 $
d) 57 $
e) 76 $

25 Comment appelle-t-on le marché où la devise d'un pays est échangée contre la devise d'un autre pays?
a) Le marché monétaire
b) Le marché des capitaux
c) Le marché des changes
d) Le marché des échanges
e) Le marché du commerce international

Problèmes à court développement

1 Quelle est la relation entre le déficit commercial, le déficit budgétaire du secteur public et le déficit budgétaire du secteur privé d'un pays?

2 Quels facteurs déterminent la valeur du taux de change?

3 Qu'est-ce que la parité des pouvoirs d'achat?

4 Pourquoi les variations des taux d'intérêt canadiens font-elles varier la valeur du taux de change?

5 Au cours de son histoire, le Canada a eu tendance à être un emprunteur net plutôt qu'un prêteur net. Est-ce un avantage ou un désavantage?

6 Les transactions effectuées par un pays au cours d'une année donnée sont indiquées dans le tableau 21.3.

TABLEAU **21.3**

Transactions	Montant (en milliards de dollars)
Exportations de biens et services	100
Importations de biens et services	130
Transferts nets à l'étranger	20
Prêts consentis à l'étranger	60
Emprunts obtenus de l'étranger	?
Augmentation des réserves officielles de devises étrangères	10
Paiements d'intérêt nets	0

a) Quel est le montant des emprunts faits à l'étranger?

b) Quel est le solde du compte courant?

c) Quel est le solde du compte capital?

d) Quel est le solde du compte compensatoire.

7 Le tableau 21.4 contient des données relatives à un pays au cours d'une année donnée.

TABLEAU **21.4**

Variables	Montant (en milliards de dollars)
PIB	800
Taxes et impôts nets	200
Déficit budgétaire du secteur public	50
Dépenses de consommation	500
Dépenses d'investissement	150
Importations	150

a) À combien se chiffrent les dépenses publiques en biens et services?

b) Quelle est la valeur du surplus ou du déficit budgétaire du secteur privé?

c) Quelle est la valeur des exportations?

d) Quelle est la valeur du surplus ou du déficit de la balance commerciale?

8 Supposez que le taux de change entre le dollar canadien et le mark allemand soit de 2 marks pour 1 dollar.

a) Quel est le taux de change du dollar par rapport au mark?

b) Quel est le prix en dollars d'un appareil photo qui se vend 250 marks?

c) Quel est le prix en marks d'un ordinateur qui se vend 1 000 dollars?

9 Supposez qu'un ordinateur personnel se vende 2 000 $US aux États-Unis et 3 000 $CAN au Canada.

a) Où achèteriez-vous l'ordinateur personnel si le taux de change entre le dollar canadien et le dollar US était de 0,80 $US pour 1 $CAN? Où le revendriez-vous si vous vouliez faire un profit? (Ne tenez pas compte des taxes, des tarifs douaniers, des frais de transport ni de la différence de qualité.)

b) La parité des pouvoirs d'achat s'applique-t-elle?

ⓓ c) Si plusieurs entreprises effectuaient les mêmes transactions que vous et si le taux de change était flexible, qu'adviendrait-il de la valeur du taux de change? Quel nouveau taux de change d'équilibre ferait en sorte que la parité des pouvoirs d'achat s'appliquerait aux ordinateurs personnels, si le prix du dollar américain et celui du dollar canadien demeuraient constants?

10 Consultez la section des documents du gouvernement d'une bibliothèque, la *Revue de la Banque du Canada* ou le site Web de Statistique Canada (**http://www.statcan.ca/**). Trouvez des données pour les années comprises entre 1985 et 1995 sur la valeur du taux de change en cents US, ainsi que des données sur les taux d'intérêt canadiens et américains (utilisez les taux préférentiels que les banques demandent à leurs meilleurs clients). Construisez un tableau du différentiel d'intérêt canadien par rapport au taux de change et commentez la relation que vous trouvez.

R É P O N S E S

Vrai/Faux/Incertain (Justifiez votre réponse.)

1 V Toutes autres choses étant égales, cela provoquera une hausse du différentiel d'intérêt.

2 F Elles sont toutes les deux influencées par les anticipations de la valeur du dollar. Par conséquent, elles se déplacent de pair.

ⓓ 3 F Si l'on prévoit qu'elle s'appréciera, les revenus en devises étrangères augmenteront, ce qui provoquera une hausse de la demande d'obligations étrangères qui, à son tour, fera diminuer les taux d'intérêt jusqu'à ce que la parité des taux d'intérêt s'applique.

4 V Selon la parité des pouvoirs d'achat, le prix en yens est identique dans chaque pays. 10 $ × 100 ¥/ $ = 1 000 ¥.

5 F Le flux global de la monnaie vers l'intérieur ou vers l'extérieur d'un pays (= somme des trois balances des paiements) doit être équilibré. Chaque balance peut accuser un déficit ou un surplus ou être équilibrée.

6 I Cela dépend de la réaction du surplus ou du déficit du secteur privé.

7 V Le dollar a plus de valeur, il faut donc plus de yens pour acheter un dollar.

8 V L'appréciation du dollar provoque une augmentation de la valeur du taux de change des éléments d'actif en dollars. Par conséquent, la demande d'éléments d'actif en dollars augmente.

9 I Cela peut être vrai ou faux. Si un pays est un emprunteur net, ses emprunts nets *courants* sont supérieurs à 0. S'il est un pays débiteur, la somme de la *totalité* de ses emprunts nets est supérieure à 0.

10 V La balance commerciale (négative) est égale à la balance du secteur public (très négative) plus la balance du secteur privé (peu négative).

Questions à choix multiple

1 e Cela fait augmenter la demande de dollars canadiens. **a** fait diminuer la demande et **b, c** ainsi que **d** font augmenter l'offre.

2 c Deux devises ont le même pouvoir d'achat.

3 e Vous souhaiterez acheter des devises étrangères puisque leur valeur s'appréciera, ce qui fera également en sorte que vous devrez vendre des dollars canadiens.

4 a Pour acheter 1 dollar, il faudra plus de marks (hausse de la valeur) et moins de yens (baisse de la valeur).

5 b 1994 : 1/60 mark/yen = (2 marks/ $) /(120 yens/ $). 1995 : 1/30 mark/yen = (3 marks/ $)/(90 yen/ $). Il faut moins de marks en 1995 pour acheter un yen, le yen s'est donc déprécié.

6 a Le déficit élevé du compte courant entraînera sans doute un surplus du compte capital. La situation par rapport au pays débiteur et au pays créditeur n'est pas claire.

7 e $(É - I) + (T - G)$ par définition.

8 d Une telle intervention exige l'achat ou la vente de dollars canadiens, ce qui modifie les réserves officielles. Cette situation ne peut se poursuivre indéfiniment.

9 e Définition.

10 c Les importations sont supérieures aux exportations. Il y a donc déficit du compte courant. Les emprunts sont supérieurs aux prêts. Il y a donc surplus du compte capital. (Songez à la direction du flux de la monnaie.)

11 b Tracez un graphique.

12 b Les prêts actuels sont supérieurs aux emprunts. Ce pays est donc un prêteur net. La somme des emprunts passés est supérieure à la somme des prêts. Ce pays est donc un pays débiteur.

13 e Le solde du compte compensatoire = 0. Il y a donc surplus du compte courant = déficit du compte capital et cela ne se produit que lorsque les prêts sont supérieurs aux emprunts.

14 e Puisque le compte courant + le compte capital + le compte compensatoire = 0, lorsque le compte compensatoire est déficitaire, le compte capital doit être de 0 ou déficitaire pour garantir que le compte courant enregistre un surplus.

15 a L'augmentation de la demande de devises étrangères provoque une hausse de l'offre de dollars canadiens.

16 d Il faudra moins de yens pour acheter un dollar, le dollar se déprécie donc. Par la relation inverse, le yen s'est apprécié.

17 c **a** n'a pas de conséquence sur la demande, **b, d** et **e** la déplacent vers la gauche.

18 d Par conséquent, on prévoit que le dollar canadien se dépréciera. Le taux d'intérêt est égal en dollars canadiens.

19 e Elles sont toutes les deux influencées par les mêmes anticipations.

20 d Exportations nettes = $(T - G) + (É - I)$ = 300 − 400 + 300 − 250 = -50.

21 c Le déficit du secteur public = $T - G$ = 300 − 400 = -100. Le surplus du secteur privé = $É - I$ = 300 − 250 = + 50.

22 c Lorsqu'un pays est un prêteur net, le stock d'investissement augmente. Lorsqu'un pays est un pays débiteur, le flux de paiements d'intérêt sur les investissements nets est négatif.

23 a Solde du compte compensatoire = (compte capital + compte courant) = surplus. Par conséquent, la variation des réserves officielles est inférieure à 0.

24 e 76 $ = 38 £ × (2 $ par £).

25 c Définition.

Problèmes à court développement

1 La comptabilité nationale permet de montrer que le déficit de la balance commerciale d'un pays est égal à la somme du déficit budgétaire du secteur public et du déficit budgétaire du secteur privé.

2 La valeur du taux de change est déterminée par l'offre et la demande. L'offre de dollars canadiens est modifiée par deux facteurs: les variations du différentiel d'intérêt canadien et les variations du taux de change anticipé. La demande de dollars canadiens est également modifiée par ces deux mêmes facteurs.

3 La parité des pouvoirs d'achat est une conséquence de l'arbitrage et de la loi des prix unique. Elle se produit lorsque la monnaie a une valeur égale dans tous les pays. Par exemple, si le taux de change entre le dollar et le yen est de 120 ¥ pour 1 $, la parité des pouvoirs d'achat signifie qu'un bien vendu 120 ¥ au Japon coûtera 1 $ au Canada. Ainsi, le taux de change est tel que la monnaie (dollar ou yen) a le même pouvoir d'achat dans les deux pays.

4 Une variation des taux d'intérêt canadiens provoque un changement dans la popularité des obligations canadiennes par rapport aux obligations étrangères. À son tour, ce changement entraîne une variation de la demande et de l'offre de dollars canadiens qui fera fluctuer la valeur du taux de change.

5 Un pays ne doit pas s'inquiéter d'être un emprunteur net s'il emprunte pour faire des investissements qui feront augmenter ses revenus, ce qui lui permettra de rembourser ses dettes. Cette situation a prévalu au Canada; le fait d'avoir été un emprunteur net a été avantageux, car le Canada, un pays riche en ressources et pauvre en capital, a pu développer ses ressources.

6 a) Solde du compte courant + solde du compte capital + solde du compte compensatoire = 0 ou (100 − 130 − 20) + (emprunts obtenus de l'étranger − 60) + (−10) = 0, donc les emprunts faits à l'étranger sont de 120.

b) Le compte courant se solde par un déficit de 50 milliards de dollars: les exportations moins les importations et les transferts nets à l'étranger plus les paiements d'intérêt nets à l'étranger.

c) Le compte capital se solde par un surplus de 60 milliards de dollars: les emprunts obtenus de l'étranger moins les prêts consentis à l'étranger.

d) Ce pays *n'a pas* un taux de change flexible parce que les réserves officielles de devises étrangères ont augmenté. Le solde du compte compensatoire est de −10.

7 a) Puisque le déficit budgétaire du secteur public se chiffre à 50 milliards de dollars et que les impôts nets sont de 200 milliards de dollars, on peut en déduire que les dépenses publiques en biens et services s'élèvent à 250 milliards de dollars.

b) Le surplus ou le déficit budgétaire du secteur public représente la différence entre l'épargne et l'investissement. On sait que les dépenses d'investissement se chiffrent à 150 milliards de dollars, mais on doit calculer l'épargne. L'épargne est égale au PIB moins les taxes et impôts et les dépenses de consommation, soit 100 milliards de dollars. Par conséquent, le secteur privé enregistre un déficit de 50 milliards de dollars.

c) On sait que le PIB est égal à la somme des dépenses de consommation, des dépenses d'investissement, des dépenses publiques en biens et services et des exportations nettes (exportations moins importations). Puisque seul le montant des exportations n'est pas connu, il est possible de le calculer. Les exportations sont égales au PIB plus les importations moins les dépenses de consommation, moins les dépenses d'investissement, moins les dépenses publiques en biens et services. Les exportations s'élèvent donc à 50 milliards de dollars.

d) Le déficit de la balance commerciale est de 100 milliards de dollars. On peut le calculer de deux manières. D'abord, on sait que le surplus ou le déficit de la balance commerciale est égal aux exportations (50 milliards de dollars) moins les importations (150 milliards de dollars). Ensuite, on sait que le déficit de la balance commerciale est égal à la somme du déficit budgétaire du secteur public (50 milliards de dollars) et du déficit budgétaire du secteur privé (50 milliards de dollars).

8 a) Si l'on peut acheter 1 dollar pour 2 marks, alors le prix du mark est de 1/2 dollar pour 1 mark.

b) À un taux de change de 2 marks pour 1 dollar, il faudra 125 dollars pour obtenir les 250 marks nécessaires à l'achat de l'appareil photo.

c) À un taux de change de 2 marks pour 1 dollar, il faudra 2 000 marks pour obtenir les 1 000 dollars nécessaires à l'achat de l'ordinateur.

9 a) L'ordinateur canadien coûte 2 400 $US = 3 000 $CAN × 0,80 $US pour 1 $CAN. Par conséquent, il est profitable de l'acheter aux États-Unis pour 2 000 $US et de le vendre au Canada pour 2 400 $US.

b) Non, les deux devises n'ont pas le même pouvoir d'achat.

c) La demande supplémentaire d'ordinateurs américains aurait tendance à faire augmenter la demande de dollars américains, ce qui entraînerait l'appréciation du dollar américain (et la dépréciation du dollar canadien). La valeur du taux de change qui ferait en sorte que la parité des pouvoirs d'achat s'applique serait la valeur de A qui nous permet de calculer 2 000 $US = 3 000 $CAN × A $US par $CAN, soit une valeur de 0,667.

10 Le tableau 21.5 présente les données. Vos données peuvent différer légèrement à cause, par exemple, d'erreurs d'arrondissement.

TABLEAU **21.5**

Année	Différentiel	$US / $CAN
1985	0,7	0,732
1986	2,27	0,72
1987	1,31	0,754
1988	1,43	0,813
1989	2,45	0,845
1990	4,06	0,856
1991	1,55	0,873
1992	1,23	0,827
1993	−0,07	0,775
1994	−0,38	0,732
1995	−0,17	0,729

Source: *Revue de la Banque du Canada*, divers numéros.

Nous pouvons constater qu'il existe une vague relation positive entre le différentiel et la valeur du taux de change. Lorsque le différentiel a augmenté durant le milieu de cette période, la valeur du taux de change s'est également accrue à cause de la hausse de la demande de dollars canadiens et de la baisse de l'offre de dollars canadiens. Alors que le différentiel diminuait vers la fin de cette période, le taux de change baissait aussi. La relation n'est pas exacte, mais elle est conforme aux prévisions approximatives des théories.

PROBLÈME

Vous êtes spécialiste des questions relatives au taux de change et vous conseillez le premier ministre. Le pays souffre d'une crise d'incertitude sur les marchés mondiaux, alimentée par les craintes qu'il ne se divise, ce qui provoquerait une chute du rendement des éléments d'actif canadiens (par exemple, les craintes que les dettes ne soient pas remboursées par les nouvelles nations formées à partir du Canada). Un sondage récent laisse entendre que les probabilités d'une division du pays sont beaucoup plus élevées qu'on ne le croyait. Les étrangers se mettent à vendre les éléments d'actif canadiens. (La Banque du Canada a adopté une politique de stabilisation du taux de change.)

a) Expliquez au premier ministre (à l'aide d'un graphique de la demande et de l'offre de dollars) quelles seront les conséquences de cette situation sur la valeur du dollar canadien ainsi que sur les taux d'intérêt, la valeur de la base monétaire, l'offre de monnaie et les comptes de la balance des paiements.

b) Un autre conseiller du premier ministre lui a expliqué que la Banque du Canada devrait faire augmenter la masse monétaire pour tenter de réduire les taux d'intérêt. Quels seront les effets de cette mesure sur la valeur du taux de change et sur les détentions étrangères d'éléments d'actif canadiens? La Banque du Canada peut-elle procéder ainsi et parvenir à maintenir un taux de change administré?

c) Le premier ministre a reçu un appel téléphonique du propriétaire de la société Grand Importateur, lequel se plaignait du fait que la variation de la valeur du dollar canadien avait nui à sa capacité de vendre les gugus qu'il importe au Canada. À l'aide d'un graphique du marché des gugus au Canada (sur lequel l'axe vertical mesure le prix des gugus en dollars canadiens), expliquez au premier ministre ce qui est advenu du prix et de la quantité importée sur ce marché. Qu'est-il advenu des exportations? de la balance commerciale?

EXAMEN DE MI-ÉTAPE

Vous devriez prévoir 16 minutes pour cet examen (8 questions, 2 minutes par question). Pour chacune des questions, choisissez la *meilleure* réponse.

1 Au Canada, les coûts de l'ajustement à court terme liés à la réduction du niveau des tarifs douaniers en vertu de l'Accord de libre-échange nord-américain seront surtout défrayés par
   a) les contribuables, dont les taxes et impôts plus élevés permettent d'offrir des programmes de recyclage professionnel généreux.
   b) les employeurs et les salariés des secteurs dans lesquels le Canada détient un avantage comparatif.
   c) les employeurs et les salariés des secteurs dans lesquels le Canada souffre d'un désavantage comparatif.
   d) les consommateurs canadiens de biens importés.
   e) les producteurs canadiens de biens exportés.

2 Le pays *A* et le pays *B* se livrent actuellement au libre-échange. Le pays *A* importe le bien *X* du pays *B* et exporte le bien *Y* au pays *B*. Si le pays *A* impose un *tarif douanier* sur le bien *X*, l'industrie qui produit le bien *X* dans le pays *A*
   a) prendra de l'expansion et l'industrie qui produit le bien *Y* déclinera.
   b) prendra de l'expansion de même que l'industrie qui produit le bien *Y*.

c) déclinera de même que l'industrie qui produit le bien *Y*.

d) déclinera et l'industrie qui produit le bien *Y* prendra de l'expansion.

e) prendra de l'expansion et l'industrie qui produit le bien *Y* demeurera inchangée.

3 Supposons que la Musiquie et la Vidéophilie produisent deux biens : des disques compacts et des films. La Musiquie détient un avantage comparatif dans la production de disques compacts si

a) il faut y renoncer à un moins grand nombre de films pour produire une unité de disque compact qu'en Vidéophilie.

b) moins de travail y est nécessaire pour produire une unité de disque compact qu'en Vidéophilie.

c) moins de capital y est nécessaire pour produire une unité de disque compact qu'en Vidéophilie.

d) moins de travail et de capital y sont nécessaires pour produire une unité de disque compact qu'en Vidéophilie.

e) il faut y renoncer à un moins grand nombre de disques compacts pour produire une unité de film qu'en Vidéophilie.

4 Supposons que la Musiquie et la Vidéophilie produisent deux biens : des disques compacts et des films. Supposons également que la Musiquie détient un avantage comparatif dans la production de disques compacts. Si les pays se livrent à des échanges, le prix des disques compacts en fonction des films

a) sera supérieur au coût d'opportunité lié à la production des disques compacts en Musiquie et inférieur au coût d'opportunité lié à la production des disques compacts en Vidéophilie.

b) sera inférieur au coût d'opportunité lié à la production des disques compacts en Musiquie et supérieur au coût d'opportunité lié à la production des disques compacts en Vidéophilie.

c) sera supérieur au coût d'opportunité lié à la production des disques compacts dans les deux pays.

d) sera inférieur au coût d'opportunité lié à la production des disques compacts dans les deux pays.

e) dépendra uniquement de la taille relative de chaque économie.

5 Parmi les citations suivantes, laquelle décrit le mieux l'effet de la parité des taux d'intérêt ?

a) « Récemment, les taux d'intérêt canadiens élevés ont provoqué une hausse de la demande de dollars canadiens. »

b) « Sur le marché, on a l'impression que le dollar canadien est surévalué et qu'il s'appréciera sans doute. »

c) « Le prix des bananes est le même au Canada et aux États-Unis, car il s'ajuste au taux de change. »

d) « L'appréciation prévue du dollar canadien fait actuellement diminuer la demande de dollars canadiens. »

e) Aucune de ces réponses.

6 Le Canada enregistre un déficit commercial

a) lorsque la valeur des exportations canadiennes de biens et services dépasse la valeur des importations canadiennes de biens et services.

b) lorsque la valeur des exportations canadiennes de biens et services est inférieure à la valeur des importations canadiennes de biens et services.

c) lorsque la valeur des exportations canadiennes de biens dépasse la valeur des importations canadiennes de biens.

d) lorsque la valeur des exportations canadiennes de biens est inférieure à la valeur des importations canadiennes de biens.

e) lorsque le solde du compte courant est inférieur à zéro.

7 Si Fullo est actuellement un prêteur net et un pays débiteur,

a) cette année, il a prêté davantage de capital qu'il n'en a emprunté à l'étranger mais, au cours de son histoire, il a emprunté davantage qu'il n'a prêté.

b) cette année, il a emprunté davantage de capital qu'il n'en a prêté à l'étranger et, au cours de son histoire, il a également emprunté plus qu'il n'a prêté.

c) cette année, il a prêté davantage de capital qu'il n'en a emprunté à l'étranger et, au cours de son histoire, il a également prêté plus qu'il n'a emprunté.

d) il doit y avoir une erreur dans son système comptable parce qu'un pays ne peut pas être à la fois un prêteur net et un pays débiteur.

e) sa dette doit être en train de s'accroître.

8 Lequel des énoncés suivants décrit un phénomène qui pourrait causer une dépréciation du dollar par rapport au yen ?

a) Une augmentation de la masse monétaire au Canada

b) Une hausse des taux d'intérêt au Canada

c) Une baisse des taux d'intérêt au Japon

d) Une augmentation du taux de change anticipé

e) Une diminution du taux de change courant

RÉPONSES

Problème

a) La crainte de rendements futurs moins élevés provoque une chute de la demande d'éléments d'actif canadiens, ce qui entraîne une diminution de la demande de dollars canadiens. À la figure R6.1, cette diminution, à son tour, provoque une baisse de la valeur du taux de change, de T_a à T_b. Pour empêcher celui-ci de diminuer davantage, la Banque du Canada intervient et achète des dollars canadiens, retirant ainsi des devises étrangères des réserves officielles. Elle pourrait également réduire la masse monétaire, ce qui aurait tendance à faire augmenter les taux d'intérêt canadiens. (Les effets potentiels de l'offre ne sont pas présentés sur cette figure.)

Les étrangers nous prêtant moins d'argent, le compte capital accusera un surplus ou un déficit moins élevé. La dépréciation du dollar canadien provoquera une augmentation des exportations et une diminution des importations (reportez-vous à la partie c du problème), de sorte que le compte courant enregistrera un surplus. Puisqu'elle fait augmenter le taux de change, la Banque du Canada diminue les réserves ou contribue à un surplus.

FIGURE **R6.1**

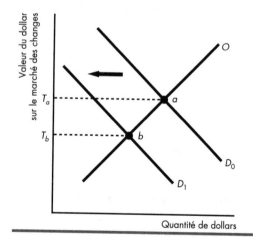

b) Le taux d'intérêt plus bas provoquera une nouvelle diminution de la demande de dollars canadiens, car les étrangers achèteront moins d'éléments d'actif canadiens étant donné la faiblesse de leur rendement. Cette diminution aura tendance à provoquer une dépréciation de la valeur du dollar, ce qui entre en conflit avec les tentatives de stabilisation du taux de change par la Banque du Canada.

c) La figure R6.2 présente le marché des gugus. Le nouveau taux de change plus élevé agit comme un tarif douanier et fait augmenter le prix en dollars canadiens des gugus importés. Cette augmentation est représentée par un déplacement vers le haut de la courbe d'offre. Elle entraîne un nouvel équilibre ainsi qu'un prix plus élevé et une quantité de biens importés et vendus moins élevée.

Le marché des exportations canadiennes agirait dans le sens inverse, en faisant diminuer les prix et en faisant augmenter les exportations. Les exportations plus élevées et les importations moins élevées signifient que la balance commerciale (et donc le compte courant) enregistreront un surplus.

FIGURE **R6.2**

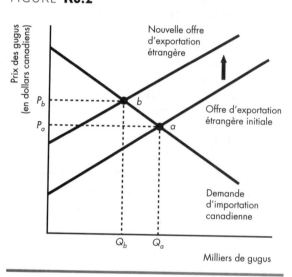

Examen de mi-étape

1 c   Puisque les prix aux États-Unis ou au Mexique sont plus bas, la production nationale diminue.

◑ 2 a   L'imposition de tarifs douaniers fait augmenter le prix au pays du bien X, ce qui fait diminuer les importations et augmenter la production nationale. La baisse des importations = diminution des exportations de B. Par conséquent, son revenu et ses importations diminuent, ce qui fait baisser les exportations de A et la production de Y en A.

3 a   Définition.

◑ 4 a   L'échange n'aura lieu qu'entre ces deux prix, sinon un des pays ou les deux ne profiteront pas des échanges et ne s'y livreront donc pas.

5 a   Si deux devises n'ont pas le même taux d'intérêt, les conditions sur le marché provoqueront une variation de la demande d'actifs et de dollars.

6 b Définition de la balance commerciale.
7 a Définition de prêteur net et de pays débiteur.
     Les dettes se compriment.
8 a Cela fait diminuer les taux d'intérêt, ce qui
     provoque une baisse de la demande de dollars
     canadiens. **b**, **c** et **d** font augmenter la
     demande, e provoque un mouvement le
     long de la courbe et non un déplacement.